夏 勇 | 著

# 英美刑法 五国刑法论要

The Outline of Criminal Law in the Five Countries of Anglo-American Law System

法律出版社
LAW PRESS · CHINA

# 目录

# 绪　论

与世界上最有影响的两大法系相对应，有大陆法系的刑法与英美法系的刑法之分，我国学界通常将其称为“欧陆刑法”与“英美刑法”。本书所论英国刑法、美国刑法、加拿大刑法、澳大利亚刑法和印度刑法，均属于“英美刑法”。

由于历史的原因，我国自近代才开始受到外国法律的影响，而最初的影响来自大陆法系——“从《大清新刑律》开始一改中国几千年来诸法合体的法律体系，分门别类地厘定六法。而六法之制本系大陆派产物，英美派没有。”〔1〕国民党统治时期包括刑法在内的“六法全书”也是在德国、意大利、日本等大陆法系国家法律思想和制度的影响下形成的。新中国成立之初，我国刑法受到苏俄法律制度的影响，而苏俄刑法同样深受德国等大陆法系国家的影响。进入改革开放时期，我国恢复因“文化大革命”中断的法制建设和法学教育及研究，自然接续了过去较为熟悉的积累和沉淀，首先将目光投向了大陆法系国家的法律知识和经验。就刑法领域而言，大陆法系国家的刑法典顺理成章地得到了更多关注，而大陆法系刑法理论——尤其是德国和日本所呈现出来的刑法学——体系规整，细致入微，更是受到了我国刑法学界的青睐。至今，我国刑法学在大致保留苏俄刑法框架的基础上，德日理论全面渗透。甚至，德国的“阶层体系犯罪论”大有取代传统犯罪构成“四要件”模式之势。“长期以来，我国有些刑法学者往往偏爱德日刑法理论（这本来无可厚非）并将其诸多理论大胆地直接移入中国刑法学（其探索精神值得肯定），但他们却在有意与无意之间完全忽视甚至否定英美刑法理论及其对完善中国刑法学的巨大价值。此种刑法学研究的理论诉求，至少在方法论上实属偏颇。应当肯定，世界上两大法系的刑法学研究均有其可取之处，对于发达较晚的中国刑法学的发展与完善，均具有‘他山之石，可以攻玉’之效。”〔2〕对此，笔者深以为然。本书旨在弥补英美刑法中

---

〔1〕 周密：《中国刑法史》，群众出版社1985年版，第362页。

〔2〕 谢望原、王波：《论英国刑法中的共犯退出》，载《法律科学》2013年第5期。

文读物的不足,笔者希望能为加强这方面的学习和研究贡献绵薄之力。

## 一、英美刑法的概念解读

英美刑法,一般是指在法律传统上可以被归于英美法系的国家的刑法。作为刑法知识体系的一个内容,英美刑法则指刑法学界(首先是英美法系国家的刑法学者)关于英美法系国家刑法及其立法和司法实践的理论阐述。也就是说,“criminal law”这个英语表述指英美法系国家的法律文本或判例的场合,其意为“刑法”;它作为这些国家法学院的教科书名称时,其意则为“刑法学”。

“法系”(law system 或 legal system),是西方法学对各国法律的一种分类。美国比较法学家威格摩尔在《世界法系概览》一书中将自古以来的法系划分为16个。依其所论,其中6个已消失,5个残存而混杂,3个残存不太混杂,2个较晚出现且混杂[3]——而这正是得到公认的当代两大法系:Civil Law System(或 Continental Law System)与 Common law System(或 Anglo – American Law System)。英美刑法即属于后一种法系。法系的划分标准是法的历史传统。有着不同历史传统及其发展特点的法律分属于不同的法系。当然,西方法学在划分法系时实际掌握的标准和划分的结果不尽相同,且对于某一个法律的法系归属也存在分歧。但无论如何,对“法系”概念的理解包含了两个关键词——“特点”与“国家”。进一步看,“特点”即基于历史传统形成的独到之处,既是一个比较概念,也是一个属性概念;“国家”则是具有这种独特历史传统的政治体及法律的管辖范围,既是一个地域概念,也是一个国际关系概念,不过,由于国际政治的复杂性,现实也存在不具有国家性质的政治体及法律管辖区域——即所谓“地区”,这些地区实行的法律也可以被归为某个法系。因此,“法系”更为准确的关键词应当是“特点”与“法域”(可以包含国家和地区的“jurisdictions”)。具体而言,“特点”是法系划分的实质标准,“法域”是法系归属的形式标志。这两个关键词提供了把握法系概念的基本坐标:在“特点”意义上,两大法系的表述是“Civil Law Legal System”(Civil Law)与“Common law Legal System”(Common law ),也即“民法法系”与“普通法系”;在“法域”意义上,两大法系的表述则是“Continental Lagal System”(Continental Law)与“Anglo – American Law System”(Anglo – American Law),即“大陆法系”与“英美法系”。相应地,“英美刑法”的英文术语“Anglo – American criminal law”显然是一个“法域”意义上

---

[3] 参见[美]约翰·H.威格摩尔:《世界法系概览》(上),何勤华、李秀清、郭光东等译,上海人民出版社2004年版,第2页。

的表述。对此,理所当然地需要首先明确英美刑法存在的地域范围。

英美法系在各大洲的典型国家和地区主要有:欧洲的英国(英格兰、威尔士、北爱尔兰以及直布罗陀等海外领地)、爱尔兰等,美洲的美国(联邦及绝大多数州)、加拿大(联邦及绝大多数省)、多米尼加、安提瓜和巴布达、巴哈马、巴巴多斯、伯利兹、开曼群岛、格林纳达、牙买加、圣基茨和尼维斯、圣文森特和格林纳丁斯、特立尼达和多巴哥、英属维尔京群岛、美属萨摩亚群岛等,大洋洲的澳大利亚、新西兰、斐济、基里巴斯、马绍尔群岛、瑙鲁、帕劳、汤加、图瓦卢等,亚洲的不丹、尼泊尔、以色列、新加坡、缅甸、中国香港特别行政区等,非洲的乌干达、加纳、利比里亚、肯尼亚、坦桑尼亚等。这些国家或地区的刑法属于英美刑法。

有的国家兼属英美法系和大陆法系,例如:欧洲的塞浦路斯、马耳他,美洲的圭亚那、圣卢西亚,大洋洲的瓦努阿图,亚洲的斯里兰卡、菲律宾、泰国,非洲的南非、埃及、纳米比亚、莱索托、喀麦隆、毛里求斯、博茨瓦纳、喀麦隆、塞舌尔、斯威士兰、津巴布韦,等等。

也有的国家兼属英美法系和伊斯兰法系,主要有亚洲的巴基斯坦、孟加拉国、马来西亚、文莱、阿联酋和非洲的尼日利亚、冈比亚等。

还有多种法系混合的国家,例如,印度法律兼有英美和欧陆两大法系以及本地的习惯法、宗教法的成分,印度尼西亚的法律则兼有英美法系、大陆法系和伊斯兰法系的色彩。

需要注意的是,在英美法系与其他法系相混合的这些国家,有的是英美法系占据主导地位,有的则是其他法系居于主导地位。以亚洲为例,印度、巴基斯坦、孟加拉国、斯里兰卡、马来西亚等国的法律可属于前者,菲律宾、泰国、文莱、阿联酋等国的法律应属于后者。就刑法而言,有的国家侧重明显。例如,阿联酋,只是其国际金融贸易区实行以普通法为基础的(经济)法律,其刑法属于国家主导法律制度的伊斯兰法系。再如,从《泰国刑法典》的体例来看,第1编是“总则”,包括第1章“适用于一般犯罪的规定”和第2章适用于轻罪的规定,第2编是“具体犯罪”,共包括12章罪类,符合欧陆刑法的法典模式,尤其第1编第1章中的“保安处分”更是典型的欧陆刑法规定,只是,该章第1节即在法典开始部分对该法使用的若干术语进行定义,又显出英美刑法的法典模式。但是,对于有的国家的刑法,似乎还很难准确地断言其侧重。例如,“菲律宾现行刑法是1930年12月8日修正、1932年1月1日实施的菲律宾《修正刑法典》,主要是基于1870年的《西班牙刑法典》(1887年生效)修正的。从修正刑法典产生的时间背景可知,当时正处于美国殖民地统治时期,按照常理应该是美国法的影响更大。但是,1930 年的《修正刑法典》是基于 1870 年的《西班牙刑法典》修改的,有部分条文是从《西班牙刑法典》的条文中一字不漏地照搬,只有少部分条文为了适应当时菲律宾的形势作了少量的修改。……现行的《修正刑法典》基本维持原来《西班牙刑法典》的风貌,同时也夹杂着美国的很多思想和观念,体现了美国的殖民统治”。[4] 西班牙刑法的法典模式包裹着美国刑法的理念,如何理解其侧重?还有的国家,欧陆刑法与英美刑法并行,适用于不同的范围。例如,2013 年 10 月 22 日,文莱苏丹哈桑纳尔政府宣布,从 2014 年 5 月起正式分阶段在国内推行伊斯兰刑法,包括对通奸罪者乱石砸死和对偷盗者斩肢等极端刑罚,这种伊斯兰刑法仅适用于文莱穆斯林。对这种情况,是以穆斯林人群还是以其他主体来确定其侧重?

此外,一些以英美法系为主导的国家,因历史原因,其部分区域的法律受到了大陆法系的较大影响,如英国的苏格兰和英属泽西岛、美国的路易斯安那州和美国自由邦波多黎各、加拿大的魁北克省等。相反,在中国的版图上,只有香港特别行政区的刑法属于英美刑法。

可见,某个法域的刑法是否为英美刑法,不能笼统言之,而需要具体分析。有的法域完全实行英美刑法,有的法域以英美刑法为主导兼含其他法系的刑法色彩,有的法域以其他法系为刑法的主导而英美刑法只是局部存在或少部分地融于其中。因此,不能一概地将英美刑法与某个法域的刑法等同起来,也不能一概地将英美刑法从某个法域中完全排除。

## 二、英美刑法的主要特点

从国家或法域的坐标了解了英美刑法之后,就可以进一步把握英美刑法(普通法系)的特点。如前所述,“特点”是一个比较概念。在普通法系的意义上,与民法法系(大陆法系)和其他法系的国家和地区的刑法相比,英美刑法有诸多特有之处并因此在世界上独树一帜。在笔者看来,最为明显的至少有以下几点:

### (一)判例法十分突出

“纵观早期的英国历史,犯罪并非由制定法规定,而是由在个案中的司法判决来予以认可。这些判决所宣示的原则在类似案件发生时具有先例价值,并根据需

---

[4] 杨家庆:《菲律宾刑法简介》,载《菲律宾刑法》,杨家庆译,北京大学出版社 2006 年版,“译者序”第 10 页。

要逐步完善支配性的法律规则,以适用于独特的案件事实和不断变化的社会条件。这种通过案件的判决来宣布和修改法律的过程日积月累,在缺乏占统治地位的制定法的情况下,便成为众所周知的'普通法'。因此,在立法尚未在各地得到有效颁行之前,由司法判决所'发现'和宣布的普通法界定了英国刑法。"〔5〕显然,普通法是判例法。判例法(case law)是与制定法(statute law)相对的概念。制定法是由立法机关创制的文本化、条理化的法律形式。当代各国和各地区都有制定法。然而,不是任何法域都有判例法。

在广义上,判例法是指可以作为先例据以断案的法院(对过去案件)的已有判决,即判例法与遵循先例的原则和制度密切联系。显而易见,我国不存在判例法。就我国刑法的渊源而言,完全是立法机关制定的法律文本,包括刑法典(及修正案)、单行刑法和附属刑法。我国刑法大量使用的司法解释虽有执行效力,却并不具有超越或代替刑法法条的地位,而且,其采取的文本形式与判例无关。这些年来,我国最高人民法院和最高人民检察院建立了"案例指导制度",也陆续发布了一系列刑事指导性案例,这些案例的指导要点至多具有解释法律条文或对司法解释进行再解释的作用,但这里的"指导"只是"参照",不是刚性的"执行",还很难说是一种司法判例(judicial decisions),更不是判例法了。况且,我国刑事指导性案例的实际参照率也还相当低。〔6〕

不过,在遵循先例的意义(广义)上,大陆法系国家也有判例法。例如,"德国虽然并非判例法国家,但是,遵循先例,尤其是遵循最高法院(以及联邦宪法法院)的判例,却也是德国司法实务中的基本原则。"〔7〕"在德国,判例制度已经形成了自成一体的法律体系。联邦宪法法院的判例具有严格的拘束力,具有法律效力。联邦宪法法院的拘束力体现为,如果下级法院不遵守联邦宪法法院的判例,所作的判决就是违法的,将在上诉程序中被撤销。"〔8〕虽然,除了最高法院和联邦宪法法院的判例外,法律并未规定判例的效力问题,但是,"司法实践中,下级法院通常遵守上级法院判例,但这并非出于规范层面的原因,主要属于事实层面的拘束力,即下级法院的裁判一旦偏离上级法院的裁判,就可能被上级法院撤销。……各州宪法法院想

---

〔5〕 Dvid C. Brod, James R. Acker, Wayne A. Logan, *Criminal Law*, Maryland: Aspen Publishers, Inc. 2001, p. 31.

〔6〕 参见郭叶、孙妹:《最高人民法院指导性案例 2017 年度司法应用报告》,载《中国应用法学》2018 年第 3 期。

〔7〕 王钢:《德国判例刑法——分则》,北京大学出版社 2016 年版,"序言"第 1 页。

〔8〕 张倩:《自成一体的德国判例制度》,载《人民法院报》2016 年 2 月 26 日。

要背离联邦宪法法院或者其他州宪法法院的判例,需要提前通知联邦宪法法院。如果联邦最高法院某个合议庭想要背离其他合议庭的判例,就需要提交给大合议庭。……高等法院的判决一旦偏离最高法院的判例,当事人可以以此为由提出上诉。这些程序反映出,尽管判例不具有规范的拘束力,但为了保障司法的统一性和一致性,德国法院非常重视遵循判例。"〔9〕也就是说,德国联邦宪法法院和最高法院的判例具有规范上的拘束力,而其他处于较高层级的法院的判例具有事实上的拘束力。既然这些判例具有法律拘束力,它们当然是实质上的判例法。

但是,担负司法审查使命的德国联邦宪法法院所管辖的涉及违宪的案件毕竟非常有限,故具有规范拘束力的判例并无普遍性。爱贝哈德·施密特于20世纪30年代修订的弗兰茨·冯·李斯特所著《德国刑法教科书》中指出:"根据现今的刑法观,成文法(广义上的法律)是刑法规范的唯一渊源。刑法的所有规范都同属于制定法。……只有那些被法律明文规定被科处刑罚的行为才受到刑法处罚,而且,所科处之刑罚只能是法律明文规定之刑罚。……只有当刑事法官不仅仅是法律适用机构,而且也是立法机构时,才可能有不同于制定的刑法规范。"〔10〕与制定法相对的刑法规范即"习惯法",而允许法官依照习惯法科处刑罚,是罗马皇帝时期的做法。因此,习惯法在当今至多影响对法律的理解,但不能创立新的犯罪和刑罚,也不能替代已有的刑法规范。〔11〕 也就是说,罪刑法定原则排斥习惯法。"19世纪的法典编纂运动使刑法领域的习惯法失去存在的基础。如果习惯法通过增加新的刑罚规范或者加重现有刑罚规范将导致不利于公民的结果,则禁止通过习惯法创制法律与自由思想所要求的刑法的法典化是一致的。"〔12〕当然,习惯法仍然可以在两个方面具有意义:"习惯法的适用范围一方面在于解释刑法总则部分的规定,因为一般理论不可能被完全吸纳进法律之中,所以,部分不完整规定的法律规范不得不在传统和迄今为止的实践中加以解释;另一方面,习惯法在刑法典的分则部分也同样发挥着一定的作用,而且是有利于公民的作用,即从习惯法的角度使得犯罪构成要件

---

〔9〕 张倩:《自成一体的德国判例制度》,载《人民法院报》2016年2月26日。

〔10〕 [德]弗兰茨·冯·李斯特著、埃贝哈德·施密特修订:《德国刑法教科书》,徐久生译,法律出版社2000年版,第127~129页。

〔11〕 参见[德]弗兰茨·冯·李斯特著、埃贝哈德·施密特修订:《德国刑法教科书》,徐久生译,法律出版社2000年版,第129页。

〔12〕 [德]汉斯·海因里希·耶塞克、托马斯·魏根特:《德国刑法教科书》,徐久生译,中国法制出版社2001年版,第140页。

被废除、减轻或受到限制。”[13]这里所说“习惯法的适用”,“传统和迄今为止的实践”,以及习惯法在“分则部分”发挥作用,显然就是习惯法在过去和现在的刑事个案中加以“适用”,在这种司法办案“实践”中“发挥”阐释法条和有利于被告人的“作用”。可见,德国学者口中的习惯法即为判例法,“在刑法中,习惯法的产生主要是由于法院的使用”。[14] 但是,这种“使用”即使有必要,也是很有限的,“考虑到确定性要求,立法者必须致力于将习惯法转变为法律条文”。[15] 因此,德国刑法理论所称的习惯法还不同于英美刑法中的判例法。

大陆法系刑法中的司法判例主要还是参照性的,尽管德国的法院总是重视这种参照。这种参照更像是一种提示——让法官知道过去的类似案件是如何判决的,但先前判例中的判决通常是简单的结论,而不是像英美刑法判例所要求的那样围绕判决根据进行说理——这意味着法官对于眼前的案件也不会在判决书中展开论理,而是根据法律文书之外的法学研究给出的刑法基本原理(所谓“教义”)来分析和处理案件,得出结论,这种不包括阐释性观点的结论自然也不会成为对今后案件有约束力的先例。传统普通法严格要求“遵循先例”(Stare Decisis)必须有几个“得出法律”的探寻步骤:首先,查明事实。其次,查找所有相关的制定法和判例。再次,从各法院提出的原则、类比和陈述中总结出它们认为会成为后面法院对案件事实作出判决的重要规则。最后,将所有的线索和给出的理由结合起来,决定“法律的含义”,再将这种法律适用于事实。通常,法官不会推翻先例。

1902 年至 1932 年担任美国联邦最高法院大法官的奥利弗·温德尔·霍姆斯(Oliver Wendell Holmes,1841 - 1935),作为实用主义法学的奠基人,在《普通法》一书中提出了著名的“法律的生命在于经验而非逻辑”的法律经验论,反对将判例法局限于古老普通法和遵循先例的教条主义,提出有限遵循先例原则,为法官自由裁量权和创制新的判例法提供了法理支持。这样一来,判例法就不仅仅是一个历史上的普通法概念,而且成为英美国家现代法律的一个渊源。当然,就刑法而言,现今的普通法司法区都已经不能以判例来创制新的罪名,即新的判例法仅在解释制定法的意义上或在制定法的范围内存在——因此可以说,在这一点上,当代英美刑法

---

[13] [德]汉斯·海因里希·耶塞克、托马斯·魏根特:《德国刑法教科书》,徐久生译,中国法制出版社 2001 年版,第 140 页。

[14] [德]汉斯·海因里希·耶塞克、托马斯·魏根特:《德国刑法教科书》,徐久生译,中国法制出版社 2001 年版,第 139 页。

[15] [德]汉斯·海因里希·耶塞克、托马斯·魏根特:《德国刑法教科书》,徐久生译,中国法制出版社 2001 年版,第 140 页。

中的判例法与大陆法系刑法中的判例有所接近。但无论如何,二者还是存在明显区别:

第一,大陆法系的司法判例对于形成其法律体系的作用甚微,法律体系通过制定法(尤其是法典)来加以构架,其基础是法学"教义";而英美法系的判例法(普通法)是制定法的基础,制定法(包括法典化)首先是对普通法的确认。

第二,大陆法系的司法依据是制定法的法条,判例并非正式的法源,法官不能脱离法条去运用判例;而英美法系的判例法中,历史上形成的普通法仍然是可以独立存在的法源,司法中可以与制定法并行,可以在制定法之外单独适用。

第三,大陆法系更加依赖制定法而不是判例,判例本身不是规范标准,而只是一种解释性补充,故总是尽可能地使成文法律的规定更为详尽细致,以覆盖方方面面;而英美法系有判例法的随时更新,就不担心制定法跟不上形势的需要,因而其条文化的法律规定并不那么"讲究",这反过来又给判例法留下了进一步发展的空间。

第四,大陆法系的刑事诉讼程序是纠问制(adversarial system),表现出一种法官手握"尚方宝剑"(立法机关制定的法律文本)居高临下照章问责式的"追究";而英美法系的刑事诉讼采用对抗制(inquisitorial system),反映出对个案事实及其论理过程的重视,法庭辩论的作用在于充分查明事实,在此基础上得以梳理法律规则的一贯性和局限性,运用先例解决类似案件,创造判例解决新的案件类型。

第五,大陆法系重在立法上的法理阐释,自然更看重法学研究所提供的一般"教义",这些"教义学"逻辑缜密,体系严谨,概念明确,区分细致,以此指导的立法更为"科学",法官也通过这些"科学教义"去理解和适用法律,以不变的法律应对万变的个案;而英美法系重在司法上的论理,自然是由法官来对法庭上的控辩对抗予以总结归纳,法学院教育先使未来的法官具有教授的头脑,在这种头脑的支配下,法官办案时只需全力关注其面前的个案。追根溯源,大陆法系的法律来自法学演绎,英美法系的法律来自个案归纳。从历史上看,英美刑法的每一个具体原理几乎都是在一系列判例中"发现"和发展的。例如,Malcherek and Steel 案、Jordan 案和 Cheshire 案等确立了"新行为介入"情况下的因果关系原则;Holland 案和 Blaue 案等解决的问题引出了"薄头骨原则"的需要;Moloney 案提出一个所谓"黄金规则"——法官无须就"有意"的含义给予陪审团详细指导,陪审团应使用这个概念的通常含义;承认"间接的有意"之犯意形式的判例是 Hyam 案;Cunningham 案与 Caldwell 案分别确立了两种含义的"轻率";M' Naghten 案奠定了精神病抗辩事由的原则,被称为“姆纳坦规则”;等等。

(二)法典化程度较弱

英美刑法以普通法(判例法)为根基,却也不乏制定法。例如,英国议会制定的《侵犯人身犯罪法》(Offences against the Person Act, 1861)、《从犯和教唆犯法》(Accessories and Abettors Act, 1861)、《刑法修正法》(Criminal Law Amendment Act, 1885)、《骚乱罪(损害)法》[Riot(Damages)Act,1886]、《性犯罪法》(Sexual Offences Act, 1956)、《杀人罪法》(Homicide Act, 1957)、《刑事程序(精神耗弱)法》[Criminal Procedure(Insanity)Act,1964]、《谋杀罪(废除死刑)法》[Murder(Abolition of Death Penalty)Act,1965]、《危险毒品犯罪法》(Dangerous Drugs Act, 1965)、《刑事法》(Criminal Law Act, 1967)、《盗窃罪法》(Theft Act, 1968)、《未遂犯罪法》(Criminal Attempts Act, 1981)、《计算机滥用法》(Computer Misuse Act, 1990)、《刑事司法法》(Criminal Justice Act ,1925)、《非法使用交通工具法》(Aggravated Vehicle - taking Act, 1992)等。但是,英国至今从没有过一部刑法典,这在世界上相当罕见。其实,19 世纪 40 年代的英国也曾着手进行以法典化为主要内容之一的刑法改革,力主法典编纂的代表人物正是领衔分析法学派和功利主义法学的英国法学家杰里米·边沁(Jeremy Bentham,1748 - 1832)。随之,其拥趸布鲁厄姆勋爵等人提出了刑法法典化的第一个方案,并经国会审查和讨论 10 年之久,却终因法官反对而归于失败。1877 年,斯蒂芬(James Fitziames Stephen,1829 - 1894)在《刑法摘要》中提出了完整的刑法典结构并接受大法官的委托,起草刑法典并于 1878 年 5 月将其提交国会,这是刑法法典化的第二个方案,但仍未被采纳。1985 年英国法律委员会公布了多年研究的《刑法法典化》文件,对未来的刑法典进行勾勒,算是刑法法典化的第三个方案。但至今,英国社会仍不接受刑法典。

当然,英美法系其他国家一般都制定了自己的刑法典。19 世纪初的美国,爱德华·列文斯顿领导的改革运动催生了 1826 年路易斯安那州的刑法典草案,虽未获得通过,但开了美国法典化运动的先河。大卫·菲尔德等人在 1865 年提出了纽约州的刑法典草案,由 1881 年州议会通过,影响重大,各州纷纷对刑法进行法典化。为了克服法典化过程中各州八仙过海的散乱做法和标准多样的冲突局面,美国法学研究机构(American Law Institute)于 1931 年开始拟制《模范刑法典》(Model Penal Code),因第二次世界大战而中断,1951 年恢复进程,经过几易其稿的最后建议正式草案于 1962 年公布。《模范刑法典》实际上是一部法典研究成果,其主要条文都有法理上的说明,显然是对美国各地刑法进行了长期理性思考和充分斟酌的较为成熟的结果。因此,它虽然不具有法律效力,但给各州刑法的法典化提供了统一范本。事实上,在它公布之后,各州争相仿效,结合本州的实际对自身刑法典进行了清理和重构。但即使如此,与大陆法系相比,美国的刑法典还是显出形式上的多样性。从美国的刑法典名称来看,就有"Criminal Code""Criminal Law""Criminal Offenses""Penal Code""Crimes""Crimes & Offenses""Crimes & Punishments",甚至还有"Crimes; Expungement; Victims"(明尼苏达州),等等。美国的大多数州都既有刑法典也有刑事诉讼法典,但联邦和有的州则将刑事实体法与程序法规定于一个文本之中。例如,联邦的《犯罪与刑事诉讼》(Crimes & Criminal Procedure),同样名称的特拉华、夏威夷、印第安纳、爱荷华、佛蒙特等州的刑事法和类似名称的哥伦比亚特区(Criminal Law & Procedure & Prisoners)、马萨诸塞州(Crimes, Punishments and Proceedings in Criminal Cases)等地的刑事法。这些专门的刑法或刑法与刑事诉讼法合一的刑事法与其说是法典,不如说是联邦和各州对各种法律规定进行统一编纂的法典的组成部分。例如,联邦刑事法就是《美国法典》第 18 篇。从美国的刑法典架构形式看,也有相当于大陆法系刑法典"总则"与"分则"那样的区分,具体体例则不尽相同。例如,纽约州刑法典有 4 编:第 1 编"一般规定"(General Provisions),第 2 编"量刑"(Sentences),第 3 编"具体犯罪"(Specific Offenses),第 4 编"行政性规定"(Administrative Provisions)。宾夕法尼亚州刑法典有 3 编:第 1 编"基本规定"(Preliminary Provisions),第 2 编"具体犯罪的规定"(Definition of Specific Offenses),第 3 编"其他规定"(Miscellaneous Provisions)。马里兰州刑法典未设编而分为 14 章:第 1 章为"一般规定"(General Provisions),第 2 章至第 13 章是具体犯罪的规定,第 14 章是"一般量刑规定"(General Sentencing Provisions)。可见,美国东部地区相互临近的这 3 个州的刑法典体例就存在差异。

澳大利亚的情况更为复杂,分为"法典司法区"和"普通法司法区"。顾名思义,前者推进法典化,后者更固守普通法。昆士兰于 1899 年通过的《刑事法典法》(Criminal Code Act)是法典司法区刑法法典化的最早实践,该法典受到了意大利刑法典和美国法典化运动的影响。随之,西澳大利亚州于 1913 年制定了《刑事法典汇编法》(Criminal Code Compilation Act),塔斯马尼亚州于 1924 年、北部地区于 1983 年、澳大利亚首都地区于 2002 年先后制定了《刑事法典法》(Criminal Code Act)。澳大利亚联邦在 1914 年 9 月通过《犯罪法》,经多次修改后,被 1995 年的《刑事法典法》取代。普通法司法区包括新南威尔士州、南澳大利亚州和维多利亚州,历史上更深地受到英国普通法影响。这些州制定的《犯罪法》(Crimes Act)或《刑法综合法》(Criminal Law Consolidation Act)主要是对普通法罪名的认可,称不上是系统全面的刑法典。南澳大利亚州和维多利亚州都曾有过引入刑法典的尝试,但均不成功。

加拿大和印度都是在全国实行一部统一刑法典的国家。但从其刑法典的体例看,也明显不同于大陆法系按照编章节以及总则与分则的严格顺序排列的刑法典。《加拿大刑事法典》包括实体与程序两方面内容,其实体部分主要规定于前13章,第1章"通则"和第13章"未遂—共谋—从犯"为总则性规定,其余均为具体犯罪的规定。《印度刑法典》的内容均为实体刑法,共23章,前5章是"导言"、"一般解释"、"刑罚"、"一般例外"、"帮助犯罪"及"共谋",最后一章是"未遂罪",这些都是总则性条文,但并未完全集中在一起。

(三)实体与程序一体

刑法是实体法规范,其作用是规定罪责刑的判断标准。大陆法系的刑法制定法与实体法规范保持了单纯的对应关系,即大陆法系的刑法典就是关于刑事实体法的系统规定。英美刑法却常常表现出刑事实体法和刑事程序法的一体情形。

如前所述,加拿大、美国联邦和美国有的州将刑事实体法与程序法规定于一个文本之中。具体而言,《加拿大刑事法典》前13章是实体刑法规定,而从第14章至第25章是刑事程序的规定。《美国特拉华州法典》第11篇《犯罪与刑事程序法》(Crimes & Criminal Procedure)共有7编:第1编是"特拉华刑法典"(Delaware Criminal Code),第2编是"一般刑事程序"(Criminal Procedure Generally),第3编是"特别法庭程序"(Procedure in Particular Courts),第4编是"监狱与囚犯"(Prisons and Prisoners),第5编是"执法机构"(Law - Enforcement Administration),第6编是"犯罪被害人"(Victims of Crimes),第7编是"专门计划"(Special Programs)。美国联邦既有专门的《联邦刑事诉讼规则》(Federal Rules of Criminal Procedure),也有《美国法典》第18篇实体与程序一体的《犯罪与刑事程序》(Crimes & Criminal Procedure)——共有5编3个附录:第1编是"犯罪"(Crimes),第2编是"刑事程序"(Criminal Procedure),第3编是"监狱与囚犯"(Prisons and Prisoners),第4编是"青少年罪犯的矫正"(Correction of Youthful Offenders),第5编是"作证豁免"(Immunity of Witnesses)。虽然这些法典将实体刑法与刑事程序规定在一起,但在名称上与结构上仍然是各自独立的,即二者共同被包含于一个法典之中,二者之间却无包含关系。加利福尼亚州的《刑法典》(Penal Code)名下则包含了"刑事程序",该法典在"预备性条款"(Preliminary Provisions)之后设有6编,其中第1编"关于犯罪与刑罚”(of Crimes and Punishments)和第3编“监禁与死刑”(of Imprisonment and the Death Penalty)等,属于实体刑法规定,第2编则是“关于刑事程序”(of Criminal Procedure)的规定,显示了该州刑事程序法对实体刑法的附属性。进一步看,突出显示美国刑法包含程序性内容的规定,是在立法体例上与刑事程序相对的实体规定中出现的控辩双方举证责任及证明标准。在大陆法系和我国,查清和证明案件事实的问题归于刑事诉讼法,刑法典中不予涉及;但在美国,证据要求恰恰被规定在实体刑法部分,具体表现为三种情况:其一,某个司法区既有实体刑法典,又有专门的刑事诉讼法典,但在实体刑法典中规定了证明问题。例如,有单独《刑事诉讼法》(Criminal Procedure Law)的纽约州,其《刑法》(Penal Law)第1编“一般规定”第25条就是“抗辩事由;举证责任”,该条规定:“1. 审判中提出了制定法规定的不属于‘积极抗辩’的一项抗辩事由时,控方反驳这项抗辩的举证责任是排除合理怀疑。2. 审判中提出了制定法规定的属于‘积极抗辩’的一项抗辩事由时,被告人证明这项抗辩成立的举证标准是优势证据。”其二,某个司法区的实体刑法与刑事程序规定于一个法典之中,二者在名称上和结构上各自独立相互平行,但在实体刑法部分规定了证明问题。例如,没有专门刑事诉讼法典的特拉华州,其《犯罪与刑事程序法》(Crimes & Criminal Procedure)第1编“特拉华刑法典”(Delaware Criminal Code)第3章“刑事犯罪的证明与反驳”(Proving and Disproving Criminal Guilt)。其三,某个司法区的实体刑法中包含了刑事程序部分,但实体刑法部分也规定了证明问题。例如,上述加利福尼亚州《刑法典》(Penal Code)第1编的实体刑法规定第14条涉及证据及伪证的问题:“本法典多个条文规定,由询问证人获得的证据不能被作为刑事诉法中针对他的证据来接受,但不禁止这种证据作为针对在询问中实施了伪证而引起任何程序的人。”此外,在《加拿大刑事法典》中,第23章“刑罚、罚金、没收财产、费用及财产返还”的规定,既有刑罚的种类,也有刑罚的适用程序。从该章本身来看,似乎以实体刑法为主,但从该章前后均为程序性规定来看,又似乎是刑事程序的一个环节,实体与程序显得难解难分。英国1977年《刑法法》(Criminal Law Act 1977)第1编“共谋罪”(Conspiracy)和第2编“与进入和滞留财产有关的犯罪”(Offences Relating to Entering and Remaining on Property)都规定的是实体犯罪,第3编“刑事程序,刑罚等”(Criminal Procedure, Penalties, etc.)却将程序规定与实体规定放在了一起。

实体刑法与刑事程序较为密切的结合,体现了英美法系对程序正义的重视。同时,也与对抗制的刑事司法模式密切相关,这充分体现在犯罪成立的要求上——

从控方出发,实体上必须具备犯罪要件(elements of crime),即符合定罪的标准,程序上必须排除合理怀疑地证明(proof beyond reasonable doubt)被告人具备了犯罪要件;从被告人一方出发,实体上可以提出“积极抗辩”(affirmative defense),程序上需要提供“优势证据”(defense by a preponderance of the evidence)。显然,在对抗制的刑事审判模式中,控辩双方各自分别有权提出“犯罪要件”的实体指控和“抗辩事由”的实体抗辩,从程序上为各自提出的主张分别负责举证,并对应不同的证明要求。正是因为控辩双方分工明确,各自在实体与程序上的任务保持同一方向,才形成了法庭上各执一端针锋相对的激烈碰撞。

(四)语境及概念独特

与上述特点相联系,英美刑法的内在逻辑与概念体系也有自己的特色。不能将大陆法系或我国的刑法概念简单套用于英美刑法。然而,我国学界常常(在翻译和使用英美刑法的概念时)用大陆法系和我国的刑法术语去指称或解读英美刑法,例如,用“故意”与“过失”表述英美刑法的“犯意”类别,[16]将(直接)故意杀人罪与英美刑法的“murder”(谋杀罪)等同,[17]用“犯罪未遂”表述英美刑法中的

---

[16] 例如,“在美国法律研究所起草的《标准刑法典》(Model Penal Code)中,进一步把犯意分成四种精神状态:故意地、明知地、疏忽地、过失地。”(欧阳涛、周叶谦、肖贤富、陈中天:《英美刑法刑事诉讼法概论》,中国社会科学出版社1984年版,第34页。)“模范刑法典规定了四种可以引起刑事责任的主观过错。这四种主观过错是:(1)故意(purposely);(2)明知(knowingly);(3)极度过失(recklessly);(4)一般过失(negligently)。”(马跃:《美国刑事司法制度》,中国政法大学出版社2004年版,第103页。)“英美刑法理论一般将典型的犯罪形态概括为三种,即故意(intent,intention)、轻率(recklessness)和疏忽(negligence)。”(刘士心:《美国刑法中的犯罪论原理》,人民出版社2010年版,第57、61－114页。)“故意行为”的翻译表述出现在“《模范刑法典》”的目录之下,“过失作为刑事责任依据之一”的翻译表述出现在“犯罪意图”的目录之下。{参见[美]Richard G. Singer & John Q. La Fond:《刑法》(注译本),王秀梅、杜晓君、周云彩注,中国方正出版社2003年版,“目录”第2页。}“英美刑法学上‘犯意’(mens rea),大体上与中国刑法学中犯罪的主观方面类似。”(赵秉志主编:《英美刑法学》,中国人民大学出版社2004年版,第31页。)“《模范刑法典》将这些要件——故意、明知、不计后果和疏忽——成为‘可责性’程度……”([美]保罗·H.罗宾逊:《刑法的结构与功能》,何秉松、王桂萍译,中国民主法制出版社2005年版,第21页。)

[17] 例如,在“杀人罪”一章的目录之下出现了“故意杀人”的翻译表述,并且与“非故意杀人”相对应,进而,“非故意杀人”之下又出现“轻率和过失杀人”的翻译表述。{参见[美]Richard G. Singer & John Q. La Fond:《刑法》(注译本),王秀梅、杜晓君、周云彩注,中国方正出版社2003年版。}“英国刑法修订委员会概述其关于谋杀罪的暂时结论如下:‘应该有一个关于谋杀罪的法定定义,根据这一定义,谋杀罪应是:1.行为人具有杀人的故意而致人死亡者,或2.行为人具有致人重伤的故意而以危及生命的非法行为引起死亡者;或行为人以故意致人重伤的非法行为引起死亡,而且被告明知会引起死亡的危险者。’”(赵秉志主编:《英美刑法学》,中国人民大学出版社2004年版,第259页。)

"未完成罪",[18]用"共同犯罪"表述英美刑法的"参与犯",[19]将"盗窃罪"与英美刑法的"theft"等同,[20]等等。这不仅无助于准确理解英美刑法的概念,反而会形成误导和混乱。此处以这些问题为例稍作分析,窥斑见豹,以把握英美刑法的内容及其文献所具有的独特语境及概念。

英美刑法中,"theft"有广狭义之分,并不像大陆法系和我国刑法及其理论那样当然是指"盗窃罪",相反,这个概念更多地被用于表示类罪——"财产犯罪",可以包括盗窃(狭义的"theft")、诈骗、侵占甚至抢劫、勒索等多种罪名。在普通法上,"theft"的曾经用语是"larceny",与此相适应的英国制定法 Larceny Act 1916 就包括了盗窃罪(steal)、侵占罪(embezzlement)、抢劫罪(robbery)、亵渎圣物罪(sacrilege)、破门入户罪(burglary)、勒索罪(extort)、诈骗罪(defraud)、收赃罪(receiving)、收买牟利罪(corruptly taking a reward)等。同样,英国 Theft Act 1968 也规定了盗窃罪(theft)、抢劫罪(robbery)、破门入户罪(burglary)、加重的破门入户罪(aggravated burglary)、拿走公共场所的物品罪(removal of articles from places open to the public)、擅自拿取机动车或其他运输工具罪(taking motor vehicle or other conveyace without authority)、窃取电力罪(abstracting of electricity)、境外偷窃邮件罪(extension to thefts from mails outside england and wales)、诈骗取得财物罪(obtaining property by deception)、诈骗取得金钱利益罪(obtaining pecuniary advantage by deception)、虚假做账罪(false accounting)、公司主管虚假陈述罪(false statements by company directors, etc.)、封锁文件罪(suppression, etc.)、敲诈勒索罪(blackmail)、处置赃物罪(handling stolen goods)、公然以归还赃物或遗失物索取回报罪(advertising rewards for return of goods stolen or lost)、外出时备有用于偷窃的物品罪(going equipped for stealing etc.)。可见,无论"theft"还是"larceny",都不仅仅是一个狭义的"盗窃罪"。

英美刑法中,"未遂"是独立于"完成罪"的犯罪种类,应当说"盗窃未遂罪"或

---

[18] 例如,"英美刑法中的犯罪未遂,是指意图犯某项罪时已完成某项行为,这项行为构成一系列行为的一部分。这一系列行为如果没有其他原因介入阻止其实施,就会实际构成该项犯罪。"(欧阳涛、周叶谦、肖贤富、陈中天:《英美刑法刑事诉讼法概论》,中国社会科学出版社 1984 年版,第 68 页。)

[19] 例如,"在共同犯罪中,每一个犯罪者必须知道即将发生的'基本的'犯罪事实,但不一定要知道全部事实。"(欧阳涛、周叶谦、肖贤富、陈中天:《英美刑法刑事诉讼法概论》,中国社会科学出版社 1984 年版,第 77 页。)

[20] 例如,"1968 年、1978 年的《窃盗法》"、(参见[英]J. C. 史密斯、B. 霍根:《英国刑法》,李贵方等译,法律出版社 2000 年版,第 555 页。)"《1968 年盗窃罪法》"。(参见赵秉志主编:《英美刑法学》,中国人民大学出版社 2004 年版,第 364 页。)

“未遂盗窃罪”,[21]但不应当说“盗窃罪未遂”。因为“盗窃罪未遂”是大陆法系的说法,基于分则罪名条文以既遂状态的犯罪为准而总则的未遂规定只是补充了同样罪名的另一种构成(修正的构成),即基本的构成与修正的构成都服从于同一个罪名,是同一个犯罪的两种发展形态,而不是两个罪名;英美刑法并无明确的总则与分则之分及其二者之间的关系,实施某种犯罪的未遂情形本身就是单独规定的“未完成罪”或“不完整罪”,即对于相同的罪质,其完成形态与未完成形态各自成为虽有(构成上的)联系却彼此独立的罪名。

英美刑法中,相当于大陆法系和我国刑法的“共同犯罪”内容是“participation in crime”(英国)或“parties to a crime”(美国),即“参与犯罪”或“支持犯罪”,强调的是被告人与他人实施的一个犯罪的关系,而不是强调多人在同一个犯罪中的关系,故不宜称为“共同犯罪”。英美刑法的出发点和落脚点都是被告人,是要确定被告人要不要对其他人实施的犯罪承担责任。至于实施犯罪的其他人的责任确定,则是另一个问题。在大陆法系和我国刑法中,共同犯罪强调的是多人,要对其中每一个主体的责任作出判定,同时考虑被告人与其他人。

英美刑法中,相当于大陆法系和我国刑法犯罪成立主观要件的术语是“犯意”(mens rea),且内容都包括“认识因素”与“意志因素”;然而,英美刑法的“犯意”类别与大陆法系和我国刑法的“主观要件”类别之间并不具有完全对应的关系。这是因为,“认识因素”与“意志因素”各自都包含了不同的选项,可以形成许多不同的“排列组合”。这个问题较为复杂,需要多费一些笔墨。

一方面,“认识因素”包括“有认识”与“无认识”两种情形,就前者而言,包括“认识内容”和“认识程度”。其中,从“认识内容”来看,又包括对行为的认识、对对象的认识、对结果的认识以及对因果关系的认识等;从“认识程度”来看,又包括认识到行为、对象、结果及因果关系等案件事实存在或发生的程度较低的可能性(或然性)、程度一般的可能性、程度较高的可能性(盖然性)、程度很高的可能性(必然性)等。另一方面,“意志因素”包括对认识内容的肯定(所谓“希望”)、否定(所谓“不希望”)、回避(既不是“希望”也不是“不希望”的所谓“放任”)三种取向或态度,如果进一步区分,也可以有程度之别——取向是否针对全部认识内容,或者态

[21] 笔者更倾向于前一种说法。盗窃是犯罪内容,未遂是犯罪形态,由此看,二者的结合可以表述为“盗窃未遂罪”也可以表述为“未遂盗窃罪”。但是,将“未遂”置后,形成“××未遂罪”,更能体现未遂罪的独立地位。相反,将“盗窃”置后,形成“未遂××罪”,更容易被误解为“未遂的××罪”——不是“未遂罪”,而是未遂形态的“××罪”,使未遂成为附属于其他罪名的形态。因此,前者更符合英美刑法的语境。

度是否坚决。英美刑法的罪过形式所包含的具体“认识因素”与“意志因素”,与欧陆刑法和我国刑法的罪过形式对“认识因素”与“意志因素”的排列组合存在不同之处。

“故意”是大陆法系刑法的罪过形式。关于“故意”的标准,向来存在“希望说”与“容认说”的对立:前者着眼于“意志因素”,以追求或希望危害结果发生为“故意”的标准;后者着眼于“认识因素”,以明知或预见到行为或结果为“故意”的标准。目前的通说主要为承认“认识因素”而兼顾“意志因素”的折中标准。耶塞克和魏根特指出,德国刑法中的“故意”包括三种情形:其一,追求或希望危害结果发生(强调了“意志因素”);其二,确信危害结果极可能发生(强调了“认识因素”);其三,知道危害结果可能发生而放任(同时要求“认识因素”和“意志因素”)。[22] 我国刑法的“故意”包括“直接故意”与“间接故意”,前者采取了“意志因素”标准,后者采取了折中标准——要求“认识因素”是“明知可能会发生危害结果”,要求“意志因素”是“放任危害结果的发生”。那么,相比而言,以美国刑法中的四种犯意形式“purposely”、“knowingly”、“recklessly”和“negligently”为例,哪些罪过属于(大陆法系刑法和我国刑法中的)“故意”呢?

根据美国《模范刑法典》的一般性理解,“purposely”是指:(1)被告人的主观目的是要实施行为;(2)被告人意识到、希望或相信某些情节的存在;(3)被告人的主观目的是结果发生。“knowingly”是指:(1)被告人意识到行为的性质;(2)被告人意识到某些情节的存在;(3)被告人意识到结果发生的实际可能性。“recklessly”是指:(1)被告人有意地忽略其实施被禁止行为的现实且不正当的风险;(2)被告人有意地忽略某些被禁止情节的现实且不正当的风险;(3)被告人有意地忽略结果将会发生的现实且不正当的风险。“negligently”是指:(1)被告人未能预见其行为的现实且不正当的风险;(2)被告人未能预见某些被禁止情节的不正当风险;(3)被告人未能预见结果将会发生的现实且不正当的风险。[23]

就“purposely”和“negligently”而言,是否可归于大陆法系刑法的“故意”,似乎显而易见——前者是在对行为、情节与结果均有明确认识的情况下予以追求的情形,可属于“故意”;相反,后者属于“无认识”的罪过形式,不可能是“故意”,只能是

---

〔22〕 参见[德]汉斯·海因里希·耶塞克、托马斯·魏根特:《德国刑法教科书》,徐久生译,中国法制出版社2001年版,第358~365页。

〔23〕 参见Richard G. Singer、John Q. La Fond:《刑法》(第2版,注译本),王秀梅、杜晓君、周云彩注,中国方正出版社2003年版,第71页。

“过失”。然而，“knowingly”和“recklessly”则没有这么简单。“knowingly”是以“认识因素”为标准的罪过形式，它排除了“purposely”中的“意志因素”——追求或希望，在肯定、否定、回避三种“意志因素”中，“knowingly”事实上仅存后面两种情形——“不希望”和“放任”。如果说，英美刑法中“明知”情况下的“放任”可以归于前述德国刑法第三种“故意”和我国刑法的“间接故意”，那么，“明知”情况下的“不希望”则显然不可能归入要求“意志因素”是“希望”或“放任”的我国刑法的任何一种“故意”。同时，英美刑法中认识程度较低的“明知”情况下的“不希望”也无法归入德国刑法上述任何一种“故意”。再看“recklessly”，可包括两种情形：其一，被告人根本“不顾”其行为是否有风险或有何风险，因而“有意地”不去认识风险且也没有实际认识到风险，即此时的“不顾”是针对自己的认识而非行为及结果等客观要件的内容，在这个意义上仍然属于“认识因素”的范畴。对于这种没有“明知”却“有意地”回避认知的所谓“有意失明”（wilful blindness）情形，在德国刑法和我国刑法的罪过形式中都不存在，很难将其归入“故意”。其二，被告人“意识到”风险或对风险有一定认识，但不愿正视或面对，置风险于不顾。考虑到“knowingly”涵盖了“明知”而“放任”的情况，“recklessly”就不能被归结为“明知”（knowingly）这种犯意形式。因此，对于所谓“意识到”风险或对风险有一定认识，只能理解为模糊的而不是清晰的认识，这种情形在德国刑法和我国刑法的罪过形式中也不存在，也不能将其归入“故意”。那么，这两种情形能否归入德国刑法或我国刑法中的“过失”呢？

耶塞克和魏根特指出：“由于违反注意义务实现刑法规定的构成要件，且违反义务没有认识到会发生构成要件结果，或者虽然想到会发生构成要件结果，但违反义务地相信，此等结果将不会发生，行为人的行为是过失行为。”〔24〕这里有两种情形：其一，被告人违反义务没有认识到会发生结果；其二，被告人想到会发生结果，但违反义务地相信结果不会发生。可见，德国刑法的“过失”要么没有认识到结果发生，要么相信结果不会发生。但是，在前面一种情况下，没有认识并不是因为“有意识地不顾”而造成；在后面一种情况下，“不顾”是因为相信结果不会发生。这都不符合美国刑法中“recklessly”所描述的情形。另外，我国刑法中的过失分为“过于自信的过失”与“疏忽大意的过失”，前者对危害结果会发生有认识但轻信可以避免，后者对危害结果会发生无认识但应当认识，与美国刑法的“recklessly”的两种情形相对照，仍不符合。一方面，虽然“过于自信的过失”与“recklessly”的有认识情形类

〔24〕［德］汉斯·海因里希·耶塞克、托马斯·魏根特：《德国刑法教科书》，徐久生译，中国法制出版社2001年版，第675～676页。

似——都认为危害结果不会发生，但是，“recklessly”中的这种判断不限于“过于自信”的原因（可以是其他原因）；另一方面，虽然“疏忽大意的过失”与“recklessly”中的无认识情形类似——都没有预见到危害结果会发生，但是，“疏忽大意”不像“recklessly”那样是“有意识地”造成的。

由此看来，我国著名刑法学家储槐植教授在其所著的《美国刑法》中，[25]将美国刑法的四种犯意形式“purposely”、“knowingly”、“recklessly”和“negligently”译为“蓄意”、“明知”、“轻率”和“疏忽”，[26]而没有使用“故意”和“过失”等大陆法系刑法和我国刑法指称罪过形式的术语去套译，实在是高明之举。正是因为该书的翻译从美国刑法“犯意”形式的自身内涵出发，做到了准确而妥帖，才理所当然地得到了公认和普遍沿用。对美国刑法罪过形式的这种表述，也有助于对其“murder”（谋杀罪）等具体罪名的正确理解。美国刑法“谋杀罪”与大陆法系和我国刑法的“故意杀人罪”并不等同，因为“故意杀人罪”的主观要件只能是故意，即使把“purposely”和“knowingly”算成“故意”，也无法涵盖“谋杀罪”的全部罪过形式——在“重罪—谋杀罪”中，只要被告人在实施一个重罪的过程中导致了死亡结果就构成“谋杀罪”，被告人对其实施的重罪当然是蓄意而为，但对于实施重罪过程中可能导致的死亡结果，则既可能是蓄意追求，也可能只是明知、轻率的心理状态，甚至仅仅是疏忽而已。笔者也注意到，在谢望原教授等翻译的英国刑法专著中，同样没有使用“故意”概念来表达犯意，而是将“intention”译成“意图”，[27]这一选择值得肯定之处，是它至少表明了“intention”绝不等同于“故意”，而应加以区别。不过，在汉语中，用“意”和“图”来表达一种心理，后者（“图”）几乎就是“目的”的另一种说法，而前者（“意”）更具有包容性，既可以理解为与“目的”关联的“意向”，也可以理解为与“认知”相联系的“意识”。因此，笔者认为，用“有意”来表达英国刑法中的“intention”，似乎更为妥帖——英国刑法的“direct intention”是有“目的”（意向）的有意，“indirect intention”则是有“认知”（意识）的有意。

还可以通过一个实例来理解美国刑法与我国刑法罪过形式的差异：A 将安放了爆炸装置的投保物品交付航空货运，以造成飞机失事的假象，以此骗取保险赔偿金。这里的问题是，一旦飞机在万米高空发生爆炸解体，机上人员必死无疑。很显

---

〔25〕 该书由北京大学出版社出版，初版时间为 1987 年，到目前已出第 4 版。

〔26〕 参见储槐植、江溯：《美国刑法》（第 4 版），北京大学出版社 2012 年版，第 47 页。

〔27〕 参见［英］威廉姆·威尔逊：《刑法理论的核心问题》，谢望原、罗灿、王波译，中国人民大学出版社 2015 年版，第 144 ~ 170 页。

然，作为一个正常人的A对此心知肚明，那么，对于人员死亡的结果，A的主观具有何种罪过形式呢？根据我国刑法，明知自己的行为会发生危害结果而希望或者放任结果的发生，是故意犯罪，这在理论上又被区分为直接故意（希望的故意）与间接故意。区分的依据，在“意志因素”方面，是“希望”与“放任”的不同；在“认识因素”方面，是“明知”程度的不同，即“自己的行为会发生危害结果”中的“会”是结果发生的可能性，这种可能性有高低之分或概率大小之别。很高的可能性被称为“必然性”，直接故意的“认识因素”既可以是对危害结果“可能会发生”的认识，也可以是对危害结果“必然会发生”的认识；间接故意的“认识因素”只能是对危害结果“可能会发生”的认识，不能是对危害结果“必然会发生”的认识。这实际上意味着，只要认定行为人对危害结果的发生存在必然性认识，其罪过形式只能是直接故意或希望的故意。据此，案中的A无疑认识到了机毁人亡的必然性，应属于直接故意。然而，对于A在当时的主观心理，其“意志因素”究竟属于何种状况，我们不得而知。就适用我国刑法的故意规定而言，也无须了解A所具有的实际主观意志，因为无论如何，只要认识因素是对必然性的明知，就笃定是直接故意，而且，就可以认定其主观意志为“希望”。显然，这里的“希望”既可能与A的真实意志一致，也可能不同——A在实施行为时，其内心完全有可能“不希望”（否定）有人死亡，或对于他人死亡与否持一种无所谓或不关心的“放任”（回避）的态度，这两种主观意志状态的确有别于“希望”，事实如此。我国刑法理论将这些情形都归为直接故意，实际上是一种法律上的推定，其根据在于，行为人明知其行为必然会发生危害结果，仍然不放弃实施该行为，就是明知故犯，与追求无异。然而，对于美国刑法而言，要认定A对死亡结果的犯意形式，必须确认其主观意志是“希望”，还是“放任”，抑或“不希望”。因为美国刑法的“蓄意”与“明知”所包含的“意志因素”都以案件的事实为准而不存在推定。具体而言，“蓄意”所要求的“意志因素”是事实上的“希望”，不能包括事实上的“放任”或“不希望”，这两种情形属于“明知”的“意志因素”。据此，无论案中的A对死亡结果发生具有可能性认识还是必然性认识，只在其追求死亡结果时才能被认定“蓄意”谋杀，否则，恐怕只能认定普通杀人罪。除非，诈骗保险金是一个重罪，可以构成“重罪—谋杀”（实施重罪过程中导致死亡结果）。

学习和研究英美刑法，不应当从我国学界更为熟悉的大陆法系刑法和我国刑法的概念逻辑出发，更不能简单套用，而应从英美刑法自身的语境中领悟其术语的应有内涵。

## 三、英美刑法的多样存在

在与大陆法系及我国等刑法的比较中,英美刑法呈现出了鲜明特色,但就英美刑法本身而言,并非铁板一块。英美法系中,除了少数地方的刑法具有其他法系色彩之外,即使是普通法主导的地方,各法域的刑法也存在一些差异。如前所见,英美法系各法域在渊源上就有所不同。英国和澳大利亚普通法司法区的一些州没有刑法典,美国则普遍制定了刑法典;加拿大只有一部全国通用的刑事法典,而美国联邦和各州都有自己的刑法典;等等。而且,各法域刑法的结构和内容也不尽相同。

例如,英美刑法大多实行"犯罪要件"与"抗辩事由"组合而成的"双层结构"犯罪成立模式,[28]其中"犯罪要件"包括"犯行"与"犯意"两个方面。但在澳大利亚,"犯行"、"犯意"与"缺乏(或排除)有效抗辩事由"被认为是三个犯罪要件,即犯罪成立模式是"三维结构"(the three - fold structure)。

再如,英美刑法的"犯意",如前所述,美国分为"蓄意"(purposely)、"明知"(knowingly)、"轻率"(recklessly)和"疏忽"(negligently)四种类型;但是,英国刑法的"犯意"通常只有"intention"、"recklessness"和"negligence"三种类型,其中,"intention"包括"direct intention"和"indirect intention",分别与美国的"蓄意"(purposely)和"明知"(knowingly)相对应。可见,英国的"intention"实际上包含了美国的"purposely"和"knowingly",显然,包含了"蓄意"(purposely)和"明知"(knowingly)的"intention"就不宜再被称为"蓄意"。同时,英国的"recklessness"依照不同的标准界定,也有广狭二义:一是与"negligence"并列,二是包含了"negligence"。此外,与美国刑法的罪过形式相比,加拿大刑法实践将"有意失明"或者"视而不见"(wilful blindness)作为介于"明知"与"轻率"之间的独特犯意类型。

又如,印度和新加坡的刑法典中有三种其他英美法系法域所没有的特别规定——"例解"(illustration)、"说明"(explanation)和"例外"(exception)。这些规定不属于刑法典条文的正文;但在条文正文之下,附着于正文的内容而存在,与正文具有同等的法律效力,其作用是以不同方式从不同方面解释刑法法条正文的规定。

诸如此类,英美刑法各个法域的大小区别不胜枚举,不一而足,各有各的体系和特色。因此,要真正地或准确地了解英美刑法,唯有分别研读其各个具体法域的

---

〔28〕 参见储槐植:《美国刑法》(第2版),北京大学出版社1996年版,第1~5页。

文本和著述,而不能指望一本笼统的"英美刑法"或"英美刑法学"。[29] 然而,我国学界以特定法域来介绍英美刑法的学术著作寥寥无几,似乎只有储槐植教授于1987年推出的《美国刑法》和刘士心教授所著《美国刑法中的犯罪论原理》。其实,不止于英美刑法,就连我国刑法学界特别青睐的欧陆刑法,也没看见我国学者撰著专门介绍和研究其中某个法域刑法的著作。总之,无论英美刑法还是欧陆刑法,我国学界不仅缺乏针对特定具体法域的专门成果,而且除了数量有限的译作之外,即便是笼统介绍和概而论之的成果也不多——其中,英美刑法的情况又远不如欧陆刑法。遗憾的是,国内这些年且至今就是用如此有限的中文资料进行相关教学,为相关理论和实务研究提供参考。这些资料的使用者(主要包括刑法专业硕士生和博士生、高校刑法教师和法学研究人员、立法和司法实务工作者)往往在汲取到一些知识养料的同时,常常也容易被误导。[30] 鉴于此,笔者就想尝试以不同的具体法域为单位来介绍和讨论英美刑法,并且希望能够让读者感受到英美刑法的独特语境。

当然,英美法系法域众多,难以一一关照,况且,每个法域的刑法都博大精深,难免挂一漏万。因此,笔者选取了英美法系中或典型或不典型的5个国家的刑法作为本书的内容,旨在从不同的具体法域中窥斑见豹。不过,深入进去才发现,想要真正从体系上把握一个域外具体法域的刑法并非易事,除了语言上的困难(尤其是英美法律文献中喜用超长的语句以及普通法经年日久在不同时代积累起来的判例),更有文化背景及其导致的思维方式上的障碍。还有本书所选的5个实行英美刑法的

---

〔29〕 例如,赵秉志主编的《英美刑法学》(中国人民大学出版社2004年版)第8章第11节"无意识行为"中,分别介绍了美国、英国、印度、马来西亚、新加坡和我国香港地区观点(参见该书第189~192页),但该书的绝大部分内容没有这样做,只是概而论之。

〔30〕 曾经引起全国关注的许霆在ATM恶意取款案件,当时就有人以英国的类似案例被认定为"theft"为由,用以支持许霆案的盗窃罪结论。在笔者看来,无论许霆是否应当被认定为盗窃罪,英国的类似案例与我国刑法中的盗窃罪无关。在发生程序错误的ATM取款,其行为样态不过是一种"错递"而已——由于受损失一方的错误而给付被告人不应得的利益,如果被告人不予退还,实际上是一种"不当得利"的侵占行为。然而,英国刑法中的侵占罪(embezzlement)属于广义上的"theft",规定于Theft Act[《(侵犯)财产罪法》],显然不是狭义的盗窃罪,并且,如果实践中难以区分侵占罪与狭义盗窃罪的界限时,就可以直接认定广义的盗窃罪。因此,无论"错递"能否归属于侵占,都可以被归为广义的盗窃罪。国人只看到英国的案例被认定了"theft",却未注意其广狭二义之分,以为这个认定是与我国刑法相同的狭义盗窃罪,于是相提并论,作为旁证。试想,如果国内的有关出版物能够更具体地讲清英美刑法的内容,就可以避免这种偏差。[参见夏勇:《许霆案的定性与盗窃罪的行为要件》,载赵秉志主编:《中国疑难刑事名案法理研究》(第4卷"许霆案件的法理争鸣"),北京大学出版社2008年版,第241~242页]

国家，彼此间还存在如前所述的诸多不同，甚至其英语表述也各有自己的习惯和特色。为了避免使读者陷入误区，笔者不得不花费大量时间琢磨有关原版资料，将这些法域以及相关法域的刑罚文本与理论成果结合起来加以对照，从总则性原理到众多的具体罪名，认真厘清有关内容的含义和内在逻辑，反复斟酌如何给出恰当的中文表述。[31]

无论如何，经过一番乌龟爬行般的艰苦努力，总算将英美刑事最具有代表性的5国刑法各自体系和主要内容展现出来。这种展示既尊重其自身的存在方式，也融入了笔者的观察视角和研究心得。同时，考虑到5国刑法毕竟存在共性，故在照顾到有关各国刑法体系全局性的同时，尽量避免重复，对其不同部分的讨论内容做了一些轻重不同和容量多少的取舍。当然，由于主客观条件的限制，疏漏和瑕疵在所难免，待经读者检验后再做修订。

---

〔31〕 例如，《加拿大刑事法典》（Criminal Code of Canada）、《澳大利亚联邦刑法典》（The Criminal Code）、《印度刑法》（Indian Penal Code）均有中文译本，对此，虽本书有所参照，但没有简单套用。本书对这些法典规定的罪名给出的每一个译文表述，都是笔者直接琢磨原文的结果。本书中许多罪名的译法，有别于现有的中文译本。

# 第一章　英国刑法

"……17 世纪至 19 世纪末的数百年中，随着英国殖民地的扩张，英国法渗透到了众多的国家与地区，形成了一个庞大的富有特色的世界性法律体系——英吉利法系，其影响波及了世界各地，从而和大陆法系一起，构成了近现代世界法律制度的基础。"[1]英美法系中，英国的法律与其他国家和地区的法律之间是"源"与"流"的关系，刑法亦不例外。了解英美刑法，不能不从英国开始。

## 第一节　英国刑法的历史沿革

英国刑法的发展，可以从古英国时期、英国封建时期和近代以来的英国三个大的阶段来考察。

### 一、古英国时期的刑法

公元 407 年，走向衰弱的罗马帝国撤出了不列颠，取而代之的是欧洲大陆日耳曼人的一个分支——盎格鲁·撒克逊人。由此开始了古英国时代，也称盎格鲁—撒克逊时期，直到 1066 年被诺曼人征服。这一时期，由于长期的部族征战导致古英国缺乏强有力的中央政权，缺乏统一的法律和司法体制，各王国分散的习惯法占据统治地位。尽管如此，这一时期对于英国法律的初期定型还是起到了不可或缺的铺垫作用。需要指出的是，虽然普通法来自最初的不成文习惯，但不能认为普通法就是不成文法（unwritten law）。事实上，当时各个王国都有自己的成文法典，影响较大的如《埃塞尔伯特法典》（Aethelbret's Code）、《伊尼法典》（Laws of Ine）、《阿尔弗雷德法典》（Laws of Alfred）等。这些法典来自习惯法的裁判活动，正是日后英国普通法的基础。

---

〔1〕 何勤华主编：《英国法律发达史》，法律出版社 1999 年版，"序"第 1 页。

从这一时期的法典中,后人们归纳出刑法的内容——犯罪与刑罚。英国法学家詹姆斯·史蒂芬(Sir James Fitzjames Stephen,1829—1894)就将当时法典规定的犯罪归纳为四大类:(1)侵犯政府利益的犯罪,包括密谋危害国王或其随从、庇护被放逐者、密谋危害庄园主、在教堂或国王的住所打斗、破坏国王的和平与保护、藐视权威等行为。(2)违反宗教与道德的犯罪,包括直接违反教规戒律、在教堂圣地打斗、异教、不贞、通奸、乱伦等。(3)侵犯人身的犯罪,包括杀人、强奸、伤害、猥亵等。(4)侵犯财产的犯罪,包括盗窃、抢劫、夜盗、纵火等。在这些规定中,甚至还涉及故意与非故意的区分、因果关系的中断、具有正当性的抗辩事由等内容。[2]

但在严格的意义上,与其说这些行为是犯罪行为,不如说是违法行为。换言之,在这些所谓的"犯罪"中,只有一部分称得上真正的犯罪,这就是法律后果为死刑、肉刑、罚金的行为。除此之外,以行为人向受害人支付的赔偿金或补偿金为法律后果的行为,在性质上往往模糊。例如,根据《阿尔弗雷德法典》,打断他人手指的行为,法律后果不过是以其打断手指的不同而向受害人支付不同数额的赔偿金罢了。这些严重伤害身体的行为到底是犯罪还是民事违法行为呢?当时,即使是死刑和肉刑,往往也是个人之间复仇的一种表现,具有私力救济的特征,由受害人向行为人实施。当然,这种私力救济的复仇已经有了限制,要获得当权者批准才能实施。这表明,实为私刑的个人复仇正在向作为刑罚的公共制裁转变。向国王缴纳的罚金也反映了这种转变,其公共处罚性质与私人之间的赔偿金性质形成了区分。

世界各国早期的法律都经历了"诸法合体"的阶段,都没有独立的刑法形式和内容,显然,英国亦不例外。只是,与我国"以刑为重"的古代法律特色相比,英国古代法似乎是"以民为先",个人之间赔偿或补偿的民事责任色彩浓厚。而且,由于这个时期的英国法律是分散的,其中包含的刑法成分也是零散的,因各王国的统治地域而异,带有浓厚的习惯法色彩。但无论如何,英国的刑法就在这不同文本及其混杂和模糊的法律后果中渐露端倪。

## 二、英国封建时期的刑法

1066年诺曼底公爵威廉征服英国后,英国的法律制度发生重大变化。诺曼人威廉要占据从撒克逊贵族那里夺来的土地,镇压农民的反抗,不得不加强王权,实行中央集权制。由亲信顾问组成御前会议,协助国王统制全国行政、司法和财务等

---

〔2〕 参见何勤华、夏菲主编:《西方刑法史》,北京大学出版社2006年版,第298~313页。

事务。为了缓和与盎格鲁·撒克逊人的矛盾,征服者威廉继续保留地方自治权和日耳曼人的习惯法,但同时又从御前会议派出国库专员监督地方政权、巡回征税和审理涉及税务的诉讼。后来的亨利二世(1154—1189年在位)实行司法改革,扩大专员的审判权,并在这些专员的基础上建立中央巡回法院,进一步削弱各地封建领主的司法审判权,吸收骑士和富裕农民为陪审官参加某些审判活动。专员被委派到各地,充当巡回审判的法官。凡是他们认为正确、合理且与国王的立法不相抵触的习惯和惯例,便被确认为判决的依据。各地巡回法官经常聚集在中央所在地维斯特敏斯特交换意见,彼此认可各自的判决,从而使一些被引为判决依据的习惯法原则成为通行于全国的具有普遍性的法律,而这些法律又是以判例的形式出现的,这就是所谓的“普通法”(common law)。[3] “在刑事案件上,普通法的根据是诺曼人征服英国以前的盎格鲁·撒克逊法的原则和惯例。”[4]

普通法既是英国法律的最大特色和突出传统,也是英国法律的基本渊源,英国刑法亦不例外。在那一时期形成的英国普通法罪名至少有:谋杀罪(murder)、非预谋杀人罪(manslaughter)、重伤罪(mayhem)、绑架罪(kidnapping)、非法监禁罪(false imprisonment)、诈骗公共收入罪(cheating the public revenue)、大逆罪(high treason)、包庇叛逆者罪(misprision of treason)、叛国行为罪(compounding treason)、蔑视君主罪(contempt of the sovereign)、渎职罪(misconduct in public office)、拒绝执行公职罪(refusal to execute public office)、妨碍司法罪(perverting the course of justice)、蔑视法庭罪(contempt of court)、制作假证据罪(fabrication of false evidence)、脱逃罪(escape)、放纵脱逃罪(permitting an escape)、越狱罪(breach of prison)、劫狱罪(rescuing a prisoner in custody)、妨害公众安宁罪(public nuisance)、有伤风化罪(outraging public decency)、串谋诈骗罪(conspiracy to defraud)、合谋破坏公共道德罪(conspiracy to corrupt public morals)、共谋冒犯公共利益罪(conspiracy to outrage public decency)等。不过,有几种犯罪是否为普通法罪名,尚存争议,这些罪名包括侵袭罪(assault)、殴打罪(battery)、以抢劫意图侵袭罪(assault with intent to rob)、强奸罪(rape)、以强奸意图侵袭罪(assault with intent to rape)等。

普通法还提供了一些刑法的一般原则和犯罪的基本范畴,包括煽动(incitement)、共谋(conspiracy)、预备(attempts)、主犯(principals)、从犯(accessories)、刑

---

〔3〕 参见中国大百科全书总编辑委员会《法学》编辑委员会、中国大百科全书出版社编:《中国大百科全书·法学》,中国大百科全书出版社1984年版,第461页。

〔4〕 A. L. Morton, *A People's History of England*, London:Lawrence & Wishart Ltd. 1951. ,p. 95.

事责任(criminal responsibility)、精神错乱(insanity)、胁迫(duress)等。这些概念表明,普通法已将刑法与民法明确区分。所有的犯罪都被视为危害"国王的安宁"(King's peace)的行为。[5]

由于普通法来自早期的习惯法,其内容是较为简单的社会生活的反映。随着社会关系的日益复杂,维护各种秩序的需要大大超出原有习惯的范围,促使统治者选择使用更加主动的"制定法"(statute law)。制定法是指由议会制定和颁布的法律文件。英国议会自1215年颁布《大宪章》后,其制定法表现为法令(act)形式。1351年《叛逆罪法》(Treason Act)和1494年《夜盗罪法》(Burglary Act)等都是这一时期有代表性的刑法制定法。[6]

与盎格鲁—撒克逊时期的刑法比较,这一时期由于教会法的影响,那种主要以客观损害作为犯罪成立条件的"严格责任"或者"客观主义"倾向朝着强调主观恶意的方向转变,所谓"恶意"(malice),带有明显的道德贬抑色彩。尽管如此,盎格鲁—撒克逊时代形成的一些刑法定式仍然延续了很长一段时间,直到13世纪,在意外事件、正当防卫、未成年人和精神病人造成损害的情况下,都还构成犯罪,只是可以减轻处罚而已。但无论如何,英国封建社会的刑法开始确立了主观因素是认定犯罪的必要标准。

这一时期还有一个重大事件值得注意:1215年国王约翰签署《大宪章》。这部限制王权的法律文件在英国宪政和法治史上有重大影响,对于英国乃至世界的刑法都有特殊意义。当代刑法中最重要的"罪刑法定原则"和"罪刑相适应原则"均被认为在《大宪章》中已有萌芽。[7]

这一时期的刑罚呈现出一些新特点:第一,没收财产。该刑种作为附加刑适用,即适用于犯了叛逆罪和重罪被判死刑者。具体而言,犯叛逆罪者的土地和其他财产被没收归国王所有;犯重罪者,其土地被没收,在国王占有一年零一天后该土地返还给领主,其动产归国王所有。此外,某个物体直接或间接导致他人死亡,则该物体无论是否有生命,都要被没收归国王所有。第二,死刑替代。主要有两种渠道。一种是僧侣特权,即神职人员犯罪后不受世俗法院管辖而由宗教法庭审理,后来扩展到在教堂工作的非神职人员。该种特权的适用主要限制在重罪(不包括严重的

---

〔5〕 参见何勤华、夏菲主编:《西方刑法史》,北京大学出版社2006年版,第314页;何勤华主编:《英国法律发达史》,法律出版社1999年版,第400~401页。

〔6〕 参见何勤华主编:《英国法律发达史》,法律出版社1999年版,第401~402页。

〔7〕 参见何勤华、夏菲主编:《西方刑法史》,北京大学出版社2006年版,第314页;何勤华主编:《英国法律发达史》,法律出版社1999年版,第316~321页。

叛逆罪和轻罪)。享有特权的人员犯罪后可以在宗教法庭上通过宣誓来洗清罪名。因当时叛逆罪和重罪的基本刑为死刑,僧侣特权等于给了逃脱死刑的机会。该种特权直到1827年才被废除。另一种是庇护所与发誓弃绝,即犯罪人逃到庇护所并发誓"弃绝"而免予刑事处罚。弃绝,是指永久放弃英国国籍并不回英国,其后果是失去一切动产和不动产,妻子被视为寡妇(可见当时的妻子也被视为丈夫的一种特殊财产)。该制度在1624年被废除。两种制度在当时客观上起到了减少死刑的作用。第三,亲缘中断。这是犯罪后附带的民事后果,即犯有叛逆罪或者重罪的人与其亲属之间的关系被切断,相关人员对犯罪人财产的继承权丧失。

## 三、英国近代以来的刑法

1640年开始的英国资产阶级革命历经40多年,确立了君主立宪制,为英国资本主义道路扫清了障碍,对世界产生了深远的影响。但是,由于这次革命的过程中充满了曲折、妥协、保守和渐进的特征,使英国刑法在革命后相当长的一段时间内仍沿着过去的轨迹前行,直到18世纪,才有了实质性的变化。

犯罪与刑罚作为刑法的两大内容,18世纪英国刑法最突出的变化是其中的犯罪部分,表现为原有罪名规制范围的扩展和新罪名的增加,主要涉及侵害财产、破坏市场秩序和扰乱公共秩序的行为。例如,盗窃罪的对象突破了过去不能是不动产附着物、动物、无主物的限制,将银行职员贪污银行或存款人的票据、股息、证券、契约、公债、金钱的行为作为重罪,凡故意虚报事实意图骗取钱财的行为构成轻罪,将伪造银行票据、契约、医嘱、背书、转让证明意图骗取钱财的行为规定为重罪,将损害鱼塘、树木、房屋、交通收费站、水门、水闸、矿场、机器以及损坏河道致使土地被淹、显示错误信号欲使船只陷入危险等破坏不动产的行为加以犯罪化。此外,博彩活动、伪造货币、走私、非法狩猎、妨碍司法等行为也被刑法严厉禁止。在大量行为被五花八门的制定法加以犯罪化的同时,相应的刑罚呈现出多样性和严苛性,刑罚种类集英国历史之大成,包括死刑(绞刑、斩首、肢解、火刑等)、流放、终身监禁、有期监禁、没收土地或动产等财物、剥夺担任职务或继承人等资格、对身体进行残害或烙印等肉刑、鞭刑、苦役、枷刑、浸刑等。[8] "18世纪的英国刑法是最为严厉

〔8〕 参见何勤华、夏菲主编:《西方刑法史》,北京大学出版社2006年版,第314页;何勤华主编:《英国法律发达史》,法律出版社1999年版,第322~326页。

的。"[9]1764 年,意大利人贝卡利亚推出《犯罪与刑罚》一书,深刻地影响了欧洲大陆乃至世界,英国存在的古老酷刑也开始解冻。例如,19 世纪英国的死刑被逐步削减,从侵犯人身的犯罪来看,死刑仅适用于谋杀、强奸、虐待 10 岁以下女孩、鸡奸、以投毒或其他损伤身体的方法的预备谋杀行为,而至 1841 年,强奸、虐待 10 岁以下儿童不再适用死刑,至 1861 年,预备谋杀和鸡奸犯罪的死刑被废除;从侵犯财产犯罪来看,1832 年废除了盗窃家畜的死刑,1835 年废除了盗窃信件的死刑,1837 年废除了伪造罪的死刑,等等。到了 19 世纪后期,适用死刑的犯罪只剩下叛逆、谋杀、暴力海盗、针对造船厂或兵工厂纵火等。[10]

与上述内容相适应,19 世纪的英国刑法以国会制定的单行法律表现出来,如《侵犯人身犯罪法》(Offences Against the Person Act, 1861)、《从犯和教唆犯法》(Accessories and Abettors Act, 1861)、《刑法修正法》(Criminal Law Amendment Act, 1885)、《骚乱罪(损害)法》[Riot (Damages) Act, 1886]等。20 世纪的单行刑事法更是数量大增,如《性犯罪法》(Sexual Offences Act, 1956)、《杀人罪法》(Homicide Act, 1957)、《刑事程序(精神耗弱)法》[Criminal Procedure (Insanity) Act, 1964]、《谋杀罪(废除死刑)法》[Murder (Abolition of Death Penalty) Act, 1965]、《危险毒品犯罪法》(Dangerous Drugs Act, 1965)、《刑法法》(Criminal Law Act, 1967)、《侵犯财产罪法》(Theft Act, 1968)、[11]《未遂犯罪法》(Criminal Attempts Act, 1981)、《计算机滥用法》(Computer Misuse Act, 1990)、《刑事司法法》(Criminal Justice Act 1925)、《非法使用交通工具法》(Aggravated Vehicle - taking Act, 1992)等。为了适应飞速变化的社会情势,许多制定法的内容不断修改。例如,自 1855 年以来,《刑事司法法》至今已有 10 多个版本,《性犯罪法》至少也有 1956 年、1967 年、1976 年和 1985 年几个版本。这些立法使大多数普通法罪名逐渐成为制定法罪名,有的普通法罪名则被废除,同时创造了普通法不曾有过的罪名。制定法也对普通法上的刑罚种类进行筛选并与时俱进地加以变更。意味深长的是,英国刑法史上不乏法典化的努力,且在地理上与普遍颁布法典的欧洲大陆接近;但英国未受大陆法系法典的影响,法典形式始终不被英国社会接受,使英国至今仍然是没有刑法典的国家,在世界上极为罕见。

---

〔9〕 James Stephen, *A History of the Criminal Law of England*, Volume Ⅰ, US: Macmillan and Co., 1883, p. 489.

〔10〕 See James Stephen, *A History of the Criminal Law of England*, Volume Ⅰ, US: Macmillan and Co., 1883, 1883, pp. 216, 472 – 475.

〔11〕 关于"theft"的译法,参见本书"绪论"和本章第七节之"侵犯财产的犯罪"。

在英国刑法的长期发展中，从事相关理论研究的专家及其成果功不可没，突出的有布雷克顿（H. D. Bracton，约1216—1268）及其作品《英格兰的法律和习惯》（*The Laws and Customs of England*）、爱德华·科克（S. Edward Coke，约1551—1634年）及其共13卷的《法律报告》（*Law Reports*）和4卷本的《英格兰法律要义》（*Institutes of the Lawes of England*）、布莱克斯通（Willian Blackstone，1723—1780）及其《英国法律分析》（*An Analysis of the Laws of England*）和《英国法律释义》（*Commentaries on the Laws of England*）、杰里米·边沁（Jeremy Bentham，1748—1832）及其《道德与立法原则》（*An Introduction to the Principles of Morals and Legislation*）、詹姆斯·史蒂芬（James Fitzjames Stephen，1829—1894）及其《英格兰刑法史》（*A History of the Criminal Law of England*）、科特内伊·肯尼（Courtenay Stanhope Kenny，1847—1930）及其《肯尼刑法原理》（*Kenny's Outlines of Criminal Law*）、格兰维尔·威廉姆斯（Glanville Llewelyn Williams，1911—1997）及其《刑法教科书》（*Textbook of Criminal Law*）、约翰·史密斯（John Cyril Smith，1922—2003）和布廉·霍根（Brian Hogan，1933—1996）及其《刑法》（*criminal law*）等。

19世纪末开始，英国的刑法学者陆续推出有影响的教科书。20世纪以来最负盛名的至少有上面提到的3部：J. W. 塞西尔·特纳的《肯尼刑法原理》（*Kennys Outlines of Criminal Law*）、[12]格兰维尔·威廉姆斯的《刑法教科书》（*Textbook of Criminal Law*）、约翰·史密斯和布廉·霍根的《刑法》（*Criminal Law*）。100多年来，不断修订的这3部教科书前后相继并互有交集地广泛用于英国大学的法学院教学，成为英国刑法的理论经典，深刻地影响几代律师和司法工作者的观念和实践。

## 第二节　英国刑法的犯罪概念

刑法作为规定犯罪与刑罚的法律，总是必须首先回答什么是犯罪，即犯罪概念。只不过，不同法域在回答这一刑法基本问题时，理念和着眼点各有不同。

---

〔12〕“在各国的刑事法学界，如果不是特别无知的话，谁都知道肯尼和他的《刑法原理》。自1902年初次出版以来，《刑法原理》一书一版再版，一印再印，迄今已出版十九次，印刷二十七次。其中，前十二部都是由肯尼本人编写的。在肯尼逝世后，他的学生、同事J. W. 塞西尔·特纳又多次编写这部名著的新版本。”参见［英］J. W. 塞西尔·特纳：《肯尼刑法原理》，王国庆、李启家等译，华夏出版社1989年版，“译者的话”第1页。

## 一、英国刑法的犯罪定义

犯罪是刑法最基本的概念。讨论犯罪概念,无疑是为了揭示犯罪的内涵和外延。在大陆法系和我国,通常会对犯罪概念给出一个定义,然而,英国刑法学者却普遍不会给出这种定义,在他们看来,给犯罪下定义是很困难的,甚至几乎是不可能的。

《肯尼刑法原理》的作者塞西尔·特纳"开宗明义"地指出:"犯罪的定义总是被视为一大难题。肯尼教授在本书的第一版中曾讨论过这一问题。……问题的真相似乎在于,至今尚无令人满意的定义可言,而且,也不可能找到一个对英国法有价值的、关于犯罪的法律定义。"〔13〕尽管如此,特纳还是沿袭了肯尼时代努力给犯罪概念下定义的做法:"用近似精确的话来说,几乎每一犯罪都全部具有如下三大特征:(1)犯罪是由人的行为引起的而为国家主权所希望阻止的一种危害;(2)在所选择的预防措施中包括刑罚之威吓;(3)某种特殊类型的法律程序被用以决定被告人实际上是否引起了危害,并依据法律确定这样做应受惩罚。"〔14〕这显然相当于一个"实质"与"形式"相结合的犯罪概念。在特纳看来,犯罪的实质是危害社会,最早出现"犯罪"一词的古罗马就是把危害行为称为犯罪。〔15〕不过,特纳还是敏锐地发现:"说犯罪是一种危害社会的违法行为,这固然不错,但并未把犯罪与侵权区别开来。两者的区别仅在于程度不同。"〔16〕"……这也不能给犯罪的性质下一个科学的定义,因为仅从对一个事物的无数特点中的一两个特点的说明是不能用来给这个事物下一个恰当的定义的。"〔17〕显然,需要下定义却难以下定义,不免纠结。

"很快就取代了自1902年问世以来一直被作为标准教科书的肯尼的《刑法原理》",而由史密斯和霍根所著的《刑法》一书首次出版于1965年,〔18〕该书第9版面世是在1999年。尽管该书第9版第2章仍以"犯罪的定义"为讨论主题,然而,"现在,以定义开始法律著作这种做法已经非常不时兴了。这是因为要界定某一具体

〔13〕［英］J. W. 塞西尔·特纳:《肯尼刑法原理》,王国庆、李启家译,华夏出版社1989年版,第1页。

〔14〕［英］J. W. 塞西尔·特纳:《肯尼刑法原理》,王国庆、李启家译,华夏出版社1989年版,第4~5页。

〔15〕参见［英］J. W. 塞西尔·特纳:《肯尼刑法原理》,王国庆、李启家译,华夏出版社1989年版,第2~3页。

〔16〕［英］J. W. 塞西尔·特纳:《肯尼刑法原理》,王国庆、李启家译,华夏出版社1989年版,第2页。

〔17〕［英］J. W. 塞西尔·特纳:《肯尼刑法原理》,王国庆、李启家译,华夏出版社1989年版,第4页。

〔18〕参见《刑法》第一作者约翰·史密斯"中文版前沿",载法律出版社2000年出版的该书中文版《英国刑法》(李贵方等译,法律出版社2000年版)。

法律分支的主题通常是很困难的;而在刑法中,我们比在任何其他法律分支中都更深刻地体会到了这一点。但是,如果一本刑法著作不告诉读者什么是罪行,那它实际上就是听任读者在这个问题上自由想象;确实,大家都认识到,存在着罪行的一种通俗含义,这种含义不同于罪行的法律含义,并且比罪行的法律含义要窄。一般法律著作必须以关注罪行的法律含义为己任;它必须告诉读者罪行是什么,或者至少是告诉读者,为什么很难告诉读者罪行是什么(在笔者看来,这里比'罪行'更为妥帖的中译方案应当是'犯罪'。)"。[19] 该书作者选择了后者,即为什么很难给读者一个犯罪的定义。一般而言,研究者可以指出那些成为犯罪的行为的某些普遍特性,这些特性主要有两点:社会危害和道德错误。但问题是,并非所有的危害社会行为或道德错误行为都是犯罪。[20] 其实,危害社会行为或道德错误行为是不是犯罪,与它自身的特性无关,而取决于立法:"当国会通过法律规定某一特定作为将成为一项罪行,或某一现在构成罪行的行为将不再成为罪行,行为本身的性质并没有发生变化,变化的只是行为在法律上的归属和分类。在有关法律通过生效之前和之后,行为的所有可以观察的特性都是完全一样的。因此,任何定义罪行的尝试都面临着这样的困难:它可能在某一行为在法律上已经不再是罪行的情况下仍然将它包括在罪行的定义中,或者在某一罪行在法律上已经成为罪行的情况下仍然将它排除在罪行的定义之外。直到 1961 年 8 月 3 日之前,自杀是一项罪行,但是自从 1961 年 8 月 3 日以后,根据《1961 年自杀法》,自杀却变成完全合法的了。年满 21 周岁的男性之间秘密发生的同性恋行为在 1967 年 7 月 21 日之前构成犯罪,而根据《1967 年性犯罪法》,这样的行为是可允许的。有关行为的性质,它们的道德性和不道德性,以及它们的后果,并不会在一夜之间就发生变化;但是它们的法律上的性质却完全可能如此。"[21]

罗杰·吉里在其编写的《刑法基础》正文第 1 页第一个大标题"刑法简介"(Introduction to Criminal Law)之下的第一个小标题"犯罪定义"(The definition of a crime)的第一句话说得颇为形象:"要求一名学习刑法的学生就这个领域的主要内容进行定义,他会立刻陷入一种语言和思想的困境,这种困境如同第一次世界大战的步兵要成功到达被派往的高地而必须通过一片不可预知的雷区。其主要原因在于:犯罪的概念包括两种既不相同又有重合之处的含义:一种含义是指人的行为活

[19] [英]J. C. 史密斯、B. 霍根:《英国刑法》,李贵方等译,法律出版社 2000 年版,第 20 页。

[20] 参见[英]J. C. 史密斯、B. 霍根:《英国刑法》,李贵方等译,法律出版社 2000 年版,第 21 ~ 24 页。

[21] [英]J. C. 史密斯、B. 霍根:《英国刑法》,李贵方等译,法律出版社 2000 年版,第 20 ~ 21 页。

动;另一种含义是指官方地位,或者说,是附加于行为活动上的犯罪标签。因为同一个行为活动的官方地位很可能因时而变,就无法确立一个能让我们辨别任何行为是否犯罪的定义。当一个犯罪标签被立法者用于一个特定形式的行为或者从这个行为移除时,行为本身并没有改变而只是它的法律地位变了。基于行为进行犯罪定义的任何努力都包含着对一个行为具有犯罪地位和不具有犯罪地位的两种结论。"〔22〕鉴于此,学习刑法的学生犹如"患上了爆炸惊恐症"的士兵,用一个聚焦于犯罪标签而非行为之本来属性的"实用定义"来"寻求避难",就是"情有可原的"。所谓"实用定义",即犯罪是司法者或者立法者制定并通过刑事程序加以确定的行为。这对于初学刑法是明智之举,只是要记住,该定义并未回答犯罪行为的本来属性,也无助于把握何种行为应当是犯罪。〔23〕 可见,所谓"实用定义"不过是一个形式定义罢了,而非实质定义;或者说,是一个司法角度的定义,而非立法角度的定义。

但无论如何,上述作者都至少从实质上指出了犯罪具有的某种普遍性特征,只是肯尼和特纳揭示的是危害社会的特征,而史密斯和霍根增加了道德错误的特征——罗杰·吉里所称"a harmful effect on the public"和"immorality"。他们对犯罪特征的归纳和描述,以及对这些特征用于定义犯罪的局限性所作的分析,无疑都有助于对犯罪概念的把握。由此可知,刑法中的犯罪概念是行为本身(act 或者 behaviour)与"犯罪标签"的结合,行为本身的确存在社会危害或道德错误的特征或属性,但这些特征的界限往往模糊不清,如一个行为到底只是妨碍了私人权利(interference with private rights)还是具有公共危害(hanve a harmful effect on the public)?又如一个行为究竟是符合道德的还是不道德的?对这些问题,现代多元社会的判断和回答常常是大相径庭甚至截然相反的,因此,犯罪概念至多也只能有一个属于"标签"范畴的法律形式上的定义,不可能存在一个"本质"(nature)层面的定义。

## 二、英国刑法的犯罪分类

在普通法的传统上,英国刑法的犯罪分类在很长时期都是叛逆罪(treasons)、重罪(felonies)和轻罪(misdemeanours)。英国制定法认可并采纳了这种犯罪分类。

叛逆罪是一类古老的犯罪。根据 1351 年《叛逆罪法》,以下行为构成叛逆罪:第一,图谋杀害国王、女王或其长子和王储;第二,在国王的领土内发动对国王的战争;第三,在国王的领土内归附国王的敌人,在国王的领土内或其他地方给敌人以

---

〔22〕 [英]罗杰·吉里:《刑法基础》(影印本),武汉大学出版社 2004 年版,第 1 页。

〔23〕 参见[英]罗杰·吉里:《刑法基础》(影印本),武汉大学出版社 2004 年版,第 3 页。

帮助和鼓励,此种叛逆罪只有在战争状态下才能存在。按古代英国法,犯叛逆罪者一律适用死刑,同时,犯叛逆罪者的土地应被没收上交国王,而重罪者不一定都被处以死刑且其土地只是转给领主。可见,法律后果上的区别,是实际上属于重罪中最重之罪的叛逆罪被单独归为一类犯罪的基本原因。除了军法中的死刑,叛逆罪在英国是最晚被废除死刑的普通法罪名。此前,包括谋杀罪在内的普通法重罪已于1965年实际地废除了死刑。1969年上议院通过1965年《杀人罪法》,从而正式废除了谋杀罪的死刑,使叛逆罪的死刑在普通法罪名中鹤立鸡群,的确仍有理由作为独立的一类犯罪。一直以来,叛逆罪在法律后果上的严重性,决定了对它实行一些特殊的程序规则。例如,英国法律曾规定,在国外犯叛逆罪的人都可以在王座法庭受审。1945年《叛逆罪法》大大减少了叛逆罪和其他犯罪在程序方面的区别,但区别仍然存在。甚至1967年《刑事法令》取消了重罪与轻罪在实体概念和程序上的一切差别,却仍然明确规定该法不适用于叛逆罪。然而,英国已上百年未审理过叛逆罪案件。因此,叛逆罪作为单独一类犯罪,象征意义大于实际意义。随着1988年彻底废除包括叛逆罪在内的所有犯罪的死刑,该罪再作为特殊类别就完全无必要了。

最早的重罪主要有谋杀罪(murder)、非预谋杀人罪(manslaughter)、强奸罪(rape)、盗窃罪(theft)、破门入户罪(burgary)、抢劫罪(robbery)、放火罪(arson)、重婚罪(bigamy)等。一般说来,重罪之外的都是轻罪。常见的轻罪有伪证罪(perjury)、共谋罪(conspiracy)、诈欺罪(deception)、诽谤罪(libel)、骚乱罪(rout)、侵袭罪(assault)等。重罪与轻罪的区别最初主要有三:一是重罪一般没收财产,轻罪则不;二是重罪一般处死刑,轻罪则不;三是重罪被告人不能传唤证人和聘请他人为其辩护。后来,二者的区别发展成为:(1)重罪有主犯与从犯之分,轻罪则无;(2)重罪私了或隐匿重罪的行为是犯罪,轻罪则不;(3)重罪的嫌疑人可以被无证逮捕,轻罪不能;(4)重罪的嫌疑人不能缺席审判,轻罪不然;(5)重罪犯要被剥夺担任某些公职的资格,轻罪不必。无论重罪还是轻罪,都是要经过起诉审判的罪。但到16世纪,出现了一类在"四季法院"闭庭时无须陪审团出庭的简易审判的犯罪,[24]实体上属轻微罪行。这在客观上形成了两大类犯罪:经起诉进行审判的犯罪(包括原来的重

---

〔24〕"四季法院"又称"季法院"(Quarter Session),是指按照1388年的制定法建立的基层刑事法院,一年之中每季至少开庭一次。该法院设于郡或者自治市(borough),受理以起诉状起诉的、比较轻微的刑事案件。不服该法院判决的,向刑事上诉法院上诉。1971年通过并于1972年生效的《法院法》撤销该法院,将其与巡回法院合并改组为"刑事法院"。参见法学词典编辑委员会编:《法学词典》,上海辞书出版社1980年版,第151、424~425页。

罪与轻罪)和不经起诉简易审判的犯罪(轻微罪)。

1967 年英国通过《刑事法令》,正式废除了重罪和轻罪的划分,取而代之的是应予起诉罪(indictable offences)和简易审判罪(summary offences)。之所以不再坚持重罪与轻罪划分,是因为这种分类的界限比较模糊,往往出现重罪名的实际犯罪危害和刑罚后果都不及轻罪名的情况。对应予起诉罪,治安法院仅能预审,之后必须在刑事法院由陪审团参加审理。简易审判罪是由制定法创制的较轻微的犯罪,由治安法官独自简易审决。简易审判罪包括酗酒滋扰、娼妓、售货克扣分量、工厂机器缺乏保护设施、骚扰电话、向未满 18 岁人出售酒精饮料、夜入他人宅地、超速驾驶、出售匕首、唆使儿童逃学、妨碍警察执行职务、无执照出售酒类、非法入境和移民、在剧院演出色情节目、过量饮酒后驾车或执勤、伤害警察、为营利保存色情物品、虐待儿童、非法赌博、无照驾驶、伪造执照、伪造考试合格证书等。

一般认为,应予起诉罪和简易审判罪这种分类是英国刑法的一项重大改革,它基本上解决了大量轻微犯罪案件充斥刑事法院而使法院和国家都不堪重负的困境(非传统的轻微犯罪越来越多)。刑事法院 10 天审完一起案件乃司空见惯,治安法院一天审完十几起案件却不足为奇。简易审判效率高,成本低,适合轻微罪案件本身的性质,也符合纳税人的利益。英国绝大多数刑事案件是由治安法院以简易方式审结的。

应予起诉罪和简易审判罪在程序上不是绝对排斥的。许多犯罪的审判方式可以进行选择——既可以选择用简易审判的方式,也可以选择起诉(有陪审团)的方式。这是因为,同一个罪名的实际犯罪情形可能大相径庭。例如,同样是盗窃罪,既可能是一名少年从路边店偷了一些糖果,也可能是一名江洋大盗从银行里窃走了数百万英镑,这两个案件适用相同的程序显然是不合适也不公平的。1977 年《刑法法》(Criminal Law Act)以盗窃罪为例作了规定:数额在 200 英镑以上的盗窃属于应予起诉罪;数额在 200 英镑以下的盗窃属于简易审判罪;200 英镑左右未经审理不能确定为属于 200 英镑以上还是以下的,则由被告人自行选择审判方式。除了盗窃罪,还有诈骗罪和持有赃物罪等,都是属于"可选择审判方式的罪名"(offences triable either way)。在这个意义上,英国的犯罪可以被分为三类:其一,只能简易审判的犯罪(offences triable summarily only);其二,只能起诉审判的犯罪(offences triable only on indictment);其三,既可以简易审判也可以起诉审判的犯罪(offences triable either way)。

根据 1980 年《治安法院法》第 19 条的规定,"可选择审判方式的罪名"之案件究竟适用哪一种审判方式更为合适，决定权首先在法院，其听取控辩双方的意见并对案件情节作出合理考量后作出决定。但是，当治安法官决定一个案件应当由简易审判来处理，被告人仍然有权要求该案由刑事法院审理。不过，法院认为起诉审判的方式更为合适时，被告人无权坚持简易审判。被告人选择审判方式的后果可能影响定罪和量刑。一个犯有简易审判罪的人为了获得无罪判决可能选择有陪审团的审判，一旦定罪可能会被处以比简易审判更重的刑罚。例如，在剧院演出色情剧目，以简易程序审判时最高可处6个月监禁，以起诉程序则最高可处3年监禁。

## 三、英国刑法的刑事责任

刑事责任是犯罪的法律后果，也是刑法最直接的目的。相比定义犯罪概念，英国更看重犯罪成立的条件，而犯罪的成立条件就是承担刑事责任的条件。在英国，要一个人为其行为承担刑事责任（criminal liability），必须满足两个方面的条件：一方面，符合"犯罪要件"（the elements of a crime）；另一方面，排除"抗辩事由"（defences）。前者是积极的要件，通常包括"犯行"（actus reus）和"犯意"（mens rea）两个方面的要件，"犯行"是外在客观要件，"犯意"是内在主观要件。后者是消极的要件，通常可区分为"正当性事由"（justification）和"可原谅事由"（excuse），"正当性事由"具有合法性和价值上的肯定性，"可原谅事由"仅仅是在情理上存在值得宽恕的地方。总之，一个行为要成立某个犯罪，要行为人承担刑事责任，首先必须符合该罪要求的"犯罪要件"，其次还要排除"抗辩事由"。也就是说，不符合或不完全符合"犯罪要件"，或者完全符合"犯罪要件"但存在"抗辩事由"，都不能成立犯罪，不能要行为人承担刑事责任。

犯罪成立是刑事责任的前提，刑事责任的条件当然就是犯罪成立的标准。就犯罪要件之间的关系而言，一般要求行为同时具备犯行和犯意，即客观要件与主观要件都不可或缺。然而，英国历史上存在过犯罪成立只要求犯行而无须犯意的"严格责任时期"——"有证据表明，在整个欧洲的古代时期，凡是给他人造成重大损害的行为都要受到神的严厉惩罚。在这种情况下，使罪犯受到严重的痛苦是为了安抚受到亵渎的神灵。但是，与这种见解相联系并最终保留下来的，是这样一种观念：一个人当其所实施的行为造成了明显的损害结果时，他就应当对之承担责任。"〔25〕"一个人仅仅由于意外事故而杀死了另一个人，或者甚至是在有理由自卫的情况下

〔25〕［英］J. W. 塞西尔·特纳：《肯尼刑法原理》，王国庆、李启家译，华夏出版社1989年版，第6页。

杀死了另一个人,都必须承担杀人的罪责,并且只能在国王用他的仁慈批准通过赦免来免受刑罚。这个规则一直延续了几个世纪。”[26] 显然,这种所谓的“严格责任”实际上是绝对的“客观责任”或者客观的“绝对责任”。无论是为神承担责任的年代,还是进到为自己承担责任的时期,这种严格责任都使刑民界限难以区分。长时间存在严格责任的一个重要原因,恐怕是:“法院并不拥有调查人的心理活动的设备,并且对于精确地估价人的心理活动的可能也没有把握。直到1477年,首席法官布赖恩还用大量言论阐述了这个困难。他指出,‘众所周知,人的意图是不能调查清楚的,即使撒旦也不知道人的意图’。”[27] 随着近代心理科学的发展,人们认识到支配行为的犯罪心理必须成为犯罪成立的条件,而且刑事司法完全有能力判断犯罪心理。正是由于英国刑事司法曾经长期实行“客观主义”的“绝对责任”,威廉姆斯·格兰维勒才会在他的刑法教科书中把犯意放在犯行之前并予以长篇大论。[28]

当代英国刑法仍然存在“严格责任”(strict liability),但对其的理解已经不同于以往的绝对客观责任,而是:第一,大多数严格责任的犯罪仅仅意味着特定行为的个别要素不要求犯意,而不是说所有的行为要素都不要求犯意。第二,即使少数严格责任的犯罪完全不需要犯意,也只是意味着不需要证明该犯意,而不是说该犯罪没有犯意。第三,严格责任的犯罪允许被告人进行抗辩,即证明其不存在某种犯意。这本身也印证了严格责任的犯罪存在犯意,否则就不需要证明其不存在了。第四,严格责任的犯罪可能不存在“有意”和“明知”,但实际上总是存在某种“疏忽”,因此至少可用“疏忽”的犯意替代严格责任的“无犯意”。[29]

“严格责任”是刑事责任需要(证明)主观“犯意”要件的一个例外,与此类似,“事态”(包括“持有”)是刑事责任需要客观“犯行”要件的一个例外。同样,“事态”并非无行为,而只是“犯行”的一种特殊表现。此外,“不作为”与行为的关系以及行为未实施完毕的情形,也是英国刑法中“犯行”需要解释的问题。

除了“严格责任”,英国刑法中还有一种特殊的“代理责任”(vicarious liability)。这种责任主要适用于生产企业或经营公司的老板作为雇主情形,即雇主要为其雇员在受雇过程中的犯罪行为承担刑事责任或承担主要责任。代理责任是因为他人

---

〔26〕 [英]J. W. 塞西尔·特纳:《肯尼刑法原理》,王国庆、李启家译,华夏出版社1989年版,第10页。

〔27〕 [英]J. W. 塞西尔·特纳:《肯尼刑法原理》,王国庆、李启家译,华夏出版社1989年版,第12页。

〔28〕 See Williams, Glanville, *Textbook of criminal law*, $2^{nd}$ (London: published by Stevens & Sons Limited of 11 New Fetter Lane, Computerset by Promenade Graphics Limited, Cheltenham, and printed in Scotland, 1983), pp. vii – viii.

〔29〕 参见[英]J. C. 史密斯、B. 霍根:《英国刑法》,李贵方等译,法律出版社2000年版,第114~141页。

的行动产生的责任,这就不同于因为自己的行为产生的"严格责任"。但是,代理责任并非只是为他人的行为负责,而同样是在为自己的行为负责;只不过,由于雇主与雇员之间具有委托与被委托的关系,雇员的危害行为就牵连到了雇主,雇主只是因为自己未能确保危害不发生的行为而承担代理责任。显然,这是一种连带责任关系,本来长期存在于民事普通法中,鲜有刑事责任,只有公共妨害和刑事诽谤是两个例外,但制定法上的刑事代理责任却很多。代理责任在于,代理人的行为在法律上被视为委托人的行为,但是英国刑事司法在确定代理责任的时候,坚持审慎的态度,将其限制在合理范围而不至于扩大。另外,代理责任还与共同犯罪有所交集。[30]

法人责任和非法人团体的责任也是英国刑法中的特殊责任类型。在1842年伯明翰与格劳塞斯特铁路公司案中,法人由于未履行法定义务而被定罪,是较早认定法人犯罪的尝试。根据1989年以及之后的制定法,"人"可以是一定的"群体"——既可以是法人团体,也可以是非法人团体。这就使追究法人团体和非法人团体的刑事责任不再存在障碍。[31]

"未成年"和"精神病"都与刑事责任的确定有关,但二者又都属于被动或消极的抗辩事由。

在对英国犯罪成立标准一般架构及特殊处理有了一个整体认识之后,就可以更深入地观察这个框架中的各个部分了。

## 第三节　英国刑法的犯罪要件

如上所述,英国刑法的犯罪要件是犯罪成立的积极条件,它包括犯罪的外在要件与犯罪的内在要件,即"犯行"与"犯意"两个方面。

### 一、犯罪的外在要件:犯行

犯行(actus reus),是指除了"犯意"要件之外的一切客观外在的犯罪成立因素,包括作为、不作为、持有及事态、因果关系等几个问题。

(一)作为(act or behaviour)

"作为"是指积极的行为,即主动实施法律禁止事项的行为。作为通常以人的

---

〔30〕 参见[英]J. C. 史密斯、B. 霍根:《英国刑法》,李贵方等译,法律出版社2000年版,第195~204页。
〔31〕 参见[英]J. C. 史密斯、B. 霍根:《英国刑法》,李贵方等译,法律出版社2000年版,第205~214页。

举动为载体,但是举动还不等于作为。作为只能是“有意识地”(consciously)举动。对“有意识”的判断,主要取决于对“无意识”或“下意识”的不由自主的举动(automatism)的排除。也就是说,只要不存在各种“无意识”或“下意识”举动的情形,就属于有意识。

“无意识”或“下意识”举动的情形主要包括:(1)外力驱使下的某个举动。例如,A 紧抓 D 正握着刀子的手并用力向 V 刺去。(2)因外界惊吓身体条件反射导致的某个举动。例如,D 被突然的爆炸声惊吓将其扛着的重物掉落在 V 的脚上。(3)外力导致脑震荡期间的某个举动。例如,一个足球踢到了路人 D 的头上致其脑震荡而站立不稳,倒下时将身旁的另一名路人 V 撞下了河。(4)被人催眠或注射药物情况下的某个举动。例如,D 被犯罪集团的人员催眠产生迷幻并在催眠情况下杀害了 V。如果这些情形均不存在,则相应的举动就属于“有意识”的作为。

“无意识”或“下意识”的举动,是由外部原因引起的。与此不同的是,还有一些内部原因引起的举动,也不属于犯罪要件的作为。例如,精神病、癫痫病、动脉硬化、糖尿病、梦游等引起的举动。这些举动之所以不被归为犯罪要件的作为,显然也是因为它们是“无意识”或“下意识”的。不过,罗杰·吉里仅仅将外部原因导致的举动归为“无意识”或“下意识”,而将内部原因导致的举动视为与其相对的另一种类别。[32]

(二)不作为(omissions)

普通法上的犯罪行为要件基本等同于作为。因为普通法不要求公民承担采取行动保护他人的义务,除非本人直接或间接地同意这样做,一旦没有这样做,才违背了保护其他人的义务,有可能构成不作为的犯罪。这些极少数的不作为例外主要限于应警官要求帮助维护治安而不照办、担负维护社会治安的警官不履行职责、承担了营救船员和乘客责任的船长消极不加以营救、父母不抚养和不保护自己的孩子,以及对自己行为带来的危险不加以排除等几种情况。对此,制定法予以认可并对不作为犯罪作了更多的规定。不作为犯罪之所以必须以某种特定“义务”为前提,是因为如果发生一个作为,一定有特定的某个人实施了它,可以针对这个人定罪;如果存在一个不作为,则可以说世界上所有的不特定的任何人都“实施了”它,却不能针对不特定的多数人定罪。既然如此,要说某一个人“实施”了一个不作为,必须以承担特定义务为前提,从而将不作为限制在特定的个别人而非不特定多

---

〔32〕 参见[英]罗杰·吉里:《刑法基础》(第 2 版,影印本),武汉大学出版社 2004 年版,第 9 页。

数人。

本来,一些行为本身的特征决定了它只能是作为,例如杀人、伪造、阻止、欺骗等很难成为不作为,因为不作为并不能真正引起危害结果的发生,它只能放纵危害结果的发生;但在英国的司法审判中,往往将这种不作为的放纵认定为危害结果发生的原因,由此获得了相当于引起危害结果的作为的地位。当然,有的义务是可以获得和终止的,在判断不作为的时候需要注意获得或终止义务的时点。无论如何,不作为在广义上也是一种行为。只不过,英国的制定法并没有指明哪些作为形式的罪名也可以成为不作为犯罪,司法中的理解不免因人而异。尤其是,制定法中大量明显具有作为特征的犯罪,如上述杀人、伪造、阻止、欺骗等,何以从中理解出不作为,还是经常引起争议的问题。更为重要的是,不作为在事实上没有任何人去"实施"它,说某些人对某个事项负有作为的义务,从而可以说这些人一旦不履行特有的义务便在法律的意义上"实施"了它,只能属于例外。也就是说,刑法主要针对作为而非不作为。因此,不加限制地把制定法中的作为犯罪扩大解释到不作为,将动摇刑法的重心。然而,要限制不作为的范围,边界的确定就成为重要问题。

不作为犯罪大多或者首先与生命权利有关。侵害生命的不作为犯罪以维持他人生命的义务为前提,即为了存续他人生命,义务人必须主动地去进行一些相应的"维持"生命的活动——作为。这里有两点:其一,维持他人生命的义务只是针对少数人,如医生、救生员、消防员等,以及因自己行为给他人生命带来危险的人,即侵害生命的不作为犯罪,只能是少数人或个别人才能犯的,这就不同于侵害生命的作为犯罪,可以是任何人或绝大多数人都可能犯的,即除了执法、正当防卫、作战等特殊情形,要求所有人不能非法实施剥夺他人生命的作为,不剥夺他人生命的义务是普遍的,所以侵害生命的作为犯罪也具有普遍性。其二,即使被要求实施维持他人生命的义务,而义务人未履行该作为义务,还不等于一定构成不作为犯罪。例如,父母知道他们的新生儿患有严重的疾病需要手术才能保住生命,但手术将使患儿终生陷于生活的痛苦之中,父母因此拒绝了手术,患儿死亡,父母得到了法院的理解和原谅。同样是侵害生命,对不履行维持他人生命的义务与不履行不剥夺他人生命的义务,刑事司法掌握的标准往往有所不同。

英国刑法认可的不作为犯罪的特定义务来源有:(1)制定法规定的义务。(2)血缘或者亲属关系产生的义务。(3)合同或者契约产生的义务。(4)先前行为导致的义务。(5)承诺导致的义务。[33]

(三)事态(state of affairs)

即"事情的状态"。与不作为一样,"事态"也不符合作为所要求的"有意识的肌肉运动"(举动),也可以成为广义上的行为。不同的是,"事态"并不以作为的义务为前提。有的犯罪的成立以"事态"为行为要件的,包括两种情形:

1. 某种行为的伴随状态。例如,在醉酒与吸毒的状态下驾驶机动车。在英国的刑法理论看来,驾驶或开车这个行为本身并非犯罪,被评价为犯罪的是驾驶或开车过程中伴随的醉酒或吸毒的状态。但是,这种状态并非"肌肉运动",即不是作为,显然也不是不作为,而是酗酒或吸毒等作为产生的一种后果,这就呈现出一种"无行为"(驾车时并无酗酒或吸毒的行为,其发生在驾车之前,驾车时只是伴随了酗酒或吸毒所产生的状态)的情形。刑法为了规制这种情形,将此扩大解释为行为,从而能够满足犯罪构成的行为要件。

英国的刑事司法实践中,曾经有过机械运用"事态"标准的案例:如在 Winzar v. Chief Constable of Kent(温萨诉肯特警察局长)一案中,医院发现被担架抬来的 D 喝醉酒了,遂让其离开。D 倒在走廊里的椅子上后,有人报警。警察将 D 带到停在医院外高速公路上的警车里。依据《1972 年证照法》,D 被判为在高速公路上发现醉酒罪。又如在 Lansonneur 一案中,D 被警察强行从爱尔兰押解到英国,但她是个被拒绝入境英国的人,于是,根据《1920 年外国人法》,她被定罪。[34] 两个案例中的被告人都是因为身处特定地点,但他们之所以处于那些地点,不是基于自己的作为和不作为,而是由于外力强制使然——被动进入(不是作为)且无法退出(也不是不作为)。这样的处理自然招致非议。

2. 对某种物品的"持有"(possession)。例如,持有危险物质、毒品、武器、假钞等。存在"作为"或"取得"物品是"持有"的前提,"持有"是"取得"的结果,在这个意义上,可以把"取得"视为行为——"作为"。然而,由于某些物品不能随意持有(一定范围的违禁品),持有者完全可以放弃,而未放弃之前恰恰就是持有,在这个意义上,可以把"不放弃"视为行为——"不作为"。也就是说,"持有"往往同时包含作为与不作为,正好可以用来表示二者亦此亦彼界限模糊的情形。当然,一些情况下的持有并不需要本人主动取得物品,而是他人强行或者秘密"给予"的,或者最初的持有是合法的(自然也不属于刑法评价的行为),而后来变成了不合法,此时其

---

〔33〕 参见[英]罗杰·吉里:《刑法基础》(第 2 版,影印本),武汉大学出版社 2004 年版,第 10 页。

〔34〕 参见[英]J. C. 史密斯、B. 霍根:《英国刑法》,李贵方等译,法律出版社 2000 年版,第 195 ~ 204 页。

本人的“不放弃”（该物品），应属不作为，但刑法仍然强调持有，认定这是一种“事态”。与前一种事态不同，持有的事态被评价为犯罪的行为要件，不是基于某种非行为本身的“状态”，而是基于一定的作为与不作为。当然，不知情时获得某种物品而将其持有，或者对自己持有物品的合法性的不了解，这样的事态是否构成犯罪，还必须结合主观犯意的认定才能定夺。

（四）因果关系（causation）

刑法中的因果关系并非独立的犯罪要件，只是附属于行为与结果之间的判断问题——解决某个行为是否引起了某个结果，或者某个结果是否由某个行为所引起——前者是从行为判断结果，后者则是从结果判断行为。英国刑法中的因果关系问题侧重于后一种角度，即着眼于行为判断。具体而言，如果一种犯罪属于必须发生某种结果才能成立的“结果犯”，则要求控方在认定该种犯罪的行为要件（actus reus）时，必须证明被告人的该行为引起了所要求的某种结果。换言之，要认定某个行为是否符合“结果犯”中的行为要件（actus reus），必须确认结果的存在并且该结果是由该行为所引起。也就是说，对于“结果犯”中的结果，英国刑法并不将其视为此种犯罪类型的犯罪要件，而是将其视为判断行为要件的一个因素。无论“行为犯”还是“结果犯”，犯罪的客观要件都是行为而非结果。例如，英国刑法中的杀人罪属于“结果犯”，要求该罪的成立必须发生被害人死亡的结果，但死亡结果本身并非独立于杀人行为的犯罪要件，而是判断杀人行为的一个因素，即控方必须证明被害人死亡的结果是由被告人的行为所引起，才能确认被告人的行为是符合杀人罪之客观要件的杀人行为。在这个意义上，结果至多只是一个派生的要件。因此，英国刑法中因果关系问题的落脚点不是结果而是引起结果的原因，只有作为原因的行为才是犯罪的客观要件，因果关系问题始终围绕原因展开，正如“causation”这个词的本意那样，是指在结果发生之前并引起了结果的那个因素。虽然在“结果犯”中，结果及因果关系“这个问题几乎总是存在”，但就犯罪要件而言，“只要注意到成立犯罪必须有犯罪行为（actus reus）（几乎总是如此）这一规则就足够了”。[35] 可见，对于英国刑法来说，与其将“causation”翻译成“因果关系”，不如将其称为“原因”更为准确。

要判断一个行为是引起某个已经发生的结果的原因，通常要经过两个必要的步骤：判断“事实上的原因”（causation in fact）和判断“法律上的原因”（causation in

〔35〕［英］J. C. 史密斯、B. 霍根：《英国刑法》，李贵方等译，法律出版社 2000 年版，第 52 页。

law)。虽然法律上的原因是最终的判断结论，但事实上的原因是第二个步骤的判断基础。只有先行判断一个行为是引起某个已经发生的结果的事实上的原因，才能进一步判断该行为是否引起该结果的法律上的原因。两个步骤前后相继，不能不经第一步骤而直接进入第二步骤。[36] 第二步骤的判断结论可能与第一步骤一致，也可能相反。第二步骤的结论才能作为被告人承担责任的依据。

对事实上的原因的判断方法是所谓"but for"("要不是"或者"如果没有")问题公式：要不是(如果没有)被告人所为，结果还会发生吗？如果能够给出否定性的回答(结果不会发生)，则可认定该行为是该结果的事实上的原因；反之，如果给出否定性回答(结果仍会发生)，就不能认定该行为是该结果的事实上的原因。例如，在 R v. White(1910 年)一案中，被告人将氰化钾放入其母亲的饮料中，且母亲喝下了饮料，但医学鉴定表明，其母在毒药发生效力之前已经死于心脏病。按照"but for"问题公式，如果没有被告人的投毒行为，其母还会死亡吗？该案的回答是肯定的，即不能认定被告人的投毒行为是其母死亡的事实上的原因。对事实上的原因的判断标准是符合科学的经验法则或者以科学结论为基础的常识。

显然，"but for"的原因判断方法与大陆法系刑法理论中的"如无前者，则无后者"的因果关系标准——"条件说"如出一辙。以此判断已经发生的特定结果的原因，往往会形成多个原因前后相继的"原因链"(the chain of causation)，但不是原因链上的每个原因都产生刑事责任。也就是说，仅仅确认"but for"原因，并不意味着被告人就要对特定结果承担刑事责任。否则，每一个罪犯的父母都可以被认为导致了犯罪，因为没有他们的生育行为，他们孩子的犯罪就不可能发生！因此，要使一名被告人对特定结果承担刑事责任，不仅要确认其行为是该结果的事实上的原因，还必须进一步确认其行为是该结果的法律上的原因。法律原因并非严格意义上逻辑、事实或医学问题，而更多的是一个道德(moral)问题——被告人在道德上要为其行为的后果受到责难(blame)吗？在 McKechnie 案中，被告人用电视机砸被害人头部致其受伤，被害人到医院后经检查发现患有十二指肠溃疡急需手术，但头部受伤以致手术不能进行，被害人不久后死于溃疡。被告人被认为在法律上导致了被害人的死亡。从纯粹的事实来看，这个结论看似荒唐，因为导致死亡的医学原因是溃疡而非被告人造成的伤害。但是，作为道德归责，这个结论没什么不妥。当然，这个

[36] 也存在无法判定事实上的原因的特殊场合，此时只能直接判断法律上的原因。参见[英]威廉姆·威尔逊：《刑法理论的核心问题》，谢望原、罗灿、王波译，中国人民大学出版社 2015 年版，第 184 页。

结论有一个假定的前提——即使未被攻击受伤,被害人也会寻求医疗帮助。因此,被告人的行为实际上阻碍了对溃疡的正常手术处理。不过,道德责任过于抽象和宽泛,往往涉及政治和社会领域,容易引起争议,对此,刑法必须力避。诚然,被告人的行为是不是特定结果的法律原因,常常是政策选择的结果,而这种选择的背景因素和社会环境并非是刑法所关注的。

无论如何,在确定"but for"原因(事实上的原因)的基础上,英国要求审判法官就进一步确定法律上的原因指示陪审团,提供判断的规则。最基本的规则是:控方必须证明,被告人的行为是危害结果的"一个实在的和起作用的原因"(a substantial and operating cause)。在此,"实在的"是指原因对结果所起作用的程度不能是微不足道(slight or trifling)的,必须是大于最低标准(de minimis)的"显著的"(significant)"贡献"(contribution)。同时,"起作用的"意味着原因可以是多个,被告人的行为不一定是唯一的原因,也不非要成为主要原因。因此,两个或更多的人引起危害结果的情况下,很可能其中每个人都对造成危害结果有"显著贡献"(contributed significantly),但只要求陪审团考虑特定被告人的行为,其他人的事实无关紧要。例如,在一个铁路事故案件中,先是领班错误地安排了将轨道撤除,接着是火车司机未能保持应有的瞭望。尽管司机也要受到谴责,但这不影响法院确定领班的刑事责任。

一般而言,在只有被告人一个人的行为时,确定该行为是结果的"but for"原因,且该行为受到了刑法评价,即可确定被告人的行为是结果的法律原因。但是,在多个行为符合"but for"标准而形成"原因链"时,要判断哪一个行为是结果的法律上的原因,就不那么容易。"实在的和起作用的原因"这个法律上的原因标准在英国司法实践中的操作,是围绕"新行为的介入"(novus actus interveniens)而展开。所谓"新行为的介入",是指被告人实施行为之后,结果发生之前,被告人之外的其他人也实施了某种行为。这种行为既可以是第三人实施,也可能是被害人的行为,还可能是"上帝的行为"(Acts of God)——不可抗力(自然力或天灾)。"新行为的介入"一旦成立,则被告人的行为就不是结果的法律上的原因。作为操作性规则,"新行为的介入"需要区分条件(conditions)与原因(causes)。典型的例子是纵火。要把火点燃,需要氧气、易燃物质和擦着的火柴,其中,空气中的氧和易燃物质只是条件——条件是那些正常的物品(normal things);擦着的火柴才是原因——原因是反常的(abnormal),因为它"造成变化"(made the difference),引发燃烧。只有反常的原因才形成"新行为的介入",并能够"中断"或"打破"(break)结果的原因链。相反,条件不能中断原因链。这里的关键是如何区分"正常"与"反常",由于问题复杂,通常是在具体的介入类型中把握。

第三方的行为要成为"新行为的介入",第三方必须满足具备刑事责任能力的要求,并且实施行为时是"自主、理性和知情的"(free, deliberate and informed),应对其行为所带来的后果承担责任。对于被告人而言,第三方的这种行为是"反常的"(无法预测),因此可以中断原因链,排除被告人对结果的责任。例如,A 向 C 的食物投毒且 C 吃下了食物,但在毒药生效之前,E 枪杀了 C,那么 A 便不再对 C 的死亡结果负责,E 由于开枪行为,要对死亡承担责任。在此,E 的行为是一个"新行为的介入",中断了原因链。这表明,A 的行为不再是对 C 死亡起作用(operating)的原因。这里也体现了一种原则——一个人不为他人的行为受到法律上的责难,不对自己无法控制的事情负责。不过,在污染环境的案件中,并不受该原则的限制。例如,被告人打开了公司油罐的一个阀门,将油泄漏进溪流,法院判定不知情的公司导致了污染,尽管其发生是第三方行为的结果。这是一个公共政策影响原因判断规则的例子——环境保护法律意在鼓励公司采取一切可能的步骤防止污染,包括保证第三方不能进入和破坏而导致污染。

有时,多个行为的场合分不出哪个是"新行为的介入",而是都要对结果承担责任。例如,A 和 B 都向被害人 C 的杯子里投毒,两毒结合杀死了 C,那么 A 和 B 都可以被认为杀害了 C。他们都是 C 死亡的实在的和起作用的原因。例如,在 Dyos 案中,被害人死于青少年团伙斗殴中受到的伤害。审判时认定被害人头部有两处主要伤害,其中一处由被告人造成,但其他伤害的原因无法证明。两处都是致命伤,但无法证明哪一处更为关键。结果,针对谋杀罪指控的抗辩成功,理由是"无案可辩"(no case to answer),因为存在另一个可能单独引起死亡的伤害,一旦这样的伤害发生在被告人的行为之后,则会中断原因链。控方无法排除这样的合理怀疑而证明被告人导致的伤害是死亡的原因。

一般说来,第三方缺乏责任能力、缺乏犯意或正当行为,都不能成为"新行为的介入"。例如,MIchael 案的被告人有意杀害她幼小的儿子,便给了保姆一瓶鸦片酊,谎称是孩子的药,当保姆将瓶子暂放一边时,被另一个 5 岁的孩子拿到,并给了小孩大量的鸦片酊,结果孩子死了。孩子的母亲被认定谋杀罪。虽然其他两个人在她之后实施了行为,传递瓶子和喂药,但她们都是无辜的代理人(innocent agents)——小孩因其不满责任年龄,保姆因其完全没有意识到瓶子里是毒药,因此不能中断原因链。再如,R v. Pagett 案中的被告人劫持了前女友作为人肉盾牌,躲在她后面向前来拘捕他的警察开枪,警察还击时打中女子致其死亡。上诉法院确认被告人导致了其前女友的死亡。警察根据其法定职责自卫还击,并不中断原因链条。

医疗能够成为“新行为的介入”,是实践中经常遇到的问题。例如,Malcherek and Steel 案的被害人受到被告人重创以至于必须靠呼吸机维生,后来,医生按照医疗规程关闭了呼吸机。被告人辩称,引起被害人死亡的原因不是伤害行为,而是医生医疗行为。法院认为,医生不使用呼吸机,被害人会很快死亡,医生尽到最大努力救治伤者,完全是合法行为,不能中断原因链,被害人死亡的原因是被告人造成的伤害,而不是缺乏呼吸机。不过,如果呼吸机被闯入者关闭,则可以中断原因链。较为疑难的情况是,不当医疗导致死亡能否成为“新行为的介入”? 对此,英国法院持谨慎态度。Jordan 案算是一个例外——医生明知恢复良好的伤者对某种药物过敏却仍给其服用而导致死亡,被法院认为有明显失误,可中断原因链。(当然,被告人不对死亡负责,仍要对伤害负责。)然而,后来的 Cheshire 案代表着普遍做法,该案伤者情况严重,需要做气管切开术,但手术时有明显疏忽,导致被害人死亡,法院判决这个结果仍然是由被告人的伤害导致的。法院认为,疏忽的错误治疗对于被告人并不完全是反常的,不一定中断原因链。法院的态度主要基于:一方面,受伤的被害人接受(并非完美的)医疗是正常的,被告人无权抱怨;另一方面,医疗疏忽主要产生民事责任,可通过民事程序解决。

就被害人的作为与不作为而言,一般说来,前者可以中断原因链,而后者不能中断原因链。不过,法律常常并不情愿前者可以中断原因链,尤其是被害人用一种会伤害自己的方式躲避攻击者的情形。在 Roberts 案中,被告人调戏搭车的被害人,被害人跳车受伤。法院认为,被害人试图逃跑的行为具有合理的可预见性(reasonably foreseeable),不能中断原因链。甚至在 Kennedy 案中,被害人向被告人索要毒品。被告人给其一支装了海洛因的注射器,被害人自己进行了注射,不久后死亡。本来,被害人给自己注射这种自由有意和知情的行为可以中断原因链条,但上诉法院认为,被告人可以被认为导致了被害人的死亡,因为被告人给被害人毒品等于鼓励被害人注射毒品,注射可以被视为“结合行为”。一般说来,被害人作为的合理的可预见性不是指被告人是否预见或能否预见(主观标准),而是指正常人在同样情况下能否预见(客观标准)。刑法对不作为的归责持谦抑态度,被害人的不作为也不例外。如果被害人不治伤,法律不会认定原因链中断。例如,Holland 案被告人没有求医治伤导致感染和死亡。再如,Blaue 案被害人被刺,需要输血治疗,但由于宗教原因她拒绝输血,很快死亡。这些拒绝治疗的不作为都没有中断原因链。死亡是因被伤害,而不是拒绝治疗或输血。此外,某些案件被告人的行为发生其意料之外的严重后果,是由于被害人先前存在的某些条件。即使被告人并不知晓且不可能合理预见这种条件,但只要其存在犯意,也要承担责任。这被称为"薄头骨规则"(thin - skull rule),即被告人要把被害人当做自己了解的人(You take your victim as you find him),要求被告人必须为被害人当时的(全部)情况负责。Hayward 案被害人被其丈夫追赶时死亡,尽管后来认定其死于胸腺异常的疾病,其丈夫还是被认定非谋杀罪,因为追赶的行为加速了死亡。

不可抗力(acts of God)作为难以预测的自然力量的作用,可以中断原因链。例如,罕见的大暴雨致使自家院子里的腐烂垃圾被冲到邻居那边而使其名贵植物污染致死,作为反常和例外的罕见大暴雨可以中断原因链。但是,在有些情况下并不完全按照通识或科学规律判决,而是从政策上进行了考量,罕见大暴雨使得企业粪水池溢出导致污染,企业就不能以罕见大暴雨反常为由解脱自己的责任,因为企业必须采取一切可能的步骤保证污染不会发生,包括针对通常不可能发生的危害的预防。

## 二、犯罪的内在要件:犯意

与犯行(actus reus)这一客观外部要件(the external element)相对应,犯意(mens rea)是犯罪成立的主观心理要件(the mental element)。大多数犯罪的成立都要求证明被告人存在犯意,以表明其行为在价值上的否定性和行为人具有应受非难(blameworthy)的过错(culpability)。[37] 但如前所述,也有一些较轻的犯罪实行"严格责任"——不需要证明犯意的存在。这类犯罪主要强调对特定危害的不鼓励态度,而不是给予道义贬抑。

### (一)犯意的种类

作为被告人的心理状态(state of mind),英国刑法中的犯意通常被归纳为三种存在类型:"有意"(intention)、"轻率"(recklessness)、"疏忽"(negligence)。"有意"是最严重的犯意,"轻率"的严重性其次,"疏忽"的严重性最低。

---

〔37〕 不过,被告人即使不具有可谴责性,也可以有犯意。例如,在 Yip Chiu - Chung 一案中,枢密院主张,作为卧底缉毒警官的被告人参加毒品走私,安排毒品进口,是为了揭露一个毒品走私集团。法院认定,他可以被认为蓄意共谋安排毒品进口。他实施行为的良好动机并不影响犯意是否存在的问题。

1. 有意(intention)。它又分为“直接的有意”(direct intention)与“间接的有意”(indirect intention)。由于在较早的司法实践中,界定“有意”更多的是出于认定杀人罪的需要,故对“有意”含义的界定也正是通过一系列杀人案的判例得到厘清和发展的。

“直接的有意”,是指行为人在行为时认识到或预见到自己的行为会导致某种危害结果(harm result),并希望(desire)或追求(want)这种结果发生的主观心理状态。换言之,在“直接的有意”中,结果的发生就是行为人的目标(object)或目的(purpose)。在 Mohan 一案中,就未遂犯罪中的“有意”含义,上诉法院法官詹姆斯解释,“有意”意味着“目的”(aim)或者“引起某种后果的决定”(decision)。他认为,这与该结果在客观上是否可能发生无关。对他人举枪射击意欲加害,即使他人在射程之外而不可能成功,照样是“有意”杀人。“直接的有意”符合“有意”的通常含义或常识(common sense),故为严格意义上的“有意”或典型的“有意”。因此,布里奇法官在 Moloney 一案中提出一个所谓“黄金规则”——法官无须就“有意”的含义给予陪审团详细的指导。陪审团只需使用这个概念的通常含义(normal meaning)即可。

相比之下,“间接的有意”则主要是由法官在判例中超出常识含义加以扩展的“有意”。具体而言,如果发生的结果不是行为人的目的,或者说,不是其追求或希望的目标,但只要行为人在行为时预见到结果肯定或一定(certainly)会发生,则法官可将这种心理状态归结为“有意”。因此,行为人在明知死亡或严重身体伤害是其行为必然导致的结果时,就应承担谋杀而不是普通杀人罪的责任。这里所彰显的正义价值是,被告人的行为体现了对人的生命的不尊重,以杀人目的实施行为与预见到死亡或严重伤害肯定发生而实施行为之间没有什么道义和社会意义上的不同。认定间接的有意,关键在于如何理解“对肯定性的预见”(foresight of the ertainty)。因为在生活中对于未来的预测,没有什么事情是绝对肯定的,所以“对肯定性的预见”一般被理解为实际的(practicall)和相对的(relatively)肯定性。也就是说,人们只能用概率(一定程度的可能性)来预测未来事件的“确定性”。然而问题是,构成间接的有意,要求何种程度的可能性(probability)呢?这成为现代英国涉及谋杀罪犯意的一系列案例的焦点。著名的 Hyam v. DPP (1971 年)案提出了“高度可能性”(high probability)标准,R v. Moloney(1985 年)案提出“自然结果”或“当然结果”(natural consequence)标准,R v. Hancock and Shankland (1986 年)案提出“几乎可以肯定”(virtual certainty)标准。

英国法院最初认定“间接的有意”，是根据客观标准来判断被告人对结果肯定或必然会发生的预见。1961 年的 Smith 案中，持有毒品的被告人驾驶一辆汽车，警察要求其靠边停车，被告人却拖带着靠近车门的警察疾驰而去，导致警察撞上另一辆汽车而丧命。法院认定被告人犯有谋杀罪，因为在被告人自愿实施了非法逃离行为的情况下，无论其是否在事实上意识到自己的行为会导致严重身体伤害，只要正常的理性人（the ordinary responsible man）处在该案的情况下就会考虑到这是自然和可能的结果（the natural and probable result），即可认为被告人具有严重身体伤害的“有意”，而这种内容的“有意”足以构成谋杀罪。但这种判断“间接的有意”的客观标准受到了广泛而严厉的质疑，后来被 1967 年议会制定的《刑事司法法》第 8 条否定。显然，Smith 案并没有涉及预测结果发生的肯定性程度的判断。

真正得到承认的“间接的有意”的判例始自 1971 年的 Hyam 案，该案首次提出了预测结果发生的肯定性程度的标准。被告人为了阻吓住在一所房屋里的情敌对 X 的恋情，她将点燃的报纸从信箱塞入屋内，结果导致其情敌的两个孩子窒息死亡，被认定谋杀罪。此案中，上议院多数法官的观点是，一个人已经预见到他行为具有引起危害结果的高度可能性（highly probable），应当被认为是对危害结果的“有意”。在此，“有意”必须是认识到了危害结果发生可能性的情形，但由此又引起了争议，因为这模糊了“有意”与“轻率”的界限。不过，现在这一界限已经清楚——（间接的）“有意”是对被禁止的结果发生的“高度可能性”的预见，“轻率”则是对被禁止的结果发生的“不正当危险”（unjustifiable risk）的预见。

在 Moloney 案（1985 年）中，被告人与情同手足的继父在深夜醉酒后，比赛装弹和开枪的速度，结果恰好在手枪无意对准其岳父头部时击发，导致死亡结果。布里奇大法官（Lord Bridge）认为，被告人仅仅是预见到伤人结果发生的可能性，还不足以认定其存在谋杀的“有意”，还必须认定被告人的内心确信结果会发生。但是，布里奇大法官没有使用 Hyam 案要求的被告人认识到危害结果发生的“高度可能性”，而使用了被告人认识到危害结果是行为的“自然后果”（natural consequence），并且，他认为被告人有此认识本身并非“有意”，只是“有意”存在的证据。布里奇法官没有解释“自然后果”，只是其字里行间表明，它意味着一个结果几乎肯定会发生，除非有难以预期的事件介入。其实，布里奇法官对“自然结果”这个词的所指提供了一些具体指导，即“几乎无可避免”（little short of over - whelming），或者“几乎可以肯定”（virtually certain），但他对陪审团发出的指导使用了“自然结果”的术语。

在 Hancock and Shankland（1986 年）案中，两名矿工参加了南威尔士的一次罢工,因其从一座天桥上对载有去工作的矿工的车辆驶近时投掷巨大水泥块而被认定犯有谋杀罪。斯卡曼法官(Lord Scarman)肯定了被告人对危害结果的认识只是断定(infer)"有意"的证据,但指出"自然后果"很容易引起歧义。他主张告诉陪审团,结果发生的可能性越大,预见结果的可能性就越大,被告人对结果是"有意"的可能性也就越大。斯卡曼法官批评了"自然后果"的模糊性,却仍然没有精确地指示陪审团,何种程度的预见才是据以推定被告人具备必要"有意"的证据。

在上述案件的基础上,R v. Nedrick 案(1986 年)确立了当今(间接的有意)的肯定性标准。该案被告人通过一所房子的信箱将石蜡倒入屋内并且引燃,导致了一名孩子的死亡,被认定为普通杀人罪而非谋杀罪。Lane 法官认为,在指控谋杀罪的场合以及在简单指示还不足以满足需要的少数案件中,法官应当指示陪审团:只有确信被告人的行为几乎肯定会(除非有不可预见的干预)导致死亡或严重伤害的结果,并且被告人认识到情况如此,才能断言存在必要的"有意"。这里解决了两个重要问题:第一,明确使用了布里奇法官曾经提到过的"几乎可以肯定"(virtually certain)作为肯定性程度的标准;第二,明确了法官只在必要时才就肯定性程度的标准对陪审团给予指导(其余案件则让陪审团根据常识自行判断)。该案显然汲取和综合了 Moloney 案和 Hancock and Shankland 案的成分。

在 Woollin(1998 年)案中,被告人因情绪失控而将其 3 个月大的儿子摔向坚硬之处,导致颅骨骨折而死亡,被认定谋杀罪。上议院开始使用了新的表述——"几乎可以肯定"(virtual certainty)。据此,陪审团必须同时对下述两个问题做出肯定回答,才能确认被告人对危害结果存在"有意"(除非有难以预见因素的介入):其一,被告人的行为"几乎可以肯定"会导致死亡或严重身体伤害的结果吗?其二,被告人意识到自己的行为"几乎可以肯定"会导致死亡或严重身体伤害吗?这一公式重复了 Nedrick 案的意见,代表了当代英国刑法的立场。

英国法律委员会提出了建议性的"有意"定义:一个人在下列情况下实施行为,即存在对结果的"有意":其一,行为人的目的是引起结果;或者,其二,虽然引起此结果不是行为人的目的,但行为人明知,如果要达成他引起彼结果的目的,在一般情况下此结果就会发生。这一定义的指导思想是,(间接的)"有意"应当仅仅比目的的意思稍宽。如果制造后果并非被告人的目的,那么构成"有意"的犯意只能是这样的场合——被告人目的是做 A,A 必然涉及 B 的发生。例如,被告人对准窗户后面的被害人开枪,要实现击中被害人的目的,必然会打碎玻璃窗。根据法律委员会对"有意"定义的建议,可认定行为人"有意"破窗。

2. 轻率(recklessness)。英国刑法有两种类型的轻率——Cunningham 轻率和 Caldwell 轻率,分别是以确立该种轻率的案件来命名的。

在 Cunningham(1957 年)案中,被告人进入一间没人住的房间欲行盗窃,扯破了地下室墙上的煤气表,使煤气泄漏。漏出的煤气渗入邻居的房子,并被居住人吸入,生命垂危。根据 1861 年《侵犯人身罪法》第 23 条关于恶意地(maliciously)施用有毒物品危及生命的规定,认定被告人有罪。然而,被告人抓住审判法官指导陪审团时所称"恶意"的(普通法)意思限于"邪恶"(wicked)的说法,上诉此案。刑事上诉法院认为,制定法犯罪中"恶意地"一词意在对结果的预见。只有当被告人扯破煤气表并使煤气外泄时,明知可能被人吸入,他才能被定罪。由此,确立了 Cunningham 轻率:"有意识地制造了一个不正当的危险"(conscious taking of an unjustified risk)。被告人必须实际地认识到了危险的存在并有意识地制造了危险。Cunningham 轻率又被称为轻率的主观标准(subjective test)。该标准很适合非致命的轻率犯罪。

在 Caldwell(1982 年)案中,被告人是一个旅馆的前雇员,他对雇主怀恨在心,在旅馆制造了一场火灾,造成了一些损失,被控纵火罪。如果按照 Cunningham 轻率的主观标准,就必须证明被告人明知他的行为会引起损失,但该案所提出的客观标准,则无论被告人是否实际认识到他的行为会带来损失,只要被告人的行为会导致某种明显的危险,即可成立轻率。所谓明显的危险,是指任何正常人都能看见。因此,Caldwell 轻率被称为轻率的客观标准(objective test),显然扩大了轻率的范围。该标准更适合于具有致命危险的轻率犯罪。

紧接 Caldwell 案判决的 Lawrence (1982 年)案,被告人被认定轻率驾驶致人死亡罪。被告人沿着繁忙的都市街道骑行摩托车,撞倒行人致其死亡。他上诉的理由是,法官就轻率的含义误导了陪审团。但是,上议院的判决与 Caldwell 案保持了一致,并将"明显的危险"标准扩展到"明显和严重的危险"。因此,Caldwell 案(针对刑事损害)和 Lawrence 案(针对轻率驾驶)都是对 Cunningham 轻率的扩大,故又被称为 Caldwell/Lawrence 轻率。

Caldwell/Lawrence 轻率存在的一个明显问题是,由于其为客观标准,以没有认识到自己的行为可能会导致危害结果为前提,那么,一个人已经考虑危险是否存在的可能性但确认危险不存在,就既不符合 Cunningham 轻率,也不符合 Caldwell/Lawrence 轻率,故被称为"Caldwell 空白"。例如,一个男孩正在玩枪,他用枪指着一个朋友并检查和确认子弹没有上膛才进行击发,他其实没有认识到左轮手枪子弹夹已经转动，从空弹仓转到装了子弹的弹仓，结果杀了他的朋友。这里，被告人已经考虑了危险是否存在，并确认危险不存在，这就属于"Caldwell 空白"。建立 Caldwell 轻率的一个初衷是要与非罪的"疏忽"（民事过错）分离开来，或者说，Caldwell 轻率实际上是需要承担刑事责任的疏忽，因此，"Caldwell 空白"恰恰意味着无罪的（民事）"疏忽"。尽管英国的法官对"空白"严格掌握，几乎不存在适用"空白"的案例，但"空白"在理论上还是受到了质疑——一名傲慢的标枪投手将一支标枪投到人群中间，自信是如此棒的运动员以至于他不可能伤及任何人，这与一名此前根本没有投过标枪且没有考虑他这样做可能伤人的标枪投手所具有的可谴责性和危险，有什么不同呢？某人认定自己的行为不存在危险，为什么比认为其行为制造了危险却没有采取充分步骤消除这种危险的另一个人具有更低的可谴责性？对此，Reid（1990 年）案做出了回应。Keith 法官指出，如果行为人未能发现危险是因为一个善意的理由，如突发疾病、休克、突然失去能力、行为人一方不存在过错的某些情形、合理的错误、突发紧急事件、突然分神（也有合理与否之分——驾车追赶一个漂亮姑娘而被她分神与驾驶时后座上的孩子突然哭闹致其分神，后者才是合理的），那么可能不属于 Caldwell 轻率。上议院不仅仅考虑被告人是否预见到一个合理的危险，还要考虑为什么没有预见到这种危险。并非所有形式的漫不经心都必然具有可谴责性，只有某些对他人利益的冷漠态度才具有可谴责性。只有被告人对不存在损害危险的认识是"可理解的或可原谅的"或者是"合理的"，才可以证明被告人处于"空白"。

此外，Reid 案也回应了对 Caldwell 轻率的另一个质疑——作为一个客观标准，它并不需要证明主观状态，进而言之，未能避免一种危险并不是主观状态，而是缺乏主观状态。Keith 大法官指出，没有察觉到危险，例如，没有注意到是否会伤及他人，本身就是一种态度或主观状态，如同有意地带来危险。（可以说，是一种推定的主观状态。）

总之，Cunningham 轻率是有意识地制造了一个非正当的危险（用于刑事损害之外的所有能够轻率实施的犯罪），Caldwell 轻率是有意识或者无意识地制造了一个明显的危险（仅适用于刑事损害）。

3. 疏忽（negligence）。对疏忽的理解直接涉及 Caldwell 轻率。当初确立 Caldwell 轻率时，Diplock 大法官就表达了质疑，他认为，犯意，应被定义为被告人实施某种犯罪的犯行时其自身具有的主观状态，而不是某些不存在的假定之人的主观状态。假定的正常人概念是为真实存在的人（被告人）对其行为承担责任提供的判断标准,原本属于民事法律的范畴,尤其与侵权法的疏忽有关。将此用于与想象正常人的行为相吻合的刑法,与刑事责任相关,实属例外,尽管不是没有。例如,挑衅(provocation)足以将谋杀减轻为一般杀人,但也不应该被夸大。[38]

也就是说,轻率作为一种基本的犯意类别,它应当是被告人本人的主观认识,而不是假定或观念上的正常人的认识,用后者代替前者,作为承担法律责任的主观根据,主要是民事法律(侵权法)的做法,刑法中极为有限。而在民事法律中,这种所谓的行为人主观状态是疏忽(negligence)而非轻率(recklessness)。因此,采取客观标准的 Caldwell 轻率其实混淆了轻率与疏忽。事实上,虽然疏忽在民事侵权法中十分重要,却很少作为严重刑事犯罪的特征。不过,许多制定法上的犯罪以疏忽为基础,特别是在专业规范的领域。疏忽成为犯意一部分或过错要件的最严重犯罪是普通法上的一般杀人罪。这种情况对疏忽程度的要求必须是“非常严重”(very gross)或“严重”(gross)。

更为激进的意见是,“疏忽”基本是对行为的描述,不过是将被告人的行为与假定的“正常人”(reasonable person)的行为相比较,即疏忽行为低于预期的普通正常人的小心谨慎标准。这完全是一种客观行为的比较,与被告人的主观认识毫不相干。许多人坚持,刑事责任应该要求被告人实际具有某种具体的主观认识状态,不仅仅是达不到某些所要求的行为标准,疏忽不应当用于刑法。

由上可见,Caldwell 轻率实际上包含了需要承担刑事责任的疏忽,故在 Caldwell 轻率之下,单纯的疏忽犯意几乎没有存在余地,只有 Cunningham 轻率才为独立的疏忽犯意留下了空间。

(二)犯意的转移(transtdered mens rea)

这是关于(直接的)“有意”的特殊情形。典型的事例是:如果珍妮弗为了杀害马克而对其开枪,但事实上却杀死了吉姆,她将被判决承担谋杀吉姆的罪责。可以说,珍妮弗希望杀死马克的犯意转移到了实际的被告人身上,因此珍妮弗可以被认定针对吉姆犯有谋杀罪。这就是所谓“犯意的转移”。相当于大陆法系国家刑法理论中的“打击错误”。不过,“犯意的转移”只针对同一性质的危害结果,不同种类的危害结果之间,犯意不能转移。例如,被告人扔了一块砖头砸向他人,未砸中,却损坏了一扇窗户,伤人的“有意”就不能被转移到窗户上去,被告人缺乏损坏窗户的“有意”内容。但是,如果被告人扔砖头砸门,未砸中,却砸坏了窗户,则砸门的犯意

---

〔38〕 参见[英]乔纳森·赫林:《刑法》(第3版,影印本),法律出版社2003年版,第74页。

便可转移到窗户上去,被告人砸门的“有意”就可视为砸窗的“有意”。

有时,情况会复杂一些。例如,被告人刺伤了他怀孕的女友,伤及胎儿,导致早产,孩子出生121天之后死于刺伤。这个案件引起争议。控方认为,根据“犯意的转移”规则,可认定被告人犯有谋杀罪,因为他“有意”杀害或重伤孩子母亲的犯意转移到了孩子身上。但上议院不认可这个理由,认为被告人行刺之时,未出生的孩子并非法律意义上的人。这就意味着,要对被告人定罪,得有两次犯意转移——从母体转移至胎儿,再从胎儿转移至她出生后成为的女婴。这使“犯意的转移”过分扩张。尤其是,将“有意”导致重伤作为谋杀罪的犯意,只是判例法确认的原则,而且属于例外。被告人的恰当罪名应当是一般杀人罪。但是,上议院的判决也受到质疑:被告人导致孩子死亡且“有意”引起重伤,那么,在该案中辩解“我不想伤害孩子,只想伤害孩子的母亲”,比起在谋杀罪案件中典型的犯意转移情形,是否更有说服力呢?

还有一种观点认为,所谓“犯意的转移”并没有超过最简单意义上的犯意原则的运用。据此,在上述珍妮弗案件中,她被认定谋杀罪只是因为谋杀罪要求的犯意是有意杀害某个人且她具有这种犯意。同样,抛砖砸人却损坏了窗户,被告人无罪,是因为他没有损坏任何财产的犯意。也就是说,这些案件中根本不需要讨论犯意转移,问题仅仅在于被告人是否具有必要的犯意。对此理解,上议院表明了反对的立场,认为谋杀罪的犯意是针对特定被害人的有意杀害或者引起重伤,而不仅仅是针对不特定的某个人(任何人),如果预期被害人之外的某个人死亡,可以运用“犯意的转移”认定被告人犯有谋杀罪。

根据“犯意的转移”原则认定被告人犯有某个罪名的场合,还可根据“转移”之前的犯意认定被告人的另一个犯罪——同样罪名的未遂罪。例如,上述案件的被告人珍妮弗,以“犯意的转移”为依据被认定针对吉姆犯有谋杀罪,同时,还能以她本来的犯意为依据认定她针对马克犯有未遂谋杀罪。也有一种完全否定“犯意的转移”的主张,认为一个人不应为其既不希望也未预见的后果承担责任,据此,珍妮弗只承担针对马克的未遂谋杀的罪责。这种观点仅为少数。

(三)犯行与犯意的同时性(coincidence of actus reus and mens rea)

一个犯罪要成立,除了必须具备客观的犯行和主观的犯意,还要求二者的发生具有事实上的同时性。一般说来,虽然分别具有犯行和犯意,如果不具有同时性,则仍然不符合犯罪要件的要求。不具有同时性的情况包括:犯行先于犯意和犯行后于犯意。(1)犯行先于犯意。例如,A小心翼翼地以正常速度驾车行驶,B突然冲到车的前面,被A的车从其身上碾过,不存在任何犯罪,他只是如愿自杀。即使A从车里出来之后,发现受伤的竟然是仇人B,一阵快意油然而生,巴不得撞死他,这种后来产生的杀人犯意并不能把起初的事故变成刑事犯罪。如果A驾车时认出了B并有意向他驶去,则另当别论。(2)犯行后于犯意。如果犯意在犯行之前产生但在实施犯行时并不存在,不成立任何犯罪。C一气之下对他的仇人D说,"我想杀了你",几天以后的一场车辆事故中,他驾车撞死了D,但他全无过错,并不构成谋杀罪。这是因为,C想杀D(谋杀罪的犯意)的时间点与C杀害D(谋杀罪的犯行)的时间点并不同步。C实施致死D的行为时并不存在杀人的犯意。

犯行与犯意之间的同时性要求,一个重要意义是限制刑法的范围,防止只是因为人们的恶劣思想而施予刑罚。但是,犯行与犯意不同步的某些情况下,法律仍然要对被告人定罪。也有两种情况:(1)先有犯行后有犯意。E在车站错拿了F的雨伞,以为是自己的,后来他发现了这个错误,但决定不予归还。这种情况可以定罪。在法律上,可以认为先前拿雨伞的行为是一个持续行为,可以认为E持续侵吞F的雨伞就是持续实施盗窃罪的犯行,而在持续过程中犯意已经产生。(2)先有犯意后有犯行。例如,被告人G以谋杀的犯意攻击一名妇女H之后,以为杀死了她,实际上只是造成了伤害,遂将"尸体"置入河中,H被淹死。上诉法院认为,如果被告人的行为从先前击打被害人的时点到他将被害人抛向河中的时点能够作为意在引起死亡或者重伤的一个"行为系列",即可认定其有罪。这个标准的难点在于准确认定什么是"行为系列"。如果被告人计划了一个杀害被害人的时间,但在这个时间上发生了错误,那么很清楚,被告人仍然有罪。然而,上面案例中的被告人并不存在预先的计划,照样可以有"行为系列"。

(四)犯行与犯意的对应性(the correspondence between the actus reus and the mens rea)

犯行与犯意的对应性要求犯意应当是与犯行有关的主观状态。例如,谋杀的犯意是有意杀害;致人重伤罪的犯意是追求或者预见重伤。但是,这个原则并不代表法律,犯意可以与低于犯行的危害等级相对应。例如,谋杀罪的犯意包括有意引起重伤。因此,犯意虽然通常要与犯行具有对应性,却不必然如此。

(五)严格责任(strict liability)

在英国刑法中,犯罪的成立不能没有犯意。一般说来,行为人的犯意必须得到证明。但某些犯罪的犯意较难得到确切的证明,例如,携带了超市里的商品却未付货款,正要离开时被查出,对此,很难确认行为人当时具有怎样的主观心态;一个人独自驾车发生了事故,也不容易弄清行为人当时是否尽到了应有的注意;店员将酒精饮品卖给了一名身材高大长相老成的未成年人,会以合理的认识错误作为抗辩的理由等。对此,如果要求确切证明行为人的犯意,便会使控方勉为其难,不能排除合理怀疑,无法追究犯罪人,导致相关权益和秩序得不到应有保护,还空耗司法资源。于是,"严格责任"应运而生。所谓"严格责任",是指不需要证明犯意即可满足某些犯罪的犯意要求并可追究行为人刑事责任的情形。严格责任其实是一种法律推定,即在某些场合的行为(如在自选商品的超市未付款带出商品,驾驶汽车上路,向未成年人出售究竟饮品等)一经发生,便推定其具有相应罪名所要求的犯意。从预防犯罪的角度,严格责任实际上是告诫民众在这些场合要高度自觉和特别谨慎。

严格责任的罪名几乎都由制定法规定。虽然严格责任有时被认为是例外,但据估计,皇家刑事法院审理的犯罪中,不要求证明犯意的犯罪已经过半。严格责任不等于"绝对责任",后者意味着完全不需要过错要件且不能提出抗辩。严格责任只是不要求证明犯意,但行为人可以反证不存在犯意。严格责任的首要意义是保护公众,起始于19世纪旨在使处于工作场所和公共场所的人们免于危险的一种立法,主要针对酒类、食品和药品的销售,防治污染,劳动安全,公众健康。显然,针对的主要是企业及商业行为。严格责任的犯罪有利于控方的举证,体现了国家用强力手段维护公众生存条件的强烈意愿。严格责任常常用于"违章行为"(regulatory offences)而不是真正的犯罪,因此,即使本来完全无辜的人被以严格责任定罪,其不公正性也不至于非常严重。但无论如何,由于严格责任包含着客观归罪的风险,故一直存在争议。

(六)替代责任(vicarious)

一般说来,一个人不能为他人的行为承担刑事责任。替代责任则是一个例外,允许将他人的行为甚至在某些情况下的犯意归咎于被告人。在替代责任的场合,对被告人的定罪并不取决于他自己做了什么或者没做什么,而取决于另一个人的行为和主观状态。因此,替代责任与从属责任不同(accessorial liability),后者是被告人因帮助他人犯罪而承担责任。替代责任的被告人通常是雇主。如果雇员受雇主之命或者代表雇主在雇佣关系的范围内行为,一旦该行为构成犯罪,雇主可能要为雇员的行为承担替代责任。替代责任还被用来解决公司的刑事责任问题,以应对不断增多的企业重大灾难事故。

## 第四节 英国刑法的抗辩事由

抗辩事由(defences),是英国刑法中能够起到排除犯罪作用的特定事由,也包括某些减轻犯罪的事由。从犯罪成立的角度看,抗辩事由是一个消极的要件,即只有抗辩事由不存在或者缺乏有效性时,犯罪才能成立。从抗辩事由本身来看,可以分为被动的抗辩事由与主动的抗辩事由,亦可称为消极的抗辩事由与积极的抗辩事由。所谓被动的或消极的抗辩事由,是指被告人从犯罪要件的不具备或否定犯罪要件(denial of elements of offences)去抗辩犯罪的成立,包括犯行的不具备、犯意的不具备,以及二者均不具备。所谓主动的或积极的抗辩事由,是指被告人从犯罪要件之外提出的独立存在的抗辩事由,又可包括正当化事由(justifications)和可原谅事由(excuses),通常叫作一般抗辩事由(general defences)。一般抗辩事由通常是在无法反驳犯行与犯意的存在时提出的。不过,"一般抗辩事由"也可泛指各种抗辩事由。也就是说,英国刑法抗辩事由的分类并不一致,只具有相对的意义。

正当化事由与可原谅事由的基本区别是,前者是针对行为的评价,后者是针对行为人的评价。正当化事由在任何情况下都不是犯罪,尽管其在道德评价上可能是负面的,但属于法律上许可的行为。例如,面对一个拿枪且正在向自己射击的几岁孩子,为了保住自己的生命将其伤害,并不道德却为正当。防卫和避险均属于典型的正当化事由。可原谅事由缺乏正当性,但行为人不具有构成犯罪所需要的可谴责性,未成年和精神病属于典型的可原谅事由。[39] 有时,存在部分可原谅的情形。例如,挑衅(provocation)只是一个可以将谋杀罪减轻为普通杀人罪的事由,这种部分可原谅的事由具有一定的可谴责性。正当化事由与可原谅事由的区分还有:第一,前者的判断标准是客观的(行为之社会属性),后者的判断标准是主观的(行为人之过错);第二,帮助前者的行为不构成任何犯罪,帮助后者的行为通常构成犯罪;第三,反击前者不是防卫,反击后者可以是防卫;第四,前者可以成为任何犯罪的抗辩事由,后者不能成为严格责任犯罪的抗辩事由;等等。不过,正当化事由与可原谅事由的区分虽然有用,却不宜过分强调,因为一些抗辩事由很难非此即彼地被归入二者之一,而法律也没有提供明确的界限。例如,自我防卫(self - defence)

---

〔39〕 未成年和精神病等涉及行为能力或责任能力的抗辩事由,相对于控方指控的犯行要件(有意行为),可以被认为是反驳或否定犯行之"有意性"存在的消极抗辩事由,但也可以被认为是被告人在犯行的"行为性"之外主动提出的独立于"行为"(作为与不作为)的积极抗辩事由。

被认为是典型的正当化事由，但是，假想防卫就未必正当。因此，英国刑法教科书并不刻意分类，而是就事论事地界定具体抗辩事由。

## 一、精神病

在谋杀案件中，被告人因精神失常或者心理障碍导致其非自主行为，可考虑减轻其罪责，但不能作为严格责任犯罪的抗辩事由。精神病（insanity）情况下的举动是一种不由自主的行为（automatism），但不由自主的行为并不都是精神病。也就是说，能够否定犯行的不由自主行为既可以是无行为能力的精神病人的举动，也可以是有行为能力的人的举动。后者只是在某些刺激因素的情况下做出的本能反应，前者则在错乱的意识支配下发生。

1843 年，被告人丹尼尔·姆纳坦（Daniel M'Naghten）被一个臆想所困扰——认为时任首相罗伯特·皮尔爵士（Sir Robert Peel）正在实施一项杀害他的阴谋，因此打算先发制人地杀死首相。但是，他误把首相的私人秘书当成了首相而向其开枪，将其杀害。姆纳坦被指控犯有谋杀罪。由 15 名法官组成的法庭经过审理，最终判决姆纳坦无罪，根据是姆纳坦患有精神病，在“幻觉的驱使”下实施了杀人行为。这一判决在英国引起论战，而法官的判决理由以及对质疑的回应形成并确立了历史上第一个精神病抗辩原则——“姆纳坦规则”：必须以优势证据（on a balance of probabilities）证明被告人实施行为时处于精神疾病（a disease of the mind）导致的理性缺失（a defect of reason），以致不知道自己行为的性质，即使知道行为性质，也不知道它是错误的。这里的错误，是指不合法而非不道德。

1957 年的 R v. Kemp 案进一步明确，决定被告人是否有精神病，不在于大脑的物理状态，而在于理性（reason）、记忆（memory）以及理解（understanding）等心智能力或大脑功能是否缺损或丧失。该案被告人因患动脉硬化导致无意识状态（unconsciousness），在暂时的意识丧失（blackout）期间，他用榔头攻击了妻子，法院以精神病的理由认定其无罪。因此，虽然精神病需要医学鉴定，却不是单纯的医学问题，而是法律问题，法律上的精神病概念要大于医学范围——凡能影响大脑功能（mental faculties）的疾病都可以成为精神病，如癫痫、（糖尿病引起的）低血糖、动脉硬化甚至梦游等，它们在医学上（以及大众的常识性理解上）并非精神病，却是刑法所承认的精神病。显然，英国刑法中的精神病范围较宽。当然，如果精神障碍不是身体内部疾病的作用结果而是由外力导致，如头部受到打击或者饮酒服药等，那么它们只是非精神病的抗辩事由——“不由自主的举动”（automatism）。

上议院在1984年在Sullivan案中确认了姆纳坦规则以及Kemp案的解释。该案被告人在癫痫发作快要结束时攻击了P,被指控实施严重伤害身体罪。审判法官确认这是精神病而非“不由自主的举动”,被告人上诉并辩称他本应以“不由自主的举动”作为上诉理由。上议院认为,被告人要提起精神病抗辩,必须遭受心理疾病(disease of the mind),其中的“心理”(mind)是指理性、记忆以及理解等心智能力或大脑功能,如果疾病使这些大脑功能发生严重缺失以至于被告人不知道自己在做什么或其所做所为是错误的,那么,只要被告人实施犯罪时存在这种状况,他就是法律意义上的“精神病”,至于心理疾病是器质性的还是功能性的,是永久的还是短暂和间歇的,都无关紧要。“不由自主”的非精神病抗辩适用的场合是外部因素而非内部因素导致智力缺损的情形。

由于精神病抗辩成功的法律后果并不是直接释放,而是要送到医院去接受治疗,这种治疗所需要的时间不可能有一个确切的上限,这导致许多被告人不愿意提起精神病抗辩,宁愿被定罪和处以有期限的监禁。这种现象不符合对精神病人进行治疗的社会政策取向。1991年《刑事程序(不适合诉讼)法》[Criminal Procedure (Unifitness to Plead ) Act 1991]在规定另一种意义上的精神病的同时,[40]还在量刑方面赋予法官更多的自由裁量权,甚至可以作出无条件释放的裁决。(谋杀罪是一个例外,被确定杀人时为精神病的被告人必须被送到精神病院去接受治疗,直到康复。)然而,精神病被告人是否选择精神病抗辩的现实情况,似乎并没有如该法律所期待的那样有明显改观。也许,精神病的名声似乎不那么好听,也是制约提起这种抗辩的因素。

## 二、未成年

法律假定某个年龄以下的人不具有辨识自己行为性质和后果的能力,不具有道德上的可谴责性,不能像成年人那样承担刑事责任,即属于未成年(infancy)。英国刑法承担刑事责任的年龄要求主要有三:其一,根据1933年《儿童和少年法》(Children and Young Person Act 1933)规定,不满10岁的人任何情况下都不负刑事责任,即使其实施了最恶劣犯罪的犯行。根据1989年《儿童法》,可以对这样的少

---

[40] 与上述精神病抗辩相对,另一种精神病抗辩,是指此种精神病存在的时间点不是实施犯罪行为时,而是法院审判时。实施犯罪行为时存在精神病的抗辩,是要表明被告人无行为能力,而法院审判时存在精神病的抗辩,是要表明被告人不适合出庭受审(unifitness to plead),法庭可以进行书面审理。

年启动管护程序，将其置于当地治安机构提供的场所居住。这属于民事程序而不具有刑事意义。如果10岁以下的人实施符合某种犯罪之犯行的行为，受到了具有该罪犯意的成年人的操控，该成年人可被认定该罪，而实施了行为的未成年人是"无辜的代理人"。其二，10岁到14岁年龄段的人一般被假定不负刑事责任，除非控方在证明犯行与犯意的基础上，还能证明被告人知道其行为的有害性。然而，1998年《犯罪与扰乱法》(Crime and Disorder Act 1998)的一个条文引起了争议——该法第34条规定："特此废除10岁或10岁以上儿童无犯罪能力的可辩驳的刑法假定。"一种观点是，该条取消的是10岁至14岁年龄段的人无罪的假定。这个年龄段的人仍然可以证明他们无罪并且不明是非。另一种观点是，该条废除了这个年龄段的所有人都无罪的规则。因此，即使这个年龄段的人不明是非，只要其具有必要的犯意，也可以被定罪。其三，超过14岁的人实施犯罪，要像成年人一样承担刑事责任。不过，对于犯罪时超过14岁不满18岁的人，可在量刑时从宽考虑。

## 三、事实错误

对事实的认识错误(misitake of fact)可以成为排除某个犯罪之犯意的抗辩事由。何种"错误"才能排除犯意呢？主要有以下条件：(1)错误必须与犯行的某个方面有关。例如，被告人错误地认为与他发生性关系的女性在当时是同意的，就可以成为不构成强奸罪的一个抗辩，因为缺乏被害人对性行为的同意，是强奸罪犯行要件的一部分。如果被告人在与某个女性发生性关系时，知道其不同意，只是错把她人名字当成了被害人的名字，则不能成为抗辩事由，因为被害人的名字与强奸罪的犯行要件无关。上议院在DPP v. B案和R v. K案中确认了这样的假定——对任何犯行要件的错误认识都是一个抗辩，除非制定法有明文的相反规定(如严格责任)。(2)错误必须针对事实而非法律。"对法律的无知不可原谅。"——这是著名且得到公认的格言。据此，被告人辩称自己不知道未经被害人同意而与其性交是犯罪，就不能成为对强奸罪的抗辩。对刑法内容的错误认识不影响刑事责任。(3)错误必须是一种真诚的认知。1889年的Tolson案中，被告人自最后一次见到其丈夫5年之后再婚，因为相信他在海上失踪了，但事实是他当时抛弃了妻子，仍然活着。法院认为，被指控重婚罪的被告人"真诚而合理地相信"(in good faith and on reasonable grounds)其丈夫死亡，可以成为抗辩。在1976年的Morgan案中，上议院只肯定了"真诚的"标准。该案被告人邀请了一些熟人到家里与自己的妻子性交。他告诉这些熟人，虽然他妻子可能会反抗，但其实是她喜欢用这种方式表示同意。

被告人与熟人未经其妻子的同意进行了性交。法官指示陪审团,即使这几个男子相信被害人同意,但如果这种相信是不合理的,他们也应当被定罪。上议院认为,只要被告人真诚地(honestly)相信被害人同意,便缺乏强奸罪的犯意,这种相信并不非要是合理的(reasonable)。不过,当犯罪可以由疏忽构成时,要否定犯意,错误的相信就不仅需要是真诚的,还需要是合理的。实施严格责任的犯罪,即使是合理的错误,也不可原谅。

## 四、避险

避险(necessity)的本质是,被告人实施符合犯罪要件的行为是为了避免更大的恶果。其根据在于,对实施了任何正常人在相同情况下都会实施的行为的被告人进行惩罚,是不公正的,并且,建立在公共政策之上的法律应当鼓励被告人选择较小的恶果而避免较大的恶果。这种恶果的权衡通常不包括在生命与生命之间,即避险不能成为谋杀罪的抗辩事由。对此,最经典的是 1884 年 Dudley 和 Stephens 一案,几名船员遭遇船难,乘坐无顶的救生艇在海上漂浮了 20 天,在经历了 8 天断食和 6 天断水之后,面临死亡威胁,两名被告人商议并杀死了一名船舱服务生,将其作为食物维生,4 天后获救,面对谋杀罪指控,被告人辩称杀死服务生是避险,且当时服务生已经极度虚弱,活不过 4 天。Coleridge 法官认为这种行为绝非避险。因为谁都无权认定这种避险,没有什么标准可以比较不同生命的价值。再说,4 天之内也存在被营救的可能。丹宁爵士曾反对将饥饿作为避险来抗辩盗窃罪,那么,与饥饿同样是威胁生命的其他理由怎么可能成为谋杀罪的抗辩事由呢?最终,法庭认定两名被告人犯有谋杀罪,但只判处其 6 个月监禁。然而,假设在该案中,那个孩子同意采取抽签的办法来决定命运,这种"同意"是否可以成为其他人的抗辩事由?对此存在争议。但无论如何,现代的观点从基于道德的司法向着更多考虑功利的司法转变,使得在某些情况下,避险也可能成为谋杀罪的抗辩事由。例如,被告人是一名登山者,眼看要被正在坠落的同伴拽下悬崖,他当机立断割断绳索,加速了同伴的坠落死亡。在此,被告人并没有决定同伴的生死,只是决定了同伴一个人早几秒钟死去还是同伴与他晚几秒钟一起死去。被告人在同伴几秒钟内必死无疑的情况下选择保存自己的生命,应当属于避险。

一般认为,以下四种情况为避险:(1)为了维持已经无法表达是否同意的他人的生命和健康而实施的行为。例如,医生为了失去知觉的病人的健康而给其手术治疗。(2)为了抢救其他财产而损坏财产。例如,为了不让火势蔓延到整个城镇而推平一所房屋。(3)为了避免伤人而损坏财产。(4)为了一个可以存活的生命而提前结束另一个已经不能够存活而即将丧失的生命。前述登山中发生的情形即为适例。

## 五、胁迫

胁迫(duress)与避险有着紧密联系。在 1989 年的 Conway 和 Martin 两个案件中,法院都没有使用“避险”而代之以“情势的胁迫”(duress of circumstances),以与“恐吓的胁迫”(duress by threats)相对应。也就是说,避险与恐吓的胁迫之区别在于,前者的危险来自客观的情势,后者的危险来自人为的恐吓。但是,避险并不等于情势的胁迫,前者的危险来源多样,而胁迫的危险来源总是人为的。或者说,情势的胁迫是避险与胁迫之间的交叉地带,可分属于二者。因此,这里只讨论恐吓的胁迫。

恐吓的胁迫,是指被告人具备了犯罪的犯行与犯意,但其是在恐吓者的逼迫之下实施犯罪的——恐吓者声称,如果被告人不按照其要求行事,就将招致死亡或重伤,这种后果可以发生在被告人身上,也可能发生在其他人身上。胁迫是一个完全的抗辩事由,一旦抗辩成功,被告人即为无罪。但是,胁迫究竟是一个正当事由,抑或主要是一个可原谅事由,理论上存在争议。将胁迫视为正当化事由的观点认为,在他人胁迫之下实施犯罪(如盗窃或者毒品犯罪)与胁迫者要实施的犯罪(如致死或者严重的侵害罪)相比,前者的害恶比后者要小,因此具有正当性。将胁迫视为可原谅事由的观点认为,法律不能期待普通人在拒绝如此可怕的恐吓时具有非凡的勇气,屈从这样的恐吓并不存在多大的过错,“胁迫”可以被认为只是对人类弱点的迁就,大多数人面对自己或亲属将要受到死亡或重伤的恐吓时,都会那样行为。

胁迫可用于谋杀罪和某些形式的叛逆罪之外的所有犯罪指控的抗辩。胁迫成为一个抗辩事由的要求,是由上诉法院在 Graham 案和上议院在 Howe 案中确立的:(1)被告人受到了迫在眉睫的死亡或者重伤的恐吓。第一,恐吓的内容是死亡或者重伤,如果以丧失工作或者名誉等损失来进行恐吓,至多成为减轻刑罚的理由。严重的心理伤害是否可以成为恐吓的内容?对此存在争议。第二,恐吓的对象是被告人或者其他人,其他人既可以是被告人的家人,也可以是被告人素不相识的人。第三,恐吓必须是紧迫的而非遥远的预期。但也有人认为,如果恐吓足以毁掉被告人的未来,以至于被告人必须在当场作出是否实施犯罪的决定,可以成为抗辩事由。(2)被告人必须合理地确信恐吓的存在。有关的司法案例存在分歧。上诉法院在 Martin 案中认为,被告人只需要实际确信存在死亡或者重伤威胁,这种确信并不非要是合理的。但是,上议院在 Howe 案以及上诉法院在 Abdul - Hussain 案中却赞同被告人必须有合理的理由确信恐吓的存在。(3)被告人必须有适当的理由确信恐吓会被付诸实施。如果恐怖分子绑架了一名在外国旅游的美国人并恐吓要杀害他在美国的家人,这个美国人就必须有适当的理由确信这个恐吓能够被执行,才能成为胁迫之下实施犯罪的抗辩。(4)被告人的行为必须是正常人在这种情况下根据正常的判断也会这样行为。这就要求法院考虑普通人在被告人所处的恐吓之下会怎么反应,而不是按照英雄的标准。要实施的犯罪越严重,恐吓的程度也应当越高。(5)被告人必须与恐吓者无关联。如果被告人明知一个团伙具有暴力性而加入,那么这个团伙恐吓其犯罪时,就不能以胁迫为抗辩事由。

## 六、强制

这是胁迫的特别形式,专指妻子受到丈夫的恐吓而犯罪的情形(coercion)。此种抗辩不要求妻子必须证明受到死亡或者重伤的恐吓,只需要证明犯罪是在恐吓之下实施的而无论其恐吓的内容是什么。此种抗辩只适用于已婚夫妇之间,不适用于长期同居的非婚伴侣之间,也不适用于解除了婚姻的双方。这一针对妻子的特殊规则似乎以一种明显落后的观点为根据——丈夫支配妻子。因此,法律委员会呼吁将其废除。

## 七、自我防卫

普通法允许公民个人使用合理的暴力保护自己的人身、财产和他人的人身安全。对财产的保卫也规定在 1971 年《刑事损害法》中。1967 年《刑法法》第 3 条第 1 款允许使用合理的暴力制止犯罪或者逮捕罪犯。自我防卫(self - defence)的意义类似于避险和胁迫,被告人面临两种害恶,不得不进行选择:要么实施符合犯罪要件的行为——可能是杀人或者严重侵害,要么忍受对自己的人身、财产或者他人人身的侵害。不同于避险和胁迫的是,自我防卫是一个针对包括谋杀和叛国在内的任何犯罪的全面抗辩。

自我防卫中的所谓“自我”(self)是指相对于国家的个人。通常,现代社会中只有国家才有权使用暴力或武力,以排除对社会成员的侵害,保护社会个体。然而,在人身和财产受到即刻侵害的危急情况下,代表国家的权力机构来不及排除侵害,社会成员也无法通过正常程序求得国家的保护,此时,国家便通过法律给个人的防卫留下余地,认可乃至鼓励个人在危急情况下进行自救或互助,施用一定程度的暴力或武力维护合法权益。因此,自我防卫实质上是指与国家相对的个人在危急情况下实施防卫行为的权利。需要注意的是,英国刑法中的"self - defence"不同于这个术语在美国刑法中表述的"自身防卫",其范围涵盖了美国刑法中的"自身防卫"、"防卫他人"和"防卫财产"以及"执法(防卫)"(包括制止犯罪和逮捕罪犯等)。

既然自我防卫的实质是将个人在某些危急情况下动用武力或施用暴力的行为赋予正当性,作为个人不得动用武力或施用暴力的例外,那么其范围必定是有限的,其正当性是有条件的。也就是说,自我防卫作为个人使用武力的情形,这种武力必须是合理的(reasonable force)。武力是否合理只能视情而定。一般而言,确认自我防卫成立所需要的合理性,要对两个因素加以判断:"必要性"(necessity)和"适当性"(appropriateness)。特别要注意的是这两个关键词涉及的判断角度。

首先,对使用武力"必要性"的判断,以被告人当时的认识为准,即主观标准。在著名的 Williams 一案中,被告人看见一名男子正在攻击一名年轻人,年轻人向其呼救,他出于保护被害人的目的而介入,拳打攻击者并将其打伤。其实,被告人眼中的被害人恰恰是刚刚实施了抢劫的犯罪嫌疑人,攻击者正在依法制服该嫌疑人(实施"公民逮捕")。被告人因其行为导致的结果受到指控而寻求自我防卫的抗辩。此案确立的法律原则是,判定被告人行为的合理性(使用武力的必要性),必须依据被告人当时所相信的(believed)那种"事实"——如果被告人对当时情况的感受是符合实际的,自我防卫所要求的(使用武力)"必要性"就可以成立;如果被告人对当时情况的感受是不符合实际的,也不因为他的认识错误而当然失去自我防卫所要求的(使用武力)"必要性",只要被告人的相信是"真诚地"(honestly),无论这种相信本身是否符合真实的事实,对于"必要性"的认定都是无关紧要的。进一步看,即使被告人当时有机会躲避(retreat)却未躲避,也不影响"必要性"的认定,但被告人躲避的意向有助于证明其不存在报复侵害的动机。而且,一个面临迫在眉睫攻击的人并不非要等待攻击者打出第一拳或开第一枪才能自我防卫,根据当时的情况允许先发制人(pre - emptive)的自我防卫。例如,在 Beckford v. R 案中,作为一名警官的被告人开枪射杀了一名正在用武器威胁他人的男子,被认定自我防卫。当然,此案既是保护他人,也是制止犯罪。

其次,对于使用武力"适当性"的判断,由陪审团自行根据当时的事实情况(circumstances)做出判断,这里所谓当时的事实情况,仍然是指被告人在当时所相信的"事实"。2008 年《刑事司法和移民法》第 76 条规定,被告人使用暴力的程度在当时是否合理的问题,依照被告人所相信的事实情况加以确定,即使被告人对使用暴力的必要性发生了错误并且这个错误的发生并不合理。但是,根据被告人所相信的“事实”判断使用武力的“适当性”,并不是根据被告人在其相信的“事实”基础上自己做出的判断。例如,被告人在屋里睡醒后发现一名闯入者,便开枪将其射杀,因为当时他认为闯入者吃枪子是罪有应得,或者他认为射杀闯入者是保护其财产的唯一办法。陪审团将不会同意被告人的这些判断,不能认定其枪击行为具有“适当性”。相反,如果被告人当时真诚地相信闯入者是要杀害自己,即使这种相信并不合理,陪审团也可以根据被告人所相信的这个“事实”,认定开枪行为的“适当性”。在此,被告人真诚相信的“事实”体现的是自我防卫“必要性”的主观判断,陪审团据此认定反击(response)所使用暴力的合理性(reasonableness)体现的则是自我防卫“适当性”的客观判断。

陪审团对使用暴力的程度是否合理进行客观判断,就是对被告人实际使用的暴力与被告人所相信的侵害事实相比较。例如,被告人当时相信攻击者正在从口袋里掏枪,他顺手敲碎一个瓶子作为武器,劈砍攻击者的脸部,这不违反“适当性”,因为攻击者携带枪支并正在掏枪,被告人为了制止迫在眉睫的致命攻击,其使用的武力并不过分。如果换一种情况,被告人当时相信的事实只是攻击者向其挥舞拳头,则使用同样的暴力就明显过度了,因为攻击者没有武器,进而可能发生的徒手攻击强度远不及被告人所使用的(以瓶子为武器的)暴力。不过,陪审团在进行客观判断时不应对被告人过于苛刻。Morris 勋爵在 Palmer 案中指出,面对迫在眉睫的危险,“一个保护自己的人不可能详尽地评估自己所需的保护行为的精确尺度”。[41]

## 八、同意

被害人同意(consent)针对自己的犯罪可以成为被告人的抗辩事由。这种抗辩主要涉及侵害罪、盗窃罪、刑事损害罪以及强奸等性犯罪,不能适用于谋杀罪和一般杀人罪、有组织的体育活动之外约定的打斗、不怀好意地施加身体伤害等。如果被告人真诚(但不一定合理)地确信被害人同意,而事实上并不存在这种同意,也可以否定被告人的犯意。如果被害人因被欺骗而表示同意,不能成为被告人的抗辩事由。

---

〔41〕 [英]朱利亚·菲昂达、麦克尔·J. 布莱恩特:《刑法简明案例》(第 2 版,影印本),武汉大学出版社 2004 年版,第 89 页。

## 第五节　英国刑法的犯罪形态

犯罪形态包括纵向的犯罪形态与横向的犯罪形态。前者是指作为一个过程的犯罪之不同的发展节点——既可以是完整犯罪的实现,也可以是出于未完成犯罪的状态。由于完成状态是犯罪的“标配”,故犯罪的未完成状态才是值得专门讨论的纵向犯罪形态。后者是指作为一个结果的犯罪之不同的主体作用——既可以是一个主体,也可以是多个主体。由于一个主体是犯罪的“标配”,故多个主体合力促成的犯罪才是值得专门讨论的横向犯罪形态。

### 一、纵向犯罪形态:不完整罪

被告人在实施犯罪的过程中,并不一定会完成这个犯罪,但仍然可能承担刑事责任,即所谓“不完整罪”(inchoate crime),包括三种情形:煽动,共谋和未遂。煽动是怂恿他人犯罪,共谋是多人筹划犯罪,未遂出现在实施犯罪过程之中。

(一)煽动(incitement)

这种犯罪类型是指对他人的主观施加影响使其实施犯罪,而被告人并未亲自实施该犯罪,故为不完整罪。煽动在制定法和普通法都有体现。制定法上的煽动,既能以不特定多数人为对象,也能以特定的个别人为对象。前者如1986年《公共秩序法》规定的煽动种族仇恨罪,主要是指意在针对不特定对象制造种族仇恨的各种行为,包括以言论、出版、表演、展示等方式散布足以引起种族仇恨的威胁、诽谤和侮辱等信息。后者如1861年《侵害人身罪法》规定的诱使他人谋杀,主要是指意在唤起特定对象的杀人动机的行为,在这个意义上,英国制定法上的煽动包含有“教唆”之意。普通法有过一系列的煽动案例,在客观上表现为暗示、建议、要求、鼓励、劝说、威胁、施压等行为,在主观上包含对煽动的“有意”,目的在于被煽动者受到犯罪内容的煽动而实施犯罪行为,行为对象主要为特定的他人。

(二)共谋(conspiracy)

就共谋而言,1977年《刑法法》具有重要意义。该法不仅创制了制定法上的共谋定义,而且专门认可了三种普通法的共谋犯罪——诈骗行为的共谋、败坏公德行为的共谋、有伤风化行为的共谋。根据该法以及1981年《未遂罪法》的修正,一个人与(一个或多个)他人就发动某个犯罪行为进行商议,如果不存在抗辩事由,他应当对商议中要付诸实施的犯罪承担共谋的罪责。共谋罪的犯行是围绕如何发动涉及犯罪的某种行为的商议，犯意是被告人对实施涉及犯罪的行为的同意和将商议付诸实施的意愿。共谋的被告人实施的行为仅仅是商议犯罪，而没有实行该犯罪或者为该犯罪进行相应的准备，故为不完整罪。

（三）未遂（attempt）

根据1981年《未遂罪法》第1条，如果被告人有意完成一个犯罪，其实施的行为超出了该犯罪的准备阶段，可构成未遂罪。一般说来，未遂有三种情形：其一，因受阻而未遂（a thwarted attempt）。被告人计划完成犯罪，但由于某人或者某事的介入，使得被告人未能完成犯罪。例如，被告人正要向被害人开枪，一名警官打掉了他手中的枪。其二，因失败而未遂（a failed attempt）。被告人已经将其全部犯罪计划付诸实行，但没有收到效果。例如，被告人向被害人开枪，但由于距离太远或者被害人晃动而未能打中。其三，因不能而未遂（impossible attempt）。被告人的目的在客观上不能达成。例如，被告人射杀被害人，但被害人此前已经死亡。在未遂罪中，目的是关键的构成要件。同一个行为，是谋杀还是无罪，取决于被告人的主观状态。例如，端给他人一杯茶，既可能是善意的招待，也可能认为茶是有毒物品而以此害命。

就未遂罪的犯行而言，必须证明被告人的行为已经超越了仅仅是犯罪的准备阶段（go beyond mere preparation）而处于完成犯罪之前，无论该行为是否终了（last act）。认定何种情况属于已经超越了仅仅是犯罪的准备阶段，法院掌握较严。在Campbell（1991年）案中，携带仿真武器的被告人在其企图抢劫的一个邮局门口的院子里被捕，上诉法院认为不能证明被告人的行为已经超越了仅仅是犯罪的准备阶段。在Geddes（1996年）案中，在一所学校的男厕所里发现带有绳子、胶带和小刀的被告人，他后来被控以非法拘禁未遂罪，但上诉成功。因为该案中的被告人虽然有犯意，但其行为并未超越准备阶段，没有和任何潜在的被害人发生接触。在Tosti（1997年）案中，两名被告人开着载有氧乙炔设备的汽车，到达其计划破门盗窃的一所棚屋的现场，将设备隐藏在树篱后面，走到门口检查上面的挂锁，此时觉察到自己被人看到，于是逃之夭夭，后来被认定入室盗窃的未遂罪，上诉被驳回。因为被告人从检查门锁的那一刻起就超越了入室盗窃犯罪的准备阶段而开始实行了。

就未遂的犯意而言，要求被告人必须具备实施犯罪行为的有意，既可以是直接的有意，也可以是间接的有意。根据1981年《未遂罪法》和之后在Shivpuri案中上议院的表述，追究未遂行为刑事责任的着眼点在于行为人实施犯罪的犯意，故无论其犯罪是可以完成而被警察阻止还是该犯罪本来就不可能完成，都没有什么不同。因此，只要确认被告人自认为其犯罪在当时是可以完成即可。例如，被告人有意偷钱,窃走了他人钱包或者将手伸进了他人衣兜,但里面空空如也,并无任何钱财,意味着该盗窃行为不可能成功,但只要被告人认为里面装有钱财,就足以构成盗窃未遂罪。可见,英国刑法将“不能犯”的情况都作为未遂罪处理。“不能犯”也被视为被告人对事实的认识错误,这种错误不妨碍被告人的行为构成未遂的犯罪。但是,当被告人对法律的认识发生错误时,即形成所谓“法律上的不能”,此时,这种“不能犯”就不构成未遂罪。例如,一个人错误地认为自己与人通奸的行为构成犯罪,就不存在未遂罪。

## 二、横向犯罪形态:参与犯罪

我国学者著述或者翻译的英美刑法教科书中,无例外地都有“共同犯罪”的表述。但仔细审视,在涉及多人的犯罪中,使用“共同犯罪”这个术语,表现出更加看重多个行为人之间的一般关系,更倾向于从整体去揭示“共同”结构。与此有着微妙不同的是,英国刑法中的“participation”的语义是“参与”或“分担”,偏向多人中的每一个行为或者每一个行为人的角色和责任。尽管英国刑法中也有“主犯”(或“正犯”)、“共犯”的概念,但这些概念其实都更强调参与犯罪的个体而非整体关系。在这样的意义上,英美刑法的“共同犯罪”可称为“参与犯罪”(participation)或“犯罪的参与者”。

### (一)主犯与从犯

主犯(principal),是在多人参与某个犯罪的情况下,实施了直接符合该犯罪的犯行要件之行为的参与者。例如,谋杀罪的主犯就是直接实施了能够剥夺被害人生命之行为的人,盗窃罪的主犯就是直接实施了能够让他人财产永久脱离他人控制之行为的人,等等。显然,主犯即是正犯。从犯(accomplice 或者 accessory)是主犯的同谋或帮凶,或者说,是鼓动或帮助正犯实施犯罪行为的犯罪参与者。因此,从犯即是共犯或同谋犯。

有时,主犯的人数为多个。例如,几个人都手持尖刀向被害人捅刺致其死亡,此时,其中的任何一个主犯相对于其他主犯,都叫作“共同主犯”(joint principal),即共同正犯。主犯的特征在于其行为直接符合某个犯罪的犯行要件,因此,该罪的犯行要件是主犯承担刑事责任的客观基础。然而,参与犯罪的从犯却无法根据该罪的犯行要件承担刑事责任。例如,无论是教人谋杀,还是提供凶器帮助谋杀,都不符合谋杀罪所要求的能够直接剥夺他人生命的犯行要件,但是,这些行为毕竟对犯罪起到了作用,具有可罚性,这就需要为此确定不同于主犯的刑事责任客观基础。对此,一种理论是“派生刑事责任”(derivative liability),即从犯的刑事责任源于犯罪的实行行为,也即源于主犯。另一种理论主张从犯自己承担刑事责任,因为从犯的协助行为本身就危害了社会。可见,这种分歧相当于大陆法系刑法理论中“共犯从属性说”与“共犯独立性说”的对立。在当代英国,“派生刑事责任”占据了主流地位。

在多人参与的犯罪中,如果实施了符合该罪的犯行要件之行为的参与者被认定无过错、属于未成年人或精神病人、条件反射等抗辩事由,则其为“无辜的代理人”(innocent agent),不能成立主犯,此时,主犯的责任由实施了直接导致或促进了“无辜代理人”行为之行为的行为人承担。显然,此乃间接正犯。

(二)参与犯罪的类型(modes of participation)

1861 年《帮助犯和教唆犯法》(Accessories and Abettors Act)专门明确规定了共犯承担刑事责任的客观基础——犯行的四种类型:(1)帮助(aiding),给予主犯的帮助行为范围广泛,从提供设备到现场放哨,均在此列。(2)鼓励(abetting),是对主犯行为的教唆和支持,既可以发生在主犯行为之前,也可发生在主犯实施犯罪之中。这种类型与帮助和参谋之间有交叉。(3)参谋(counselling),是给主犯实施犯罪以鼓励、建议或信息。不过,这里要求参谋行为的内容与主犯的行为相吻合,参谋者才承担从犯的刑事责任。(4)促成(procuring),是通过安排并采取相应的步骤来竭力使主犯的犯罪得以发生。

## 第六节 英国刑法的刑罚后果

在英国,对刑罚有比较系统规定的法律主要是《刑事司法法》,例如,2003 年《刑事司法法》就涉及刑罚的目的、种类和具体内容。自 1855 年以来,《刑事司法法》已有 10 多个版本。这还不包括苏格兰和北爱尔兰各自先后制定的若干《刑事司法法》。这些法律对普通法上的刑罚进行了选择性的确认,并根据刑罚理念的变化不断地改革刑罚。“刑罚现象乃是理解刑事司法制度的关键所在。通过理解刑罚的合理性,我们能够得到令人信服的根据来评价当代的刑罚运作与刑法内容。”[42]

### 一、刑罚的目的

在理论上,关于刑罚的目的有四种学说:其一,改造(reformation),或称矫正,即

〔42〕 [英]威廉姆·威尔逊:《刑法理论的核心问题》,谢望原、罗灿、王波译,中国人民大学出版社 2015 年版,第 44 页。

通过改造犯罪人以使其不再犯罪。其二,威吓(deterrence),或称震慑,即以刑罚让罪犯本人和潜在的犯罪人产生惧怕而不敢犯罪。第三,防止(incapacitation),或称阻遏,即以隔离或者限制措施让犯罪难以发生。第四,报应(retribution),或称惩罚,即对罪犯适用刑罚是与他们的罪责相对应的。在刑罚史上的不同时期,总是有一种学说居于支配地位,但毫无疑问,四种理念都会在量刑时被考虑,尽管其间存在一些冲突。不过,在四种理念中,如果前三种理念之一占据主导地位,都表明采取了刑罚目的的预防主义;如果最后一种理念占据主导地位,则表明采取了刑罚目的的报应主义。即是说,"刑罚理论家们一般采取两种基本观点的某一种——减少主义(reductionist)与报应主义(retributivist)。减少主义的观点认为,刑罚是被涉及用来减少反社会行为的社会控制工具,其主要形式是隔离和威慑,次要形式是改造和教育。而报应主义的观点认为,刑罚是对违法行为的一种适当而且/或者必须的道德反应,正如奖励是对良好行为的反应一样,刑罚乃是对违法行为的反应。采取不同的刑罚理论观点决定了个人不同的立场和态度,例如对刑罚种类、刑罚严厉程度、刑罚与过去行为的关系等的看法"。[43] 1991 年的《刑事司法法》以来,报应成为流行的学说。

2003 年《刑事司法法》规定的刑罚目的有五项:第一,惩罚犯罪人;第二,减少犯罪;第三,改造和修复犯罪人;第四,保护社会;第五,让犯罪人对受其犯罪影响的人给予补偿。

## 二、刑罚的种类

英国曾经是个死刑泛滥的国家。直到 19 世纪初,根据英国的法律,盗窃 5 先令的财物就有可能招致死刑。19 世纪中期,英国开始逐步减少死刑。1832 年废除了对偷窃马、羊的罪行判处死刑,1833 年废除了对撬窃罪行判处死刑,1837 年废除了对入室行窃罪判处死刑。截至 1838 年,只有包括海盗罪以及叛国罪在内的 8 种罪行可被判处死刑。1837 年和 1850 年,议会先后提出过普遍废除死刑的动议,均以微弱差距未获通过。20 世纪,英国发生了蒂莫西·伊文思案、德雷克·宾利案和露斯·埃利斯案等冤案,而这些案件的被告人在平反之前都已经被判处和执行死刑。公众因这些案件产生的不安情绪导致了"全国废除死刑运动"组织的成立,推动了废除死刑的进程。1964 年,主张废除死刑的工党重新掌权。新首相哈罗德·威尔

〔43〕 [英]威廉姆·威尔逊:《刑法理论的核心问题》,谢望原、罗灿、王波译,中国人民大学出版社 2015 年版,第 44 页。

逊兑现承诺，力推废除死刑。议会于1965年通过了5年内暂停执行谋杀罪死刑（期限截至1970年7月31日）的《谋杀罪法》，又在1969年确认了该法，从而在事实上终止了对谋杀罪适用死刑。北爱尔兰也于1973年中止了谋杀罪的死刑。虽然英国对叛逆罪、施用暴力的海盗罪、在皇家船坞纵火以及一些战时军事犯罪还保留了死刑，但处于司法中不适用不执行状态。后来曾有过恢复死刑的动议，尤其是20世纪八九十年代基于应对恐怖犯罪和侵害儿童的犯罪提出的死刑主张，但终未获得广泛支持。促使多数人反对恢复死刑的一个重要原因，是英国司法中又发生了“伯明翰六人案”“吉尔弗德四人案”“普莱斯姐妹案”“史蒂凡·基思科案”等涉及恐怖犯罪和对儿童犯罪的冤案。1998年，英国全面废除了死刑。因此，当代英国的刑罚只有监禁刑与非监禁刑两个基本的种类。

监禁刑（imprisonment）是正常情况下使用的唯一自由刑，分为终身监禁（life imprisonment）和有期监禁（fixed - term imprisonment）。终身监禁主要适用于危害国家的犯罪（如叛国、叛乱、海盗、煽动叛乱、暴乱等）、危害公共安全的犯罪（如劫持航空器、纵火、骚乱、灭绝种族、毒品、化学武器等）、侵害人身的犯罪（如杀人、伤害、强奸、鸡奸、溺婴、绑架、引诱堕胎、残害儿童等）、侵犯财产的犯罪（如抢劫、夜盗等）。有期监禁适用广泛，法律通常规定一个最高刑，由法官对案件进行具体裁量，法官常常只在最高刑以下判处一个刑期幅度，由监狱当局根据犯人在狱中的表现决定其实际服刑期限的长短，即所谓不定期刑（indeterminate sentence）。不同罪名的最高刑不同，总体上看，英国刑法对单个犯罪有期监禁的刑期最长为14年。简易审判的刑罚不超过6个月。有期监禁亦可分为立即执行的监禁和暂缓执行的监禁。少年犯和已满17岁不满21岁的青年犯不适用监禁，包括缓期或部分缓期执行的监禁。根据1982年《刑事司法法》，如需限制青少年犯的人身自由，可对15～20岁的人适用青少年拘禁刑，期限较短。对青少年还适用监视居住令、夜间禁止外出令和监督令等措施。

非监禁刑主要包括附条件释放、罚金、缓刑和强制义务劳动等。（1）附条件释放，是指法庭认定被告人有罪但又不宜判处刑罚，且相信被告人不予监禁不会危害社会，宣告释放该罪犯并确定一定考验期作为释放条件。考验期最高为3年。（2）罚金，是运用最多的刑罚，几乎适用于谋杀罪之外的所有犯罪。既可以独立适用，也可以附加适用，对判处缓刑的人不能附加罚金。对于应予起诉罪的罚金没有上限规定，对于简易审判罪则有最高限额。法官对罚金的具体数额有着很大的自由裁量权。故意逾期付款或者拒不付款或者无力付款，可以改判监禁。（3）缓刑，是指暂停刑罚的宣告或者执行,适用广泛,谋杀罪除外。缓刑期限一般为 1 ~ 3 年。缓刑不同于缓期执行的监禁。前者是无条件释放的刑种;后者则是监管释放,只是执行刑罚的方法。(4)社区服务令,是要求罪犯在特定期限内履行特定时间的义务劳动。1972 年的《刑法法》确立了此项刑罚,被认为是英国首创。根据 1973 年《刑事法庭权力法》,社区劳动的时间为 40 小时以上,240 小时以下。它主要适用于罪行较轻的人,尤其是青少年罪犯。

此外,作为起源于英国的一种刑罚执行制度,假释得到广泛的适用。假释,是指被判处剥夺自由刑的罪犯,在服刑一定时间后,经过有关程序予以附条件提前释放的制度。罪犯在至少服刑 1 年之后,方可适用假释。假释的考验期为 1 年以下。对累犯等危险的罪犯,适用假释时要从严掌握。假释事项由专门的假释委员会决定,内政部批准。

## 第七节　英国刑法的具体犯罪

英国刑法中的具体罪名主要可归为几大类:第一,侵犯人身的犯罪;第二,侵犯财产的犯罪;第三,危害国家安全的犯罪;第四,危害公共安全的犯罪;第五,危害公共秩序的犯罪。以下是这几类犯罪中的常见罪名。

### 一、杀人罪

英国早期的杀人罪(homicide)具有浓厚的客观主义意味——只要发生的死亡结果可归因于某种主动的行为,则行为人毫无例外地要承担刑事责任。随着"犯意"在犯罪要件中的地位日益突出,客观的杀人罪根据主观犯意的不同被区分为不同的具体罪名,即谋杀罪、非预谋杀人罪(或称普通杀人罪或一般杀人罪)、杀婴罪。几种罪名的客观要件基本一致,都是行为导致了死亡的结果,并且死亡结果发生在行为之后的一年零一天之内。〔44〕 因此,几种杀人罪名的区别主要在于犯意的不同。当然,几种罪名的客观要件也存在一些差别。

(一)谋杀罪(murder)

该罪是有意非法地实施剥夺他人生命的行为而致他人死亡的犯罪。该罪的犯

---

〔44〕 一年零一天规则主要是考虑到,行为与死亡结果的间隔时间过长,可能会有许多其他因素对死亡发生作用,很难确认行为就是死亡的原因。但是,随着医学的发展,时间的长短不再是认定行为与死亡结果关系的绝对障碍。因此,一年零一天规则也就逐渐失去了存在的意义。

行是非法剥夺他人生命。非法,是指不存在任何(正当化)抗辩事由,如自我防卫等。剥夺他人生命,意味着需要判断剥夺行为与死亡之间的因果关系,同时,必须发生死亡结果。他人,必须是有生命的自然人——这里需要确定人的出生与死亡的时点,即出生以后死亡之前的人才是有生命的自然人。关于出生与死亡的时点,曾有不同的学说。[45] 该罪的犯意被称为“恶意预谋”(malice aforethought),但这容易引起误解,因为“malice”这个词语在这里已经不是指它的通常(道德)含义了。根据1975年Hyam案中法官的意见,谋杀罪的犯意应当有四种形式:(1)有意剥夺他人生命;(2)有意导致他人重伤;(3)预见到死亡结果极有可能发生;(4)预见到重伤结果极有可能发生。前两种情况是直接的有意,后两种情况是间接的有意。

(二)非预谋杀人罪(manslaughter)

就其与谋杀罪之间的关系而言,非预谋杀人罪可以分为“非预谋的有意杀人罪”或者“自愿的非预谋杀人罪”(voluntary manslaughter)和“非预谋的无意杀人罪”或者“非自愿的非预谋杀人罪”(involuntary manslaughter)。后者不具备谋杀罪要求的预谋(aforethought),故为严格意义上的非预谋杀人罪。前者却是具备谋杀罪犯行和犯意的情况,只是因为存在某个可以部分抗辩谋杀罪的因素,才将其降格处理,作为非预谋杀人罪认定。这种具有抗辩作用的因素,在普通法上只有一种,即挑衅(provocation),是指受到谋杀指控的被告人在当时是因被害人的言语或动作被激怒而突然和暂时失去理智(in the heat of passion)而实施了杀人行为(激情杀人)。对此,陪审团必须确认,任何正常人处在被告人的情况下,都会被被害人的言语或动作激怒并丧失理智(客观标准)。具有抗辩谋杀罪作用的因素在制定法上有两种,即1957年《杀人罪法》所增加的减免刑事责任情形(diminished responsibility),主要指精神异常、智力迟钝等情况,以及自杀约定(suicide pact),如安乐死等情况。1957年《杀人罪法》也对挑衅作了补充规定。

从构成要件来看,非预谋杀人罪包括:推定的非预谋杀人罪(constructive manslaughter)、严重疏忽的非预谋杀人罪(gross negligence manslaughter)、轻率的非预谋杀人罪(reckless manslaughter)、危险驾驶的非预谋杀人罪(killing while driving dangerously)。

推定的非预谋杀人罪,是指行为人没有谋杀的犯意,但在实施一个相对不太严重的犯罪过程中导致了他人死亡。该罪需要具备四个条件:(1)有意地实施了行

---

〔45〕 See Sue Titus Reid, Criminal Law, $5^{th}$ editon (NY: Pubulished by McGraw - Hill, Inc. 2001), pp. 165 - 170.

为;(2)行为是非法的;(3)具有导致他人身体伤害的危险性;(4)非法的危险行为导致了死亡结果。

严重疏忽的非预谋杀人罪,被告人要满足以下条件:(1)具有某种注意的义务;(2)违反了这种注意义务;(3)违反注意义务的行为导致了死亡结果;(4)违反注意义务的行为具有定罪所需要的严重性。目前一般认为,这里的疏忽,是与 Cunningham 轻率相对的独立犯意形态,而不被 Caldwell 轻率包含。

轻率的非预谋杀人罪,是与严重疏忽的非预谋杀人罪相对的概念,而上述对严重疏忽的非预谋杀人罪中疏忽的理解,使得与其相对的轻率的非预谋杀人罪中的轻率也应当是 Cunningham 轻率。

危险驾驶的非预谋杀人罪,是指在道路或者其他公共场所因危险地驾驶机动车而致他人死亡的行为。对"危险"的判断,通常采取客观标准,即驾驶行为是否符合一般的注意,驾驶人是否具有资格。该罪无犯意要求,即为严格责任。对此,被告人至多只能提出"非自主驾驶"的抗辩事由。

(三)杀婴罪(infanticide)

该罪最初由 1922 年《杀婴罪法》规定,目的在于避免以谋杀罪认定杀婴行为而判处被告人死刑。该罪后经修改,是指母亲有意地以作为或者不作为引起她不满 12 个月的孩子死亡,虽然符合谋杀罪的要件,但由于其行为受到了哺乳期不稳定心理的影响,按照刑罚相对较轻的杀婴罪认定和处罚。

## 二、侵害人身的非致命犯罪

它主要涉及两个罪名,即"assault"和"battery"。前者是指被告人以某种迫在眉睫的暴力来引起被害人的惊恐,后者则指被告人对被害人实施了这种暴力。无论普通法还是制定法,对两种罪行之间的关系,都存在两种理解:其一,两种罪行被包含在一个罪名之中,统称为 assault(广义)——此时可被称为"侵袭罪"或"侵害罪";其二,两种罪行彼此平行,各为独立的罪名(此时的 assault 为狭义)可分别被称为"威胁罪"和"殴击罪"。在实践和理论上,广义和狭义的 assault 概念常常被交替使用。有时,两种罪行会与其他犯罪交织在一起,呈现很严重的情形,如刑期两年监禁的妨碍执行公务行为、最高刑 10 年监禁的强制猥亵行为、可判终身监禁的干扰救援行为等。根据 1988 年《刑事司法法》,对严重程度最低的普通威胁罪(common assault)和殴击罪,科处 6 个月以下的监禁或者罚金,属于简易审判罪。

侵害人身的非致命犯罪也包括上述两罪引申出去的某些犯罪,主要有侵袭致伤罪(assault occasioning actual bodily harm)、恶意伤人罪(malicious wounding)、有意伤人罪(wounding with intent)、恶意投毒罪(maliciously administering poison)、骚扰罪(harassment)、种族冒犯罪(racially aggravated assaults)等。与单纯的威胁罪和侵袭罪相比,这些犯罪较为严重。

(一)普通威胁罪(common assault)

该罪的犯行是要在被害人的心理上制造一个对于即将发生的暴力的预期和恐惧。行为的形式包括口头或者书面的语言、动作以及语言和动作的结合。在 Ireland 一案中,被告人反复拨打被害人的电话,每次拨通了都不说话,这种动作(拨电话)与沉默的结合,被认定为普通威胁罪。从因果关系来看,行为必须导致了被害人对即将到来的暴力的担忧或者惧怕。即将发生是指即刻来临或者随时到来。一方面,被害人必须感受到某种形式的行为(如行为人在其眼前挥拳威胁),否则(如行为人在其背后挥拳)不成立威胁罪;另一方面,被害人因可能发生的暴力感到担忧或者害怕,但不一定非要是害怕,只要导致了压抑感和紧迫感即可。该罪的犯意是有意或者轻率。

(二)殴击罪(battery)

该罪的犯行是对他人非法使用暴力,并不需要证明被害人受到了暴力的伤害。被告人只需接触到被害人甚至仅仅是被告人的衣服,就可以构成该罪。该罪的犯行可以徒手,也可以利用武器或者物品来实施。所谓“接触”,不能是日常的接触或者一般可以接受的行为标准。例如,一个人在拥挤的车厢里与他人摩肩接踵,为了告知他人其东西掉在了地上拍其肩膀,等等。该罪应该是具有侵略性的接触,具有侵略性的接触不一定包含敌意。例如,在 Faulkner v. Talbot 案中,一名女性将一个男孩带到她的床上对其猥亵抚摸,只存在喜爱而非敌意,但被认定殴击罪。该罪的犯意与威胁罪相同。

(三)侵袭致伤罪(assault occasioning actual bodily harm)

该罪的犯行是实施了威胁或者殴击的行为,却意外地导致了他人身体的实际伤害结果,并不需要被告人对可能的伤害有所预见。例如,在 1971 年的 Roberts 案中,被告人试图扯下搭乘他汽车的女子的外套,致使她跳车摔伤。

(四)恶意伤人罪(malicious wounding)

该罪是指被告人恶意实施伤人或者严重伤害行为,可处以 5 年有期监禁。这里的伤人(wound)是指使他人破皮或者皮肤表面擦刮的任何伤害,不需要严重伤害。该罪的犯意是所谓“恶意”,即被告人必须对伤害结果有所预见,但只需预见伤人即可,不需要预见严重伤害。预见的程度只需要预见伤害发生的可能性而不是必然性。伤人必须是非法的,但可以提出合法伤人的抗辩。

(五)有意伤人罪(wounding with intent)

该罪是指以对他人造成严重身体伤害为目的,或者出于拒捕的目的,非法和恶意地实施伤人行为或者导致他人严重身体伤害的行为。严重伤害(grievous bodily harm)是指以任何方式实际导致严重身体伤害(really serious bodily harm),亦可包括精神伤害。这是非致命的人身侵害犯罪中最为严重的罪名,可处以终身监禁。

(六)恶意投毒罪(maliciously administering poison)

投毒行为涉及的罪名很多,导致死亡的可以构成谋杀罪或者一般杀人罪,未导致死亡但有杀人目的的是谋杀未遂罪,有意引起他人重伤的是有意伤人罪,也可以构成殴击罪或者侵袭致伤罪。此外,1861 年《侵犯人身罪法》第 23 条和第 24 条还专门规定了恶意投毒的两种行为:其一,非法地恶意投毒或者导致他人被给予毒药或者其他有毒有害物品,因此导致他人受到严重身体伤害,可被处以 10 年监禁;其二,以伤害、冒犯或者骚扰他人为目的,非法地恶意投毒或者导致他人被给予毒药或者其他有毒有害物品,可被处以 5 年监禁。前者强调的是投毒的效果(给生命带来危险),后者强调被告人的目的。

(七)骚扰罪(harassment)

英国于 1997 年通过《免受骚扰法》(Protection from Harassment Act),专门针对频繁持续性的暴力活动。事实上,该法的适用范围比这更为广泛:从邻里边界纠纷到给国会议员写恐吓信。该罪要求"一系列"的行为,即必须是两次以上的有连续性的行为。一系列的行为必须是使人惊慌或者难受的骚扰行为。主观上,被告人必须知道或者应当知道其行为是骚扰。

(八)种族冒犯罪(racially aggravated assaults)

根据 1998 年《犯罪与骚乱法》,该罪的犯行是前述侵犯人身的各种犯罪的犯行,但在实施这些犯行之时或者之前或者之后,行为人以一种种族敌意向被害人示威或者以具有种族敌意的动机实施行为。对于种族冒犯罪,可在其具体犯行涉及的罪名的基础上加重刑罚。

除上述内容之外,英国刑法理论还讨论了与威胁罪和殴击罪相关的一些问题,包括父母施用一定暴力惩戒孩子以及在抢劫、拒捕、强奸、妨碍警务过程中的威胁和殴击行为。

## 三、性犯罪

在英国,无论英格兰和威尔士,还是苏格兰,或是北爱尔兰,三个有所区别的法域都规定了多种性犯罪行为。英格兰和威尔士在2003年《性犯罪法》中,用71个条文规定了性犯罪的不同表现。2008年《性犯罪(北爱尔兰)法令》则有75个条文规定了性犯罪的具体行为。2009年《性犯罪(苏格兰)法》也有46个条文规定了性犯罪的具体表现。这些规定大同小异,包括强奸,以物品插入的侵害,致使他人从事未经同意的性行为,强奸不满13岁的儿童,奸淫不满13岁的儿童,与儿童进行性行为,致使儿童从事性行为,儿童在场时从事性行为,致使儿童观看性行为,儿童或年幼之人实施的儿童性犯罪,安排或促使儿童性犯罪的实施,滥用监管地位与儿童进行性行为,滥用监管地位致使儿童从事性活动,滥用监管地位当着儿童的面进行性行为,滥用监管地位致使儿童观看性行为,与不能自主的精神缺陷者进行性行为,致使不能自主的精神缺陷者从事性活动,当着不能自主的精神缺陷者的面从事性活动,致使不能自主的精神缺陷者观看性行为,以诱惑、威胁或欺骗的方法促成与精神缺陷者的性活动,以诱惑、威胁或欺骗的方法致使精神缺陷者从事或同意从事性活动,以诱惑、威胁或欺骗的方法促成当着精神缺陷者的面从事性活动,以诱惑、威胁或欺骗的方法致使精神缺陷者管控性行为,护理工作者与精神缺陷者进行性活动,护理工作者致使发生性活动,护理工作者当着精神缺陷者的面进行性活动,护理工作者致使精神缺陷者管控性行为,有偿获得儿童性服务,致使产生雏妓或儿童色情,安排或方便雏妓或儿童色情,为获利怂恿卖淫,为获利控制娼妓,为性剥削而贩运人口进入英国,为性剥削而在英国贩运人口,为性剥削而在英国之外贩运人口,以实施性犯罪的有意实施了一个犯罪,以实施性犯罪的有意非法闯入,与成年亲属进行或同意进行性插入,裸露,窥阴,与动物交配、对尸体的性插入,在公共卫生间进行性活动,性侵害,为卖淫街头拉客,公共场所的性行为,开设妓院,性胁迫,性行为时胁迫他人在场或观看,猥亵通讯,等等。可见,英国刑法对性犯罪的规定非常细致。其中,不乏伴随侵犯人身的暴力,但施用暴力基于性侵,故被归为性犯罪。性犯罪类别更多地体现对被害人性选择(在何时何地与何人发生性关系)的自由权利的保护。英国刑法中的性犯罪多样,突出的有强奸罪(rape)、强制猥亵罪(indecent assault)、非法性交罪(unlawful sexual intercourse)。

### (一)强奸罪(rape)

强奸曾经是英国普通法上的重罪。普通法上的强奸罪是指男性违背女性意志而强行与其性交，以及鸡奸。强奸罪的行为必须是男性生殖器对女性生殖器或任何人的肛门插入。(如果用男性生殖器之外的身体部位或任何物品实施插入，不构成强奸罪，只能构成“assault by penetration”——插入性侵罪)除此，被害人的心理状态和行为也至关重要，要求被害人不同意插入并证明其身体始终处于拒绝状态。即使是妓女，也可以成为被害人，但与妻子性交被推定为同意。英国议会1828年《侵害人身的犯罪法》规定，所有被认定强奸罪的人应当作为重罪被判处死刑。强奸罪的死刑被1841年《死刑替代法》废除并代之以终身流放。1857年《刑事劳役法》又以终身劳役替代了终身流放并得到1861年《侵犯人身罪法》的确认。强奸罪的终身劳役最终被1948年《刑事司法法》废除，代之以终身监禁——得到了1956年《性犯罪法》的确认。随着1967年《刑法法》取消了重罪与轻罪的区分，强奸罪也不再是所谓重罪，但其终身监禁的刑罚仍被保留。

1956年《性犯罪法》最初规定的强奸罪对象仍然是“女性”(woman)。经1976年《性犯罪法》和1994年《刑事司法法》到2003年《性犯罪法》的修正补充，强奸罪的范围被逐步扩大——强奸罪的对象由“女性”变成了“女性或其他男性”(a woman or another man)，而强奸罪的行为不限于插入女性性器官(vagina)，也可包括任何人的肛门或口腔(anus or mouth)。同时，男子假扮已婚女子的丈夫诱使她与自己性交，也是强奸。在主观方面，并不合理地相信被插入之人对此同意，包括明知他人不同意或对他人是否同意存在轻率。

在普通法上，不满14岁的男性不能成为强奸罪的主犯，因为他被当然地推定为不具有性交能力。1993年《性犯罪法》规定，不满14岁的男性可以作为从犯构成强奸罪。但有争议的是，不满14岁的男性是否可以实施“作为”构成未遂强奸罪呢？同时，由于该罪对行为的要求(男性生殖器的插入)，决定了女性不能作为主犯构成该罪，但能够作为从犯构成强奸。

英国刑法对强奸罪表示了严厉的立场，根据不同情节，分别规定了终身监禁、14年监禁、10年监禁、7年监禁或2年监禁等不同最高刑的处罚，还有专门针对强奸犯的注册登记和限制令。但司法实践处理涉嫌强奸的案件并不容易，因为强奸罪是最为复杂的案件。

(二)强制猥亵罪(indecent assault)

该罪的犯行包括两部分：一部分是对被害人实施了威胁或者殴击，另一部分是对被害人实施了猥亵。猥亵是性交之外的具有性的意味的身体接触行为。对猥亵的判断有三种途径：第一，对于被告人的行为，正常人都认为是明显的猥亵，则该种行为就是猥亵;第二,对于被告人的行为是否猥亵,正常人辨别不清,存在模糊,则要查明被告人是否认为自己的行为是猥亵,即以本人的认识为准;第三,对于被告人的行为,正常人不认为是猥亵,即使被告人自己认为是猥亵,也不作为猥亵认定。该罪的最高刑可达10年有期监禁。

(三)非法性交罪(unlawful sexual intercourse)

这个犯罪主要包括:以恐吓或者诱骗妇女的行为使其与他人性交,使用药物等手段让妇女不省人事而使男子得以与其性交,让16岁以下的女孩同意与自己性交。这些行为不符合强奸罪的构成要件,可以适用非法性交罪。

此外,有伤风化罪(outraging public decency)和乱伦罪(incest)也属于性犯罪。有伤风化罪的最常见行为表现是,在公共场合裸露身体并且能够使多人(二人以上)看见。即使在私人空间裸露身体,或者即使其裸体实际上没有被人看见,但只要公众可能看见,就满足该罪要求。乱伦罪是指男子在明知的情况下与其女儿、孙女、妹妹、母亲进行性交。在此情况下,只要女方年满16岁,则与男方一样构成乱伦罪。

## 四、侵犯财产的犯罪

刑法中的财产犯罪与民法中的财产权利密切相关,例如,刑法禁止损坏"属于他人的财产",而什么是"属于他人的财产"则要由民法来回答。财产犯罪的结构与人身犯罪不同。例如,人身伤害的轻重程度较为明显,如死亡、重伤、实际身体伤害等;而财产损失的数额大小与严重程度不具有当然的对应性,偷走穷人100英镑的救命钱与偷走富翁的几千英镑,孰轻孰重?因此,侵犯财产罪强调的主要不是损失大小,而是导致损失的方式——诡计(subterfuge)、欺骗(deception)或暴力(force)。

目前,英国的侵犯财产罪主要规定于两个制定法:1968年《侵犯财产罪法》(Theft Act 1968)和1971年《刑事损害法》(Criminal Damage Act 1971)。前者包括盗窃罪(theft)、抢劫罪(robbery)、破门入户罪(burglary)、加重的破门入户罪(aggravated burglary)、拿走公共场所的物品罪(removal of articles from places open to the public)、擅自拿取机动车或其他运输工具罪(taking motor vehicle or other conveyace without authority)、窃取电力罪(abstracting of electricity)、境外偷窃邮件罪(extension to thefts from mails outside England and Wales)、诈骗取得财物罪(obtaining property by deception)、诈骗取得金钱利益罪(obtaining pecuniary advantage by deception)、[46]虚假做账罪(false accounting)、公司主管虚假陈述罪(false statements by company directors, etc.)、封锁文件罪(suppression, etc.)、敲诈勒索罪(blackmail)、处置赃物罪(handling stolen goods)、公然以归还赃物或遗失物索取回报罪(advertising rewards for return of goods stolen or lost)、外出时备有用于偷窃的物品罪(going equipped for stealing etc.)。后者包括毁损财产罪(destroying or damaging property)、威胁毁损财产罪(threats to destroy or damage property)、有意毁损财产而持有任何物件罪(possessing anything with intent to destroy or damage property)。此外,还有一些制定法规定了侵犯财产的犯罪,例如,1990年《滥用计算机法》规定了擅自获取计算机资料(unauthorized access to computer material)和擅自更改计算机资料(unauthorized modification of computer material)的犯罪;《预防犯罪法》(Prevention of Crime Act 1953)规定了违禁武器(offensive weapons)的犯罪,1971年《滥用药物法》(Misuseof Drugs Act 1971)规定了毒品犯罪,等等。

普通法上的侵害财产罪被称为"larceny"。由于"larceny"的表现五花八门,英国议会为了对应予起诉审判的侵害财产犯罪进行统一和简化,制定了(1916年《侵犯财产罪法》Larceny Act 1916 )。该法包括的犯罪有盗窃罪(steal)、侵占罪(embezzlement)、抢劫罪(robbery)、亵渎圣物罪(sacrilege)、破门入户罪(burglary)、勒索罪(extort)、诈骗罪(defraud)、收赃罪(receiving)、收买牟利罪(corruptly taking a reward)等。也就是说,"larceny"是对所有侵犯财产犯罪的概括,"steal"才是盗窃罪的表述。因此,应将"Larceny Act"称为《侵犯财产罪法》而非《盗窃罪法》。取代1916年《侵犯财产罪法》(Larceny Act 1916)的制定法 Theft Act 1968 也应当被称为1968年《侵犯财产罪法》而非《盗窃罪法》。该法规定的犯罪已如前所述——多种侵害财产的犯罪被涵摄于"theft"的立法标题之下。不过,"theft"在该法中又表示盗窃罪(尽管也保留了 steal 的表述),即有广狭二义之分。可以说,"theft"在广义上取代了"larceny",在狭义上成为"steal"的同义语。不过,1968年《侵犯财产罪法》还不仅仅是表述上的变化,而是在广狭二义的范围上都进一步扩展了。

(一)盗窃罪(theft 或 steal)

1916年《侵犯财产罪法》第1条规定了盗窃罪的定义:"盗窃(steal)之人未经物主许可,欺骗性地且非善意主张权利,取得和拿走任何能够被偷窃的物件,在实施

[46] 1978年《侵犯财产罪法》(Theft Act 1978)专门对其中部分内容作了补充修改。

这种取得行为时,具有永久剥夺财产的意图。”在此,(1)“拿走”(carry away)是指对财产的任何移动。但该条规定,“即使作为受托者或共有人而合法占有财产,如果欺骗性地将财产用于自己或物主以外的人,也是盗窃”。即在此种情况下无须取得(take)和拿走,也可以构成盗窃罪。(2)“未经物主许可”(without the consent of the owner)与“欺骗性地”(fraudulently)相联系,表明盗窃是物主不知情的行为——隐蔽地取得和拿走。(3)“财产”(property),是指任何有价值的动产或附着于不动产但可分离的物件。(4)“永久剥夺物主的财产”(permanently to deprive the owner),实际上表明行为人不想归还的主观意图。符合这些规定便构成盗窃罪(steal)。在这个基础上,该法将盗窃罪定义扩展为侵犯财产犯罪的定义。该法第1条规定:“取得和拿走”的达成,可以是通过诡计或耍花招(trick),也可以凭借对物主施以恐吓(intimidation),还可以因为物主的认识错误或行为人自认为的合理发现。这就把盗窃罪的定义扩展为可以包容各种侵犯财产犯罪的定义——“larceny”。这个定义中的行为可以包括诈骗、抢劫、敲诈勒索等,而不仅是隐蔽地取得和拿走财产,也可以包括“错递”和“捡拾”财产而不归还,而不仅仅是单方面的“取得”财产。

1968年《侵犯财产罪法》用了整整前6个条文来规定“theft”,而第1条是基本定义。所谓“基本定义”(basic definition of theft),就是该法规定的所有侵犯财产的犯罪都具有的要件。基本定义本身就能构成的犯罪是盗窃罪,即构成该法第7条规定的“theft”,这里的“theft”为狭义;在符合基本定义的基础上需要进一步的要素才能构成的侵犯财产罪,规定于该法第8条至第24条,包括抢劫、诈骗、破门入户、敲诈勒索等前述各种犯罪。可见,该法第1条中的“theft”其实包含了广狭二义,第7条中的“theft”仅为狭义,该法名称中的“theft”则为广义。无论是狭义“theft”的盗窃罪,还是归属于广义的其他侵犯财产犯罪,都必须具备基本定义及其要件。

1968年《侵犯财产罪法》第1条对“theft”规定的基本定义是:“一个人不诚实地侵吞属于他人的财产且具有永久剥夺他人财产的意图。”该法第2条至第6条对基本定义中的五个表述进行了说明,其实就是“theft”的五个要件。

1.“不诚实地”(dishonestly)。该法第2条用了排除法,规定了三种不属于不诚实地占有他人财产的情形:(1)占有财产时相信其在法律上有权代表自己或第三方剥夺他人的财产;(2)占有财产时相信,如果他人知道其这种占有和相关情节,会表示同意;(3)(除非作为财产的委托人或代理人)占有财产时相信,采取合理措施无法找到财产所有人。如果不存在任何上述情形,遵照Feely和Ghosh案中法官的指示,陪审团必须以普通的正常而诚实的人之标准,首先认定是否存在不诚实;如果存在不诚实,需要进一步审查被告人是否认识到他自己的所作所为是不符合诚实标准的,只有在其实施侵吞行为时认识到普通人都认为这是不诚实的,即使他固执地认为自己具有道德正当性,也不能否定不诚实。一旦认定侵吞行为伴随了不诚实的主观状态,即使行为人为其侵吞付款,也不是辩护理由。

2."侵吞"(appropriates)。它是指侵犯所有权的行为,最主要的表现就是对他人财物的非法占有。除此,毁灭、出卖他人财产亦属侵吞。即使财产仍由所有人占有,也可能构成侵吞。例如,擅自改变商店货物的价格标签。有时,行为人完全没有占有财物,与财产没有任何接触,也能构成侵吞,例如,将他人财产进行赠与,由不明真相的第三人直接拿取。一般而言,财物的所有人有权接触、移动、销售、出借、使用、毁灭或者消耗其财产,这些具体的权利内容,任何一项都可能被侵犯。对于法律将侵吞由占有扩大至更宽的范围,也不是所有人都赞同。

3."财产"(property)。它包括金钱和其他财物、动产和不动产、无形权利(版权、债务、银行信用等)和其他无形财产(包括电力)。信息和人体不属于财产。土地和野生动物虽然是财产,却不能被偷盗。1978 年《侵犯财产罪法》补充,服务可以成为这里的财产而被骗取。

4."属于他人"(belonging to another)。在通常情况下不难证明,必要时以契约和财产法为准。不过,也有一些特殊情况稍显复杂:(1)无主财产也可以成为侵吞行为的对象,尽管这里不存在被害人的利益损失。如果财产被物主遗弃,则该财产不存在被偷的问题。(2)被害人合法占有或者控制的财物,即使被告人对此拥有所有权,也不能擅自拿取,否则可能构成侵吞。(3)财产中包含的他人权益也可成为他人财产,但是,将已经签约卖给甲的财产卖给了乙,只是违约,不是侵吞。(4)合伙企业的财产分属于合伙人,故合伙人之间可以相互侵吞财产;一个股东的公司,其财产也可以被董事长侵吞;信托财产亦属他人财产。

5."具有永久剥夺他人财产的意图"(with the intention fo permanently depriving the other of it)。该要件与不诚实共同构成盗窃罪的犯意。据此,借用财物,即便未经同意,通常也不构成盗窃罪。但有例外——未经同意开走他人的车、未经授权将他人物品置于公共场所展示等,均可构成盗窃罪。判断是否存在永久剥夺他人财产的意图,一般情况下并不困难,如悄悄从他人口袋里掏出钱包。有些情况则比较特殊:(1)不诚实地擅自拿取他人现金,但打算归还,仍然构成盗窃罪。(2)视情况而定的意图并不否定盗窃罪的成立。例如,掏人腰包并不知里面是什么,自己也不知究竟要偷什么,而是抱着拿到什么算什么的心态实施行为。(3)借了他人的财物但在归还时其价值状态打了折扣,如借用晚礼服而归还时有破损,对此,法律规定,虽然行为人并没有要永久剥夺他人财物,但把他人财物完全当作自己财物使用,不顾物主的权利,则要被视为具有永久剥夺他人财产的意图。但这个规定有些模糊,以致不同的个案处理在理解时各行其是。(4)财产"绑架",即擅自拿取他人财物后向物主提出有偿归还,应被认为具有永久剥夺他人财物的意图。(5)用他人财产赌博或者抵押,可认为具有永久剥夺他人财产的意图。

根据1968年《侵犯财产罪法》第7条,盗窃罪(狭义 theft)的最高刑为10年监禁。

(二)其他侵犯财产的犯罪

1. 抢劫罪(robbery)。这是严重的盗窃罪,因为其与使用暴力相联系。该罪的最高刑为终身监禁。抢劫罪的构成首先要符合上述盗窃罪的要件,再加上暴力——使用暴力或者以使用暴力相威胁。只要超过了仅仅是对他人的触碰,就符合暴力所要求的程度。暴力或者暴力威胁的对象除了拥有财产的受害人,还可以是路人或者保安等其他人。暴力或者暴力威胁必须与拿取财物有关。使用暴力或者暴力威胁的时机要求是在实施行为的同时或者之前,盗窃后逃跑时使用暴力不能构成抢劫罪,只能分别认定盗窃罪和侵袭罪。如果被告人侵袭过程中注意到了被害人的手表并随后拿走,也不构成抢劫罪。如果以抢劫的意图实施了威胁行为,但还没有来得及劫取财物,可以构成抢劫罪,也可以构成以抢劫的意图实施的威胁罪(assault with intent to rob)。这里虽未实施劫取财物行为,只有威胁行为和劫取财物的犯意,但其最高刑与抢劫一样,都是终身监禁。

2. 破门入户罪(burglary)。公众对该罪特别反感,因其侵入了本应感到安全和放心之地——住宅。事实上,该罪并不局限于居住的房屋和偷盗。该罪的本质是为某种犯罪而侵入建筑物。具体而言,行为人侵入建筑物(私人住宅或者厂房等)或者建筑物的任何部分,是要偷盗里面的物品,或者对里面的人进行严重伤害,或者强奸里面的妇女,或者对建筑物及其里面的任何东西加以非法损坏。如果建筑物是住宅,最高刑罚为14年监禁;如果建筑物是其他房屋,最高刑罚为10年监禁。此外,如果属于武装进入他人建筑物的严重犯罪,最高刑罚为终身监禁。该罪的成立要件包括:(1)进入(entry)。破门入户罪的一个经典案例是 Collins 案。被告人柯林斯为了与住在一个建筑物楼上的女孩发生性关系,半夜里全身赤裸地爬上通往她卧室窗户的梯子,当正在床上睡觉的女孩发现窗口的被告人时,误认为是其男友,便邀请其到房间里并随后与其发生了性关系。柯林斯被认定意图强奸而构成破门入户罪。他对此提出上诉,理由是法院不能确定他是否非法进入了房屋。如果在女孩发出邀请之后他才进入房间,他就没有非法进入,也就不能构成此罪。这就提出了一个关键问题:什么是"进入"?后来的判例提出了"有效性"主张,即只要身体能够有效地实施被告人意欲在建筑物内进行的犯罪,就属于进入。据此,向建筑物内伸手和探头,都可以是进入。也可以是通过无辜的代理人进入,或者将工具伸入移动里面的物品。(2)建筑物或其部分(building or part of a building)。该罪中的建筑物并不限于住户,也包括办公室、厂房和库房。住人的车辆和船只也属于建筑物。建筑物的某一部分,主要指对公众开放的建筑物中某些封闭部分,未经允许不得入内,否则就是该罪的进入。(3)作为侵入者(as a trespasser)。即行为人进入建筑物时没有经过主人以明示或者暗示的授权。(4)意识到自己是侵入者(awareness of being a trespasser)。这是侵入者对应的主观要件。(5)实施某个犯罪的意图(the intent to commit a crime)。最常见的是实施盗窃罪的意图,也可能是实施伤害身体、实施强奸、非法损坏建筑物或里面的物品等犯罪的意图。犯该罪通常处以14年以下监禁。如果被告人非法侵入时携带了武器、仿真武器或者爆炸物,构成加重的破门入户罪,最高刑罚为终身监禁。

3. 擅自取走公共场所的物品罪(removal of articles from places open to the public)。这里的物品是对公众开放供其参观的建筑物及其里面的展品和藏品,而不是用于促销或其他商业目的的展品。在建筑物开放参观时间,未经合法授权取走建筑物上或其地面上的物品,构成此罪,可处以5年以下监禁。如果行为人合理相信自己有权取走物品或权利人将认可其行为,则不构成该罪。

4. 擅自取走机动车或其他运输工具罪(taking motor vehicle or other conveyance without authority)。未经物主同意或合法授权,为自己或他人使用而取走任何他人运输工具,且明知自己无权实施这种行为,构成该罪,可处3年以下监禁。这里的取走包括驾驶他人运输工具,或搭乘非法驾驶的运输工具。如果同样情况下取走脚踏车,可构成简易审判罪,处以50英镑以下的罚金。如果行为人合理相信自己有权取走运输工具或物主认可其行为,则不构成该罪。

5. 窃取电力罪(abstracting of electricity)。虽然译成中文,"窃取"与"盗窃"没有明显区别,但是针对电力(electricity),在1968年《侵犯财产罪法》第13条表述中,"窃取"的含义其实是"盗用"或"偷用"(dishonestly use without due authority),也包括暗中致使(电力)浪费或消耗(dishonestly causes to be wasted or diverted)。因此,该罪不是盗窃罪(狭义的theft),而是独立的窃取电力罪。尽管该罪也必须符合盗窃罪的基本定义,但电力的特殊性使其独立成罪。

6. 诈骗罪( fraud)。1916 年《侵犯财产罪法》(Larceny Act 1916)第 32 条规定的诈骗罪(false pretence)是一个侵犯财产的个罪。1968 年《侵犯财产罪法》的诈骗罪( fraud)则由多个条文分别规定的若干个罪所组成,包括骗取财产罪(obtaining property by deception)、骗取经济利益罪(obtaining pecuniary advantage by deception)、虚假做账罪(false accounting)、公司主管人员虚假陈述罪(false statements by company directors etc)和封锁文件罪(suppression, etc, of documents)。对于其中的骗取经济利益罪,1978 年《侵犯财产罪法》进一步用三个具体罪名予以取代和细化:骗取服务罪( obtaining services by deception)、骗逃债务罪(evasion of liability by deception)和逃避付账罪(making off without payment)。2006 年《诈骗罪法》(The Fraud Act 2006) 给出了刑事诈骗罪的制定法定义,包括三个层面:其一,以虚假陈述欺诈(fraud by false representation);其二,以不披露信息欺诈(fraud by failing to disclose information);其三,以滥用职权欺诈(fraud by abuse of position)。该法规定,犯有简易审判欺诈罪者要承担的刑事责任是罚金或最高刑期 12 个月(北爱尔兰为6 个月)的监禁,犯有起诉审判欺诈罪者要承担的刑事责任是最高刑期10 年的监禁。该法基本取代了 1978 年《侵犯财产罪法》所创制的骗取财产罪、骗取经济利益罪和其他罪名。因为这些罪名被认为在证明时过于复杂和困难。1978 年《侵犯财产罪法》的诈欺内容大部分作废,但其中的"逃避付账罪"仍然有效。为了便于理解英国刑法中的财产犯罪,下列中仍包含了一些已经废止或曾有过的诈骗罪名。

(1)骗取财产罪(obtaining property by deception)。该罪在完全符合盗窃罪构成要件基础上多出一个行为要件——欺骗(deception)。欺骗行为可以表现为在事实或法律上虚假的言语或动作,无论有意还是轻率所为,都是要掩盖当时的意图。通过欺骗获取财产,包括获取财产所有权、占有权和控制权。获取不仅仅是据为己有,而且可以是为他人或使得他人获取或保留。犯该罪的最高刑为 10 年监禁。

(2)骗取经济利益罪(obtaining pecuniary advantage by deception)。与骗取财产罪的不同之处在于,该罪骗取的是经济利益而非财产。骗取经济利益,是指以欺骗手段使自己赖账、透支借债、享受保险或年金、变更合同条款、获得工作机会而能取得报酬或更多报酬。该罪的最高刑为 5 年监禁。

(3)骗取服务罪( obtaining services by deception)。该罪由 1978 年《侵犯财产罪法》第 1 条规定,是指以欺骗(deception)方法不诚实地获取服务的行为。所谓"获取服务"(obtaining of services),即指促使他人通过实施(或者,安排或准许实施）一定行为提供福利，并且他人以为其提供的福利已经或将要获得报酬。构成该罪，处5年以下监禁。如果属于简易审判的犯罪，可处以6个月以下监禁或依照1977年《刑法法》判处罚金（通常为1000英镑），或二者并用。

（4）骗逃债务罪（evasion of liability by deception）。该罪由1978年《侵犯财产罪法》第2条规定，是指以不诚实的方式得以免除任何现有支付责任的全部或部分，不论该支付责任是他自己的还是他人的；有意造成任何现有支付责任的全部或部分的永久性违约，或有意让他人如此，不诚实地诱导债权人或任何声称代表债权人的人等待支付（无论约定的支付日期是否推迟）或放弃支付；不诚实地获取支付责任的免除或减少。该罪可以是起诉审判罪，也可以是简易审判罪，前者刑罚为不超过5年的监禁，后者为不超过6个月的监禁或不超过一定数额的罚金，或二者并用。

（5）逃避付账罪（making off without payment）。1978年《侵犯财产罪法》规定，一个人明知自己被要求和等待当场为获得的商品或服务付账，却不诚实地不按要求和期待而付账即行离去，并且具有逃避支付款项的意图，构成逃避付账罪（making off without payment）——“赖账”（bilking），即不为取得的商品或者接受的服务付款而溜之大吉，可处以2年以下监禁。如果属于简易审判的犯罪，可处以6个月以下监禁或依照1977年《刑法法》判处罚金（通常为1000英镑），或二者并用。

（6）虚假做账罪（false accounting）。为自己或他人获利，或意图导致他人损失，不诚实地毁灭、污损、隐藏或篡改账目或任何为账目制作或要求的记录或文件，或提供用于制作或使用任何账目、任何记录或文件的信息，明知其在重要项目上具有或可能具有误导性、虚假性或欺骗性，构成该罪，可处以7年以下监禁。

（7）公司主管虚假陈述罪（false statements by company directors etc）。法人组织或非法人团体的主管就其事务欺骗员工或债权人，发表或同意发表其明知在重要项目上具有或可能具有误导性、虚假性或欺骗性的书面陈述，构成该罪，可处以7年以下监禁。

（8）封锁文件罪（suppression, etc, of documents）。为自己或他人获利，或意图导致他人损失，不诚实地毁灭、污损、隐藏任何有价证券、遗嘱或其他遗嘱文件、任何属于或存于法院或政府机构的原始文件，构成该罪，可处以7年以下监禁。为自己或他人获利，或意图导致他人损失，骗取有价证券的签立，涉及制作、接受、担保、变更、取消、完全或部分地损毁有价证券，以及为了制作或兑换、使用或处分有价证券，都构成该罪，可处以7年以下监禁。

总之,通过买卖、授受确立财产所有权和自由转移财产以及开展服务是社会生活的重要内容,靠诈骗获得财产和服务,严重侵蚀了社会生活的基础。与盗窃罪不同,诈骗罪既侵犯财产,还操控被害人,将被害人作为傀儡来对待。诈骗罪由个罪变成类罪,反映出利益形态和侵权行为的日益多样化。但值得注意的是,英国于2006年专门制定的《诈骗罪法》(Fraud Act 2006)从三个层面重新规定统一的诈骗罪:其一,虚假陈述的欺诈(fraud by false representation);其二,不披露信息的欺诈(fraud by failing to disclose information);其三,滥用职权的欺诈(fraud by abuse of position)。也就是说,诈骗手段有所不同,但罪名同为一个(fraud)。与此相对应,该法也统一规定了诈骗罪的刑罚:犯有简易审判欺诈罪者要承担的刑事责任是罚金或最高刑期12个月(北爱尔兰为6个月)的监禁,犯有起诉审判欺诈罪者要承担的刑事责任是最高刑期10年的监禁。诈骗从一个个罪发展到多个个罪,再变化为具有概括性的统一罪名,究其原因,恐怕是随着骗取型犯罪行为的多样化趋势达成一定程度,如果采取罪行与罪名一一对应的立法方式,会导致罪名过多过细,增加了区分和证明此罪与彼罪的复杂性和困难。例如,逃避付账罪究竟是诈骗罪还是盗窃罪?就存在模糊性。因此,从行为手段出发而不是从对象出发,以单一个罪概括性地涵盖各种诈骗行为,具有更强的适应性和明确性。不过,虽然1978年《侵犯财产罪法》的大部分内容已作废,但“逃避付账罪”仍然有效。

7. 勒索罪(extort)。根据1968年《盗窃罪法》,为自己或他人获利,或意图导致他人损失,以威胁方法提出任何无理要求,构成该罪,可处以14年以下监禁。要求被害人作为或不作为,都可以成立该罪。

提出无理要求(make any unwarranted demand),可用书面或者口头的方式,既可以是明示也可以是暗示,既可以是声音也可以是动作姿势。被害人是否收到无理要求,不影响该罪的构成。无理要求的内容是迫使被害人或者其他人以某种方式进行某种作为或不作为,并不非得有钱财的交付,但必须与经济收益或者损失有关。例如,要求一个赚钱多的工作,而不能是谋求一个无偿的志愿者岗位。如果行为人相信其有合理根据提出要求,并且使用威胁是强化要求的恰当手段,则不构成该罪。

威胁(menaces)的方式,就是以不利的或者令人难堪的后果威慑对方,既可以是明示的也可以是暗示的。不利或者难堪的后果既可以针对被害人也可以针对其他人。不利或者难堪必须足以对被害人或者其他人产生威胁效果。如果正常人感受到威胁而被害人并不如此,或者被害人感受到威胁而正常人并不如此,都不影响该罪的构成。

8. 处置赃物罪(handling stolen goods)。1968 年《侵犯财产罪法》第 22 条规定了 18 种不同形式的处置行为,包括接收赃物的行为,为他人的利益承担保管、转移、处理、变卖赃物的行为,帮助他人保管、转移、处理、变卖赃物的行为,对上述各项活动的安排行为。该罪的最高刑为 14 年监禁。

9. 刑事损毁罪。该罪规定于 1971 年《刑事损毁罪法》,包括以下三种具体罪名(其中,前一种罪名的最高刑罚为 10 年监禁,后两种罪名的最高刑罚为终身监禁)。

(1)普通刑事损毁罪(ordinary criminal damage)。该罪所损毁的财产限于有形财产,可以包括土地,但不包括专利、版权、信息等无形财产。而且,该罪的财产为他人所有,不能是行为人自己的财产。该罪的犯意是有意或者轻率。损毁包括毁灭或者损坏,都是没有合理理由的行为。

(2)严重刑事损毁罪(dangrous criminal damage)。与普通刑事损毁罪不同之处是,损毁财产的行为同时给他人的生命带来危险,相应地,即使损毁自己的财产也可构成该罪,即使有合法的依据也可构成该罪。

(3)纵火罪(arson)。该罪的犯意与普通刑事损毁罪相同,既可以是有意,也可以是轻率。需要专门证明的是损毁结果由火灾引起。

# 第二章　美国刑法

美国刑法的发展大致经历了殖民地时期、独立后至19世纪末、20世纪初至第二次世界大战前、第二次世界大战后至今几个阶段。[1]

美洲最早的人口来自亚洲的流浪者——印第安人，后来又有维京人（来自欧洲）和因纽特人（来自亚洲）等，一直过着原始的生活。15世纪末，随着哥伦布“发现”新大陆，荷兰、英国、法国和西班牙等欧洲列强开始在美洲建立殖民地，也将各自母国的法律带入了美洲，其中，英国法律的影响最为巨大和深远，无疑，刑法也不例外。不过，“由于定居者本身对英国法律制度的认识显然与英国法院的认识不同，再加上他们面对的是与英国完全不同的社会状况，因此，美国刑法无论是在原则上还是具体内容上都与英国刑法有一定的偏离”。[2] 也就是说，“为高度结构化的社会而设计的英国体系并不适合殖民地的需要。他们对这种制度进行调和，锻造新的规则，以准确地反映新大陆的社会和经济现实”。[3] 在刑法方面，新制度的一个重要特征是“废除了法官定义犯罪的普通法权力，并且替代立法机关作为认定犯罪活动和决定刑罚幅度的主体”。[4] 这个时期的美国刑法兼有原始（宗教和道德的色彩浓厚）、落后（刑罚严酷且不平等）和多变（经常变动而不稳定且各殖民地之间存在差异）的特征。

美国独立后，由于独立过程中与英国敌对，故对其法律（普通法）也有所排斥，而与法国友好，故使其法律（制定法）的影响大增。但是，英国法律曾经在殖民地的优势地位和广泛应用，使独立后的美国“并没有抛弃重要原则或贸然中断英国制度，只是进行了修正以适合新的环境”，事实上，“殖民者采纳了普通法中那些被认

---

〔1〕 参见何勤华、夏菲主编：《西方刑法史》，北京大学出版社2006年版，第347～367、461～468页。

〔2〕 何勤华、夏菲主编：《西方刑法史》，北京大学出版社2006年版，第349页。

〔3〕 [美]詹姆斯·V.卡尔维、苏珊·科尔曼：《美国法律与法律体系》（第4版，影印本），高等教育出版社2002年版，第33页。

〔4〕 [美]詹姆斯·V.卡尔维、苏珊·科尔曼：《美国法律与法律体系》（第4版，影印本），高等教育出版社2002年版，第33页。

为是适当的和经过修正的部分,每个殖民地都发展出解决纠纷的新方法”。[5] 从这些新规范的内容看,刑法的功能正在从殖民地时期侧重于道德保护向着侧重财产保护的方向转变。独立后至19世纪末这一时期,美国刑法发展的特点主要是:联邦宪法明确了联邦与州对于罪刑的立法权限、规定了实体刑法和刑事程序的若干一般原则;法典化倾向日益突出、法官造法的权力受到限制;开始对死刑和肉刑进行缩减;通过制定法将大量危害社会秩序的行为犯罪化;私刑作为合法刑事司法体系的补充以填补开疆扩土的需要;一般预防和特殊预防的思想兴起,先后催生了相关的刑罚改革;尽管宪法规定了平等的刑事追究原则,但实践中对奴隶和黑人群体的刑法适用仍然存在明显不平等;等等。[6]

20世纪初至第二次世界大战前,随着美国工业化和城市化的初步实现,美国刑法在总体上继续沿着前一阶段的方向发展,其间也受到第一次世界大战和世界性经济危机的影响。由于形势所迫,联邦权力迅速扩张,这也表现在刑事立法和刑事司法上——联邦刑法管辖范围扩大及联邦法院受理案件增加、联邦刑法罪名增多。与此相适应,联邦法院得以扩展,联邦执法(警察)机构——联邦调查局(Federal Bureau of Investigation)得以成立。同时,基于道德净化的动机,美国各州刑法对于卖淫、酗酒、吸毒、赌博等堕落的犯罪给予严厉制裁。刑罚的裁量和执行方面进一步改革,不确定刑、缓刑、假释以及少年法庭等应用范围不断扩大。

第二次世界大战结束后,美国对包括刑法在内的国内法律进行整理和调整。1948年,联邦刑事法律被编撰成《美国法典》(United States Code)第18篇。1984年,美国国会通过《量刑改革法》(The Sentencing Reform),根据该法建立的量刑委员会于1987年向国会提交了《美国量刑指南》并于当年生效。对于量刑指南,量刑委员会有权在每年的既定日期提出修正议案。从各州的刑事立法来看,1962年的《模范刑法典》影响巨大。在《模范刑法典》公布之后的20年间,美国有半数州以它为蓝本对各自的刑法进行了重大修订或重新制定,使其成为现代刑法典,奠定了当今美国刑法的基本架构和内容。

---

〔5〕 [美]詹姆斯·V.卡尔维、苏珊·科尔曼:《美国法律与法律体系》(第4版,影印本),高等教育出版社2002年版,第33页。

〔6〕 参见何勤华、夏菲主编:《西方刑法史》,北京大学出版社2006年版,第355~364页。

## 第一节 美国刑法的主要渊源

关于美国刑法的渊源,美国学者在其论著中的概括有所不同。例如,一种概括是“美国刑法有三个主要渊源(main sources):(1)普通法;(2)制定法;(3)宪法。其中,最重要的是制定法,因为宪法已经接受了罪刑法定原则”。[7] 另一种概括是“普通法”、“制定法”和“行政法”。[8] 再一种概括是“有三种主要渊源(major sources):(1)普通法、制定法和判例;(2)行政法规;(3)宪法”。[9] 有的概括把《模范刑法典》(The Model Penal Code)、《刑事诉讼法》(The Procedural Criminal Law)也包括在内。[10] 还有四分法——“法律的渊源可分为四种:行政法规、宪法、司法判例(判例法)和制定法。在刑法中,后面两种最为重要,前面两种也应当提及。”[11] 综上所述,美国刑法的主要渊源是制定法和普通法,而其他的有关内容也有必要得到关注。

### 一、普通法之刑法在美国的适用

美国的法律渊源可追溯到殖民地时期。当时的法律究竟主要是英国的普通法,还是本地的制定法?对此尚存争议。[12] 但无论如何,英国殖民者将其母国的法律带到了新大陆,是不争的事实。例如,“在殖民地时期,弗吉尼亚实体刑法的内容是其母国的翻版”。[13] “在殖民地时代,同英国普通法不一致的法规通常是被禁止的”。[14]

---

[7] [美]Richard G. Singer、John Q. La Fond:《刑法》(注译本),王秀梅、杜晓君、周云彩注,中国方正出版社 2003 年版,第 1 ~ 2 页。

[8] See Thomas F. Gardner & Terry M. Anderson, *Criminal Law*, 7th ed. (US: Wadsworth, a dibision of Thomson Learning, 2000), pp. 26 – 31.

[9] Joseph J. Senna & Larry J. Siegel, *Crimina Justice*, 2th ed. (US: Wadsworth, a dibision of Thomson Learning, 2001), p. 83.

[10] See John M. Scheb & John M. Scheb Ⅱ, *Criminal Law*, 2th ed. (US: Wadsworth Publishing Company, A Division of International Thomson Publishing Inc., 1999), p. 11.

[11] Sue Titus Reid, *Criminal Law*, 5th ed. (NY: McGraw – Hill, an imprint of The Mcraw – Hill Companies, Inc., 2001), p. 10.

[12] 参见何勤华、夏菲主编:《西方刑法史》,北京大学出版社 2006 年版,第 347 ~ 348 页。

[13] Kathryn Preyer, *Crime, the Criminal Law and Reform in Post – revolutionary Birginia*, Kermit L. Hall (ed.), Crime and Criminal Law: Major Historical Interpretations, Garland Pub., 1987, p. 653.

[14] 储槐植:《美国刑法》(第 2 版),北京大学出版社 1996 年版,第 26 页。

这一时期的美国刑法与宗教和道德联系紧密,突出的罪名是妒神、饮酒、通奸、私生、强奸等,涉及个人财产的罪名较少。由于殖民地与母国英国之间的矛盾,侵犯国家的罪名也不多见。与此相适应,刑罚着重于羞辱,如鞭刑、枷刑、刺字等。对于屡犯不改者,可以判处死刑,执行死刑的方式主要是绞刑。[15]

1776 年 7 月 4 日,作为独立国家的美利坚合众国不再直接适用英国普通法,但包括刑法在内的美国法律并没有切断其与普通法的联系,而是"在特定的制定法中认可英国普通法的某些部分;通过法院判例引进普通法的某些部分;制定总则性法规或者通过宪法性条款来接受英国法"。[16] 1907 年,纽约州上诉法院在一个判决中指出:"美国人认为英国的普通法是他们的自然的遗产。一直以来的普遍原则是,普通法是我们天然的和承继的权利,我们的祖先在移民时就把普通法带到了这里。我们在普通法之上建立起现有法律制度的完整体系。……1777 年通过的纽约州第一部宪法规定,凡是公元 1775 年 4 月 19 日已经被确认为纽约殖民地法律的那些英国普通法、英国的制定法和本地立法机关制定的法令,都将继续成为本州的法律……本州第二部和第三部宪法也有类似规定。……宪法和法律应当参照普通法的原理来进行解释。"当然,"同本宪法不一致的普通法和法令,都应予以取消"。[17] 美国建国后,虽然英国普通法式微,但具有英国普通法传统色彩的本国刑事司法判例得到发展,只不过,刑事法官不再能够通过判例来创制新的罪名,只能解释已有的制定法罪名。

## 二、制定法之刑法在美国的发展

虽然美国的法律传承了英国的普通法,但是,"即使是在殖民地时期,美国法的主要渊源也是制定法。形成这一特征的主要原因有两个:首先,制定法对一个新地区而言更易适用。……其次,写下来的法律也便于传播"。[18] 例如,1648 年《马萨诸塞法律与自由》(Laws and Liberties of Massachusetts)就是最具有代表性的制定法,其中包含了较多刑法内容,对当时最常见的犯罪如杀人、纵火、盗窃、通奸等都有规定,死刑罪名有 15 个,其中 9 个是宗教或道德罪——异教、女巫、渎神、兽奸、同性

[15] 参见何勤华、夏菲主编:《西方刑法史》,北京大学出版社 2006 年版,第 351 页。
[16] 储槐植:《美国州法》(第 2 版),北京大学出版社 1996 年版,第 25 ~ 26 页。
[17] M. Cherif Bassiouni, *Substantive Criminal Law* ( IL: Charles C Thomas Pub Ltd. , 1978), p. 18.
[18] 何勤华、夏菲主编:《西方刑法史》,北京大学出版社 2006 年版,第 348 页。See Lawrence M. Friedman, *A History of Amenrican Law*, 2nd ed. ( Simon & Schuster, Inc, 1985), p. 35。

恋、通奸、子女詈骂或殴打父母、成年子女不服管教、强奸。[19] 可见,普通法登上新大陆之初就被制定法形式予以限制性包装。

"在独立后至19世纪末的一百多年时间里,随着工业的发展和城市化进程,随着人们道德观念的改变,刑法自然地在功能上从殖民地时期完全侧重于道德保护向更侧重财产保护方向发展。"[20]除了主权国家的法治自主要求之外,这种内容上的变化也促使刑法形式向制定法转换。因为普通法中的刑法规范主要是建立在道德之上,而复杂的财产关系很难与传统道德观念一一对应。重视制定法的结果是符合逻辑地产生了使制定法系统化的要求——将刑法在内的制定法予以法典化。1803年,爱德华·列文斯顿倡导的法律改革,掀起了一场轰轰烈烈的法典化运动,持续整个19世纪。虽然1826年提出的路易斯安那州刑法典草案未被接受,但大卫·菲尔德等人在1865年为纽约州提出的刑法典草案在1881年获得州议会通过。[21] 对于普通法罪名,美国各州采取了两种不同的方式予以法典化:其一,以制定法规定全部罪名,包括普通法罪名,即法官不能创造新罪名,只能对罪名进行适用性解释;其二,以制定法规定部分罪名,将另一部分普通法罪名置于制定法之外,仍可由法官适用。

与至今无刑法典的英国相比,美国之所以兴起法典化运动,主要原因有:第一,普通法并非美国本土的自然传统,也就没有排斥制定法的惯性。第二,面对新大陆的新情况,制定法更为实际。第三,制定法更适合美国的分权体制,使立法与司法的界限更为明晰。第四,美国从英国的殖民统治下独立,得到了自由精神的法国的支持,这在当时强化了美国人在法律上排斥英国亲近法国的倾向,由法国最先确立的罪刑法定原则也要求刑法的法典化。[22]

不过,"此时美国刑法的法典化与大陆法系国家的法典化是很不相同的。在19世纪,美国各州的确制定了大量的刑法规范,但所谓刑法典也就是将这些规范和法院解释简单地堆砌在一起的制定法与普通法的混合体而已。并没有什么统领性原则或逻辑体系,这种状况直到20世纪中叶随着《模范刑法典》(The Model Penal Code)的出现才得到改变"。[23]《模范刑法典》是由美国法学会(Ammerican Law Institute)拟制的一个研究性刑法文本。美国法学会成立于1932年,致力于推动法律

[19] 参见何勤华、夏菲主编:《西方刑法史》,北京大学出版社2006年版,第348~350页。
[20] 何勤华、夏菲主编:《西方刑法史》,北京大学出版社2006年版,第355页。
[21] 参见储槐植:《美国刑法》(第2版),北京大学出版社1996年版,第27页。
[22] 参见何勤华、夏菲主编:《西方刑法史》,北京大学出版社2006年版,第356~357页。
[23] 何勤华、夏菲主编:《西方刑法史》,北京大学出版社2006年版,第357页。

的完善。针对法典化运动中初步形成的各州刑法典所表现出来的概念不确切和结构不系统的明显缺陷,《模范刑法典》如其标题所求,是要给各州刑法典的修订工作提供一个符合现代刑法理念且标准清晰一致的范本。由“改进刑事司法联合委员会”具体负责,于1931年开始着手拟制,第二次世界大战中断,战后的1951年恢复这项工作,几易其稿,终于在1962年公布了“最后建议的正式草案”。虽然《模范刑法典》不是具有约束力的法律,但它通过标准化的条文规定及其附带的对主要条文的评论,确实起到了立法示范和指导作用。事实上,各州的刑法典后来都在不同程度上以其为蓝本,实现了刑法现代化,也实现了拟制《模范刑法典》的初衷。[24]

《模范刑法典》包括前言和四个大的部分。第一部分“总则”(general provisions)有7条,其内容包括制定法典文本的目的和结构原则、适用范围、犯罪分类及其与违法的界限、刑法渊源、时效、举证责任和标准、抗辩事由、推定、责任的一般要求、犯行、犯意、因果关系、认识错误、共犯、法人犯罪、免除责任的精神疾病和缺陷、不完整罪、犯罪等级、法定刑以及刑种等。第二部分“具体犯罪”(definition of specific crimes)有16条近百个罪名,罪名类别为:涉及人身危险的犯罪(offenses involving danger to the person)、侵犯财产的犯罪(offenses against property)、侵犯家庭的犯罪(offenses against the family)、侵犯公共管理的犯罪(offenses against public administration)、侵犯公共秩序和风尚的犯罪(offenses against public order and decency)。第三部分“处遇和矫正”有6条,规定了延迟量刑(suspension of sentence)和缓刑(probation)制度、罚金(fine)的执行、监禁(imprisonment)的执行、假释(parole)制度、伴随定罪和监禁的权利丧失和恢复(loss and restoration of rights)。第四部分“矫正机关”(organization of correction)有5条,主要包括处遇与矫正管理机构及体制、假释和缓刑机构的组成和工作、假释官和缓刑官的权限和职责等。

可见,《模范刑法典》从内容到形式都具备了法典的要素,因此才成为美国刑法法典化运动的样板,现今美国50个州加上哥伦比亚特区和联邦的共52部刑法典都在不同程度上受到了它(尤其是其中罪与刑基本原理)的影响。然而这不等于说,《模范刑法典》的所有原则和概念都被立法者接受。[25] 要具体把握美国刑法,还必须关注那些具有法律效力的刑法典本身。从内容看,各州刑法典之间既有以《模范刑法典》为纽带的一致之处,也有自身的特殊性。由于州刑法典数量众多,在此不

---

〔24〕 参见储槐植:《美国刑法》(第2版),北京大学出版社1996年版,第29~30页。

〔25〕 参见[美]保罗·H.罗宾逊、马卡斯·德克·达博:《美国模范刑法典导论》,刘仁文、王祎译,载《时代法学》2006年第2期。

能一一观之。

根据美国的建国原则,各州为国家的本体,而联邦属于派生,故就刑法的法典渊源之逻辑关系而言,各州的刑法典具有初始的意义,联邦刑法典则为补充。从效力范围看,各州刑法基本上采取属地原则,沿海州还包括至少3海里领海的管辖权。联邦刑法的管辖范围主要是:(1)域外领地上的犯罪。域外领地是指未被合并为美国领土但由美国控制的海外属地,如关岛、中途岛、美属维京岛等。(2)联邦飞地上的犯罪。联邦飞地,是指位于一州之内但不属于该州管辖的军事基地、军港、国家公园等。(3)拟制领土上的犯罪。拟制领土是指在外国领土(领水、领空、领陆)或者公海上的船只、飞机、使领馆等。(4)美国公民在拟制领土上的犯罪。(5)任何人对美国总统、副总统、国会两院领导人、政府高级官员、外国派驻美国的外交官员等实行的犯罪。(6)外国人在外国领土上侵害美国政府的犯罪。(7)超出州的管辖范围或者州与州之间存在管辖争议的犯罪。如果某个犯罪同时属于联邦刑法和州刑法的管辖范围,则按照联邦优先的原则管辖。

所谓联邦刑法典,是指《美国法典》(United States Code)第18篇《犯罪与刑事诉讼》(Crimes and Criminal Procedure)。共包括5个部分:(1)犯罪;(2)刑事诉讼;(3)监狱与囚犯;(4)年轻犯罪人的矫正;(5)污点证人的豁免。显然,第一部分的内容完全属于刑事实体法,该部分有123章。联邦刑法规定的是各州刑法所不能及的犯罪——涉及国防、外交、军事基地、移民和归化等国家主权事务的犯罪,涉及邮政、州与州之间关系等一州所不能包揽事务的犯罪,涉及政权、民权等国家和社会重大事务的犯罪,涉及公务或者具有公务人员身份之主体实施的犯罪,等等。此外,《美国法典》的其他篇目中也有关于犯罪的规定,如第42篇的泄密罪和破坏罪、第49篇的劫机罪、第21篇的麻醉品和危险药品罪、第26篇的逃税罪、第15篇的涉及商业贸易的犯罪、第22篇涉及外交的犯罪,等等。[26] 其实,《美国法典》只是按照字母顺序将罪名排列起来,不过是一种缺乏体系性的汇编。美国国会还于1950年5月5日通过了《统一军事司法法典》(Uniform Code of Military Justice),专门规定和管辖军人犯罪,亦属于联邦刑法典的范畴。在美国联邦刑法中,不存在普通法罪名以及普通法罪名的适用余地。凡联邦刑法没有规定的犯罪,就不可能是联邦犯罪。

在分权体制下,刑法只能由立法机关制定,但从美国的行政法规和规章来看,严格的界限有所松动——立法机关"授权"行政机关规定某些方面犯罪的情形时有

〔26〕 参见储槐植:《美国刑法》(第2版),北京大学出版社1996年版,第22页。

所见。这种刑事授权立法采取的方式主要是,由立法机关进行框架性规定,行政机关在此框架内规定具体标准。这种实践不免引起是否违宪的争议。〔27〕

## 三、受制于联邦宪法的美国刑法

在美国,几乎每一本刑法教科书都用专门篇幅阐述"刑法受到宪法制约"(constitutional limitations on the criminal law)的内容。美国刑法的宪法制约是指美国联邦和各州在刑事立法和刑事司法时不得违反或者超越美国联邦宪法的有关规定。

对刑法起到制约作用的宪法规定主要涉及美国联邦宪法正文和修正案中保障个人权利的条款,具体包括:(1)禁止"剥夺公权法案"和禁止事后法(宪法正文第1条);(2)禁止剥夺公民的宗教信仰自由、言论出版自由、集会请愿自由(宪法修正案第1条);(3)禁止剥夺公民佩带武器以自卫的权利(宪法修正案第2条);(4)禁止剥夺公民在刑事立法上得到公平告知和在刑事司法上得到公正审理的权利(宪法修正案第4条、第5条);(5)禁止剥夺公民作为刑事被告人享有的沉默权(宪法修正案第5条);(6)禁止对公民施以残酷和非常的刑罚(宪法修正案第8条);(7)禁止剥夺公民的私权(宪法修正案第9条、第10条);(8)禁止奴役公民或者强迫其劳役(宪法修正案第13条);等等。从这些禁止性条款的内容来看,分别体现在美国的刑事实体法与刑事程序法之中。也就是说,美国宪法不仅制约其刑法,也制约其刑事诉讼法,从而制约全部刑事立法与刑事司法活动。

启蒙学者关于权利与权利、权利与权力、权力与权力之间关系的理论是美国立国和宪政的基石,并因此决定了宪法对刑法以及刑事诉讼法的制约关系。具体而言,这些理论就是权利与权利之间关系的契约理论、权利与权力之间关系的限权理论、权力与权力之间关系的制衡理论。据此,人人享有自由和平等之自然权利,但人们的自然权利可能发生相互冲突,故每个主体为了实现权利就必须以"契约"方式出让一部分权利,交由公共机构"保管",从而形成公共权力,公共机构即为国家,契约即为法律。所以,"法律的目的不是废除或限制自由,而是保护和扩大自由"。〔28〕"自由是做法律所许可的一切事情的权利"。〔29〕无疑,作为禁止规范的刑法也是为了保障自由而存在的。然而,刑法毕竟是随着刑罚的法律,如果刑法的禁止不恰当、

〔27〕 See Thomas F. Gardner & Terry M. Anderson, *Criminal Law*, 7th ed. (US: Wadsworth, a division of Thomson Learning, 2000), pp. 30 – 31.

〔28〕 [英]约翰·洛克:《政府论》(下篇),瞿菊农、叶启芳译,商务印书馆1964年版,第36页。

〔29〕 [法]查理·路易·孟德斯鸠:《论法的精神》(上册),张雁深译,商务印书馆1961年版,第154页。

不适度,就会变成对公民自由的严重威胁。在这个意义上,“公民的自由主要依靠良好的刑法”。[30] 良好的刑法不能是随意的刑法,而必然是受到限制的刑法。制定刑法是国家刑罚权的体现,自然,理性的刑事立法和刑事司法能使刑法得到制约;但是,立法权和司法权虽然植根于自然权利且其目的是实现自然权利,却一旦形成就有扩张趋势,就存在异化为权利对立面的危险,就有可能使得保障自由的刑法变成妨害自由的刑法。“一切有权力的人都容易滥用权力,这是万古不易的一条经验。有权力的人使用权力一直到遇有界限的地方才休止。”[31] 也就是说,不能指望立法者和司法者完全自觉地恰当行使包括刑罚权在内的国家权力,而必须进行外部的制约。“从事务的性质来说,要防止滥用权力,就必须以权力约束权力。”[32] 美国刑法(或刑事法)的宪法制约,正是以专门的司法审查权约束刑事立法权和刑事司法权的宪政保障制度和法治实践。

美国宪法订立之初就确立:“本宪法……为全国之最高法律。”宪法的这一地位对于实行联邦制的美国有着特殊意义,使美国处理联邦与州以及州与州之间的权力关系这样的重大问题有了不可动摇的权威依据。这种权力布局关系要求,联邦和各州的刑法在制定和实施时都不能超越自己的管辖范围。[33] “美国宪法的制作者熟知英国的君主立宪制,因此他们懂得,不对制定和执行刑事法律禁止性规定的权力加以限制,会对自由权力构成严重威胁。因此,他们制作宪法来划定国会和州立法机构创设刑事制定法的权限。虽然联邦和州的立法机构有权创设规定犯罪和设置刑罚的制定法,但美国宪法和各州宪法的许多条款都对这种立法权作了限制。”[34] 宪法对刑法的制约是通过联邦最高法院行使司法审查权来达成的。这里的司法审查,是指联邦最高法院对刑法的制定和实施是否违反宪法进行审查并加以纠正。对刑法制定和实施的审查和对违宪的纠正,均通过个案的方式进行,即对上诉至最高法院的案件给予终局性裁决而形成从今往后必须得到一体遵循的权威判例。以下两个经典判例分别体现了联邦最高法院对刑事立法和刑事司法的违宪审查和纠正。

---

〔30〕 [法]查理·路易·孟德斯鸠:《论法的精神》(上册),张雁深译,商务印书馆1961年版,第188页。

〔31〕 [法]查理·路易·孟德斯鸠:《论法的精神》(上册),张雁深译,商务印书馆1961年版,第154页。

〔32〕 [法]查理·路易·孟德斯鸠:《论法的精神》(上册),张雁深译,商务印书馆1961年版,第154页。

〔33〕 See Sue Titus Reid, *Criminal Law*, 5th ed. (NY: McGraw - Hill, an imprint of The Mcraw - Hill Companies, Inc., 2001), pp. 57 - 61.

〔34〕 John M. Scheb & John M. Scheb Ⅱ, *Criminal Law*, 2nd ed. (US: Wadsworth Publishing Company, A Division of International Thomson Publishing Inc., 1999), p. 39.

其一，约翰逊焚烧国旗案(Texas v. Johnson)。1984年8月，共和党在达拉斯举行全国大会，再次推选时任总统里根作为下一届共和党总统候选人参加竞选，谋求连任。这引来了左派人士的强烈反对。以Gregory Lee Johnson为首的游行队伍来到市政厅前，在群情激奋中，Johnson将一面美国国旗点燃焚毁。Johnson后来被逮捕起诉，被当地法院定罪并被判处1年监禁和2000美元罚金。此案被上诉至得克萨斯州上诉法院，法院认可了Johnson的辩护理由——焚烧国旗是言论自由(或表达自由)的行为，应当受到宪法第1修正案的保护。5年后的1989年，联邦最高法院开庭审理此案，经过激烈辩论，最终以5:4的投票结果维持得克萨斯州上诉法院的判决。最高法院的理由是，达拉斯法院有罪判决的刑法依据《得州刑法典》的有关罪名条款违反了宪法第1修正案所保护的言论自由。这一结果引发社会强烈不满，国会两院在强大压力下，很快通过国旗保护法，禁止对国旗进行任何形式的亵渎。但就在该法生效的当天(1989年10月30日)，已经获得自由的Johnson在国会大厦的台阶上再次焚烧国旗，而此前一位来自西雅图的女士Eichman等人已经率先以身试法。他们的目的就是要让最高法院判决国旗保护法违宪。1990年6月11日，在United States v. Eichman一案中，最高法院再次以5:4的票数判决国旗保护法无效并重申了判决的理由。该案中，最高法院并不认为在追究约翰逊刑事责任的过程中有任何掌握实体标准和遵守程序方面的瑕疵，而是直接认定提供该案实体标准的有关法律规定本身违宪。因此，否定对于约翰逊个案的定罪，实际上是否定了一项刑事立法。

其二，米兰达绑架和强奸案(Mirada v. Arizona)。1963年3月2日晚，美国亚利桑那州的一名18岁女子在下班的路上被21岁的男青年欧内斯脱·米兰达强行推进了他的小汽车里，并被其捆绑和强奸。警方根据被害人的报警和陈述，很快将米兰达拘捕。在警察局，米兰达受到被害人的指认后，书面交代了他的罪行。后来，法院据此定罪并判处米兰达20~30年的监禁。在亚利桑那高等法院维持了原判之后，米兰达遂向联邦最高法院上诉。1966年6月，最高法院以5:4的表决结果，认为办案警察没有在讯问米兰达之前告知其不被强迫自证其罪的权利，违背了宪法第5修正案规定的“正当程序”(due process)，将案件发回重审。原审法院重新组织法庭并用新的证据审理了米兰达一案。结果米兰达再次被判有罪，并入狱11年。1972年，米兰达获假释出狱。1976年，米兰达在酒吧的一次斗殴事件中被刺身亡。警察逮捕了一名犯罪嫌疑人，对其讯问前宣示了“米兰达警告”，而犯罪嫌疑人选择保持沉默，警察无法得到其他更有力的证据，结果是没有人为此案受到起诉。

与上一个判例不同,联邦最高法院推翻了亚利桑那州的法院对米兰达的定罪,并不是因为判决所依据的亚利桑那州的法律规定存在什么问题,而是因为办案警察在讯问嫌疑人的调查环节违反了宪法所要求的正当程序,当地法院支持了警察通过违宪行为取得的证据并对被告人定罪,这种纵容违宪行为的司法判决是违宪的。此案确立了所谓"米兰达警告"(Miranda Warnings),[35]成为美国刑事执法者在讯问犯罪嫌疑人之前必经的步骤。可见,体现宪法正当程序的刑事诉讼法具体制约着刑法,正是在这个意义上,刑事诉讼法与宪法都是美国刑法的"渊源"。

## 第二节　美国刑法的犯罪分类

据美国犯罪问题总统委员会在1966年发布的《自由社会的犯罪挑战》的报告,单是联邦政府确定的犯罪行为就有2800多种,各州和各地的数量则更多。对此,可以从不同的角度来分类。从规定犯罪的刑法渊源,可以分为制定法犯罪、普通法犯罪、行政性犯罪、宪法性犯罪。从犯罪的危害出发,可以形成刑法典中的具体犯罪类别,如侵犯人身的犯罪、侵犯财产的犯罪等。从犯罪与道德的关系,可以分为自然犯罪与法定犯罪。从犯罪的行为形式,可以分为作为犯罪与不作为犯罪。从犯罪对象看,可以分为有被害人的犯罪和无被害人的犯罪。从犯罪的程度和刑罚后果,可以分为重罪与轻罪——这是最为普遍和重要的分类,虽然这种来自英国的分类已经在英国被取消,却在美国保持下来。

### 一、重罪与轻罪

重罪(felony)即指严重的犯罪,其刑罚主要是监禁刑,刑期为1年以上,往往可以判处很长的刑期,监禁地点是在州或者联邦设置的监狱(prison)。多数州和联邦的刑法对少数极其严重的重罪规定了死刑。

---

〔35〕 米兰达警告(Miranda Warnings)在美国各地的表述略有差异,但基本内容是一致的:You have the right to remain silent and refuse to answer questions;Anything you do say may be used against you in a court of law;You have the right to consult an attorney before speaking to the police and to have an attorney present during questioning now or in the future;If you can not afford an attorney, one will be appointed for you before any questioning if you wish;If you decide to answer questions now without an attorney present you will still have the right to stop answering at any time until you talk to an attorney;Knowing and understanding your rights as I have explained them to you, are you willing to answer my questions without an attorney present?

轻罪(misdemeanor)相对于重罪,即指不严重的犯罪,其刑罚主要是短期监禁,通常在当地设立的拘留所(jail)或者矫正场所服刑,刑期为1年以下。

某些法律还规定了第三种犯罪——所谓"微小轻罪"(petty misdemeanors)。

在普通法上,把叛逆罪(treason)作为与重罪和轻罪并列的单独一类犯罪(现在称为叛国罪)。当前一般说来,重罪与轻罪是基本的分类。两种罪都可以被处以罚金和剥夺资格。

美国刑法区别重罪与轻罪的意义在于:第一,在大多数州,重罪判决会妨碍某些类型的就业,影响信用级别或者收养孩子的资格,无法当兵和成为执法人员,以及不能取得护士、医生、律师等执照。轻罪的判决不会带来这些后果。第二,被控重罪的人有权得到预审或者经历大陪审团程序。第三,法律规定的逮捕方式不同。对于重罪,执法官享有广泛的逮捕权,而对轻罪,除非是现行犯或者法律另有规定,否则往往不能实施逮捕,也不能实施公民逮捕(相当于我国的"扭送")。[36] 可见,重罪与轻罪的区别,不仅直接导致刑罚后果的不同,而且体现了受到否定的程度不同。显然,重罪还间接地给犯罪人带来一系列的负面效果。

美国的刑法典都把重罪和轻罪再按轻重分成不同等级。例如,将重罪分为五个等级,将轻罪分为三个等级,从高至低的不同等级对应着由重到轻的不同刑罚后果,等等。

## 二、轻罪与违法

中国学界普遍认可"美国刑法中的犯罪概念,也同世界上许多国家一样只含定性因素而没有定量因素。例如,偷窃一个苹果,逃税一美元,都是犯罪。因此,不存在违法(州事性质的)与犯罪的区别。作为制裁办法的'fine'包括相当于我国的'罚金'和'罚款'两种含义"。[37] 如果将这一评价用于英国刑法,它是相当准确的。刑法定性不定量的原因,或与英国法律中对犯罪与侵权行为不加区分的历史和客观主义刑法传统有关。英国刑法曾把叛逆罪、重罪和轻罪作为基本的犯罪分类,但被1967年的《刑法法》废除,代之以应起诉的犯罪和应予简易审判的犯罪以及可由两种方式审判的犯罪。这种变化把重罪(包括叛逆罪)与轻罪一同归为应起诉的犯罪,恰恰表明较之轻罪更轻的那些危害社会或者违反道义的行为也属于犯罪——

〔36〕 See Thomas F. Gardner & Terry M. Anderson, *Criminal Law*, $7^{th}$ ed. (US: Wadsworth, a dibision of Thomson Learning, 2000), pp. 9 - 12.

〔37〕 储槐植、江溯:《美国刑法》(第4版),北京大学出版社2012年版,第29页。

应予简易审判的犯罪。负责简易审判的治安法院处刑权只在6个月以下的监禁和5000英镑以下的罚金。可见,“下不封底”的犯罪类别及其刑罚后果,的确是只定性不定量的刑事追究一体化模式。英国的刑法教科书对此亦有印证,其内容鲜有犯罪与违法界限的讨论。相比之下,美国刑法的情况并不那么简单。

首先,美国刑法理论区分犯罪与违法的概念。虽然“offence”常常也被用来指称犯罪,但它的外延较“crime”广泛,也可指非犯罪的违法(noncriminal offenses),或者是指作为犯罪前提的违法(违法也犯罪),更经常用于犯罪与非犯罪违法的统称。与犯罪相对的违法行为则有专门术语“violation”(或“infraction”)。

其次,美国各州刑法典对“violations”的处理不同,“有的州将其作为民事问题,另一些州则把它们归为犯罪”。[38] 在前一种处理中,“violations”只是“民事违法行为”(civil offense),相当于我国的“行政违法行为”或者“违反治安管理的行为”,如超速驾驶、超时停车、大街上酗酒等,只能处以罚金和取消某种资格,这就在违法的程度上与犯罪(criminal offense)相区别——这样的美国刑法既定性又定量,故不宜一概而论。

## 第三节　美国刑法的定罪标准

美国刑法的定罪标准体系,大致与英国相同,即犯罪要件和排除抗辩事由,但其中也有一些自身的特点。

从犯罪成立积极条件与消极条件之间的实体逻辑关系来看,先有符合犯罪要件而成立犯罪的可能,才有提供抗辩事由排除犯罪的成立;从控辩之间的程序性逻辑关系来看,先有犯罪指控才有无罪申辩,故在这个意义上,“犯罪要件”与“抗辩事由”结合而成的犯罪成立标准系统被称为“双层模式”是合适的,由此也能反映出“刑法的两种功能,保卫社会和保障人权”。[39] 虽然“双重模式”的概括对英美两国的刑法都是合适的,但还没有充分显现美国刑法犯罪成立模式的特点。在美国刑法中,实体标准与刑事程序的证明标准更加紧密地联系,且二者具有直接的对应性。具体而言,“犯罪要件”对应的是控方(检察官),即由控方对其指控的犯罪承担举证责任,而证明的标准是“排除合理怀疑”(beyond reasonable doubt);“抗辩事由”

---

〔38〕 See John M. Scheb & John M. Scheb Ⅱ, *Criminal Law*, 2nd ed. (US: Wadsworth Publishing Company, A Division of International Thomson Publishing Inc., 1999), p. 85.

〔39〕 参见储槐植:《美国刑法》(第2版),北京大学出版社1996年版,第5页。

对应的是辩方(被告人及其辩护律师),即往往由辩方提出其无罪或罪轻的事由,在需要辩方加以证明的情况下,证明标准只需"优势证据"(balance of probabilities)即可。[40] 在这个意义上,"犯罪要件"与"抗辩事由"就不是呈现先后高低的两个层次,而是正好与刑事法庭中控辩分立的坐席平面布局相契合,反映出控辩双方各自为阵且分别承担不同举证责任的法律对抗关系。也就是说,从刑事司法制度和举证责任的角度来看,"犯罪要件"与"抗辩事由"之间不是"双层"的结构布局,而是处于同一个层面上不同侧面的"分立模式"。以下,对英美两国犯罪成立模式中的相同要素不再赘述,重点观察美国刑法的特别之处。

## 一、犯罪要件

在美国刑法中,"所有的犯罪都有几个基本的共同要件(basic common elements):(1)自主的(voluntary)行为(犯行——actus reus);(2)过错(culpable)心理(犯意——mens rea);(3)犯意与犯行之间的同时性或一致性(concurrence);(4)导致危害的原因(或因果关系——causation)"。[41]

(一)犯行(actus reus)

犯行,是指被告人实施的自主行为。这里包含"自主"与"行为"两个概念。对此,通常是以"排除"和"补充"两种方法来理解。其中,依笔者归纳,界定"行为",通常要排除三种情形和补充两种情形;界定"自主",通常要排除至少三种情形和补充一种情形。

1."行为"概念需要排除单纯的思想(mere thoughts)。虽然共谋罪与未遂罪都要求主观因素及其恶性,但都必须存在明显的行为,既不能认为这是惩罚思想,也不能把单纯的(即使邪恶的)思想认定为这些犯罪。因为纯粹的思想是无法控制和证明的。

2."行为"概念需要排除某些恶意(或犯意)表示(expression of evil or criminal intent)。这里的表示主要指言语。当言语表达出恶毒的思想或犯罪的意图时,仍然有可能仅仅属于思想而非行为。例如,A对B说"我要杀了C",但是,如果A与B就如何杀害C进行具体商议和策划,可成为共谋罪;如果A直接对C说"我要杀了

---

〔40〕 普通法上的精神病抗辩事由就要求辩方为其提出的事由提供"优势证据"。至于普通法上的其他抗辩事由,如自卫、强迫、无意识等,只需辩方提出一定证据,无证明程度的要求。参见[英]J.C.史密斯、B.霍根:《英国刑法》,李贵方等译,法律出版社2000年版,第35~36页。

〔41〕 [美]史蒂文·L.伊曼纽尔:《刑法》(影印本),中信出版社2003年版,第C-1页。

你”,可以构成威胁罪;如果 A 怂恿 B 去杀害 C,则构成教唆罪。也就是说,言语表示既可以是刑法中的行为,也可以只是思想。

3.“行为”概念需要排除某种“身份”(status or condition)。美国最高法院曾在 Robinson v. State of California 案中认为,处罚吸食毒品的“瘾君子”属于“残忍和过分”(cruel and unusual)的违宪做法。但是,这并不意味着所有的“身份”都不能受到刑法处罚。例如,在 Powell v. State of Texas 案中,一名在公共场合酗酒的“醉鬼”,即使因为醉态而无法控制自己的行为,也构成公然酗酒罪,该罪并不违宪。

4.“行为”需要补充不作为(omissions)。本来,“act”这个词所表示的“行为”是严格意义上的“积极举动”(affirmative or positive act),即狭义的行为——作为。但有时,“没做什么”(fail to do something)——即“不作为”也会侵害法益,必要时也需要刑法规制。不过,正如前面在英国刑法内容中所述,刑法中的不作为范围有限,其前提是具备“作为”,即“做什么”的特定义务(special legal duty to take affirmative action)。当一个不具有做某事的特定法律义务,则不可能构成针对某事的不作为。特定法律义务的来源主要有:(1)特殊关系(special relationship),最突出的是血缘关系(blood relationship)。例如,父母不给孩子提供食品和医疗,违反了因父母与孩子之间的血缘关系产生的抚养义务。在 State v. Williquette 案(1986 年)中,未制止丈夫虐待孩子的母亲也被认定犯有虐待儿童罪。不具有血缘和婚姻关系的其他关系,可因相互依赖产生彼此帮助的义务,危难时不施以援手,可以引起责任。例如,相伴而行的两名登山者、同住的室友之间,都可以存在帮助义务,当然,应以帮助者自身的合理安全为前提。临时的关系一般不存在帮助义务。在著名的 People v. Beardsley 案(1907 年)中,被告人和情妇在周末放纵,情妇服用了过量的吗啡,但他不予救助,而是将其置于一个朋友的公寓里,以免在自己的公寓里被妻子发现。法院认为,被告人没有向她施以援手的法律义务,而且,她知道涉及的危险并对此种事情有着丰富经验。(2)基于合同(based on contract)。合同双方不一定非要是被告人与被害人。如果受雇于海滩的救生员对溺水的人袖手旁观而不设法营救导致死亡,就要承担不作为的刑事责任。同样,母亲雇用被告人照料婴孩,被告人就要对孩子由于营养不良而死亡承担责任。当然,并不是一切违反合同义务的行为都可以引起不作为的责任。控方需要证明被告人对危险的明知。(3)被告人导致危险(danger caused by defendant)。被告人有意或无意地引起危险,可以产生帮助义务。在 Commonwealth v. Cali 案(1923 年)中,被告人在一个建筑物内偶然失火,但火势起来,却不向消防部门求援或试图灭火。法院认定被告人犯有纵火罪。不过,被告人只有在明知危险的情况下才能产生消除或阻止危害结果发生的义务。(4)承诺给予援助(underatkes to give assistance)。即使被告人一开始没有义务去帮助处于困境中的人,但如果其承诺给予帮助,便具有帮助义务。如果被告人没有依照承诺履行义务,让被害人的困境变得比之前更糟(例如,移动事故被害人以至于其流血和骨折恶化)。被告人的承诺会让其他潜在的救援者相信已经有人救助而放弃提供帮助,这无异于阻碍了他人的施救。当然,如果被告人没有使受害者的处境恶化到后来的程度,则可能没有责任。(5)制定法的规定(statutory duty)。制定法对特定义务的规定可以是明示的,也可能是暗含的。例如,许多州的制定法都要求事故中无辜的司机要为被害人施与或请求急救。违反这一规定本身是轻罪,但如果被害人死亡,则成为认定普通杀人罪的根据。

5."行为"概念需要补充持有(pessession)。持有,可以被看作对某种物品的实际掌握和控制的状态。作为一种状态,它既不是作为(取得),也不是不作为(未放弃)。但从这种状态的形成来看,既与作为(取得)有关,也与不作为(未放弃)有关。在这个意义上,似乎又是兼有作为与不作为或介于二者之间的一种特殊行为——既不同于作为,也不同于不作为。由于对某些物品的持有会危害社会或有悖于伦理,故刑法在必要时也予以规制,典型的是持有违禁品(如毒品)的犯罪。"持有"构成犯罪,要求被告人必须明知其对物品的"持有",但不要求被告人明知物品的非法性质。在一些情况下,制定法规定了对持有的推定。例如,根据纽约刑法,如果发现汽车里有非法武器,车里的所有人都会被推定持有武器,除非武器在其中的个人身上。不过,被告人可提出不知情的抗辩。

6."自主"概念需要排除反射或痉挛(reflex or convulsion)。这是最突出的非自主行为。反射,是指高等动物通过神经系统对各种(内在或外在)刺激发生的反应,是应激性的一种表现,这种反应使生物体能趋利避害。因此,如果一个人驾车时,突遇晴天霹雳被惊吓,或突然癫痫发作(epileptic seizure)而抽搐,瞬间(扭动方向盘)导致方向失控而发生事故,伤害他人,属于非自主的行为。

7."自主"概念需要排除无意识(unconsciousness)。这里的无意识是一个心理学概念,与有意识相对,指人的一种不知不觉的心理认知和体验,也称"下意识"或"潜意识"。此种心理状态下的举动不属于犯行所要求的"行为"。然而,何种情况是"无意识",常常存在争议。争议最大的有所谓"短路"(blacks out)情形——被告人能够证明其犯罪之前自己的意识处于暂时丧失状态,并且之后记不得实施了犯罪。健忘症(amnesia)本身不能成为一个抗辩,但如果被告人可以证明其犯罪的时候处于“自动驾驶”(automatic pilot)状态而未意识到其所作所为,可以被认为是非自主行为。

8.“自主”概念需要排除催眠(hypnotism)状态。催眠状态是由各种不同技术引发的一种意识替代状态。催眠状态中的人对他人的暗示具有极高的反应性,并在知觉、记忆和控制中做出相应的反应。催眠状态下的行为是否具有犯行所要求的自主性?《模范刑法典》持否定立场,但也存在对立的观点。

9.“自主”概念需要补充某些“自陷状态”(self - induced state)。在上述反射或痉挛、无意识或催眠状态下,虽然被告人的举动并不符合“自主性”要求(an act must be voluntary),但如果被告人事先知道这些情形以及这些情形下自己会实施有害的行为,却不避免或者促使自己处于这种情形之中而实施了行为,那么,这种“不避免”或者“促使”可以属于犯行所要求的自主行为。例如,某个组织的狂热信徒在被头目催眠的情况下可能会实施犯罪,信徒明知此种可能性仍然允许头目为自己催眠。再例如,驾车前明知自己患有癫痫病可能发作,驾驶中病症发作导致事故。显然,这些情况相当于大陆法系国家刑法理论中的“原因自由行为”。[42]

(二)犯意(mens rea)

“也许最重要的和最令人迷惑的责任原则,就是要求行为人必须有犯罪意图或曰犯意,即由这条古老格言所表述的思想:无犯意之行为不为罪(actus non facit reum, nisi mens rea sit)。这一原则的含义与适用一直是争论不休的问题,以致要想阐明这一问题的所有观点几乎都不可能成为主流观点。英语词汇中有一个最为贴近犯意(mens rea)的同义词‘罪过’(fault)或‘犯罪意图’(criminal intent)。一种稳妥的解释就是,犯罪意图是认定任何一种特定犯罪所必需的内心因素。有些犯罪,如果解释为可排除内心因素,就构成了这一要求的例外。”[43]犯意通常指有过错的心理状态(culpable state of mind)。美国刑法理论对于犯意种类(罪过形式)的观察,有制定法与普通法两个角度。

1. 制定法上的犯意分类。美国各州刑法典规定了犯意形式,其基本种类被《模范刑法典》所统领——“蓄意”(purposely)、“明知”(knowingly)、“轻率”(recklessly)、“疏忽”(negligently)。这与英国的犯意分类相比,存在一定差异。英国的第一种犯意是“有意”——“intention”,美国的第一种犯意是“蓄意”——“purposely”。

---

〔42〕 参见[美]史蒂文·L.伊曼纽尔:《刑法》(影印本),中信出版社2003年版,第4~5页。

〔43〕 [美]道格拉斯·N.胡萨克:《刑法哲学》,谢望原等译,中国人民公安大学出版社2004年版,第17~18页。

英国的"有意"包括"direct intention"(直接的有意)和"indirect intention"(间接的有意),只有前者与美国的"蓄意"相对应,都是一种希望、追求危害结果的心理状态,而后者只能与美国的"明知"(knowingly)大致对应。英国存在两种"轻率"(recklessness),其中,"Cuningham recklessness"与"疏忽"(negligence)是并列关系,而"Caldwell recklessness"则包括"Cuningham recklessness"与"疏忽"(negligence)。美国的"轻率"(recklessly)属于前者。这些差异绝非文字游戏,而实实在在地体现了不同意义和后果。美国刑法的"蓄意"范围更窄更严,意味着在英国能以"间接的有意"认定的谋杀罪在美国就不能被认定,这是否与美国许多州保留了对谋杀罪的死刑有关,也未可知。另外,与英国刑法淡化"疏忽"(以"Caldwell recklessness"统揽"negligence")的做法不同,《模范刑法典》表明美国刑法更倾向于将"疏忽"作为独立的罪过形式,强调"轻率"与"疏忽"之间的明确界限。

(1)蓄意(purposely)。它是指被告人实施犯行时,主观上具有实施该行为的目的,或者具有通过实施该行为引起特定结果的目的。即是说,被告人对行为或者结果抱着"追求"或者"希望"(desire)的态度。被告人的动机(motive)如何,不影响蓄意的确定。

(2)明知(knowingly)。它是指被告人在实施法律要求发生结果的犯罪时意识到(aware)自己的行为几乎肯定(practically certain)会导致结果的发生。"明知"与"蓄意"的一个显著区别是,"明知"仅仅是"意识到"自己的行为会导致结果,而"蓄意"还在此基础上进一步追求(desire)结果。这是罪过心理中"意志"因素的区别。例如,被告人在A的屋内放置了炸弹,意图炸死A,但引爆时意识到B正好与A在一起,虽然并不希望B死,但仍然引爆。对于A的死亡,被告人具有"蓄意",构成谋杀罪;对于B的死亡,被告人只是"明知",构成普通杀人罪——至多转而构成"重罪谋杀"而非"蓄意谋杀"。其实这里还隐含着"明知"与"蓄意"的另一个区别:"明知"所意识到的因果关系概率较高——行为几乎肯定会引起结果,而"蓄意"所意识到的因果关系概率更为宽泛——即使行为引起结果的可能性较低,只要在此基础上追求结果,则仍然为"蓄意"。例如,被告人意图炸死A,在其屋内放置了炸弹,引爆时透过窗户看见了B而未见A,只是估计A可能在屋内,但杀A心切,还是引爆。如果A的确在屋内并被炸死,被告人是"蓄意",构成谋杀罪;如果A不在屋内,被告人仍然是"蓄意",构成谋杀未遂罪。两种情况下被告人对B被炸死的结果属于"明知",显而易见,被告人对B死亡的预见程度要比对A死亡的预见程度更高。

值得注意的是,美国的制定法常常使用“willfully”(有意)来表述犯意,需要小心辨别其所指是“蓄意”还是“明知”。例如,在谋杀罪的表述中规定“有意剥夺他人生命”,意味着行为人实施的行为客观上剥夺了他人生命,而主观上并不希望但意识到自己的行为几乎肯定会导致他人死亡结果的发生,可构成谋杀罪。《模范刑法典》则坚持,除了这类特殊规定之外,应当在“明知”的意义上使用“有意”。

关于“明知”的判断,《模范刑法典》以及大多数司法判例都使用主观标准,即被告人是否实际知道或者确信其行为内容,而不仅仅是假设正常人处于被告人地位时是否知道或者确信。例如,指控被告人出售赃物必须证明其确实知道出售的物品为赃物。不过,如果被告人为了否认自己行为性质及对相关情节的明知而刻意不去了解真相,即所谓“有意的无知”(willful blindness),则仍然可以将其认定为明知。这种“明知”显然具有推定的色彩(被告人并不真正知道)。在实践中,还有更为典型的推定“明知”。例如,针对持有赃物的犯罪,可以根据被告人不能解释物品来源推定其知道这是赃物。

有时,制定法规定的以“明知”为犯意的犯罪同时要求必须具备某些“伴随情节”(attendant circumstances)时,通常就要求被告人必须明知所有这些情节。例如,制定法规定,任何旧货经销商都必须向警察局备案,如果其明知他人并不从事旧货贸易,而以低于正常市场价格一半的价格,从其那里收购旧货。这一规定旨在遏制赃物买卖。如果一名货物经销商用500美元买到实际价值2000美元的一个花瓶,大多数法院会要求控方证明被告人不仅明知自己买了花瓶,而且明知自己支付了不到正常市场价一半的货款。也就是说,控方必须证明被告人明知该罪构成所要求的所有情节,包括低价支付。

(3)轻率(recklessly)。它是指被告人实施犯行时,主观上有意识地忽视了一种现实且不当的危险。在这种情况下,被告人通常意识到了自己的行为会导致危害结果发生的高度危险(high risk)。例如,娱乐场所的老板明知不按规定设置防火通道会在失火的情况下导致伤亡,却执意得过且过,后来真的导致了伤亡结果。《模范刑法典》要求在这种情况下适用主观标准,即必须证明被告人主观上有预见的情况下忽视了现实且不当的危险(consciously disregards a substantial and unjustifiable risk)。但是,如果被告人实际上没有意识到现实且不当的危险,可采取客观标准,即如果普通正常人在这种情况下都能意识到现实且不当的危险,被告人照样构成轻率。

(4)疏忽(negligence)。它是指被告人实施犯行时,主观上即使没有意识到自己行为所带来的危险,且严重地违背了应予注意的标准。所谓"严重"(gross),是指不注意的程度高于民事法律的标准。因此,"疏忽"又被称为"刑事疏忽"(criminal negligence)。"有几位刑法学权威反对刑法上的'疏忽'(negligence),其理由是'疏忽'违背了犯意要求。被告人可能由于疏忽大意或缺乏必要的谨慎而实施危害行为,但他的内心活动却是一片'空白'。然而,大多数刑法学家认为疏忽行为的刑事责任与犯意原则是一致的。"[44]

2. 普通法上的犯意分类。尽管《模范刑法典》倡导的上述制定法分类居于主流地位,但在今天的美国司法中,普通法上的分类仍然是法官分析犯意的重要理论工具。这种传统的分类是指:"general intent"、"specific intent"、"constructive intent"和"transferred intent"。对此,可分别译为"一般犯意""特别犯意""推定的犯意""转移的犯意"。这里之所以把"intent"译成"犯意",是因为在美国刑法理论中,"intention"与"intent"两个术语存在重大区别,普遍的用法是,"intention"等同于"specific intent",而"intent"则是"mensrea"或"guilty mind"的同义语。[45] "推定的犯意"和"转移的犯意"(或者"犯意的转移")是我国刑法学界认可的中译概念,也印证了"犯意"是"intent"的适当中文表述。[46]

所谓"一般犯意"和"特殊犯意",其定义并不复杂,前者是指行为人对其实施的行为本身的犯意,而不是对其行为可能引起的结果的犯意,后者是指行为人的主观目的(mental purpose)是要实现不止于行为的特定结果。简而言之,一种是对行为的犯意,另一种是对结果的犯意。或者说,一种是只要求证明犯意针对某种行为,另一种是要求证明犯意不仅针对某种行为,而且针对某种结果——正是这种分类对司法实践的意义所在。

问题是,这种区分并不严密,相反,同一个行为常常既可以被定义或者指控为一般犯意的犯罪,也可以被定义或者被指控为特殊犯意的犯罪,如普通法中的加重威胁罪、夜盗罪等,制定法上的侵袭罪、破门入户罪和纵火罪等。[47] 的确,即使在同一本教科书中,也存在这种情形——在一处说,非预谋的有意杀人罪(voluntary

---

〔44〕 [美]道格拉斯·N.胡萨克:《刑法哲学》,谢望原等译,中国人民公安大学出版社 2004 年版,第 19 页。

〔45〕 See Harvey Wallace & Cliff Roberson, *Principles of Criminal Law* (US: Longman Publishers,1996), p. 35.

〔46〕 当然,美国刑法理论有时(主要是介绍传统分类时)也会使用"intent"来表示"蓄意"。

〔47〕 参见[美]Richard G. Singer、John Q. La Fond:《刑法》(第 2 版,注译本),王秀梅、杜晓君、周云彩注,中国方正出版社 2003 年版,第 52 ~ 53 页。

manslaughter)是一般犯意的"典型适例";在另一处又说,要认定非预谋的有意杀人罪,必须确认被告人的特殊犯意。[48] "实际上,法官、学者、被告人都不认为一般犯意与特殊犯意的区别有多大助益。似乎只有那些被这种区分赋予了更多控罪自由裁量权的检察官支持它。"[49]

但无论如何,许多法院(甚至是大多数法院)在判案时还是倾向于运用普通法的分类。原因恐怕有二:其一,美国法律的传统是遵循先例,而大量先例包含了这种犯意的分类;其二,在《模范刑法典》的分类变得人所共知之前,许多上诉法院的法官已经完成了他们在法学院的学习,形成了他们的知识背景。[50] 不过这也提出一个问题:随着时间的推移,传统的分类是否会被日益淡化?或者,对传统分类的应用是否将被新生代法官完全抛弃?如果承认目前美国刑法理论对传统分类的阐释适应了司法实践的需要,那么,即使它作为一种思维方法,似乎也有继续存在的必要。"推定的犯意"(constructive intent)已经被《模范刑法典》中的轻率取代。[51] 但前面介绍过的"转移的犯意"(transferred intent)至今仍是美国刑法坚持的原理。

此外,美国刑法理论还专门对主观动机进行了阐释。"动机"(motive)与有"目的"的"蓄意"有关,但并不等同于"目的",尽管二者之间的界限往往模糊。从二者关系来界定,"动机"是指较远的或者终极的"目的"。例如,A 为谋财而杀害 B,A 的"目的"(蓄意)是杀人,"动机"是获取钱财。通常,动机不是犯罪要件(犯意),故恶劣动机不能成为定罪的因素,良好动机也不能成为无罪的抗辩事由。不过,紧急避险和自我防卫的抗辩事由是例外,被告人的动机至关重要,可以起到排除犯罪的作用。

### (三)犯意与犯行之间的同时性(concurrence)

"同时性"要求主要解决两个方面的问题:其一,在某个时点,被告人具备了特定犯罪所要求的犯意,在这个时点之后,被告人实施了该特定犯罪所要求的犯行,但是,犯行发生的那个时点,犯意却不存在。例如,被告人意图杀害被害人而对其行刺,被害人其实只是受伤,但被告人以为被害人身亡,将其抛入河中,导致被害人溺

---

〔48〕 See John M. Scheb & John M. Scheb Ⅱ, *Criminal Law*, $2^{nd}$ ed. (US: Wadsworth Publishing Company, A Division of International Thomson Publishing Inc., 1999), pp. 69, 113.

〔49〕 [美]Richard G. Singer & John Q. La Fond:《刑法》(第2版,注译本),王秀梅、杜晓君、周云彩注,中国方正出版社2003年版,第53页。

〔50〕 See John M. Scheb & John M. Scheb Ⅱ, *Criminal Law*, $2^{nd}$ ed. (US: Wadsworth Publishing Company, A Division of International Thomson Publishing Inc., 1999), p. 69.

〔51〕 由此也可见,不能将"intent"译成"蓄意"或者"故意",因为"lconstructive Intent"主要是指"轻率"。

亡。这种情况下该如何确定被告人的刑事责任？其二，被告人具备了某个犯罪所要求的犯意，其行为却符合另一个犯罪所要求的犯行。例如，被告人意图对被害人实施一个简单攻击犯罪，但被害人恰好患有血友病，流血过多身亡，被告人对此无法预见。

第一个问题是“时间差”(temporal concurrence)——对于同一个犯罪，有犯意时无犯行，之后又是有犯行而无犯意，这就不符合犯行与犯意必须具有“同时性”的要求。这又可以分成两种情况：一是被告人在行为之前形成了犯意，但后来放弃了；二是在行为之后才具有所要求的犯意。例如，A从一个餐馆离开时拿走了B的雨伞，但当时他认为雨伞是自己的。5分钟之后，他意识到雨伞是B的，但决定占为己有。普通法上的盗窃罪被定义为意图非法剥夺他人财物而拿走他人财物。据此，A不构成盗窃罪，因为其实施行为(拿)时，不具有该罪要求的犯意，而后来具有的犯意与犯行无关。然而，深入的分析表明，同时性并不仅仅是要求正好在犯行发生时必须存在的犯意，而应当是犯意“引起了”(acused)或“发动了”(actuated)犯行。例如，A意图杀害B，为实现这个意图驾车去商店买枪，途中意外地撞人，死者恰巧是B。即使A在行为发生(驾车撞到B)时具有杀害B的意图，A也不构成谋杀罪，因为犯行必须与实际要执行的意图(枪杀)一致，而不是执行意图的准备活动(买枪途中)。

同时性还必须发生在犯意与犯行之间，而不是犯意与危害结果之间。[52] 例如，被告人蓄意枪杀被害人，但杀人未遂，如果被害人在住院几个月之后死去，即使被告人此时不希望被害人死亡，也不能否定被告人向被害人开枪行为时具有蓄意杀害的犯意。

同时性可针对作为危害结果法律原因的任何行为。大多数犯罪都以危害结果为要件。在被告人实施了几个行为共同导致了危害结果时，犯意必须针对其中的哪个行为？一般说来，足以成为危害结果法律原因的任何行为都符合与犯意同时性的要求。例如，被告人明知自己经常受困于癫痫病发作，但对机动车管理部门隐瞒了这一情况而获取了驾驶执照。驾车时发病而失控，导致行人死亡。可以根据其驾驶(而不是失控和冲撞)行为与其明知自己容易发病的犯意之间的同时性来认定非自愿的普通杀人罪(通常要求轻率)。

在意图杀害他人但未杀死却以为得手而为了毁坏或隐匿目的将“尸体”抛入水中的“时间差”例子中，大多数法院不接受被告人提出的不存在同时性的辩解，认为

---

〔52〕 这一要求也反映出美国刑法中的犯行概念不包括危害结果，危害结果及其因果关系是平行于犯行与犯意的独立犯罪要件。

前后两个行为(杀害和隐匿)是同一事情的组成部分,应当被作为满足同时性要求的同一个行为。另一种解决这种情况下同时性的方案是将第一个行为视为死亡的法律原因。“抛尸”并不是一个不可预见或反常的事情,尤其是在杀人的情况下,这不会中断第一个行为(杀人)与后来的死亡结果之间的因果关系。

第二个问题是犯意与结果之间的同时性。至少在以危害结果为要件的犯罪中,要求这种同时性。不过,实际的结果不一定与犯意形成精确的对应,如果指控蓄意犯罪,危害结果并不非要在同时性的程度、方式以及被告人针对的被害人等方面一一匹配。当然,如果实际发生的情况与主观意愿相差过远,则可认为不存在同时性。

(四)因果关系(causation)[53]

“causation”是“隐含于犯行的一个犯罪要件。它的根据在于,犯行被认为是导致罪名所禁止的社会危害的有意行为”。[54] 显然,从“causation”语义来看,无论将其译为“原因”还是“因果关系”,都是客观行为与结果的联系引申出来的问题,在这个意义上,的确可以将其视为属于“犯行”的要件。但是,它毕竟是行为与结果之间的附属性问题,不是完全独立的犯行要件。进而,因果关系中的结果并不是都具有犯罪成立的“要件”性质,也可能是影响刑事责任大小的事实。甚至,因果关系的判断还不时涉及犯意。如此,因果关系很难被局限于客观的犯行,而是有着更为广泛复杂的意义。故而,美国刑法理论往往将因果关系作为一个独立的犯罪要件加以阐述。

因果关系问题在杀人和伤害的案件中尤为突出。

与英国一样,美国刑法中的因果关系证明包括“事实原因”(cause in fact)和“法律原因”(legal cause)两个层面。判断“事实原因”的标准与英国无异,亦为“but for”——“如果不……则不会……”即为事实原因(“but for”原因)。例如,被告人向被害人开枪后仅仅造成擦伤和少量出血,随之而来的第三人向被害人开枪并打穿其胸膛,使其当场毙命。被告人的开枪行为并非被害人死亡的事实原因,因为即使被告人不向其开枪,被害人也会死亡(如果不……也会)。反之,如果没有第三人

---

〔53〕 刑法因果关系的复杂性,使美国司法实践中也积累了许多判例。为了节省篇幅,本书这部分没有引用原始案例。对此,可参见刘士心:《美国刑法中的犯罪论原理》,人民出版社2010年版,第37~53页。

〔54〕 Harvey Wallace & Cliff Roberson, *Principles of Criminal Law* (US: Longman Publishers, 1996), p. 42.

的开枪行为，被害人就不会死亡，故第三人的开枪是被害人死亡的事实原因。不过，除了"but for"标准，有时会用"实质因素"（substantial factor）作为判断事实原因的补充标准。例如，被告人开枪击中被害人的腿，导致大量流血，接着第三人又开枪击中被害人的胳膊，被害人死于两个伤害导致的失血。医学鉴定表明，即使没有被告人造成的伤害，被害人也会死于第三人导致的大量流血，而没有第三人造成的伤害，被害人不会死于被告人造成的伤害。因此，被告人的行为并不是被害人死亡的"but for"原因，但是他的行为是导致死亡的"实质因素"，被告人的行为就可以被认为是被害人死亡的事实原因。在杀人案件中，只要杀人行为缩短了被害人的生命，就是死亡结果的"实质因素"。前述第三人开枪击中已经被被告人轻伤的被害人胸膛，其开枪行为就是导致死亡的"实质因素"。那么，先前轻伤被害人的被告人的行为是否被害人死亡的事实原因呢？对此存在争议。此外，并非只有缩短被害人生命的行为才是导致死亡的"实质因素"，有时"延长"被害人的生命，也会成为导致其死亡的事实原因。例如，被告人悄悄向正要乘飞机长途旅行的被害人投毒，预期毒药将在一周后发挥作用，致其死亡，但被害人遭遇飞机坠毁，当日遇难，显然，被告人预期的被害人死亡时间比实际的死亡时间要晚，即所谓"延长"，这不能否定投毒行为是被害人死亡的事实原因（这里的"事实"显然是一种推定）。

在杀人案件中，控方还必须证明被告人实施杀人行为时被害人还活着。有时这是一个难题。例如，被告人驾车撞伤了正在行走的被害人后，继续驾车从现场逃逸，对车下的被害人形成拖拽，被控普通杀人罪，根据是肇事后继续驾驶中的疏忽。医学鉴定不能证明被害人是死于撞击还是拖拽。法院认为，被告人不能被认定普通杀人罪，因为不能排除合理怀疑地证明被害人被拖拽时是否还活着，也不能证明对死亡结果的疏忽发生在先前的撞击过程中。

在证明事实原因的基础上，进而判断"法律原因"。在美国，判断法律原因的标准通常是"近因说"。所谓"近因"（proximate cause），是指能够成为法律原因的行为应与危害结果有着足够紧密的关联。它反映了在因果事实基础上的刑事政策考量——对于那些与危害结果的联系非常微弱的行为，不追究刑事责任。因此，并不存在一个一劳永逸的判断"近因"的标准，而是因案而异，具体分析。《模范刑法典》对于"近因"的规定，也只能解释为"不是过于遥远或者过于偶然"的情形。普通法上则有杀人罪中的"一年零一天"标准，即死亡结果超出这个时间段发生，实施伤害行为的被告人就不为致死的结果无限期地承担刑事责任，这个规则至今在美国大多数州得到保留。不过，这个规则的产生与当时有限的医学水平有关——如果时间太长,就很难判定一个死亡结果是否由一个先前的伤害行为所引起。随着医学的发展,这个规则面临挑战,继英国废弃了该规则之后,美国也出现了这种倾向。

## 二、抗辩事由

刑事抗辩与刑事指控相对,凡是在刑法上能够起到解脱罪责作用的情形,都可以被称为抗辩事由。据此,这种事由可包括责任能力抗辩事由、正当性抗辩事由、可原谅抗辩事由、程序性抗辩事由和宪法性抗辩事由。在前三种实体抗辩事由中,责任能力抗辩事由是消极抗辩事由,即不是由被告人主动提出,而是对控方所提出的犯罪要件进行反驳;与此相对,正当性抗辩事由和可原谅抗辩事由属于积极抗辩事由(affirmative defenses)——即使控方能够证明全部犯罪要件,被告人只要主动提出这种抗辩事由,照样可以解脱刑事责任。与控方对其指控必须排除合理怀疑地加以证明不同,在这种抗辩中,被告人一方必须承担举证责任。

### (一)责任能力的抗辩事由

责任能力事由,是指行为人的刑事责任能力存在欠缺,因而不负刑事责任或者减轻刑事责任的情形。

1. 未成年(infancy)。民事法律规定的成年人标准是18岁,但不满18岁的未成年人可以承担刑事责任。在普通法上,年满14岁的未成年人与成年人同等看待,具有完全的刑事责任能力;如果能够证明7岁以上14岁以下的未成年人存在恶意或者对行为的过错有认识,也可以让其承担刑事责任。但不满18岁的未成年人的刑事案件通常在青少年法庭审理。据此,可以成为抗辩事由的“未成年”包括:(1)不满7岁的未成年人,完全不具备刑事责任能力;(2)已满7岁不满14岁的未成年人,原则上不具备刑事责任能力,而且也不能被证明有此种能力。在制定法上,美国的许多州都提升了承担刑事责任的年龄底线,最高的达到16岁。

2. 精神病(insanity)。精神病的抗辩主要发生在谋杀罪等最严重犯罪的场合,如曾有过的一名被告人在勒死妻子时以为自己在挤压一个柠檬,精神病抗辩可使其解脱罪责。精神病抗辩能够解脱刑事责任的根据在于缺乏犯罪所要求的主观罪过。

美国刑事审判中主要使用如下标准判断被告人是否有精神病:

(1)M' Naghten标准。在英国刑法部分,已经介绍了该标准得以形成的M' Naghten一案。为了便于理解美国刑法的精神病标准,有必要在此简要重述英国这个著名判例。1843年,被告人M' Naghten无中生有地认为当时的英格兰首相罗伯特·皮尔正在筹划杀害自己的阴谋,故“先发制人”地向他所认为的首相——其实是首相的私人秘书爱德华·德朗蒙德开枪并将其杀害。在此案中,法院阐述了精神病抗辩的标准:被告人因大脑疾病而缺乏理智,不了解其所作所为的性质和意义,或者虽然知道行为本身却不了解其对错。因此,该标准也被简称为“对错标准”(right wrong rule),它也为美国法院所接受。

(2)“irresistible impulse”标准。这是对 M’Naghten 标准的补充,美国承认 M’Naghten标准的州有一半接受了“irresistible impulse”(无法抗拒的冲动——无法控制)标准。该标准产生的背景是,M’Naghten 标准在学术界受到了一些质疑,而一些法院也没有严格坚持这一标准,主要是认为该标准过于狭窄,未能将无力服从法律的情形纳入。“irresistible impulse”标准主张扩大精神病抗辩的范围——即使被告人了解自己行为的性质和对错,但由于精神疾病而无法控制自己的行为,也属于精神病抗辩事由。这就把基于认识因素(cognitive prong)错乱的精神病范围扩大到了意志因素(volitional prong)的缺失。亚拉巴马州法院在 Parsons v. State 案中采取了这一立场,确立了“无法控制”规则。

(3)Durham 标准。1954 年,哥伦比亚特区联邦上诉法院在 Durham 案中提出了该标准,将精神病抗辩事由定义为:“被告人实施的非法行为是精神疾病或缺陷的产物。”这一标准在“疾病”(disease)的基础上增加了“缺陷”(defect)并强调了精神疾病或缺陷与非法行为之间的因果关系。也就是说,该标准的着眼点既不是被告人行为时的认识状况,也不是被告人的意志状况,而是产生不能认识或无法控制的原因。(因此该标准也被称为“结果标准”——product test)这在很大程度上把确定精神病的权力从法庭移交给了精神病学专家。这一标准最早产生于 1845 年的新罕布什尔州,但是直到 1954 年才在哥伦比亚特区的 Durham v. United States 案中得到正式采用。然而,定义“精神疾病或缺陷的产物”(product of mental disease or defect)十分困难,使司法过于依赖精神病学专家,出现了精神病医生各行其是地滥用精神病抗辩,导致举证矛盾百出,杀人等重罪的被告人纷纷收买精神病医生以求脱罪的混乱局面。因此,接受这个标准的州法院寥寥无几,采纳该标准的少数联邦法院(包括确认这一标准的哥伦比亚特区巡回上诉法院)也先后放弃了该标准。

(4)ALI 标准。ALI 是“the American Law Institute”的缩写,这里的 ALI 标准是指该学术机构在其制定的《模范刑法典》(Model Penal Code)中表述的精神病抗辩标准。由于该标准针对 Durham 标准的矛盾和模糊之处给予了澄清,逐渐被各州和包括提出 Durham 标准的哥伦比亚特区在内的所有联邦上诉法院普遍采用。《模范刑法典》的标准主要是:如果被告人在行为时因精神疾病或缺陷而不具有鉴别其行为是否错误或使其行为符合法律要求的"实质性能力",则不为其行为承担刑事责任。这一标准实际上综合了上述三种标准的内容:不具有鉴别行为对错的能力是 M' Naghten 标准,不能使行为符合法律要求是"irresistible impulse"标准,精神疾病或缺陷导致鉴别或控制能力丧失是 Durham 标准。不同的是,在认知(鉴别)能力方面,该标准用"理解"(appreciate)代替 M' Naghten 标准的"知道"(know)——"知道"但不"理解"照样可以是精神病;用"实质性能力"的缺失代替 M' Naghten 标准"全部能力"(total capacity)的缺失——即使有某种认知和控制能力也可以是精神病;用"缺乏使自己的行为符合法律要求的实质性能力"代替"irresistible impulse"标准的"无法控制"——有预谋有准备而非一时冲动的情形照样可以是精神病。可见,ALI 标准降低了 M' Naghten 标准和"irresistible impulse"标准的门槛,扩大了精神病范围。其实,在精神病学都没有充分而准确地提供衡量个人自控能力科学根据的情况下,对欠缺"实质性能力"的判断有着很大的灵活空间,这与 Durham 标准赋予精神病学专家更多证明权利相结合,使精神病抗辩更加容易。

也许是巧合,提出 Durham 标准的哥伦比亚特区发生了一件轰动世界的大案——白人青年辛克利刺杀美国总统,而参与审判此案的联邦法院法官以《模范刑法典》的标准指示参与听审和定罪的陪审团:如果对被告人是否能够理解其行为的错误性质或者是否能够确认其行为是否合法存在合理怀疑,则被告人只能被认定无罪。这使 Durham 标准与《模范刑法典》的标准都面临严峻考验。1981 年 3 月 30 日,26 岁的美国男青年辛克利一厢情愿地为了赢得他迷恋几年的好莱坞女星朱迪·福斯特的芳心,用刺杀时任总统罗纳德·里根的"实际行动"来引起其心中"女神"的注意,他当场射出的 6 颗子弹致使包括里根总统在内的多人受伤,1982 年被联邦政府指控犯有非法购买、拥有、使用枪支和谋杀总统、重伤 4 人等 13 项重罪。辛克利的富裕家庭为他聘请了阵容超级豪华的律师团队做辩护,最终以"精神病"抗辩成功脱罪。对此,美国社会哗然,民众震惊,据裁决出来次日美国 ABC 新闻公司所做的民意调查,有 83% 的人认为"正义没有得到伸张",这也引起了对"精神病"抗辩之标准的反思。当然,具有讽刺意味的是,作为辛克利脱罪理由的"精神病"也成为他必须被送入精神病院的根据。在全美最大的圣伊丽莎白精神病院,辛克利受到严格监护,过着自由度远不如监狱的生活,使得律师转而为淡化他的精神病而奔忙,5 年以后才第一次被获准在监视条件下回家 12 小时,1988 年、2000 年、2005 年都曾被批准出院或有条件地回家,但均因很快发现其精神病尚未治愈的证据而被重新送回医院。直到2016年8月5日,被关押了35年、年过六旬的辛克利被批准出院,但条件是他每个月必须见心理医生,禁止同福斯特及其家属、里根家属和其他受害人家属联系,其活动范围被限制在以住所为中心半径50公里的范围,行踪随时接受监控。

(5)联邦标准(the federal standard)。辛克利案引发的公愤促使各司法区改革精神病抗辩。无罪裁定后不到一个月,众议院和参议院举行了专题听证会。依照当时的联邦法律,在涉及精神病无罪辩护的刑事案件中,控方负有举证责任,即必须排除合理怀疑地证明被告人没有精神病,陪审团才能认定其犯罪。这意味着,辩方只要提出合理怀疑以及被告人存在精神病的"优势证据",加上精神病学专家对被告人存在精神缺陷的证明,就能达成无罪的抗辩。面对如此容易的精神病抗辩,参议员阿伦·斯派克建议把举证责任由控方转为辩方。恢复过来的里根总统和许多州都表示支持。1984年,美国国会通过《精神病抗辩改革法》(The Insanity Defense Reform Act of 1984),确认了阿伦·斯派克参议员的提议,将控方对被告人没有精神病的举证责任改由辩方承担被告人患有精神病的举证责任。在实体上,将《模范刑法典》中"因精神疾病或缺陷导致其不具有鉴别其行为是否错误或使其行为符合法律要求的实质性能力",改成了"作为严重精神疾病或缺陷的结果,无法理解行为的性质或错误"。至此,对精神病的判断基本上回到了M'Naghten标准。加利福尼亚州走得更远,1982年修改刑法,将精神病抗辩限制在"实施犯罪时无法知道或理解自己行为的性质和辨别对错"。这里用"和"(and)取代了M'Naghten标准中的"或"(or),表明两个条件必须同时具备,而不能只有其一,显示了美国刑法实践对精神病标准从严掌握的趋向。

精神病抗辩也常常被用于减轻刑事责任,如将一级谋杀降格为二级谋杀或者非预谋杀人罪处理。有的州拒绝这种抗辩,而承认这种抗辩的州也将其限制在针对特定蓄意的犯罪。因精神病减轻刑事责任的后果与精神病抗辩有所不同。后者成功的结论是被告人无罪,但必须送往精神病院治疗,而减轻刑事责任只是否定某个要求特定蓄意的罪名的成立,却会被认定其他相关罪名和给予刑罚处罚。

3. 无意识(automatism)。这是针对犯行所要求的行为"自主"(voluntary)的抗辩。如前所述,最常见的无意识事由是癫痫发作。除了个别法院,美国的大多数法院认可无意识是与精神病事由不同的抗辩。《模范刑法典》也表明,在无意识情况下的活动,如条件反射或者惊厥等,都不能引起刑事责任。

4. 醉态(intoxication)。它包括饮酒和吸毒引起的迷幻状态。只有非自主的

(involuntary)醉态才能成为抗辩事由,最典型的免责情形是被欺骗或在不知情时摄入酒精或毒品而导致缺乏犯罪构成所要求的犯意。自主的醉态通常不能成为犯罪的一个抗辩事由。例如,为了实施抢劫给自己壮胆而大量饮酒,产生的醉态就不是抗辩事由,因为这种"自我沉迷"(self - induced)的行为不能得到刑法的原谅。也有的法院认为,针对特定的犯罪及行为,自主的醉态也可以成为抗辩事由。例如,因醉酒误入他人房屋,不能作为破门入户罪认定。

(二)正当性抗辩事由或者可原谅抗辩事由

尽管美国的法院时常会使用"正当性"或者"可原谅"来指称抗辩事由,但这种区分在理论和实践上都存在较多的模糊性。因此,与英国刑法一样,美国刑法中的正当性抗辩事由与可原谅抗辩事由的区别也只具有相对的意义,其刑法教科书在讨论具体抗辩事由时,并不逐一进行非此即彼的归类。

1. 防卫自身(self - defense)。一般说来,面对非法暴力的使用,个人有权使用一定暴力防卫自身。防卫手段有时可用致命暴力,有时只能用非致命暴力。此种抗辩事由的构成条件是:

(1)必须是抵抗当场发生或正在使用的非法暴力。一般说来,这意味着侵害的一方正在实施犯罪或者侵权行为。如果对方合法使用暴力,则不能对其进行防卫。如果危害不具有紧迫性,也不能使用暴力手段进行防卫。

(2)抵抗所使用的暴力不能过度,即不能超过保护自身的合理需要。面临实际发生的任何非法暴力的侵害,都可以使用非致命暴力予以抵抗,但不能超出抵抗危险的需要。即使在当时情况下能够安全躲避(retreating)侵害,也可以不躲避而使用非致命暴力。

(3)如果面对严重的身体侵害,可以使用致命暴力,这必须符合抵抗的程度与侵害的程度大致相当的原则。所谓致命暴力,是指意图引起死亡或者严重伤害结果的暴力。即使对侵犯一方的致命暴力存在误认,只要这种误认在当时是合理的,亦可使用致命暴力进行防卫。例如,一个人被他人用枪指着时,误认为手枪已经上膛,其实并未上膛,也可以实施致命暴力进行反击。

(4)先行向对方非法使用暴力,引起对方对自己使用暴力,再针对此种暴力使用暴力,不能构成合法的防卫自身。因为防卫自身必须针对非法暴力,而对方因反击非法暴力而使用暴力的行为是合法的,不能对此进行所谓的防卫。但有两个例外:其一,先行的挑衅行为较为缓和(未实际使用暴力或者使用非致命暴力),而被激怒的对方使用致命暴力,可对此使用致命暴力。其二,先行攻击的被告人从冲突中撤出，即使其攻击使用了致命或者致残的暴力，但对方在被告人撤出冲突后，向被告人发起新的攻击，被告人可以使用非致命暴力，如果面临死亡或者重伤威胁，也可以使用致命暴力。

(5)如果被告人能够安全地躲避侵害，相当数量的州都认为不能对侵害者施以致命暴力。也就是说，一般情况下，躲避(retreat)是致命暴力的必要前提，即能够安全地躲避侵害则不应直接使用致命暴力。但也有一些州并无这样的要求。即使有此要求的州，如果暴力攻击发生在被告人屋里或者办公场所，也可以不予躲避而直接使用致命暴力。使用非致命暴力无须以躲避为前提。

如果被告人错误地认为自己将要受到攻击，或者错误地认为针对自己的暴力是非法的，或者错误地认为只有使用致命暴力才能排除危险，或者错误地认为无法安全地躲避侵害，从而实施了暴力，那么，只要是合理的误认，就可以提出防卫自身的抗辩。例如，X是被告人的宿敌，正朝着被告人走来，持枪指向被告人的同时说"你的末日到了"，被告人抢先开枪杀死了X，后来查明X的枪没有上膛，且其动机不过是要恐吓被告人，尽管如此，被告人的防卫自身抗辩还是可以成立。如果防卫人使用暴力伤及旁观者或者路人，只要主观没有过错，抗辩仍然成立。

2. 防卫他人(defense of others)。这是帮助保护他人而实施的防卫行为。普通法上对这项权利严格限制，一些法院只允许帮助保护亲属的暴力行为。今天的大多数法院和制定法都允许使用暴力对朋友甚至完全陌生的他人的人身加以保护。防卫他人的抗辩事由与防卫自身大体相同。首先，被告人必须合理地相信正在发生对他人的非法人身侵害。其次，被告人使用的暴力要以制止侵害的合理需要为限。最后，被告人必须合理相信其所使用的暴力是被帮助者当时有权使用的。(被帮助者符合防卫自身的条件)大多数法院主张，如果被告人合理相信被帮助的他人能够安全躲避，则不能使用致命暴力。因此，《模范刑法典》要求，如果有可能安全躲避，则被告人至少应当尽可能让被帮助的他人躲避，在躲避不成时可以使用致命暴力。如果侵害发生在他人住宅或者办公场所，则不要求先行躲避。

有时，被告人遇到双方冲突，合理而错误地相信其中一方非法使用暴力，从而以暴力帮助另一方，其实另一方是率先挑衅者，或者另一方正在被便衣警察实施逮捕，那么，被告人是否成立防卫他人的抗辩呢？传统做法是设身处地("stands in the shoes")地从被告人所帮助的他人之当时境况出发(换位)进行评价，如果他人在当时情况下没有使用暴力的权利，则被告人不能以保护他人使用暴力作为抗辩，这又被称为"另一个我"(alter ego)规则。例如，1962年，一名40岁的被告人在纽约曼哈顿中城看到两名中年男子正在和一名年轻人打斗,年轻人哭叫着要挣脱,而年龄较大的一名中年男子使劲拽住年轻人的裤子,于是,被告人上前解救年轻人,与那名中年男子打了起来,导致其摔倒并腿部骨折。被告人没有想到的是,两名中年男子是便衣警察,正在合法逮捕年轻人。被告人后来被认定刑事侵害罪。法院认为,面对警察的合法逮捕,年轻人无权使用暴力进行所谓的防卫,则被告人也不能代表他使用暴力。几年以后,纽约州的刑法规定发生了变化:只要合理地相信他人正在受到非法暴力的侵袭,就可以使用暴力保护他人,即使被告人对非法暴力侵袭的判断是错误的。这一原则得到了《模范刑法典》的认可。

3. 防卫财产(defense of property)。在这种防卫中,使用暴力的权利是有限的。第一,对于非法进入自己不动产的行为和非法拿取自己动产的行为,可以使用非致命暴力。第二,所使用暴力的程度不能超过保护财产的合理需要。如果通过交涉足以使对方停止侵害,则不能使用暴力。第三,如果一开始使用了适度的非致命暴力,侵害者却以人身侵害来反击,对此,可使用致命暴力防卫自身。一般说来,防卫财产不能使用致命暴力,因为生命价值高于财产。但是,在防卫自己住宅的情况下,有时可以使用致命暴力。一些法院认为,对于侵入住宅的行为,只要警告不足以制止,就可以使用致命暴力。另一些法院有所限制,只有侵入住宅是为了实施重罪或者要对其中的人员造成伤害时,才能使用致命暴力。然而,根据《模范刑法典》所表达的现代立场,嫌疑人仅仅实施了非法闯入的重罪(破门入户罪),还不能当然地取得开枪等使用致命暴力的权利,要对闯入者施以致命暴力,被告人必须合理相信闯入者持有武器或者对居住者的安全带来了危险。这被称为"危险重罪"(dangerous felony)规则。

法院普遍同意,在个人财产刚刚被对方非法取得时,可以使用合理的非致命暴力当场夺回(immediately recapture)财产。在传统上,如果不是当场夺回,不能成为抗辩事由。但是,《模范刑法典》允许在任何时间夺回自己的财物,只要被告人相信他人无权占有其财物。因此,如果被告人的自行车被盗,几天后看见他人在街上骑行,如果他合理地认为对方可能是从窃贼那里得到自行车的,那么他不能使用暴力将其夺回,因为对方虽然不存在对财物的权利,但其可以主张这种权利("claim of right"),如果他合理地认为对方就是窃贼,则可以使用适度暴力将自行车夺回。这些规则也适用于不动产。

4. 执行法律(law enforcement)。由执法警察或者旨在执行法律的普通公民实施的在大多数情况下构成犯罪的某个行为,可以具有正当性,从而不构成犯罪。例如,警察在执法过程中占有毒品,或者警察为了发现和逮捕毒贩,要求某个公民从事毒品交易。这种行为的正当性根据是法律或者司法判决,是公共机关合理的权力、职责和功能。当然,为了获得犯罪证据而实施的具有犯罪性质的行为必须受到严格限制。例如,警官即使为了执法需要也不能与妓女发生性关系,不能进行武装抢劫,不能雇凶实施谋杀,等等。许多情况下,警察或者公民在执行法律时会使用暴力,这就不可避免地与防卫自身、防卫他人、防卫财产等正当防卫情形发生交集,在这个意义上,也可以将执法过程中正当使用暴力的情形称为“执法防卫”。也就是说,所谓“执法防卫”不过是“执行法律”抗辩事由中的一个突出部分。以下,着重讨论这一部分涉及的内容,即警察或者公民在执行法律过程中使用一定暴力的正当性问题。

(1)逮捕犯罪嫌疑人(arrest)。根据普通法,警察在逮捕嫌犯时通常要有逮捕令,但有合理根据认为嫌犯实施了犯罪,则可以无须逮捕令而对其进行逮捕。具体说来,警察当场发现嫌犯实施了重罪或者轻罪,均可实施无证逮捕。如果警察不在犯罪现场,则必须合理地认为重罪已经发生,并且是由嫌犯实施的,才能对其进行无证逮捕。对于不在现场的轻罪嫌犯,必须有逮捕令。即使在事实上没有发生犯罪或者虽然发生了犯罪却不是该嫌犯所为,仍然可以是合法逮捕,关键在于警察“有合理根据地认为或者相信”(have reasonable grounds to believe)。

大多数司法区的制定法都认可了警察的这种普通法权力。如果警察合理地认为使用非致命暴力是逮捕嫌犯所必需的,无论涉嫌重罪还是轻罪,他可以使用非致命暴力;如果警察合理地认为使用致命暴力是制止实施了重罪的嫌犯逃避逮捕,则他可以使用致命暴力。但是,防止实施了轻罪的嫌犯逃避逮捕,不能使用致命暴力。一些司法区对警察使用致命暴力设置了更为严格的限制,只有当警察合理地认为逃避逮捕的重罪嫌犯具有危险性,才能使用致命暴力。所谓“危险性”(dangerous),是指嫌犯携带武器或者已经实施了诸如谋杀等具有生命危险的严重罪行,如不及时逮捕,将会进一步危及人的生命。联邦最高法院在1985年的Tennessee v. Garner一案中,根据美国宪法第4修正案,缩小了普通法逮捕嫌犯的权力。警察逮捕重罪嫌犯时使用致命暴力,必须符合以下要求:第一,致命暴力是防止逃跑所必需;第二,使用致命暴力之前必须先行警告;第三,有合理根据相信如果不及时逮捕重罪嫌犯,会带来他人死亡或者重伤的严重危险。如果嫌犯暴力拒捕,警察有权使用暴力防卫自身;如果合理地担心嫌犯的暴力拒捕会立即带来死亡或者重伤后果,则可以使用致命暴力。而且,警察在使用致命暴力之前并不需要躲避。如果轻罪嫌犯不是拒捕而仅仅是要逃跑,普遍的共识是不能对其使用致命暴力。例如,对于超速的轻罪行为,警察就不能对超速车辆开枪。

在没有专门警察组织的社会早期,普通法就确立了普通公民对任何重罪嫌犯和实施了破坏治安的轻罪现行犯实施逮捕的权利(公民逮捕)。但如果实际上没有犯罪发生,则使用暴力逮捕的行为要引起刑事责任。这与执法警察在同样情况下的后果是不同的。在一些司法区,刑法要求普通公民防卫时使用致命暴力之前必须尽可能躲避,也包括公民在执行法律时使用暴力,这也与执法警察的相关要求不同。

根据《模范刑法典》,行为人在实施逮捕或者协助逮捕时,认为使用暴力是出于合法逮捕的紧迫需要,他就可以使用暴力。致命暴力的使用条件是:第一,逮捕是针对重罪;第二,实施逮捕者是警察或者自认为是协助警察的人员;第三,行为人相信使用暴力不会给无辜者带来危险;第四,行为人确信,如果不及时逮捕涉嫌使用致命暴力或者以致命暴力相威胁的罪行的嫌犯,就存在人员死亡或者重伤的实际危险。必须同时具备这四个条件,才能使用致命暴力。普通公民只能在协助警察的逮捕时才能使用致命暴力。

(2)防止脱逃(prevention of escape)。这里的"脱逃"与前面提及的逃跑或者逃脱(fleeing)不同,不是指从尚未被逮捕的嫌犯逃避逮捕或者从逮捕中逃离,而是指已经被逮捕的嫌犯从羁押状态中脱离而逃跑。为了防止嫌犯脱逃,执法者可以使用暴力,相关条件与逮捕嫌犯时防止其逃跑的要求一致。例如,逮捕轻罪嫌犯时不能使用暴力防止其逃跑,因此,也不能使用暴力来防止已经被逮捕的轻罪嫌犯脱逃。

(3)防止犯罪(preventing crime)。它是指执法者有权使用暴力避免某种犯罪发生和阻止已经开始的犯罪的完成。这个问题与逮捕权、防卫自我、防卫他人和防卫财产等都存在交叉。根据普通法,如果合理认为嫌犯正在实施轻罪,可以使用非致命暴力予以制止,不能使用致命暴力。针对重罪嫌犯实施致命暴力,存在两种观点:其一,针对任何重罪,只要合理相信非动用致命暴力不可,警察或者公民就可以使用致命暴力。这种观点显然主张,为了防止犯罪,致命暴力导致生命丧失也是可以接受的。由于合理相信足以让使用致命暴力成为正当,利益的天平更加向防止犯罪倾斜。即使一个人实际上并没有打算进行任何犯罪,也会被剥夺生命。其二,针对危险重罪,或者为了防止危及人的生命的重罪,才能实施致命暴力。这是当前的观念。根据《模范刑法典》,只有行为人相信,如果不使用致命暴力制止犯罪,就存在致死或者重伤他人的现实危险，且制止犯罪不会伤及无辜，或者奉命驱散骚乱者或者暴动者并向其发出使用致命暴力的警告后，其仍然不从，才可以使用致命暴力。

5. 维护权威(maintaining authority)。未成年子女的父母、学校老师以及其他负有监护职责的人员在履行职责时可以有限地使用暴力。父母可以使用适当程度的暴力保护孩子的福利。父母因此打孩子不构成殴击罪，只要暴力程度在当时情况下是合理的。所谓"当时情况"，包括孩子的年龄、性别及错误行为的严重性等。法院认定暴力是否合理的标准，存在客观说与主观说的分歧。客观标准是，正常父母在同样情况下是否会使用这种程度的暴力。主观标准是，孩子的父母是出于保护孩子福利的真诚愿望，还是只为了惩罚而施加皮肉之苦。《模范刑法典》取折中说。首先，孩子的父母使用暴力的动机必须是保护或者促进未成年人的福利，包括预防和惩治其错误行为。其次，所使用的暴力不能是有意地引起或者明知会带来死亡、重伤、毁容、剧痛、精神痛苦、严重堕落等后果的危险。如果孩子的父母由于轻率或者疏忽而未能预见其行为会导致这些危险，其使用暴力的行为就会构成相应的犯罪。在这种情况下，根据《模范刑法典》，如果孩子的父母因疏忽造成孩子死亡，其父母虽然不能被认定谋杀罪或者普通杀人罪(二罪的主观要件均要求至少是轻率)，但可以被认定疏忽杀人罪。只要制定法没有禁止体罚，学校的老师也可以使用合理暴力维持秩序，促进学生福利。老师使用暴力的条件与父母大致相同。

6. 被害人同意(consent by victim)。一般情况下，被害人同意的事实并不能排除被告人的刑事责任。例如，患有绝症的病人要求医生帮助其自杀，虽然医生的行为得到被害人的同意，也将构成犯罪。不过，至少在两种情况下，被害人同意可以排除被告人的刑事责任：其一，有些犯罪的成立条件决定了被害人同意是一个抗辩事由——缺乏被害人的同意是一个犯罪要件，最典型的例子是强奸罪，在此，如果妇女同意与被告人发生性关系，就不存在强奸。其二，有些犯罪是因被害人同意而诱发的，否则不会发生。这是否能排除刑事责任，法院意见不一。根据《模范刑法典》，如果被害人的同意阻碍了伤害的施行或者不幸的发生，而这正是法律制定相关罪名所欲防止的情形，则被害人同意可以排除该种犯罪。具体而言，当一个犯罪涉及威胁或者实际身体伤害时，如果身体伤害并不严重，或者属于合法的运动承诺或者竞技体育的一部分，则可以排除犯罪。例如，拳击比赛中伤人并不构成殴击罪。

此外，被害人是受虐狂不能成为解脱虐待狂刑事责任的理由。未成年人和精神病人的同意不能成为有效的抗辩事由。由欺骗获得的同意通常也是无效的。被害人自身存在罪错或者对被告人加以谅解,并不能当然地解脱被告人的刑事责任。不过,一些州的制定法有"和解"(compromise)规定,如果侵害人与被害人达成了民事解决方案,则无须追究刑事责任。这些规定基本是针对轻罪而非重罪。和解的规定受到质疑,突出表现在1964年亚利桑那州发生的State v. Garouette一案。该案被告人驾车肇事,撞倒并致死被害人。根据亚利桑那州的和解规定,民事解决可以免除所有轻罪的刑事责任。由于亚利桑那州将机动车驾驶中的普通杀人罪规定为轻罪,使法院别无选择而只能适用和解规定。法院无奈地指出,醉酒驾驶或者疏忽驾驶没有伤人,驾驶人可以进监狱,而伤了人却能花钱寻求民事解决,从而依法逃脱刑事制裁,实在是过于幸运。这促使立法者改变其和解规定的表述以避免将来再发生该案的情形——绝不能认为剥夺人的生命可以用金钱来弥补并被原谅。

7. 胁迫(duress)。它是指第三人施以暴力或者以暴力相威胁而逼迫被告人不得不实施犯罪的情形。X以不服从就立即杀死被告人逼迫其对Y实施抢劫,就是胁迫。胁迫的重要特征是被告人的精神受到第三人的强制。在美国的大多数司法区,胁迫的成立需要以下几个条件:(1)第三人发出威胁(threat);(2)威胁导致了被告人的合理恐惧(reasonable fear);(3)被告人面临紧迫的危险(imminent danger);(4)危险是死亡或者重伤。

通常,被告人不得不实施犯罪导致的危害程度必须低于其可能遭受危害的程度。《模范刑法典》规定的标准是胁迫的危险程度大到一个人合理的坚强性都无法拒绝实施犯罪的地步,这需要具体判断。例如,被告人不杀死一名无辜者就会被切下一根手指的胁迫,可能被认为是被告人能够拒绝实施犯罪的情形;而被告人不切掉无辜者的一根手指就要丧命的胁迫,则属于被告人无法拒绝实施犯罪的情形。

对于杀死他人才能保全自己或者另一些人的性命的胁迫,法院在传统上不认可任何以他人生命为代价的抗辩。其价值根据在于,在自己和他人生命之间进行选择,道德的要求是牺牲自我。同时,谅解胁迫之下的杀人,会给恐怖组织或者绑架集团的成员提供借口——不服从头目的杀人命令自己就要被杀,从而解脱谋杀罪责。至今,美国的大多数法院仍然奉行这一价值。但是,也有一些州的制定法有所改变,杀人案件不再当然地排斥胁迫的抗辩。例如,一个人不按胁迫的要求杀死被害人,胁迫者就要杀死他的全家。

胁迫常被用于重罪——谋杀罪(在实施重罪过程中导致他人死亡)的抗辩。例如,被告人被胁迫驾车将X载至抢劫地点,在抢劫过程中,X将一名旁观者致死。被告人提出的胁迫抗辩成立,就不能被认定重罪——谋杀罪。

胁迫带来的危险必须迫在眉睫,但也出现了抛弃这一条件的倾向。《模范刑法典》的要求只是“合理的坚强性也无法拒绝”。传统上,胁迫的危险必须是死亡或者重伤,这一条件也正在被打破。《模范刑法典》只是要求“身体伤害”而非“严重身体伤害”。甚至,财产损失或者经济制裁也可以成为至少某些轻微财产犯罪的胁迫抗辩。现在,绝大多数州也不把胁迫的危险所针对的人局限于被告人,而扩展至第三方,包括被告人的家庭成员。

如果被告人认为胁迫会被付诸实行其实并非如此,只要这种认识是合理的,胁迫的抗辩仍然成立。如果被告人有意识地将自己放在一个可能受到胁迫的境地,例如主动参加一个恐怖组织,那么就不能以后来发生的此种胁迫作为抗辩事由,如被恐怖组织胁迫杀人。在普通法上,妻子只要证明丈夫命令其实施犯罪,就足以成立胁迫的抗辩,但今天已经不是一种特殊抗辩了。很值得关注的是军事命令是否构成胁迫的抗辩,即军人服从长官的命令是否属于不可抗拒的胁迫?一般公认,如果被告人既不知道也没有理由知道被命令实施的行为是非法的,即使这种行为是犯罪,被告人也不能被定罪;相反,被告人知道被命令实施的行为是非法的,则可以被定罪。这正是纽伦堡审判驳回“我只是服从命令……”的抗辩的根据。

8. 紧急避险(necessity)。在普通法上,紧急避险也是在被迫情况下实施的一种损害行为,但这里的被迫通常不是来自他人的胁迫行为,而是指人的行为之外的其他因素造成的客观情势。例如,一个人被暴风雪困在深山老林,发现一座农舍。如果擅自进屋,构成破门入户罪;如果不进屋,会被冻饿致死。此时,为了保命而被迫进屋属于紧急避险,这里的被迫情形是由自然(天气)导致的。紧急避险的实质是“两害相权取其轻”(chose the lesser of two evils)。既然是在两害之间进行抉择,紧急避险可以被认为是可原谅事由,但《模范刑法典》认为这种抉择是正当性事由。而且,《模范刑法典》将紧急避险中的危险来源扩展到了人为因素,从而淡化了紧急避险与胁迫的区别。

紧急避险中的两害关系,必须是保全合法权益带来的损害(代价)小于合法权益可能受到的损害,不能相反,也不能相等。所有人的生命具有同等价值,不能为了保全自己的生命而牺牲他人的生命。但是,如果牺牲一个人的生命能够换来更多生命的保全,则可以是紧急避险。所要避免之害是否大于避免行为导致之害,是按照普通的正常人标准。在 U. S. v. Holmes 案中,被告人是一名水手,遭遇船难后,与 32 名乘客挤在救生艇里一起在海上漂泊,由于超载,大副决定,那些没有妻子相伴的男人应当被抛下水去。被告人帮助实施了抛人的行动,被指控普通杀人罪。法院认为这不是紧急避险,海员违背了先于乘客牺牲的职责,至少,任何情况下要将他人抛入水中,都需要"抽签"(draw lots)的必要程序。

得到承认的一些具体紧急避险情形有:药剂师在没有医生处方的情况下,为了减缓病人在紧急情况下的痛苦而发药;救护车闯红灯;为了制止火势而损毁财产;两名登山者以绳索相连,其中一人坠于悬崖边,即将拖下另一人,为防止双双坠亡,另一人割断绳索;一名囚犯受到其他囚犯的(死亡)威逼,要强奸他,在无法或者来不及采取报告等措施的情况下,可以(越狱)逃跑;一名职业的"消毒员"(deprogrammer)可以绑架他人以使其脱离宗教组织的精神控制,等等。

总之,美国司法实践中掌握的紧急避险成立条件主要有:(1)被告人面临较大损害,损害包括身体伤害或者财产损坏。(2)较大损害正在发生或者具有发生的紧迫性。(3)较大损害不是被告人导致的。(4)只能用造成相对较轻损害的方法避免较大损害。

9. 认识错误(mistake)。认识错误,是指被告人对其行为法律性质的认识错误(mistake of law)或者对其行为事实的认识错误(mistake of fact)。在美国刑法中,认识错误并非一个完全独立的抗辩事由,而是被告人犯意的否定因素。例如,盗窃罪要求被告人主观上明知其拿取的财产为他人所有,如果被告人在餐厅吃饭后拿走了一把雨伞是因为他认为雨伞是自己的,那么就缺乏对雨伞属于他人的明知,从而不具备盗窃罪的犯意。

一般来说,正如一句著名的法律格言所述,"对法律的无知不成其为抗辩"。但在某些情况下,被告人真诚地但是错误地理解了法律也可以作为抗辩事由。例如,被告人对一项财产所有权的有关法律产生误解,就可能成为盗窃罪的抗辩事由。同样,对离婚生效的真诚误认也可以成为重婚罪的抗辩事由。伊利诺伊州刑法典明文列举了四种此类情形,只要被告人合理相信其实施的行为不构成犯罪,就可以成为抗辩事由:(1)某个犯罪由行政法规规定,但被告人并不知晓该行政法规,而且该法规文件也没有以公开等任何合理方式使被告人能够知晓,他也不可能自动或者主动得以知晓。(2)被告人行为时依据的制定法后来失效了。(3)被告人行为时依据的伊利诺伊州上诉法院或者高等法院或者联邦上诉法院的命令或者意见后来被推翻了。(4)被告人行为时依据的关于制定法、法规或者命令所定义的犯罪的解释,是由有权解释的公共官员或者机构作出的。

在普通法上,对事实的认识错误是一个抗辩事由。美国司法中,针对一般犯意(general intent)的犯罪,对事实的认识错误要成为抗辩事由,要求必须是合理的错误,但针对特殊犯意(specific intent)的犯罪,则不合理的错误也可以成为抗辩事由。自20世纪末期,只要能够否定被指控的犯罪主观方面存在的事实认识错误,都可以成立抗辩。不过,事实认识错误不能成为严格责任犯罪的抗辩事由。

10. 执法陷阱(entrapment)。它也称警察圈套,是指执法人员为了取得犯罪证据而引诱被告人犯罪,被告人可以提出执法陷阱的抗辩。随着毒品犯罪的增多及其隐秘性,警察往往会引诱某些人员参与毒品交易以取得证据,常常引起被告人提出执法陷阱的抗辩。

对执法陷阱的界定有两个标准。一个是绝大多数州的法院和联邦最高法院采用的在实体刑法中规定的标准,另一个是少数州的法院施行的标准。二者的区别主要在于:前者强调政府不应当怂恿无辜的人去实施犯罪行为,认定执法陷阱成立的关键在于被告人的犯意是由执法人员所引起,故为主观标准;后者则强调执法者不应当被鼓励去制造犯罪案件——无论被告人本来是否打算犯罪,认定执法陷阱成立的关键在于执法人员是否实施了足以引起被告人犯意的不当行为,故为客观标准。当然,即使主观标准,其初衷也与客观标准一样,是为了防止执法者的不当行为而非保护无辜者。执法陷阱的抗辩不能使被告人的犯罪行为成为正当,只能使其成为可原谅事由。

(三)宪法性的抗辩事由

抗辩事由的作用在于解脱罪责。在这个意义上,凡是能够解脱罪责的事由均可成为抗辩事由。所谓宪法性的抗辩事由,其实是美国宪法审查制度在刑事司法中的体现,或者说,反映了美国宪法对刑法的制约(constitutional limitations on criminal laws)关系。具体而言,对刑事司法赖以定罪的刑法依据本身提出违宪质疑时,就成为可能解脱被告人罪责的宪法性抗辩事由。前述约翰逊焚烧美国国旗一案即是经典体现。同时,宪法性抗辩事由也可包括程序性抗辩事由。因为美国宪法审查制度不仅要求对刑事实体法进行审查,也包括对刑事程序法的审查。前述米兰达案则是这方面的代表性判例。美国刑事诉讼中,被告人的程序性权利受到严格保护,要求控方必须保证被告人的知情权、沉默权、不被强制自证其罪、非法证据排除、对同一事实不能重复评价等,近乎苛刻。美国宪法对刑事司法的审查制约也被称为“正当程序”(due process)。根据这个含义丰富的概念要求,刑事立法和司法都必须具有合理性,不能反复无常和专断。刑事被告人有知情权,也有权得到正式的审判和针对指控的自我辩护。被告人的权利保障必须贯穿审判之前、之中和之后的整个过程。[55]“美国宪法禁止联邦政府(第5修正案)和各州(第4修正案)未经正当程序和法律的平等保护而剥夺个人的生命、自由或财产。……正当程序和平等保护的概念涉及实体和程序事项。”[56]

总之,基于美国宪法的刑事司法审查制度,就是美国的法院系统,尤其是处于较高层级的法院(包括各州上诉法院和高等法院以及联邦法院乃至最高法院),在办理刑事案件时要审视实体依据是否违反了美国宪法修正案确立的公民基本权利,是否违反了宪法所要求严格执行的刑事程序,一旦判断违宪,即使完全符合犯罪要件且不存在前述的任何一种有效抗辩而构成犯罪,也会因为违宪而解脱被告人的定罪及刑事责任。

## 第四节　美国刑法的责任形态

这里要讨论的问题包括教唆(solicitation)、未遂(attempt)、共谋(conspiracy)和共犯(complicity)。在美国的刑法教科书和论著中,对这些内容的归属有着不同的安排。有的各成一章,[57]有的集全部内容为一章,[58]有的做了不同组合。例如,把教唆、未遂和共谋归为“不完整罪”或者“未完成罪”(inchoate offenses),共犯则另当别论,主要指同谋犯(accessory);[59]又如,把未遂和共谋各自单列,将教唆与共犯归入一章。[60]可见,如何组织这些内容,并无严格定式,重要的是这些内容不可缺少。本书采取一体的安排,集中上述全部内容,冠之以“责任形态”。这种安排除了体例上的考虑,还因为这些内容的确是不同于一般犯罪要件所定型的“标准的”犯罪——有的情形没有实行行为,有的情形是实行行为没有完成,那么,这些情形还

[55] See Sue Titus Reid, Criminal Law, $5^{th}$ ed. (NY: McGraw – Hill, an imprint of The Mcraw – Hill Companies, Inc., 2001), p. 21.

[56] Sue Titus Reid, Criminal Law, $5^{th}$ ed. (NY: McGraw – Hill, an imprint of The Mcraw – Hill Companies, Inc., 2001), p. 19.

[57] 参见[美]Richard G. Singer、John Q. La Fond:《刑法》(第2版,注译本),王秀梅、杜晓君、周云彩注,中国方正出版社2003年版,第287~366页。

[58] See Thomas F. Gardner & Terry M. Anderson, *Criminal Law*, $7^{th}$ ed. (US: Wadsworth, a dibision of Thomson Learning, 2000), pp. 59 – 83; Sue Titus Reid, Criminal Law, $5^{th}$ ed. (NY: McGraw – Hill, an imprint of The Mcraw – Hill Companies, Inc., 2001), pp. 52 – 85.

[59] See John M. Scheb & John M. Scheb Ⅱ, *Criminal Law*, $2^{nd}$ ed. (US: Wadsworth Publishing Company, A Division of International Thomson Publishing Inc., 1999), pp. 73 – 74, 80 – 99.

[60] 参见[美]史蒂文·L. 伊曼纽尔:《刑法》(影印本),中信出版社2003年版,第174~229页。

能按照一般犯罪要件构成犯罪吗？对这个问题的肯定回答意味着，将这些特殊情形的行为作为犯罪以追究行为人的刑事责任，显然属于犯罪成立及刑事责任的特殊形态。无疑，特殊形态的犯罪及刑事责任必有特殊的成立条件。在将教唆、未遂、共谋和共犯诸内容集合在一个部分的美国学者中，就有人直接使用了“刑事责任”(criminal liability)来概括这部分内容，作为标题的表述。[61] 再说，“教唆和共谋，如果从行为人是否直接完成分则条文规定的犯罪构成要件这一角度看，也可以列入‘共同犯罪’的范畴。但从行为是否达到分则条文规定的犯罪要件那样的完整程度而言，又可以把它们和未遂一并纳入‘不完整罪’这个概念，这是传统的英美法的观点”。[62]

## 一、未遂罪

并非所有的犯罪都能成功。有些是力所不及（如枪打不准），有些是外力阻碍（如被逮捕），有些是自己放弃（如反悔而停手）。未遂罪（attempt）旨在处罚那些意图实施某种犯罪（所谓“目标罪”——target crime）并将犯罪意图付诸实施但没有实现其目标的行为。

未遂罪的概念源于普通法，最初通常是轻罪，当今，未遂罪的严重性取决于其企图实施的犯罪的严重性。由于未遂罪比完成相应犯罪的危害性相对要小，故其刑罚也相对要轻。然而，《模范刑法典》对未遂的处罚规定与对完成犯罪的处罚同样严重，其根据不是犯罪的危害性程度的差异，而是未遂犯与完成犯罪的行为人在危险性上没有区别。

联邦刑法没有专门规定未遂罪。一般说来，联邦的法院都承认未遂罪的要件包括：(1)主观上具有施行某种犯罪行为的犯意；(2)客观上实施了行为并停留在犯罪完成的过程之中。各州的刑法典具体规定了谋杀等严重犯罪的未遂罪。大多数州是通过制定法中的概括性表述（总则性条款）来规定未遂罪，而不是在具体罪名之下一一规定。这些规定比较宽泛和抽象，还需法院在应用时加以具体解释。也有一些制定法将本来属于未遂罪的行为直接规定到分则性条文中，使其成为一个独立的罪名。例如，破门入户罪（burglary）是在实施侵犯人身或财产的犯罪意图的支配下擅入他人建筑物，并不需要客观上实施了侵犯人身或财产的行为，只要带着这

---

〔61〕 See Thomas F. Gardner & Terry M. Anderson, *Criminal Law*, 7th ed. (US: Wadsworth, a dibision of Thomson Learning, 2000), pp. 59 – 83.

〔62〕 储槐植：《美国刑法》（第2版），北京大学出版社1996年版，第136页。

种主观意图擅自进入他人建筑物即可成立，甚至许多州把入罪的门槛提前到只需要拥有破门入户的工具。还有的州把威胁罪(assault)定义为(实质是)未遂的侵袭罪(battery)，但显然不是按照侵袭未遂罪来处理，而是按照单独的威胁罪来处理。

(一)未遂罪的犯意

未遂罪的犯意通常要求必须是蓄意(intent)。例如，被告人向被害人方向开了一枪，只是为了恐吓而并不想要伤害到他，子弹近距离地从被害人身边飞过，没有造成任何伤害。假设击中被害人并致其死亡，被告人可被认定"冷漠疏忽"(reckless - indfference)的谋杀罪。然而，"冷漠疏忽"不符合未遂罪的犯意要求，被告人没有造成任何身体伤害的恐吓行为不能构成谋杀未遂罪。

未遂罪的蓄意必须与相同的完整罪(完成罪或者目标罪)的犯意保持一致。例如，被告人在路边勾搭一位女子，一手抓住她的胳膊，一手挥舞着一把螺丝起子，命令打开她的车门，说"我们到你车里去"，该女子因恐慌而找不到钥匙，遂将自己的小包给了被告人，要他自己找，此时另一辆车驶过来停下，这让被告人惊惶，女子乘机逃脱。被告人被指控并被认定绑架未遂罪。这个结论被认为是错误的。因为被告人声称"我们到你车里去"不能必然地说明他存在绑架的蓄意，也有可能是强奸的蓄意或者侵占财产的蓄意。

一般说来，被告人明知(knowing)自己的行为极有可能(highly likely)导致某种后果并不等同于蓄意追求这种后果。例如，被告人向被害人的方向开枪时，并非蓄意要击中被害人，只是明知这种情况极有可能发生而为恐吓实施了行为。这不能构成谋杀未遂罪，因为明知死亡极有可能发生不等同于蓄意引起死亡。然而，根据《模范刑法典》，如果能够证明被告人明知某种结果"十有八九"(substantially certain——充分的肯定性)会发生，那么这足以符合蓄意要件，即使被告人并没有希望这种结果发生。例如，被告人蓄意引爆炸弹，只是希望摧毁一座房屋，但引爆时明知室内有人且几乎肯定这些人会被炸死，即使没有引起这种结果，也能构成谋杀未遂罪。

(二)未遂罪的犯行

未遂罪是目标罪的未完成形态，但必须是已经开始实施目标罪，或者说，已经朝着完成目标罪的方向实施了一段目标罪的行为。如果没有实施一定的行为，仅仅停留于思想或者表达思想的语言，则不能构成任何未遂罪。但是，朝着完成目标罪方向开始实施行为到目标罪的结果发生之前，是否被告人的行为停留在这一过程中的任何一点都可以构成未遂罪呢？回答这个问题，取决于如何选择实施目标罪行为的起点。如果选择的标准是刚刚脱离单纯思想或者表达思想的语言,则可以对上述问题做出肯定的回答;如果选择的标准是在脱离单纯思想或者表达思想的语义与逼近完成目标罪的过程之中,则存在开始实施目标罪的行为阶段与之前仅仅是实施目标罪的准备活动(mere preparation)之间的区别。很显然,这个被选择确定的未遂行为的基点,越是逼近完成目标罪,未遂罪范围越小,对行为人越宽松;相反,越是远离目标罪的完成,未遂罪的范围越大,对行为人越严厉。19 世纪倾向于前者,20 世纪呈现出后者的趋势。关于未遂行为起点的标准,主要有接近说、歧义说和实质步骤说。

1. 接近说(proximity)。大多数法院认定未遂行为的起点标准是一个行为是否接近目标罪的完成。由于对"接近"的理解不同,又具体分成以下不同标准。

(1)最后行为说(last act)。该标准来自一个著名的普通法案例 Regina v. Eagleton。此案的被告人是面包店的一名工人,受福利机构的雇佣向穷人发放面包。穷人凭福利机构发的票证到被告人那里领取面包,一张票一条面包,被告人将这些票证返回给福利机构,得到书面的票证统计记录,日后据此得到报酬。被告人弄虚作假,发出的面包缺斤少两,在收到报酬之前被发现。被告人面对从福利机构造假获取金钱未遂罪的指控,提出的辩护理由是,他向福利机构返回票证,收到的仅仅是书面统计记录而非金钱,相对于完成造假获取金钱罪还存在较远的距离。然而法院坚持认定被告人构成该未遂罪。理由是,被告人返回票证已经是他获取金钱的最后行为。

显然,该标准要求,认定被告人犯未遂罪,其实施的行为必须是能够完成目标罪的最后一步。这个标准对被告人最有利,因为它最大限度地给被告人留下了反悔的余地。按照该标准,即使是一名职业杀手,对其为了杀人但在开枪杀人之前实施的准备枪支、赶赴作案现场、跟踪或者守候被害人,甚至举枪瞄准的一系列行为,都不能认定其构成谋杀未遂罪。

(2)接近危险说(dangerous proximity to success)。先看一个普通法上的案例(Commonwealth v. Peaslee):被告人在他想要烧毁的建筑物里放置了易燃物,但还没有来得及按计划从架子上取下蜡烛和点燃,再把它放到有易燃物的屋里去。如果按照"最后行为说",就不能认定被告人纵火未遂罪,但在该案中法院认为,即使没有点燃蜡烛,也足以符合要求,因为某些准备活动可以等同于未遂,只要准备活动非常接近犯罪的完成,或者说,行为已经接近犯罪得以完成的危险。例如,R 承担了到银行为本公司取工资款的工作,几名被告人预谋趁机抢劫。到了预定的日子,几名被告人驾车先到银行和公司门口踩点,但是没有发现R和任何其他做此项工作的人员,就在找寻过程中被警察逮捕,后被控抢劫未遂罪。法院认定其无罪。因为被告人连抢劫的对象都没有发现,根本就不存在接近抢劫R的危险状态,正如一个打算破门入户罪的人在没有找到想要进入的房屋之前,不能认定破门入户的未遂罪。

这是一种关于判断未遂罪犯行的更为灵活的标准。具体而言,一些法院在此类案件中允许由陪审团权衡若干因素,包括行为的严重性、社会的憎恨程度以及与目标罪完成行为的接近(proximity)程度。这种灵活的标准也使未遂发生的时间起点变得不确定。一些法院要求行为人必须与预定的被害人在身体上接近,或者启动了具有连锁关系的第一个环节而使得目标罪的完成具有了高度可能性。另一些法院则允许针对距离结果较远的行为认定未遂罪。

(3)可能中止说(probable desistance)。该标准是指,只要被告人还有改变犯意并自动放弃犯罪的可能,就没有成立未遂罪的余地。也就是说,可能发生未遂的起点是行为进入行为人不再可能自动中止的阶段,因此,可能中止说实际上是超越中止可能说或者中止可能性消失说。例如,被告人是一名囚犯,他从监狱外搞到两根钢锯条,被狱警搜了出来,他被指控脱逃未遂罪。法院认为,被告人获取锯条的行为只不过是准备活动,在被发现之前,他还有充足的时间改变犯罪意图和放弃脱逃计划,因此不能构成脱逃未遂罪。

这一标准的可操作性受到质疑——怎么才能知道被告人的行为已经到达只能把犯罪持续下去的阶段?显然,这必须以确定那个接近完成犯罪的节点为前提,但这样一来,就与"危险接近说"没多大区别了。

2.歧义说(equivocality)。所谓"歧义",就是存在"两可"的情形,是指被告人实施的一定行为既可能体现犯罪的蓄意,也可能不与任何犯意相联系,此时,就不能认定未遂罪。因此,要认定一个行为是未遂罪,这个行为本身必须能够确切无疑地体现出行为人实施目标罪的犯意,控方不能使用坦白、日记或者其他陈述等行为之外的证据去证明行为是在犯意支配下实施的。否则,就不能认定未遂罪。例如,一个人在谷仓里点烟后将火柴扔到干草堆上,就存在两种可能性——漫不经心之举或者以烧掉谷仓为目的。可见,歧义说实际上是排除歧义说或者排除两可说。歧义说是与接近说完全不同的标准。各种不同的接近说都是要确定未遂行为的起点,歧义说则认为无须这样做,而是将目光转向行为与犯意的联系,凡能确切无疑地显示出行为人犯罪蓄意的行为,无论该行为处于完成犯罪的行为过程的何种阶段,都可以成立未遂罪。

该说受到的最大质疑是，通过行为判断行为人的主观，不可能百分之百地确切无疑。假设一名被告人因为在一个干草垛的边上点燃了一根火柴而被逮捕并被指控纵火未遂罪，如果他正好拿着一个烟斗，他就可以辩解他划火柴只是为了点烟，被告人总是能找到理由来说明其行为不是为了犯罪或者实施目标罪。其实，没有额外证据，仅凭行为，很难弄清行为人的主观是否具有犯罪的蓄意。

3. 实质步骤说(substantial step)。这是《模范刑法典》的立场。该标准是指，如果被告人的作为或者不作为构成了其计划中犯罪既遂所需要的行为过程的实质性步骤，并且这种作为或者不作为非常确定地(strongly corroborative)表现出被告人的犯罪目的，则符合未遂行为的要求。例如，被告人是个毒贩，一名缉毒便衣特工对他说自己正在找寻一些海洛因，被告人就打了几通电话，但没有找到货源，于是向便衣特工提出，支付650美元，他可以四处走访看看。然而，一个小时后走访回来一无所获，便把钱还给了特工。被告人被捕并被控提供毒品未遂罪，法院的判决支持了指控，因为被告人提出并收钱是提供毒品的“实质步骤”，而且这种行为“非常确定地”表现出被告人完成贩毒的犯意。

《模范刑法典》还规定了一些属于未遂的具体情形，而这些情形在过去或者按照其他标准往往不能成立未遂罪。主要有：(1)守候、寻找或者尾随预定的被害人；(2)诱使或者设法诱使预定的被害人去往预定的犯罪现场；(3)探查预定的犯罪地点；(4)非法进入建筑物、车辆或者围墙等预定的犯罪场所；(5)持有专门用于预定犯罪的物品；(6)在预期实施犯罪的地点或者附近持有、采集、装配用于犯罪的物件；(7)教唆无辜者(不知情)代替自己实施符合犯罪要件的行为。

显然，实质步骤说是基于“接近说”与“歧义说”的折中说。一方面，“实质步骤”涉及的其实还是被告人的行为与完成犯罪之间的距离问题；另一方面，“非常确定”则仍然反映的是被告人的行为与其主观蓄意之间的联系。该说获得了较为广泛的认可，约一半的州和多数联邦巡回司法区使用的未遂罪标准都采纳了这种观点。

(三)不能犯未遂

有时，被告人对其希望发生的结果已经尽其所能地实施了一切必要行为，却由于外在因素而致使该犯罪无法完成。例如，扒手掏兜却发现里面是空的，强奸已经完成插入却并不知道被害人是其妻子或者已经死亡。在如此情况下，被告人常常辩称他所要完成的犯罪既没有发生，也不可能发生。因为在理论上，掏空兜和强奸妻子或者尸体不可能完成盗窃罪和强奸罪。这种抗辩事由即“不能犯”(impossibility)。不能犯时能否认定未遂罪？要分三种情况来考察。

1. 事实的不能犯(factual impossibility)。它是指被告人对事实发生错误,以至于他不知道自己的蓄意无法实现既遂。典型的例子就是扒手掏兜原来是空的。如果被告人知道他人口袋是空的,他也就会知道盗窃既遂是不可能。19世纪,这种情形就已经很难成立抗辩事由了。被告人认为他人的口袋里有钱而其实没有,都会被认定盗窃未遂罪。因为,一旦他人口袋里有钱,被告人就会既遂,正是这种盗窃既遂的可能性,使其无罪抗辩无效。类似的情形还有:(1)被告人将枪对准X扣动扳机,枪却未响,原来他不知枪未上膛。(2)被告人欲强奸X,但因阳痿做不成。(3)被告人是个骗子,为X设了个骗局,但X是个根本骗不了的便衣警察。(4)被告人对X投毒,自认为用的是砒霜,实际上是无害的物质。

2. 法律的不能犯(legal impossibility)。普通法上称为“true legal”impossibility,是指被告人认为自己实施的某个行为是犯罪而其实刑法并没有将其规定为犯罪的情形。在此,被告人虽然具有一般性的犯意,即在认为一个行为是犯罪的情况下仍然实施这个行为,但由于法律没有将此行为规定为犯罪,他实际上缺乏针对具体犯罪的犯意,所以,既不可能构成任何具体犯罪,也不可能成立以具体罪名及其犯意为前提的未遂罪。一方面,误认为自己的行为不构成犯罪而其实是犯罪通常不能成为获得法律原谅的事由;另一方面,一个行为本来不是刑法规定的犯罪,但行为人误认为自己的行为构成犯罪,却不能成为法律追究的理由。例如,被告人在警察向其调查刑事案件时撒谎,他自己认为构成了伪证罪。然而,他实施的行为并不符合伪证罪的法律规定,不能被认定伪证未遂罪。

3. 对支配着法律关系的事实发生认识错误时的不能犯问题。被告人的错误认识,既是针对事实,又是针对与事实相关联的法律属性。例如,A向被告人兜售一些物品,这些物品是从X那里偷来的,被告人答应购买,但被告人不知道A在兜售时,这些物品已被警察追回并还给了X,被告人被判处违法收受赃物未遂罪。这个定罪经上诉后被推翻,因为违法收受赃物罪要求行为人必须具有对赃物的明知,而A兜售物品的时候,物品已经不是赃物,也就不可能存在对赃物的明知了。在此,被告人对物品被警察追回并归还的事实不知,从而发生了对物品法律性质的误认。然而,被告人对于购买赃物是犯罪这一行为的法律属性没有误认。这与法律的不能犯区别开来。

不过,对某个事实法律属性的错误认识,现今很少能够成为法院认可的抗辩事由了;相反,在这种情况下,绝大多数美国的司法区都会认定被告人犯有未遂罪。其内在根据是,惩罚未遂罪的目的主要是制止危险行为。被告人在主观上认为自己在违法,表明他有违法的蓄意,在客观上如果不是由于他自己的误认也会违法,因此,他误认某个事实的法律属性而未能实现犯罪的危险性不会小于其他原因导致其未能实现犯罪的危险性。例如,被告人对着被窝里的仇人开枪却不知仇人死亡在先,与仇人活着但子弹打偏相比,二者的危险性没有什么不同。《模范刑法典》支持了这种观点——当情况一旦是被告人所认为的那样,其实施的行为即构成犯罪,就可以认定未遂罪。这一观点在 U. S. v. Thomas 案中得到反映。该案的两名被告人是海军现役人员,在酒吧勾搭上一名女子,女子与其中一人跳舞时倒地,两人认为她是醉酒导致昏迷,遂将其弄到他们的车上并与其发生了性关系。后来查明,其实女子在酒吧已经死亡,死因是心脏病。两名被告人被法院认定强奸未遂罪后提出上诉,认为法律上不可能存在强奸尸体的情况,也就不可能因此犯强奸未遂罪。上诉法院维持了原判。但是,《模范刑法典》的观点也引起了争议,这种争议的实质是更强调行为人的主观恶性还是更看重客观存在的法益侵害。

(四)放弃的未遂

被告人在蓄意实施目标罪的过程中,在达成既遂还有相当距离的阶段,其主观发生改变,放弃了犯罪计划,被称为“renunciation”。显然,这种情况就是中止。那么,这种情形是否可以成为抗辩事由呢?肯定的观点主要认为,第一,鼓励行为人中途停止犯罪;第二,行为人缺乏危险性;第三,行为人将犯罪贯彻到底的意图不复存在。否定的观点针锋相对,第一,极少的行为人会在蓄意犯罪过程中因为担心刑罚制裁而停止犯罪,“鼓励”中止的作用十分有限;第二,行为人只是在特定场景中表明自己没有危险性,这不能代表将来也没有危险性;第三,行为人已经存在犯意,将犯罪贯彻到底本来就不是犯意的要求。

美国现代司法实践和制定法大多承认,“放弃”犯罪至少是一些情况下的抗辩事由。《模范刑法典》也支持这种抗辩,并将其称为“放弃犯罪目的”(renunciation of criminal purpose)。对“放弃”成立抗辩的公认要求是“自动性”(voluntariness)。假设被告人计划在特定时间和场所射杀 X,他到达预定的射击地点后,发现附近有警车巡逻,遂决定推迟行动,以免被捕,这种情况显然不属于“放弃”,事实上他也没有自动放弃犯罪目的,只是由于警车巡逻的外力作用被迫暂时中断犯罪,其人身危险没有改变,其欲实施的犯罪也没有被彻底制止。关于“自动”,有一些情形需要具体把握:(1)因怕被当场逮捕而放弃犯罪,不是自动而属于“被动”(involuntary)。

(2)如果被告人出于抽象的胆怯或者笼统的担心被捕而放弃犯罪,并不存在具体的威胁或者事件(如当时并没有任何警察出现或者到来的迹象),则大多数法院都会将其作为“自动”(但需要被告人举证)。(3)为了寻找更有利的犯罪时机而推迟犯罪,不属于自动放弃。(4)放弃了针对原被害人的犯罪,但将同样的犯罪转向新的被害人,则不属于自动放弃。(5)被告人停止犯罪的原因是可预期的犯罪成果达不到自己所期待的程度,很难说多数法院会认定这是自动的。(6)被告人停止犯罪是因为被害人的劝阻,法院一般不大可能将此认定为自动放弃。例如,被告人将女子X摔在地上,说要强奸她,X表示,如果被告人当晚能来她的住处,她乐于陪伴,而不要此时在地上做这事,被告人接受这个建议恐怕不会被认定为自动。但也有相反的意见,认为这种情况应属自动放弃。《模范刑法典》倾向于支持对自动放弃更为宽松的认定。进一步看,纵然被告人已经将逼近既遂的“最后行为”(last act)实施完毕,只要其采取积极行为排除危险和防止原来预定的危害结果发生,则仍然有自动放弃犯罪的余地,可以成为抗辩事由。不过,如果被告人不仅实施了“最后行为”,而且发动了他无法再中止的暴力,那么他就不可能再以放弃犯罪作为抗辩事由了。例如,被告人枪击X但未击中,此时已经没有放弃犯罪的余地。

(五)未遂的既遂罪

以上讨论的都是刑法总则性未遂罪,这种未遂罪相对于刑法分则性条文中具体的既遂罪名而存在。例如,谋杀未遂罪以谋杀罪为前提,这个前提通常是既遂形态,非既遂不能成立,这正是谋杀未遂罪存在的必要性——对谋杀罪的范围进行必要补充。然而,也有一些分则性罪名本身就是未遂形态,只是将其作为既遂来对待和处罚。例如,普通法上的破门夜入罪(burglary),其晚上进入他人住宅的目的是到里面实施某个重罪,但只要怀着蓄意犯重罪的目的实施破门夜入行为,即使还没有实施重罪,也构成该罪。甚至在晚上持有可以用于破门的工具而无合法理由,都可以成立破门夜入罪。可见,这个看起来是未遂的事实形态被刑法的罪名规定为既遂罪。同样,侵袭罪(assault)是以伤害他人为目的实施的攻击行为,但并不要求伤害结果,只要有攻击行为就足以构成该罪的既遂。法律上的这些处理意在提前防范危险行为。

既然法律上将一些未遂形态规定为既遂的罪名,那么相对于既遂罪名就应当有相应的(总则性规定确立的)未遂罪。对此存在分歧。反对者认为,很难想象(实质上是)未遂形态的犯罪的未遂罪是什么情况,不符合逻辑。赞成者认为,这并不违反常识。被告人手持武器意图枪击妻子,来到其工作的地方找她,但她被同事藏了起来,被告人未能找到。上诉法院维持了侵袭未遂罪的判决。因为在未实际发生伤害结果的情况下,如果被告人当时具备伤害的条件(如已经发现了被害人),应当认定侵袭罪(既遂);反之,被告人当时不具备伤害的条件(如未发现被害人),则应当认定侵袭未遂罪。同样,警察在珠宝店附近逮捕了被告人,发现珠宝店门上有他留下的痕迹,即使不能证明其是否实际进入店里,也能以破门夜入未遂罪追究其刑事责任。但是,这样的做法引起了违宪问题。在 Papachristou v. City of Jacksonville 案中,联邦最高法院曾推翻了关于流浪和游荡犯罪的法例,因为其含糊不清而违反了宪法第 14 修正案。

(六)未遂罪的审判和处罚

有时,对被告人提起一个既遂罪名的指控,却证明他犯有相应的未遂罪;相反,指控的是未遂罪,证据却能支持相应的犯罪既遂。美国的法院对于前者一致认为应当认定未遂罪。关于后者,显然不能认定其既遂罪,虽然能够证明既遂罪,但由于没有事先指控该罪,未给被告人公平抗辩的机会,故不能认定既遂罪,有时可将此种情况认定为未遂罪。

对未遂罪的处罚各州差别较大。一般而言,由于未遂罪的严重性低于相应的既遂罪,故有许多州规定,未遂罪的刑罚最高只能是既遂罪的一半。《模范刑法典》显示了比较严厉的观点,其规定所有的轻罪和除一级重罪之外的其他重罪,对于未遂罪的处罚可与相应的既遂罪一样。对于一级重罪,对于未遂罪的处罚可以按照二级重罪的既遂罪进行处罚。

## 二、共谋罪

普通法将共谋罪(conspiracy)定义为,在多人之间就实施非法行为或者以非法手段实施合法行为达成协议的行为。设立共谋罪出于两个主要目的:其一,在能够达成犯罪既遂的实行行为还没有开始之前处罚共同谋划犯罪的行为,可以将犯罪制止于发展的早期,有效地防卫社会。这与未遂罪的出发点是一致的。其二,有组织的犯罪行为(group activity of a criminal nature)比单个人的犯罪行为更加危险。有组织的犯罪必然存在多人共谋的情形。在一些州,共谋罪的可罚性不仅它是实行犯罪的协议,而且本身也是不道德、反社会的行为。

(一)共谋罪中的协议

达成共同追求非法目的的协议(agreement),是共谋罪的基本特征,但这种协议不同于具有合法效力的合同所必须具备的双方意思完全一致,不过是参与人之间以某种方式彼此联系以蓄意追求共同犯罪目的而已。协议既可以是双方用语言明示的同意,也可以是通过动作加以暗示的默契。有时,二人之间只需知道对方参与了协议,无须知道对方的详细情况甚至素不相识从未谋面,也不影响共谋的成立。例如,AB 二人共谋的犯罪,BC 二人又就此共谋了一番,虽然 AC 二人毫无交集和接触,只要相互知道该共谋中对方的存在,即具有协议关系。

值得讨论的问题是帮助或者教唆他人共谋的情形。如果帮助者或者教唆者与共谋者之间并未达成任何"协议",能否根据其实施的帮助行为或者教唆行为,将其认定为共谋罪呢?如果共谋者实施了谋划的犯罪,帮助或者教唆共谋的行为能否构成目标罪的帮助犯或者教唆犯呢?例如,被告人得知 AB 二人计划杀死 X,但他并没有参与二人之间的任何共谋活动,只是暗中阻止了一封他人发给 X 的告警电报,致使 X 未能及时逃生,被 A 和 B 杀死。法院认定被告人帮助谋杀 X,应承担谋杀罪(既遂)的刑事责任。对此存在分歧。一种观点认为,被告人蓄意地帮助或者教唆他人之间存在的共谋行为,他就大大具备了邪恶的犯意,充分地显示了积极推进犯意实现的主观意志,因此相当于他与共谋者之间达成了协议。另一种观点认为,既然共谋的行为是"协议",那么对共谋的帮助或者教唆,应当是促使协议形成的行为。例如,安排欲共谋的各方聚会或者劝说他人参与共谋,而不是对共谋的内容(实施特定犯罪的计划)进行帮助或者教唆,否则他也是共谋者之一而非帮助者或者教唆者了。《模范刑法典》的观点是,如果共谋者实施了所谋划的犯罪,帮助者或者教唆者应承担帮助或者教唆该罪的刑事责任,但是,仅仅对共谋者进行帮助或者教唆而未与其达成实施特定犯罪的协议,则不能成为一个共谋者。

现实中可能出现这样的情况:双方已就实施犯罪达成协议,但其中一方实际上没有犯意,是否能根据这个协议认定另一方成立共谋罪?例如,"协议"的一方是一名便衣警察,他没有任何犯意,只是为了将对方逮捕。传统的观点是不能成立共谋罪,因为这里不存在真正的协议。现代的观点则允许另一方成立共谋罪。例如,被告人与一名亲戚达成谋杀自己母亲的协议,但亲戚随后就报告了警察局,并在审理被告人的法庭上表明自己根本没有任何执行犯罪计划的意愿。被告人被认定谋杀共谋罪。法院认为,被告人在主观上相信自己正在与他人共同谋划特定的犯罪,表明他希望与他人共谋犯罪,这已经符合共谋罪的主观心理,而客观上他也尽力完成了实施犯罪的谋划。《模范刑法典》支持这种立场,但理由有所不同。它主张单方面(unilateral)的共谋罪而不是传统的必须是双边(bilateral)的共谋罪,从而改变了"二人以上参与"的共谋定义。只要与他人达成了实施犯罪的协议,无论另一方是真有犯意还是假装参与，都不影响被告人成立共谋罪。也就是说，单独一方即可成立共谋罪。

（二）共谋罪中的犯意

这是指共谋各方应当具有的针对“协议”的蓄意。换言之，达成的协议不过是各方参与者蓄意的结果。同时，各方参与者还应当具有一个更进一步的蓄意——实施特定犯罪，这是针对目标罪的蓄意。许多司法区要求证明共谋双方的这种协议内容。也有的司法区只要求证明协议实施一个不道德行为。

普遍认为，要指控一个犯罪的共谋罪，至少必须证明参与者具有目标罪所要求的犯意。例如，AB 二人在晚上试图破门入户时被抓住，只要证明他们具有破门入户罪所必须的犯意，即包括破门入户的犯意和入户后实施一个重罪的犯意，就可以认定其犯有破门入户的共谋罪。进一步看，实施某种根据其引起的危害结果来定义的犯罪的共谋，可能要求比目标罪本身所需要的过错更多的犯意。假设 AB 二人计划引爆炸弹炸毁一座建筑，如果他们知道里面有人且极有可能在爆炸中丧生，仍然推进这个计划，如果发生了死亡结果，他们就要对完整的谋杀罪承担刑事责任。在此，被告人的犯意是对死亡危险的漠不关心的轻率，而不是蓄意杀人，他们没有引起死亡的积极犯意，也不能构成谋杀住户的共谋罪。因此，把由于轻率或者疏忽而导致特定结果的情形作为构成要件的犯罪，是不可能存在共谋罪的。例如，非自愿的普通杀人罪就没有成立共谋罪的余地。严格责任的犯罪也可以成立共谋，但一般需要证明蓄意的存在，不过，U. S. v. Feola 这一联邦最高法院的判例表明，有些情况下不需要证明被告人的犯意，也可以认定严格责任犯罪的共谋罪。该案的几名被告人声称他们手上有上佳的毒品，要求被害人购买，其实只是一些白糖，被害人提出质疑后，被告人即要殴打被害人，让他们始料不及的是，被害人是一名联邦缉毒特工。几名被告人被指控犯有侵袭联邦执法人员的共谋罪。被告人辩称他们不知道被害人身份，不能构成侵袭联邦执法人员的共谋罪。最高法院驳回了这一辩解，指出“联邦官员”的认定仅限于裁判上的意义，而不是对被告人的要求。联邦法律设定这一犯罪的目的是要保护联邦执法人员，对共谋案件中的犯意要求过严，与立法者的目的不符。各州在这个问题上的做法还有待观察，《模范刑法典》也没有给出明确的答案。

如果被告人对他人提供物品或者服务时明知他人会将此用于实现后续犯罪的目的，他可以被认为参加了共谋吗？一般说来，必须用被告人已经超出了仅仅是知道（something more than mere knowledge）的事实来证明他具有促成犯罪目的的蓄意。美国法院在审判案件中积累了一些足以使提供物品和服务者成为共谋参与者超出了"知道"(beyond knowledge)的"额外"(extra)事实因素,主要有:(1)"入股分红"(stake in venture)。即物品或者服务的提供者期待从共谋的犯罪收益中获得回报,包括同意共谋者可用犯罪收益付账、按照犯罪收益的百分比支付等。此时可以认定被告人参与了共谋。(2)如果出售的物质属于只能用于非法目的的违禁品,被告人很有可能被认定参与了共谋。(3)如果被告人向共谋者提出的要价高于正常交易价格,可以认定其参与了共谋。(4)如果被告人的交易中大部分都是与共谋者进行,可以被认为参与了共谋。(5)如果被告人在提供物品或者服务时知道他人要实施一个重罪,比起知道他人要实施一个轻罪,更可能被认定为参与了共谋的犯罪。例如,一个电话接线员知道一些用户是妓女,但仍然为她们与潜在的嫖客通话联系提供服务,因此被认定卖淫的共谋罪,这个判决被推翻,因为卖淫罪是轻罪。假设接线员在明知的情况下为用户的勒索赎金、供应毒品、转移伪造的货币等重罪服务,则可被认定为参与了共谋。需要注意的是,上述情况中,被告人提供的物品和服务必须具有促成犯罪的作用。

同一犯罪共谋者的主观心理状态常常并不完全一致,必须分别加以判断。ABC 三人商议破门夜入 X 的住处,但只有 AB 具有进屋偷窃的目的,C 只是当作玩乐而已,C 不能被认定破门入户罪的共谋罪。如果 BC 二人的目的都不是进屋实施任何重罪,那么根据传统的要求,共谋罪必须发生在二人以上的主体之间,不能由一个人实施,则不仅 BC 不构成共谋罪,而且 A 也不能构成共谋罪。但是如前所述,以《模范刑法典》为代表的现代观点承认单边共谋罪。

(三)共谋罪的处罚

制定法对共谋罪的刑罚作了诸多规定。一些州规定将共谋作为轻罪处罚,而无论其目标罪如何。另一些州则规定共谋为重罪,其刑罚与目标罪相同而无论目标罪多么严重——这有可能导致一个共谋罪的刑罚后果比实施相应目标罪受到的刑罚还要重。《模范刑法典》没有认可这种观点,只是针对最严重的犯罪给予相对的同等看待。例如,共谋实施一个一级重罪可相当于一个二级重罪。

共谋参与者共谋后实施了共谋的犯罪,是否可以作为两个罪认定,分别量刑后累加刑罚?大多数州认为,共谋罪反映出有组织犯罪的特殊危险,这与后续实施的犯罪不同,故赞成分别认定和累加处罚。《模范刑法典》持相反的立场。不过,在有若干目标罪的情况下,共谋者后来只实施了其中的部分犯罪,则可以分别认定实施的犯罪和没有实施的犯罪的共谋罪。

## 三、同谋罪

普通法对目标罪的实行者与目标罪的不同参与者进行了区分。首先是主犯(principal)与同谋犯(accomplice)之分。其次,主犯又分为一级主犯(principal in first degree)与二级主犯(principal in second degree)。前者是指目标罪的实行行为人。后者是指目标罪实行行为的帮助者或者教唆者。二级主犯与一级主犯同在现场,但没有实施目标罪的行为。这里的"在场"(presence at the crime scene)也包括推定在场(constructive presence),如在作案的屋外望风。换言之,二级主犯的犯罪是对一级主犯实行目标罪当场进行帮助和教唆的行为。最后,同谋犯包括事前同谋犯(accessory before the fact)与事后同谋犯(accessory after the fact)。前者是指目标罪实行行为之前(而不是在现场)对主犯进行教唆或者帮助的行为人。后者是指目标罪已被实行之后帮助犯罪人逃避抓捕的同谋犯。美国各州现在已经废除了这种分类。具体而言,不再刻意区分二级主犯与事前同谋犯,而是将其统合为"同谋犯",原来的一级主犯成为当然的"主犯"。不过,普通法的分类对于诉讼程序仍然具有实际意义:审判主犯之前不能审判同谋犯;主犯被认定有罪则从犯不能是无罪;以同谋犯指控被告人,不能认定其为主犯;以主犯指控被告人,则不能认定其为从犯。需要说明的是,所谓"同谋犯",是从犯罪主体的角度指称的,如果从犯罪成立或确定刑事责任的角度来看,则可以称为"同谋罪"(complicity)。这与"未遂罪"和"共谋罪"也可以被称为"未遂犯"和"共谋犯"一样。因此,在本节的意义上,作为与"未遂罪""共谋罪"相并列的一种责任形态,标题中的"同谋罪"就是"同谋犯"。不过,鉴于我国对英美刑法"principal"和"accomplice"这些相对术语的翻译习惯,以下的具体内容还是使用"同谋犯"。

### (一)同谋犯的犯行

同谋犯的客观行为要件,是指帮助(aids)、教唆(abets)、鼓动(encourages)、协力(assists)他人实施犯罪的行为。这种行为包括言语,因为,无论鼓励犯罪的言语还是同意犯罪的言语,言语本身足以在同谋犯与主犯之间建立起联系。不作为亦可符合同谋犯的行为要件,但不能仅仅是被告人对他人犯罪没有进行干预制止或者表态反对,即使这对于被告人并不困难(当时被告人有能力这样做且客观情况也无人碍),被告人还必须具有干预制止或者表态反对犯罪的法律义务。例如,父亲虐待孩子可构成殴打罪的主犯,母亲不干预制止或者表态反对,未尽到保护孩子的法律义务,可能构成殴打罪的同谋犯。

有时，被告人在主犯推进犯罪的过程中给予了帮助，但其实这种帮助对于主犯完成犯罪并不必要，被告人照样构成同谋犯。进言之，如果被告人的帮助不仅对于犯罪可有可无，而且事实上毫无影响，大多数法院都不会将其认定为同谋犯，只能是帮助未遂罪。然而，《模范刑法典》则支持同谋犯的认定。

如果主犯没有完成目标罪而被认定未遂罪，则帮助主犯实施犯罪的被告人可以被认定为主犯未遂罪的同谋犯。如果连未遂罪的主犯都不能认定，则实施帮助行为的被告人根本不可能构成任何意义上的同谋犯——许多州可将此种情况认定为“教唆犯”。

如果被告人与他人进行犯罪共谋，之后他人实施了共谋的犯罪，被告人就要为这种犯罪负责，构成同谋犯。现代观点认为，参加共谋的事实本身还不足以使被告人成为其他共谋者后来实施犯罪的同谋犯，这只是一种有力的证据，可以表明被告人在客观上对其他共谋者实施的犯罪给予的帮助和支持。

有些犯罪的主体是特殊主体，如制定法上的强奸罪，主体只能是男性。此时，如果女性对男性实施的强奸行为进行帮助，照样能构成强奸罪的同谋犯。

（二）同谋犯的犯意

在大多数情况下，同谋犯的犯意要求被告人蓄意帮助或者鼓励他人犯罪，而且其主观上也希望他人犯罪。也就是说，同谋犯的犯意包括两个方面：（1）被告人必须蓄意实施帮助或者鼓励他人实施行为。（2）被告人必须蓄意促成他人的犯罪。因此，被告人只是蓄意实施引诱他人犯罪的行为，还不等于有促成犯罪的蓄意。例如，被告人对行为人说的话起到了鼓励他杀死被害人的作用，还不能成为谋杀罪的同谋犯，还必须证明讲这话的用意就是要鼓励和唆使他人去实施谋杀。被告人明知被帮助者将要或者可能实施犯罪而并非希望他人犯罪的情况，大多数法院都不认定为同谋犯。这也是《模范刑法典》的立场。但在明知自己在帮助一个重罪等情况下，法院有可能认定同谋犯。

甚至，被告人可以成为以轻率或者疏忽为犯意的罪名的同谋犯。常见的情况是被告人明知他人醉酒而把自己的汽车借给他人，醉酒的他人驾车肇事。如果醉酒的人驾车肇事将路人撞死或者撞伤，许多法院认定被告人构成普通杀人罪或者殴击罪的同谋犯。因为这符合同谋犯的犯意必须与主犯的犯意保持一致的同谋犯犯意原则。但有的法院不认可这样的做法。在上述情况中，被告人只能构成违法将汽车借给醉酒者的轻罪，而不能构成普通杀人罪的同谋犯。根据许多州的制定法，这种行为被认定为非自愿普通杀人罪的主犯，而不是同谋犯。

实践中常常还有这样的问题:主犯实施多个犯罪,被告人能否对他没有蓄意帮助的犯罪(非目标罪)承担责任?大多数法院认为,如果非目标罪是被告人蓄意帮助的另一个犯罪的“自然和可能”(natural and probable)的后果,则被告人可以构成同谋犯。例如,被告人同意帮助其他两名被告人破门进入一个小酒馆,自己在外面的车里等候,二人进去作案时并未携带武器,但进去后被店主吓了一跳,其中一人便从吧台上拿起一把手枪向店主射击,将其击伤。被告人被认定破门入户罪的同谋犯和谋杀未遂罪。上诉法院确认了这一判决。因为制定法规定,一个人帮助或者赞同另一个人犯罪,就要为另一个人在实施这个犯罪期间的行为负责。但反对意见认为,被告人的同伙进屋时没有武器,无法证明被告人鼓励开枪行为。《模范刑法典》则反对扩大责任,完全不同意“自然和可能”的标准。

主犯有罪,是认定同谋犯的前提。因为同谋犯就是为他人的犯罪负责(liability for the conduct of another)。[63] 传统上要求给主犯定罪必须认定主犯的蓄意,但较新的观点认为,只需要证明他人客观上实施了符合犯罪要件的行为,对这种行为提供帮助的人即可构成同谋犯。同样,如果一个完全成立的辩护事由适用于被指控主犯,并不能适用于同谋犯。例如,主犯提出执法陷阱作为其行为的抗辩事由,这个事由对同谋犯并不适用。《模范刑法典》解决这个问题的办法是适用未遂罪,即在主犯不成立的情况下,同谋犯承担(相对于目标罪)未遂罪的责任。也可以把这种情况理解为被告人通过无辜者的行为来实施犯罪,故构成该罪主犯。例如,被告人强迫妻子与他的朋友发生性关系,并事先骗朋友说自己的妻子已经同意这样做,在此,对实施行为的朋友不予定罪,因为他没有任何犯意,是真诚(虽不合理)地相信了对方是同意的,但被告人构成强奸罪,可以认定其为主犯——将朋友作为工具。

被告人是否在犯罪现场,可以成为证明被告人是否蓄意对犯罪进行帮助、鼓励等的证据。也就是说,不在现场和离开现场都不足以构成同谋犯。典型的犯罪现场,是指行为人实施目标罪所要求的行为的地点或者场所,通常是行为人与犯罪对象接触的地方,但也包括推定的现场(constructive presence),例如,当他人在屋内杀人时,被告人在屋外为其望风。

如果被告人中途放弃了自己对他人犯罪的帮助行为,可以成为抗辩事由,但必须是其已经实施的帮助行为的效果尚未显现时放弃该帮助行为。有时,通过语言来放弃是符合要求的放弃。报警是放弃的有力证明。

---

〔63〕 See David C. Brody, James R. Acker, Wayne A. Logan, *Criminal Law*(U. S.: Aspen Publishers, Inc. ,2001), p. 537.

### (三)事后同谋犯

事后同谋犯,是指被告人明知自己在帮助一个重罪犯,并蓄意帮助他逃避逮捕。此时,被告人不是为先前他人实施的重罪负责,而是承担他自己妨碍司法的罪责。事后同谋犯的犯罪要件是:(1)有他人已经实施了重罪。(2)被告人明知他人实施了重罪。明知是确知,不仅仅是怀疑和揣测。如果被告人帮助他人销毁枪支时只知道他人私藏枪支是一个重罪,却不知道他人已经用枪支实施了谋杀,只能认定前者的同谋犯。(3)被告人帮助的对象必须是实施重罪的人。(4)被告人采取了积极行为妨碍警察对重罪犯的逮捕,不仅仅是不报警和对警方撒谎。普通法上,只要被告人没有报告一个他已知的重罪就构成包庇重罪的犯罪,这在制定法上已经不复存在。此外,许多州把私了犯罪的行为作为犯罪。

## 四、教唆罪

普通法上的教唆罪(solicitation)是指一个人要求和鼓励另一个人犯罪,无论另一个人是否同意犯罪。如果另一个人同意犯罪但没有实施犯罪,教唆者与被教唆者构成共谋罪;如果另一个人同意犯罪并实施这个犯罪,教唆者与被教唆者分别构成这个犯罪的同谋犯和主犯;如果另一个人没有同意实施教唆的犯罪,教唆者构成教唆犯,被教唆者不构成犯罪。因此,教唆犯只能在被教唆者拒绝了教唆的情况下成立。

不同于共谋罪要求一个外显的行为,同谋犯的行为只需被告人向他人提出犯罪的要求和建议,就告完成。传统上并不要求确证被告人的教唆,这给被告人带来很大风险——冤枉无辜和纵容敲诈。故一些制定法要求确证教唆行为,而不是听一面之词。

作为与同谋犯相关的行为,通常要求被告人具有诱使他人犯罪的蓄意,而不仅仅是明知他的话会引起犯罪。具体而言,教唆犯必须具备其教唆的犯罪所需要的犯意。教唆同谋犯也可构成教唆犯,例如,被告人要他人雇一个杀手杀害其妻。还有,教唆的信息未收到,是否处罚教唆者?一些州可能认定教唆未遂罪。《模范刑法典》构成教唆(犯罪)罪。在一个没有系统规定教唆罪的州,控方可能认定教唆为未遂罪。其实,所有的州都同意,纯粹的教唆行为本身不构成目标罪的未遂罪。一些法院认为,未遂罪的责任,必须是被告人或者被教唆者的行为已经超出了预备,只有这样,教唆者独自的行为才可能符合未遂罪的要求。例如,被告人不仅鼓动X杀害自己情妇的丈夫,还支付了600美元以实施这个计划,法院认为,这仍然只是预备行为,被告人不能构成谋杀未遂罪。

## 第五节　美国刑法的刑罚后果

刑罚作为刑法上的后果，以犯罪与刑事责任为前提，即对于被告人而言，没有认定其构成犯罪就不能让其承担刑事责任，而没有确定刑事责任也就不能对其处以刑罚。在这个意义上可以说，没有犯罪就没有刑罚。但对于国家而言，之所以要把某些行为确定为犯罪，是为了追究行为人的刑事责任，而刑事责任主要是通过刑罚后果体现出来的，在这个意义上又可以说，没有刑罚就没有犯罪。

在美国，刑罚后果是刑法区别于民事法律的最显著特征。民事法律关注的是被告给原告造成了多大损害以及如何赔偿其损失；刑法关注的是被告人对社会造成了多大的危害以及用何种刑罚惩治犯罪人才是合适的。之所以要区别民事违法与刑事犯罪，最终是为了对症下药，分别要行为人承担不同的责任及其后果。因此，刑罚后果是刑法的落脚点。美国刑法的刑罚后果，包括刑罚的根据、种类、裁量和执行几个方面的问题。

### 一、刑罚根据

刑罚根据是指国家动用刑罚的合理性，主要指设定刑罚的目的。对刑罚目的的不同认识，形成不同的刑罚目的论。阿诺德·H. 洛伊教授将美国刑法学界的四种主要的刑罚目的论概括成"3R + 1D"，即"Reformation"（改造）、"Restraint"（管束）、"Retribution"（报应）和"Deterrence"（威吓）。[64]

根据改造说，犯罪人不过是正常人中犯了错误的人，或者说，是社会意义上的病人，刑罚具有教育、感化、矫正、治疗犯罪人的作用，故通过对犯罪人适用刑罚，可以促使其改过自新，不再犯罪，回归社会，重新做人。对此存在严重分歧。有人认为，罪犯是社会中最坏的人，把纳税人的钱用于这些没多少价值的人的所谓改造而不是投资到更有价值的方面，是不公正的。也有人只承认改造是刑罚目的所要求的，而不是独立的目的，它是从属于"威吓"或者其他目的的一个内容。还有人指出："把改造这个高尚的观念归结为总体失败而加以摒弃，是不公平的。我们大家都清楚一些事例——那些没有技能、缺乏教育、似乎无药可救的罪犯在监狱里生发出才干，变成了对社会有用的公民。也许，刑罚制度真正的悲剧在于，这种变化不是

〔64〕 参见［美］阿诺德·H. 洛伊：《刑法原理》（第4版，影印本），法律出版社2004年版，第2～13页。

经常发生,以至于只有在它发生时,我们才能知道。"[65]

根据管束说,犯罪人的生理、心理、人格等特征和各种社会环境因素单独或者结合成为犯罪的原因,犯罪原因中的各种因素不可能被完全消除,甚至根本不可能消除,决定了犯罪总是会发生或者重复发生,制止犯罪的唯一办法就是把危险的罪犯隔离或者控制起来,使其无法再进行犯罪。因此,监禁是理所当然的刑罚措施,甚至死刑也具有永久隔离的意义。即使是坚持刑罚的目的是改造等其他立场的人,也并不反对管束罪犯的必要性。争议主要集中在哪些人应当被管束以及管束的时间长短。

根据报应说,刑罚就是要给犯罪人带来痛苦,这是他实施危害社会行为应当付出的代价,是社会对犯罪人的报复,也是"恶有恶报"的正义体现。但反对者认为,报复是野蛮的,与现代社会格格不入。对此,有支持者指出,报应并非报复,报复具有私人性质,而报应是国家保护国民的必要法律行为。[66]

根据威吓说,罪犯和民众都是理性人,他们通过犯罪的刑罚后果产生恐惧,从而抑制可能产生的犯罪冲动,做出不犯罪的选择。就罪犯而言,对其施以刑罚制裁,可让其本人感受到刑罚的痛苦,因而产生威吓效果,使其今后不再犯罪,这被称为"个别威吓"(individual deterrence)。与同样是针对个别人的改造说相比,改造犯罪人是要使其不愿再犯罪,威吓犯罪人则是要使其不敢再犯罪。就公众而言,通过对犯罪人的刑罚制裁,也让其看到了犯罪带来的刑罚痛苦,因而产生威吓效果,使其不选择以身试法,这被称为"一般威吓"(general deterrence)。但是,从管束说的立场出发,个别威吓与一般威吓都不可行。况且,公众常常并不知道法院对个案中的具体罪犯的刑罚判决,或者知道了罪犯被判处的刑罚却没有设身处地地掂量自己行为的得失。还有宗教信条、竞争压力等非法律因素的影响往往超过对刑罚的恐惧。再说,事实早就证明刑罚威吓缺乏有效性——历史上曾经发生过具有讽刺意味的经典场面:刑场上正在绞死窃贼,混在人群中的窃贼就专门挑选此种时机,针对全神贯注的观众实施盗窃。支持者反驳说,有实施犯罪可能的人至少概括地知道犯罪与刑罚后果之间的关联,从而大多数人还是会在一定程度上受到威吓。影响犯罪的非法律因素并不会抵销法律的影响。威吓的效果同样可以得到大量事实的证明。

---

[65] [美]阿诺德·H. 洛伊:《刑法原理》(第4版,影印本),法律出版社2004年版,第3页。

[66] See Harvey Wallace & Cliff Roberson, *Principles of Criminal Law* (US: Longman Publishers, 1996) p. 273.

不同的刑罚目的,直接指导着刑罚种类的选择和构建。例如,管束说必然依赖监禁,威吓说更容易支持死刑,报应说则需要更多的刑罚种类和档次以便与犯罪相对应,而改造说更倾向于推动缓刑、减刑、假释等制度。相对于相同的刑罚种类,在不同的刑罚目的的指导下,也会有不同的运用。例如,同样是监禁,报应说着眼于犯罪本身的危害程度来决定刑期的长短,而管束说在决定刑期长短时会更多地考虑犯罪人的危险程度。当今,刑罚的设定和适用根据已经很少是单纯的某一种刑罚目的说,而是上述各说中不同选择的结合以及不同轻重缓急的结合。

## 二、刑罚种类

最早的刑罚是流放,这在当时意味着个人失去了部落的支持和保护,成为被社会抛弃的流落者。在古罗马,对犯罪的惩罚被看作被害人家族的权利,而不是国家的特权或者义务。家族复仇的观念延续到中世纪(公元 500—1100 年),保持了解决双方争端的最原始的方法。在封建时期,中世纪领主拥有大片土地和农民,没收土地和财产便成为可以接受的惩罚犯罪人的方法。

15 世纪,刑罚观念再次改变。国王被看作司法和惩罚的施予者。正是在这一时期,由国家处以死刑的观念获得广泛接受。死刑、肉刑、烙刑、鞭刑都是普遍适用的刑罚。随着文明的扩展和在 16 世纪欧洲人跨过大西洋,对工业机器及产品的需要不断增长,人们的刑罚观念不得不适应发展了的社会,把强制劳动作为重要的刑罚——判处罪犯在一些公共或者私人场所从事体力劳动。这一时期同样普遍的是,将罪犯驱逐到殖民地或者其他国家。澳大利亚就是以最先被作为刑罚场所而闻名的国家。

美国革命(1776 年)后,死刑和肉刑仍然被保留,但不再广泛使用,并开始接受监禁作为一种可行的刑罚选择。拘留所和监狱开始大范围地建造。纽约发明了著名的奥本监狱系统(Auburn System of prisons)。这种监狱模式依据犯人在被羁押时的行为表现而对其进行隔离。一些犯人被常年关押,另一些被允许从事不定期劳动,最多的犯人群体是白天劳动,晚上才留在监室。奥本监狱系统开创了当今普遍采用的监狱模式。

国内战争期间,矫正的观念被引入监狱制度。强制罪犯到公共或者私人场所劳动,制作衣服、鞋子和家具,已经很少或者根本不是出于对社会或者被害人的经济赔偿。内战以后至今,关于刑罚及监禁的观念又经历了根本性的变化,这些变化继续深刻影响刑罚种类的发展。

（一）死刑（capital punishment 或者 death penalty）

在美国历史上的殖民时期，甚至进入 19 世纪，死刑还适用于大量的重罪，包括强奸、纵火、盗马等。不过，自 18 世纪开始，美国就有了反对死刑的呼声，19 世纪 30 年代开始，先是掀起了反对死刑的第一个浪潮——“反绞刑运动”，主要是取消当众执行死刑和把执行死刑地点移到监狱院内；继之，密歇根州在 1847 年通过制定法废除了叛国罪以外的所有罪名的死刑，开了英语世界之先河，为美国 4 个州所仿效；20 世纪初，又有 9 个州先后废除死刑，但此后其中的一些州又恢复死刑；20 世纪 60 年代，美国掀起了反对死刑的第二个高潮，又有多个州废除死刑，也有的州把死刑限制到杀人罪这样的极小范围，不过此后有的州恢复了死刑。据 20 世纪 80 年代初的统计，保留和恢复死刑的有 38 个司法区。[67] 联邦最高法院在 1972 年的 Furman v. Georgia 案中，曾决定暂停死刑适用，而 1977 年犹他州处决谋杀犯 Gary Gilmore，又恢复了死刑，从那时起，死刑的适用变得更为普遍。尽管如此，20 世纪末至今，美国反对死刑的努力一直没有停息，截至 2016 年底，保留死刑的州进一步减少为 31 个（联邦和军队继续保留死刑）。[68]

美国反对和废除死刑的运动是在死刑存废的激烈争论中逐步前行的。赞成和反对死刑的观点围绕前述四种刑罚目的展开。从管束说出发，赞成者认为，死刑彻底剥夺了罪犯的犯罪能力，是对罪犯最高程度的控制。相比之下，被判终身监禁的罪犯还有可能脱逃和再次杀人，死刑则彻底消除了危险。反对者认为，从狱中逃跑并再次杀人的情形毕竟十分罕见，终身监禁能够有效地防止罪犯再次犯罪，无须死刑。从报应说出发，赞成者一致认为，以眼还眼，以命抵命，自然应当对谋杀犯处以死刑。有的赞成者还指出，死刑可以净化和告慰社会。反对者认为，报应既不是刑罚的目的，也没有必要。从威吓说出发，赞成者认为，死刑对于防止谋杀罪是有必要的。被判终身监禁的罪犯杀死狱警的事例足以说明死刑的作用。反对者认为，这种理由十分牵强。而且，与其说死刑有震慑作用，不如说死刑在鼓励暴力犯罪。因为国家适用死刑来杀人，人们就不可能认识到杀人是完全错误的。此外，有些人就是有意找死（相当于自杀），为了被判死刑而去杀人，就不会被死刑给吓住。比较仍然保留死刑和已经废除死刑的各州，并未发现是否适用死刑与杀人罪的犯罪率增减有多少相关性。

---

〔67〕 参见储槐植、江溯：《美国刑法》（第 4 版），北京大学出版社 2012 年版，第 262 ~ 267 页。

〔68〕 Death Penalty Information Center, States with and without the death penalty as of November 9 2016, (Jan. 16. 2018) http://www.deathpenaltyinfo.org/.

反对死刑者还有一个特别强调的观点是它的终局性，这使错案情况下无辜者的生命无可挽回，而这类错案恰恰是屡见不鲜。此外，死刑的残酷性使它缺乏道义。而且，让人在死牢里等待数月甚至数年再执行死刑比死刑本身更为残酷和野蛮。

美国至今尚未在多数司法区废除死刑，表明关于死刑的争论还将继续进行下去。值得注意的是，美国知名调查机构皮尤研究中心最新数据表明，2016 年公众在死刑问题上的立场调查中，支持死刑的人数降至历史最低点——只有 49% 的美国人赞成死刑，比上一年低了 7 个百分点，并且是 45 年来支持死刑的人数首次低于 50%。盖洛普的报告则为 60% 的死刑支持者，意味着最近 10 年下降了 9 个百分点，是 1972 年以来的最低点。关于 2016 年反对死刑者的比例，皮尤的报告是 42%，为 1966 年以来最高；盖洛普的报告是 37%，为 1972 年以来最高。尽管不同的调查版本数据不尽一致，但关于死刑立场的民意趋势可见一斑。

美国执行死刑的情况与美国民众对死刑的态度呈现正向比例。1930 年至 1980 年，美国法院判决并执行死刑的罪犯为 3860 人。其中，20 世纪 30 年代平均每年执行死刑 167 人，1939 年达到最高峰，执行死刑 199 人；40 年代每年平均执行死刑 128 人；50 年代每年平均执行死刑 72 人；60 年代每年平均执行死刑 19 人。呈逐年递减趋势。60 年代民权运动勃兴，反对死刑运动高涨。1967 年 7 月起，美国全国事实上停止了执行死刑。1966 年盖洛普民意测验表明，全美国赞成死刑的比例为 42%，反对死刑的比例为 47%。然而，随着社会治安的恶化，犯罪率的快速增长，美国于 1977 年恢复执行死刑，自此 70 年代共执行死刑 3 人。1981 年的民意调查结果，赞成死刑的比例上升到 70%，反对死刑的比例下降为 25%。恢复执行死刑至 2016 年的 40 年间，共执行死刑 1442 人，其中，1977 年至 1999 年是死刑执行人数持续上升的时期，2000 年过后开始下降，2016 年执行死刑人数为 20 人。

近 40 年来执行死刑的方式是：注射（1267 人），电椅（158 人），煤气室（11 人），绞刑（3 人），枪决（3 人）。其中，注射已经成为 34 个州以及联邦执行死刑的首选方式。美国各司法区执行死刑的程序不尽一致，但大同小异，主要程序是：（1）判决死刑的法官制作并发出死刑执行令，指明执行死刑的星期（周）。死囚监狱接到死刑执行令后，由监狱长决定执行死刑的具体日期。（2）判决死刑的法官必须同时向州长送交一份执行死刑的声明，州长有权就此征求州高等法院和州首席检察官的意见。州长有权在其认为必要时决定缓期执行死刑。死刑缓期执行后再执行，必须以州长签发的死刑执行令为依据。（3）发现死囚患有精神病时，应由州长指定与死囚无利害关系的精神病专家小组进行鉴定。如果专家小组确认死囚患有精神病，州长会命令将该死囚转送精神病院，待死囚的精神病治愈后再执行死刑。（4）发现女性死囚怀孕，州长将指定医学专家小组予以检查。如果专家小组确认其怀孕，州长须作出缓期执行死刑的决定，或将死刑减为终身监禁。（5）执行死刑的地点通常在死囚监狱。监狱长、法官、检察官、医学专家小组和公民代表若干人，以及死囚所要求的神职人员等到场监督执行死刑。死刑执行完毕，医生当场验尸并签署报告，全体现场监督人员均须在执行报告上签名。执行报告和验尸报告一并送至判决法院。死囚尸体要被立即送到指定墓地埋葬，不得进行任何宗教仪式。

尽管美国刑事诉讼程序设计严密，要求控方合法地取证并达到排除合理怀疑的程度，通过激烈的法庭抗辩并始终保持有利于被告人的取向，但司法实践中仍然不能完全杜绝错案，死刑案件亦不例外。正如 O' Connor 大法官所言："死刑制度很可能导致正在对一些无辜者执行死刑。"〔69〕美国死刑信息中心曾列举了 10 个强有力的错杀案例。例如，得克萨斯州的法院认定被告人 Johnny Frank Garrett 于 1981 年强奸并杀害了一名 76 岁的修女，判处死刑，于 1992 年执行了死刑。直到 2004 年，警察在另一起强奸案中通过对物证的比对发现 Leoncio Perez Rueda 才是 Garrett 案的真凶。在美国，有一个能尽量避免错杀的制度——"死囚等待"（death row），即指法院的死刑判决不会被立即执行，所有被判决死刑的罪犯都必须在监狱中不定期地等待执行。这一等待过程，给无辜的死囚提供了获得救济的最后机会，也给法院留下了纠错的余地。事实上，自 1973 年至今，美国全国共有 156 名死囚被无罪释放。其中，1973 年至 1999 年，平均每年有 3 名死囚被无罪释放；2000 年至 2016 年，平均每年有 5 名死囚被无罪释放。

由于美国的法律没有限制"死囚等待"的时间，使得等待执行死刑的时间往往漫长且有越来越长的倾向。2010 年被执行死刑的死囚，平均等待时间已经达到 14.8年。从宣告死刑到执行死刑历时最长的个人是俄克拉何马州的 Michael Selsor。从 1976 年被法院认定为一级谋杀直到 2012 年 5 月 1 日被注射执行死刑，他已经在死囚室里等待了 36 年之久。无疑，惶惶不可终日地长时间等待的死牢生活，给死囚带来了很大的精神折磨，不少死囚为此要求提前执行死刑。

（二）监禁（imprisonment 或者 incarceration）

监禁刑有终身监禁和有期监禁。通常，"监禁"（imprisonment）即指后者。终身

---

〔69〕 转引自俞贵英：《美国死刑制度研究》，宁夏人民出版社 2006 年版，第 220 页。

监禁(life imprisonment)是无限期剥夺罪犯人身自由的刑罚。在保留死刑的州,它是仅次于死刑的严厉刑罚;在废除死刑的州,则是最重的刑罚。无疑,终身监禁针对的是最严重的犯罪。有期监禁(imprisonment)则是最常用的刑罚。根据联邦和州的法律,对于犯有重罪的行为人,根据其具体罪行的严重程度,可处1年以上监禁。监禁也适用于轻罪中相对较重的犯罪,在大多数司法区包括1年刑期。监禁原来被认为是改造的有效手段,但现在大多数犯罪学者将其作为严重威胁社会的犯罪人的隔离方法。根据美国司法部1997年报告中的数字,1995年在联邦和州监狱服刑的罪犯总数为1,126,287人,即在1980年至1995年的15年罪犯人数增长了两倍多。联邦和各州纷纷修正量刑立法,提高重罪犯的刑期。许多监狱人满为患,超负荷运转。

监禁刑的设置和适用受到美国分权体制的影响,出现了所谓立法模式、司法模式和行政模式。[70] 在不同时期,不同的模式有着不同的地位,反映出几种权力在刑事司法处刑环节上的制衡关系,或者说,是各方围绕刑罚权的博弈结果。具体而言,立法模式采取了绝对的确定刑,即立法机关对罪犯应当受到的刑罚给予了没有选择余地的规定,刑期是特定的和唯一的,不给法官任何自由裁量权。司法模式则采取了相对的确定刑,即立法机关对罪犯应当受到的刑罚作了具有一定伸缩空间的规定,法官可以在法律规定的最低刑期和最高刑期构成的幅度之内加以选择,决定罪犯的具体刑期。行政模式亦采取相对的确定刑,但这种确定刑为不定期刑,即立法机关对监禁的刑期规定了可以选择的范围,法官却不是选择这个范围内的一个确定刑期,而是选择一个幅度加以判处,罪犯实际服刑的时间最终是由作为一个行政系统的假释委员会根据罪犯在监狱中的实际表现来确定。

与定期刑(determinate sentences)相比,不定期刑(indeterminate sentences)鲜明地表现出刑罚目的论中的改造说。改造罪犯是一个复杂的过程,变量很多,法官在量刑时不可能确切地知道罪犯改造所需要的具体时间长短,至多只能根据有关情况判断大致的时间段。从罪犯的角度出发,不定期刑可长可短,可激励其积极表现,争取早日出狱。与定期刑相比,这似乎更有利于对罪犯的改造。因此,美国在19世纪70年代开始的不定期刑实践,到了20世纪60年代得到了所有各州的广泛推行。不定期刑最短时间通常是1年,最长时间是终身监禁。20世纪的大部分时间,州和联邦的制定法授权法官在这样宽泛的幅度中量刑。很典型的情况是法官“特此判

---

〔70〕 参见储槐植、江溯:《美国刑法》(第4版),北京大学出版社2012年版,第266页。

处你在州监狱服刑,刑期为5年与25年”。这样的判决自然很难在上诉中被推翻。但是,法官的判决不会限制联邦或者州的假释委员会在假释听证后的任何时间释放罪犯的权力。假释委员会通常是在罪犯已经服刑大约1/3刑期的时候才能依法作出假释决定。20世纪70年代初,不定期刑的公平性和规范性、假释委员会的权力以及不定期刑之下罪犯改造效果等受到各方面的质疑,于是,又开始出现以“定期刑运动”为核心的刑罚制度改革。

定期刑运动不是简单回到过去在刑罚报应思想支配下的罪刑适应关系,而是承认了不定期刑主张的刑罚个别化思想,只是认为相应的刑罚个别化措施应当由制定法明确规定,且不能采取不定期刑的方式。确定刑改革的一个标志性事件是1984年《联邦量刑改革法案》。作为众多改革的一部分,该法案建立的美国量刑委员会推出的量刑指南,针对每一个罪名都制定了一个刑罚幅度;同时,要求以罪行的严重程度和被告人的危险程度来确定刑罚,具体规定了相应的轻刑情节(mitigating factors)和重刑情节(aggravating factors)。量刑指南要求,一方面,法官必须依法判处确定的刑罚,罪犯必须服满联邦法官判处的刑期,这样,至少假释委员会最终决定罪犯服刑时间的权力丧失了。另一方面,明确规定量刑情节,许多轻重因素被明确列出,使法官在选择宣告刑时有法可依。无论哪一个方面,如果具体案件中存在特殊因素,指南允许法官不受其约束。如果法院固守指南的规定,当事人可以通过上诉复审量刑的合理性。联邦量刑改革法案通过后,一些法官抱怨这剥夺了他们量刑时的司法自由裁量权,但美国联邦最高法院在Mistretta v. United States案中确认了法案的合宪性。

进一步改革还产生了新的做法——预定刑(presumptive)。这是定期刑的一种形式——预定的量刑方式。预定刑确定了最低刑和最高刑以及在这个幅度之内的一个固定的点,是对于某种程度的犯罪通常给予的预定刑罚及伸缩幅度。然而,根据每个案件的事实,量刑的法官可以在制定法提供的量刑幅度内具体确定各不相同的预定刑。大多数预定刑体系都设立了允许法官在幅度内选择较低或者较高刑罚的某种因素。这些轻重因素,一方面,在被害人、民众及全社会面前展示被告人能够得到同等对待的确定性;另一方面,也允许法官在量刑时保持某些必要的灵活性。各州规定的预定刑具体方案有所不同。例如,明尼苏达州规定,预定刑如果是49个月,法官可以判处45~53个月刑罚;在加利福尼亚州,如果某个犯罪的预定刑是3年,法官可以根据具体案件中的轻重因素判处罪犯2~4年的监禁。预定刑试图减少不同法官对同样或者类似案件量刑的差异,也限制了法官的自由裁量权,只留给法官根据犯罪事实在确定的幅度内剪裁刑罚的余地。

（三）缓刑（probation）

缓刑，是指法官命令被认定有罪且被判处或者应当被判处监禁的犯人暂不脱离社区但必须服从某些预定的规则和条件，并通过正式的授权要求缓刑部门派员监督执行的一种刑罚。缓刑部门按照法院的要求，监督罪犯的行为并对其进行矫正。如果缓刑人在缓刑期间没有遵守缓刑规则和条件，甚至实施了犯罪，缓刑就要被取消并执行监禁；如果缓刑人在缓刑期间所犯之罪的严重性超过原来的罪行，则要受到再次的指控、审判和处刑，所判之刑一并执行。因此，缓刑是有条件地不执行监禁的刑罚，是监禁刑的一种替代措施。缓刑的本意是针对初犯和罪行轻微的青少年。他们对社会的现实威胁和再犯的可能性极小，一旦被关押在拥挤不堪的监狱，与恶习很深的惯犯们一起生活，无异于进了一次“犯罪大学”，强化了他们越轨者的身份，这一切都与回归社会渐行渐远。相反，把他们留在社区，接受专业人员的监督和矫正，对他们和社会都更为有利，也可以减少关押所需要的高额成本。每一个缓刑都有一个确定期限，依照犯罪的严重程度和司法区的制定法而有不同。罪犯完成了法院在缓刑期内设置的条件，就被认为刑罚执行完毕，不再需要受到监视而可以自由生活。

缓刑可追溯到英国普通法传统。中世纪的法官希望宽恕那些他们认为有价值的罪犯，暂时停止执行对他们的肉刑和死刑，以给他们改过自新的机会。早期的美国法院继续了对那些值得给予第二次机会的罪犯给予不定期推迟刑罚的实践。现代缓刑概念是由波士顿的约翰·奥古斯特创造。奥古斯特从 1841 年开始以普通公民身份作为从拘留所中释放的罪犯的监护人，在超过 18 年的时间里，他监护了近 2000 名假释犯，他的工作卓有成效——帮助犯人找到工作，得到安置，而且这些人很少再去犯罪。奥古斯特的工作促使马萨诸塞州的立法者于 1878 年通过法律，授权任命一名支付薪水的波士顿市缓刑官。1880 年，缓刑被扩展到该州的其他司法区，到 1898 年，缓刑运动扩展到更高的（重罪）州法院。马萨诸塞州的经验被密苏里州（1887 年）、佛蒙特州（1898 年）以及不久后被大多数其他州复制。1925 年，联邦政府为美国地区法院确立了缓刑制度。缓刑很快成为在美国使用最为广泛的矫正措施。

美国各州和联邦的法院掌握决定缓刑的权力。一些州的制定法允许陪审团根据法定条件推荐缓刑，但法官拥有最终的裁量权。在没有陪审团的审判中，缓刑由法官的司法命令决定。在大多数司法区，所有青少年罪犯都有权获得缓刑，大多数成年人也有权获得缓刑。一些州的制定法禁止对多次犯罪和从事严重暴力犯罪的成年人适用缓刑,这些犯罪往往被立法指定了监禁刑。

常见的缓刑方式:一是由法官直接判处缓刑(大约 50%);二是由法官决定监禁刑,如果罪犯同意服从缓刑规则而生活在社区,法官再决定推迟执行。缓刑期的限度是被延迟的监禁期,法院可以在此范围设定缓刑期。一些罪犯(大约 10%)在被缓刑释放之前,必须先服一段监禁刑期。采取这个步骤,通常是为了鼓励被告人从事一个具体的矫正计划,如酗酒治疗。美国大约有 2000 个缓刑机构,一半多的机构都与州政府相联系,其余的隶属当地的县市政府。30 多个州把缓刑和假释合为一体,由一个机构负责。根据 1998 年美国司法统计局数据,60% 的成年人成功地结束了缓刑,17% 的人回到监狱,3% 的人从司法区潜逃,9% 的人由于未知原因而不成功。

(四)中间刑(intermediate sanctions)

以隔离观念为基础的刑罚追求控制罪犯,与此相适应的是拘留所和监狱,对罪犯的监管具有执法性质;而以康复观念为基础的刑罚希望改造罪犯,与此相适应的是社区矫正,对罪犯的矫正被视为社会工作或者咨询工作。因此,设置缓刑的初衷是为给年轻罪犯提供重返社会的机会,但由于它能减轻过度拥挤和投资不足的矫正系统的压力而被扩大使用。事实上,超过一半的缓刑是针对重罪。因此,缓刑人数成倍增加,从 1980 年的 110 万人增加到 1999 年的 340 万人,并且始终有成千上万个缓刑案件有待处理。可见,如果没有缓刑,监狱矫正系统的拥挤、昂贵、混乱状况将难以想象。然而,将罪犯(尤其是重罪犯)放在狱外还不至于危害社会和有利于其康复,要求其遵守的缓刑条件就至关重要。虽然法官在设定缓刑条件时享有很大的自由裁量权,有时也难免有过分之举;但总体来说,法官是按照既适合缓刑人回归社会的个别需要也保护社会不受更多危害的原则来安排的。有的缓刑条件是针对任何缓刑的一般要求,如不要离开所在的司法区;也有的缓刑条件是针对个别对象设定的,如可以禁止一个有恋童癖的缓刑人与儿童接触、禁止以向当地青少年出售毒品为业的缓刑人在当地居住。一般说来,缓刑条件主要包括定点居住,酗酒或者吸毒的治疗和检测,心理健康咨询,软禁,社区服务等。自 20 世纪 80 年代开始,直到进入 21 世纪的最初 10 来年,这些基于缓刑的扩展性改革,使得美国的刑罚又有了明显变化。总之,是要在坚持追求罪犯康复的基础上,针对不同的犯罪和罪犯,附加各种缓刑条件,加强对缓刑人的控制,这些介于监禁与社区矫正之间的缓刑措施被称为“中间刑”。

中间刑通常包括由缓刑机构设定并实施的措施:严密的缓刑监督、软禁、电子镣铐、赔偿令、威慑性缓刑或者分段式刑罚、居住地社区矫正,以及威慑性监禁、训练营等;也包括法院直接实施的罚金和没收、审前计划,以及审前和审后的居住计划,等等。中间刑虽然比传统的缓刑有更多花费,但比监禁的成本低得多;而且,许多中间刑措施还可以让罪犯取得收益,增加税收,赔付被害人,提供社会服务。同时,中间刑可以通过有针对性的控制措施,使罪犯尽量留在监狱之外,即使缓刑人违反了缓刑规则和条件,也可以在对其加强控制的前提下继续进行社区矫正。甚至对于有些严重犯罪和重复犯罪的犯人,送去监禁显得过重,直接缓刑显得过轻,则正好可以适用中间刑,在社区中给予更多限制和控制。中间刑对不同的犯罪(如强奸和偷盗)运用不同的缓刑措施,形成类型化和阶梯式的标准,也有助于缓刑的平等性、公正性和恰当性。例如,命令伪造犯对被害人进行赔偿,将强奸犯送到社区矫正中心进行辅导。

1. 罚金(monetary fines)。罚金刑(wergild)直接源于早期的普通法实践。当时要求罪犯从经济上赔偿被害人和国家。罚金在欧洲仍然得到普遍适用,常常是独立的刑罚,甚至适用于实施了十分严重犯罪的常习犯。在美国,罚金刑作为强制罪犯缴纳一定金钱的刑罚种类,是目前适用于轻罪的最为普遍的刑罚,罚金额度通常不大。对于重罪,也可附加适用罚金,与缓刑或者监禁结合起来,最常用的场合是获利型犯罪,此时的罚金数额会很高。投资人 Ivan Boesky 曾因违反了股票交易内部规则支付了 1 亿美元罚金,DBL 公司在 1988 年因为违反安全规定而支付了 6 亿美元的罚金。

有证据表明,许多被告人无力支付罚金,法官又缺乏足够的信息去了解罪犯的支付能力,罚金刑往往难以得到执行,据统计,未被执行的罚金数额每年达 20 亿美元。法官多将不执行罚金的罪犯予以拘留关押,这招致了社会的批评,认为监禁无力支付罚金的人是对穷人的歧视。为了应对贫富不均对罚金刑的影响,纽约市率先尝试实行日罚金制度。日罚金源于欧洲,以罪犯每天的净收入为基础来确定罚金的实际数额。这样就把罚金与罪犯的收入及支付能力联系起来,有了判处罚金的科学依据。纽约的实践获得成效,罚金刑的执行率明显大大提高,且因不执行罚金刑而被监禁的人大大减少。

2. 没收财产(forfeiture)。这是另一个经济性的中间刑,指对作为犯罪收益或者犯罪工具的物品进行剥夺和收缴。例如,根据联邦法律规定,逮捕毒贩后,政府可以剥夺其用于进口毒品的船只、在陆地运输毒品的汽车、储存毒品的仓库、用于支付毒品的建筑物等,一经定罪,毒贩便永久失去这些犯罪工具的所有权。

没收是古老的制裁形式。在中世纪,没收不动产是大多数重罪的确定刑罚后果。王室可以剥夺重罪犯所有的不动产和个人财产。没收是从继承权剥夺的概念引申出来的,即禁止重罪犯的亲属继承遗产。普通法规定,继承人不能从一个非法取得财产的亲属那里继承财产。没收财产刑在美国得到广泛运用。没收财产刑突出表现在涉及毒品犯罪的法律中,作为一项强有力的举措,它深受执法部门的欢迎,但政府常常过分热衷并过度使用没收,招致了社会的批评。例如,因为价值100万美元的私人游艇装了一点点大麻,就将其没收,这种"零容忍"的实践被认为过于严苛。又例如,对腐败的政府雇员剥夺养老金,而对公立企业的腐败雇员则可以免除这种刑罚。这被认为很不公平。

3. 赔偿(restitution)。赔偿也是常见的中间刑,它要求被告人以一定方式向被害人偿付金钱或者为社会提供服务,作为其犯罪的应有代价。赔偿措施为罪犯提供了免于监禁和获得缓刑的机会,有助于罪犯树立对社会的忠诚观念、良好的工作习惯,以及因为获得新生机会而产生某种程度的感激之情。对于社会而言,不用为监禁罪犯而支出更多花费。对于被害人而言,有助于重新获得失去的财产和弥补损失。

如果要求金钱赔偿,缓刑部门通常要确认被害人的损失和支付赔偿的公平计划。为了避免富人只需要签个支票就可以完成赔偿的情况,法官时常命令用于赔偿的金钱必须来自社会低收入服务或者公益事业的收入。社区服务令通常要求罪犯到公益护理室、难民所、医院、戒毒所等场所从事社区服务工作。还要求破坏环境的青少年罪犯必须将学校和公园里被破坏的地方进行清洗复原。社区服务的时间没有一定之规,但有人建议社区服务令要求的最高期限不应当超过240小时,这可以与6~12个月的拘禁期保持对等。

法官和缓刑官已经接受了赔偿的观念,因为它对被害人、罪犯、刑事司法系统和社会都有利。经济赔偿对于实施者而言成本较低,对于罪犯则有助于避免污名,对于被害人可以提供补偿。赔偿刑的效果得到了普遍肯定。数据表明,几乎90%的当事人成功执行了赔偿令,86%的人后来没有再受到司法追究。

4. 震慑缓刑和分段刑(shock probation and split sentencing)。这两种刑罚与单纯的缓刑相比,都是要在罪犯服缓刑之前,令其先到监狱或者拘留所中被监禁一段时间,由此让他们尝到铁窗生活的滋味,亲身体验犯罪的不利后果并产生畏惧感,从而倍加珍惜之后的缓刑机会,增强改过自新回归社会的愿望和决心。不同的是,震慑缓刑是在宣判刑罚时，法官只宣布对罪犯处以监禁，甚至要服刑较长时间，而不告诉罪犯实际上已经为他预先准备了缓刑，使罪犯产生极大震动和沮丧预期，在被监禁一段时间之后，法官再向其宣告缓刑，使其转而感到幸运和珍贵。分段刑是指将罪犯实际要执行的刑罚分为两段：监禁与缓刑。因此，震慑缓刑显然也是一种特殊的分段刑。与此相比，分段刑的概念表示一般情形——法官在宣布监禁罪犯的刑期的同时宣布缓刑的期限。

震慑缓刑和分段刑要求罪犯被监禁一段的刑期不长，通常在 90 天监禁之内。一些州把分段中的短期监禁与改造营经历联系起来，称为震慑监禁，要求青少年囚犯经历一段简朴而严格的准军事训练和艰苦劳动，以便给他们留下严酷监狱生活的印象。短暂的监狱生活也使罪犯对于不遵守缓刑规则和条件的后果心知肚明，从而尽力避免这种后果。

震慑缓刑和分段刑也受到一些批评。批评者认为，即使短期监禁，也会干扰缓刑的目的——给罪犯提供非歧视的社区矫正，会让罪犯受到监禁的有害效果，导致社区生活中断并打上囚犯的烙印。

5. 强化监督的缓刑（intensive probation supervision）。这是一个重要的中间刑措施，在大约 40 个州以不同形式实施。这种缓刑的适用对象本来应被送到已经人满为患的监狱或者拘留所，因为他们非常危险；但是，强化监督措施可以让他们留在社会之中且能保证安全，同时，也使罪犯保持与社会的联系，为了避免监禁的痛苦而向往创造新的生活。

大多数的这种缓刑方案都有资格标准，依据是犯罪的性质和罪犯背景。一些方案排除暴力性罪犯，如新泽西州，其他有些州的方案不排除吸毒者。相反，一些司法区如马萨诸塞州，不因为罪犯的犯罪前科而加以排除。不过，大约 60% 的方案排除已经违反缓刑命令或者缓刑未能完成的罪犯。

从该种缓刑的适用方法来看，一些州由法官直接判处，另一些州是在服刑的罪犯中选择，是用于事后的量刑选择。1/3 的实践是使用该种缓刑作为一种管理手段，可以对罪犯灵活处理。其他司法区还将此适用于违反缓刑条件的人，使其在走向监狱的途中被带回社会。事实证明，这种缓刑也收到了效果。

6. 居家禁闭（house arrest）。这也是监禁刑的一种替代刑，要求罪犯在自己的家中接受特定期限的禁闭，不得外出。例如，对一个因醉酒驾驶被定罪的犯人，可以判处其在自己的家里不得外出的时间为周五下午 6 时至周一上午 8 时和工作日的下午 5:30 之后，期限为 6 个月。据统计有上万人接受这种禁闭。

居家禁闭的方式各不相同。有的由缓刑部门实施,也有的只能是司法量刑,由监督官员掌控。有的一个月要对当事人进行 20 多次检查(如佛罗里达州),也有的只是做一些宵禁检查。有的使用 24 小时禁闭,也有的允许罪犯工作和上学。无论何种运用模式,居家禁闭都比强化监督的缓刑或者任何其他社区监督措施更具惩罚性,被称为监禁之前的最后机会。

还没有什么确定的数据说明居家禁闭是有效预防措施,也没有充分的证据得出它是降低累犯率的有效途径。对佛罗里达方案的评估发现,10% 的居家禁闭样本在 18 个月的刑期中因技术上的违反被取消了缓刑。对同一方案的另一项评估表明,累犯率几乎与安全的矫正场所释放的犯人比较样本没有什么不同。两种矫正形式在 5 年之内的累犯率都是 4/5。

对居家禁闭的批评也包括,它没有什么威慑价值,它比真正的刑罚更不管用。尤其是,对于那些大户人家的罪犯而言,他们的豪宅应有尽有,让其居家禁闭与其说是制裁,不如说是度假享受。然而,由于居家禁闭确实比监禁节约开支,还是会成为监狱紧张的各地的司法选择。

7. 电子监控(electronic monitoring)。对于居家禁闭的罪犯,管理当局必须确认其在规定的时间内确实在家。随机地拨打电话和访问是检查罪犯是否遵守禁闭秩序的一种方法。但是,刑事司法系统中的一项更有趣的发明是引入电子监控设备来管理罪犯,促使其服从禁闭秩序。罪犯在脚踝、手腕或者脖子等处带上能向控制中心发出信号的电子监控设备。电子控制方案出现于 1964 年,哈佛大学的拉尔夫·斯克维茨戈贝尔实验把罪犯与中心控制站连接起来。电子监控可用于刑事司法的不同节点,从审前释放到假释。

一般使用积极的和消极的两种类型的监控系统。积极系统通过罪犯身上的电子监控器持续发送信号到控制中心,从而不间断地控制罪犯。如果罪犯在未经允许的时间离开他们的房屋,信号就会中断,表明脱离监控。在一些情况下,控制中心会自动发出电子呼叫。相反,消极系统通常由计算机随机地向罪犯拨出电话,罪犯必须在限定的时间(如 30 秒)之内接听。一些消极系统要求罪犯将电子监控器放进验证盒,然后它会向控制电脑发出信号。另一个方法是要罪犯重复说话,供声音验证设备分析并与当事人的录音带对比。其他系统使用无线电发射机接收从罪犯佩戴的设备上发出的信号,并通过电话线传给计算机控制系统。电子监控的支持者声称,其好处是低成本换得高安全,帮助罪犯避免监禁拥挤之痛和混乱之险。有证据表明,电子监控减少了累犯率和监狱的拥挤,省去了建设新监狱的花费。

一些民权人士质疑,电子监控可能侵犯个人隐私和自由。公民是否应当受到计算机的监视？限度何在？居家禁闭的罪犯可以被监视,是否意味着精神病人、艾滋病毒携带者、有自杀倾向的青少年、那些高度危险的罪犯也应当被监视？但无论如何,电子监控可以弥补监督人员的不足而常常导致的对被缓刑人监督的欠缺,在一定程度上促进了缓刑功能的发挥。

8. 居住式社区矫正(residential community corrections)。这种中间刑通常将20名左右的罪犯置于其所在社区中的建筑设施,有一名监督人员负责管理,但不同于监狱和拘留所,它的成本不高,房屋多是由私人住宅或者小型旅馆改造而成,而且罪犯可以外出工作或者学习以及参与矫正活动,晚上回屋就寝。不过,罪犯不能回家,出去工作和学习以及日常活动都要受到监督人员的批准和监督。罪犯违反管理规则,法院可以撤销居住式社区矫正,转送监狱或者拘留所服刑。

在传统上,社区矫正的作用体现在无安保戒备的过渡房,让那些即将被假释的罪犯居住,准备回归社会。罪犯在过渡屋度过假释前的最后几个月,在那里找到合适的工作,储存现金,获得住处,等等。现在的过渡房已经发展为假释前过渡中心。居住于缓刑中心可以作为要求罪犯做到的缓刑条件,这些罪犯被假释前需要适应无戒备安保的社区矫正设施,而这些设施提供了比传统缓刑更为全面、更为安全的矫正环境。

社区过渡中心由缓刑部门和其他矫正机构负责管理,私人、非营利团体、县或者地区法院推荐的人、缓刑和假释机构推荐的人也可以管理。在社区过渡中心的基础上,还发展出了每日报告中心要求各种缓刑人每天向中心报告其接受监督和矫正的情况。

9. 社区服务(community service)。对于不严重的犯罪,尤其对于未成年的犯罪人和初次犯罪的人,令其进行社区服务,正在成为越来越受到青睐的一种刑罚。一般认为,社区服务有助于克服监禁可能带来的促进罪犯进一步犯罪的负面作用,同时,它比罚金更有意义。罪犯可以从社区服务中领悟到自己对社区的义务,以及自己的行为怎样的违反了这些义务。社区服务常常与缓刑结合适用,成为缓刑需要满足的条件。社区服务也常常作为"审前分流计划"(pretrial diversion program)的一部分,这个计划为非暴力犯罪的初犯者提供免于起诉的机会,条件是要完成一项针对他的心理辅导或者社区服务计划,而且在此期间不再实施相同或者类似的罪行。

10. 剥夺民事权利(loss of civil rights)。联邦和各州的制定法规定了剥夺重罪犯的民事权利的刑罚,最突出的是剥夺选举权和担任公职的权利。最近一些年来,法院强调罪犯仍然享有基本的宪法权利,如宗教信仰自由等。但即使如此,这些权利也要受到限制,因为监狱环境中安全和纪律的需要居于首位。那么,罪犯的哪些权利应属被剥夺之列?哪些权利应当被保留?对这些问题的讨论还在持续。

## 三、刑罚裁量

量刑是法官依据法定刑和案情决定宣告刑的活动。如前所述,在"定期刑运动"为主导的美国新一轮刑罚改革中,联邦和各州都倾向于以更周密的制定法规定各个罪名的法定刑(刑种及刑度)和量刑情节(轻刑情节和重刑情节),要求法官必须依据这些规定,在具体案件中针对已经被定罪的被告人进行刑罚裁量。因此,量刑虽然是法官行使自由裁量权的活动(法律不可能直接决定具体个案应处的刑罚),但受到了当今法律的更多限制。在这个意义上,刑罚裁量问题主要是量刑规范问题。除了前述法定刑和量刑情节的规定模式之外,量刑规范还涉及以下特殊问题。

### (一)数罪并罚

在美国,凡是一个行为或者数个行为触犯数个不同罪名或者数次触犯同一罪名的情形,都会被认定为数个犯罪。在一名被告人犯有数罪的情况下,必须对其中的每一罪量刑。在传统上,决定宣告刑或者执行刑期的方式是将每一罪的量刑结果简单相加。这样的数罪认定标准和量刑方法常常使罪犯服刑很重,刑期很长。在数罪并罚情况下,有期监禁的刑期往往可以达到百年,甚至几百年、上千年,使得有期监禁与终身监禁无异,而一个被告人还可以被判处多个终身监禁。

自20世纪50年代以来,许多州采用了重刑吸收轻刑的原则。不过,单纯的相加原则或者吸收原则都只是少数州的实践,较多的州采取二者并行的原则。两种原则适用于定期刑都并不复杂,适用于不定期刑则有专门的办法。相加原则适用于不定期刑的办法是限度刑之间相加,即数罪中的各个不定期刑的上限刑罚与上限刑罚相加,下限刑罚与下限刑罚相加,决定应当执行的刑期。例如,3个罪分别被处以有期监禁1~5年、3~8年、5~12年,则并罚的刑期为9(1+3+5)~25(5+8+12)年。合并原则适用于不定期刑的办法是限度刑之间吸收,即数罪中的各个不定期刑的上限刑罚与上限刑罚相比,下限刑罚与下限刑罚相比,高的刑期吸收低的刑期,作为应当执行的刑期。据此,上例中3个罪的合并刑期应为5~12年。如果3个罪的刑期分别为2~9年、3~7年、4~8年,则合并刑期应为4~9年。

（二）辩诉交易

辩诉交易（plea bargaining）是一项非正式的司法制度，在美国得到了极为普遍的运用。当今90%以上有罪案件的处理都发生过辩诉交易。即使是严重的重罪案件，每个司法区也总是会促成几个辩诉交易。所谓辩诉交易，是指刑事案件的控方与被告人之间达成的认罪从轻协议。具体而言，被告人以同意认罪换取较轻的量刑建议。

通常，在检察官与辩护律师之间，可以达成四种不同的辩诉交易。其一，最初指控的犯罪可以被减为相对较轻的犯罪，自然也会减轻所处的刑罚。其二，在指控的犯罪较多时，可以减少。其三，检察官承诺推荐更宽容的刑罚，如缓刑。其四，当一个指控与一个否定性标签（如恋童癖）相连，检察官可以将其变更为社会更能接受的指控（如侵袭）。在一个不同法官量刑差异较大的司法区，检察官可以同意将被告人安排到一个宽容的法官那里审理。

辩诉交易的支持者认为，辩诉交易的存在与发展是因为这种做法给国家和被告人带来双赢的结果。第一，它使刑事诉讼的总成本减少；第二，它使法院的工作效率大大提高；第三，它使检察官能腾出更多时间处理严重犯罪案件；第四，它使被告人避免可能的羁押和漫长的审理，还会得到刑罚的减轻。反对者认为，辩诉交易鼓励罪犯放弃他们在审判中的宪法权利，导致刑罚偏轻，冲击司法制度和玷污刑事程序，还有使无辜之人为了避免冗长的诉讼和可能的不利后果而认罪并被判刑。要想废除辩诉交易，显然至少在短期是不可能的。目前是在防止滥用和改良上下功夫，主要措施有：（1）法官在采纳辩诉交易之前，要就有罪的事实向被告人讯问。（2）辩护律师出庭并就被告人的权利提出建议。（3）检察官和辩护律师公开讨论辩诉交易。（4）充分而坦率地交流被告人的信息并在这个阶段就要讨论可能认定的罪名。此外，司法监督也可保证辩诉交易得到公平的实施。

（三）量刑情节

量刑情节，即法官量刑时所考虑的因素，或者影响法官量刑轻重的各种因素。法律规定的量刑因素主要有：（1）犯罪的严重程度；（2）罪犯的前科记录；（3）罪犯是否使用了暴力；（4）罪犯是否使用了武器；（5）罪犯是否为钱财而犯罪。实际研究表明，这些法律上的变量因素与实际判处的刑种和刑期之间，有着紧密的联系。例如，对于累犯（recidivism 或者 recidivist），美国18世纪末康涅狄格州的法律就规定：初犯盗窃罪、抢劫罪、伪造罪的刑罚，最长为监禁10年；而对于再犯者，则要判处终身监禁。美国现代各州刑法典及量刑指南都有累犯加重的规定。又例如，在面对最严重罪行的指控（如恐怖主义犯罪）时，法官很少愿意使用自由裁量权，宁愿照章办事，而在不那么严重的犯罪中，则倾向于施加更多的控制。

除了这些法律上的相关因素，法官也可能受到被告人年龄、种族、性别和收入的影响。这让人担心会违反宪法的正当程序和平等保护原则，以及联邦制定法，如民权法。一些量刑研究的专门成果表明，法官量刑时往往会受到下列法律之外的因素的影响：

一是量刑受到被告人所在社会阶层和族群的影响。证据表明，贫穷阶层成员的监禁刑期比富裕阶层的被告人更长。一个原因是穷人可能难以获得公平的法律代理或者保释等影响量刑的因素。在某些司法区，与白人相比，其他种族处于贫困和失业状态的罪犯被判处更长的刑期。他们的身份可能被法官视为社会炸弹，更具有危险性，比白人罪犯更容易成为累犯。然而，没有任何研究成果可以肯定阶层或者族群与犯罪之间的联系是一成不变的。因此，关于影响量刑的个人因素，最令人担心的是种族问题。量刑中的种族歧视饱受质疑——州的监狱和死囚监狱里的黑人罪犯不成比例，反毒品斗争被集中在黑人社区，尤其是针对黑人青少年。

二是量刑受到被告人性别的影响。一些学者认为，女性可能会从刑罚歧视中受益，因为刑事司法系统被男人主导，他们有一种家长式温情或者保护妇女的"骑士"心态。另一些人则认为，女性罪犯可能是男性偏见的受害者，因为她们的行为冒犯了男人们所认为合适的女性行为范式。大多数研究表明，女性在刑事司法程序中走得越远，得到的结果越有利：比起实施逮捕的警察或者寻求起诉的检察官，她们从法官那里更可能得到优惠待遇。偏爱还贯穿在种族之间——法官的判决更有利于非裔美国女性、白人女性和西班牙裔女性。性别偏见让法官认为女性不如男性危险，故被给予更为宽大的预审释放条件、更低的保释金、在预审拘留场所的羁押时间更少。

三是量刑受到被告人年龄的影响。法官可能对年长者更宽容，对年轻人倾向于给予更多制裁。因为法官往往认为年长者对社会的危险性甚微，但这种做法不利于年轻被告人的民事权利。另外，法官可能希望保护那些年龄最小的被告人，使其免予牢狱之痛。

四是量刑受到被害人因素的影响。法官往往会要求被害人出席法庭的量刑审理，这给了被害人一个机会讲述他们的痛苦经历。尤其在谋杀案的审理中，幸存的家庭成员可以叙述犯罪对他们生活和幸福的危害。一些研究发现，被害人陈述导致更高的监禁率。另一些成果发现，被害人或者证人无碍量刑大局。不过，被害人个性特征可能影响量刑。当被害人具有否定性人格特征或者气质时,刑罚可能会被减少。例如,如果强奸犯的被害人被描述成一名妓女或者吸毒者,或者指其参与了冒险活动,如独自搭车或者去酒吧,就会比侵袭那些没有这些否定性特征的女性获得更短的刑期。

鉴于上述,限制司法偏见,恐怕是美国各州要求法官采取确定刑和指定刑的重要原因之一。

## 第六节　美国刑法的具体犯罪

美国各州和联邦都各有自己的刑法典,所规定的具体罪名自然也不可能完全相同。但从总体来看,各司法区刑法中的主要罪名大同小异,尤其是经过《模范刑法典》的立法示范作用,其间的一致性还相当明显。这就能够通过一般性的讨论,对不同司法区的个罪有一个基本的把握。

### 一、侵犯人身的犯罪

英国殖民时期,在美国适用的侵犯人身的犯罪是由普通法判例定义的四类罪名:其一,侵害罪(assaultive crimes),主要包括威胁罪(assault)、侵袭罪(battery)和残害罪(mayhem)。其二,杀人罪(homicidal crimes),主要包括谋杀罪(murder)、普通杀人罪(manslaughter)和自杀罪(suicide)。其三,性侵罪(sexual offenses),主要包括强奸罪(rape)、鸡奸罪(sodomy)和堕胎罪(abortion)。[71] 其四,限制自由罪(restricting freedom),主要包括非法拘禁罪(false imprisonment)和绑架罪(kidnapping)。其中,谋杀罪、普通杀人罪、自杀罪、强奸罪以及鸡奸罪是普通法上的重罪,其余是轻罪。19世纪以来,随着美国社会和政治环境的变化,罪名开始由制定法确定,上述类别的罪名或其范围不断有所增删。例如,取消了自杀罪,只惩罚帮助自杀的行为;通过医疗机构堕胎不再是犯罪,反而成了妇女们的宪法权利;交通工具发展,引出了机动车杀人罪(vehicular homicide);城市生活的复杂性,使骚扰罪(stalking)应运而生;家庭虐待和绑架变成更为严重的犯罪;侵害罪基于其严重性、被害人的特征,以及实施的环境被细化为不同情形和等级;与多种罪名有交叉或者具有综合性的虐待罪(abuse offenses);等等。

---

〔71〕 将堕胎罪归入性侵罪,似乎牵强。

(一)侵害罪(assaultive crimes)

1. 侵袭罪(battery)。它是指行为人实施的导致他人身体伤害或者冒犯性地触及他人身体的行为。该罪的犯意通常是蓄意,但在大多数州,也可以是轻率或者疏忽。从该罪犯行来看,包括两种情形:其一,侵犯并伤害了他人身体。身体伤害无论轻重,轻微的擦伤即可构成。但是,大多数州都根据伤害程度,将侵袭罪分为简单的侵袭罪(simple battery)与加重的侵袭罪(aggravated battery),前者是轻罪,后者是重罪。加重的侵袭罪是指侵袭行为导致了严重的身体伤害、使用武器、具有杀人或者强奸的蓄意等情形。其二,冒犯性地触及他人身体。例如,未经同意亲吻或者爱抚他人即可构成。大多数州规定了此种情形。顾及这种情形,应将"battery"译成"侵袭罪",而非"殴打罪"或"殴击罪"。

2. 威胁罪(assault)。它是指行为人着手实施侵袭罪而未完成或者将他人置于即刻受到身体伤害的恐惧之中的行为,显然也包括两种情形:其一,行为人意图实施侵袭罪,已经着手却未完成,其实是未遂的侵袭罪。美国刑法对于某个犯罪的未遂情形,一般作为独立于该犯罪未遂罪,但有时也作为独立于该犯罪的既遂罪,威胁罪即属于后者。也就是说,从行为来看,"assault"本来是"battery"的未遂形态,但美国刑法未按通常的处理方式,通过未遂罪(attempt)的一般原理(总则应保留原理)将未遂的侵袭行为作为侵袭未遂罪,而是直接将其作为既遂意义上的威胁罪。威胁罪并没有导致任何身体伤害,也未有冒犯性的身体接触。从犯意来看,该情形的威胁罪只能是蓄意而为。被害人是否意识到被告人的行为,在所不问。威胁罪亦有简单威胁罪与加重威胁罪之分。如果威胁罪的行为人使用武器或者具有杀人或者强奸的蓄意,相应构成加重的威胁罪。其二,蓄意恐吓被害人。一些州的刑法规定,被告人蓄意威胁被害人,将其置于即刻会受到身体伤害的恐惧之中,构成威胁罪。这种情况的犯行通常不包括单纯的语言,即使被告人当面对被害人声称"我要爆掉你的头",除非伴有某种明显的姿势,如同时持枪指向被害人。这与英国刑法有所不同。

3. 残害罪(mayhem)。它是指行为人蓄意将被害人致残或者使其永久丧失某种能力的行为。普通法不曾有过加重的侵袭罪或者威胁罪,故侵害罪都是轻罪。这对于最终不导致死亡的残害行为而言,是不相适应的。于是,作为重罪的侵害罪罪名,残害罪应运而生。该罪要求,行为导致的伤害不仅严重,而且必须是永久性的。该罪的犯意为蓄意。蓄意的内容一般是导致严重和永久的伤害,但有些州也允许在行为人蓄意导致不严重伤害却造成了永久性伤害的情况下认定该罪。例如,被告人只想往被害人脸上打一拳,但没想到自己手上戴的戒指把被害人眼睛戳爆了。

4. 骚扰罪(stalking)。它是指行为人有意地、恶意地反复或者持续尾随、要挟或者纠缠被害人的行为,常常由男性针对女性实施。19 世纪 80 年代末,警方越来越多地接到这方面的投诉,被害人要求得到有针对性的保护。至 1993 年,大多数州的立法机关做出反应,在刑法中将骚扰行为犯罪化。最突出的是伊利诺伊州刑法典,不仅将骚扰罪规定为重罪,而且规定了更为严重的加重骚扰罪。根据该法,骚扰罪是"行为人在明知且无法律根据的情况下,至少在两个独立的场合对他人进行尾随或者监视,或者既尾随又监视,并且(1)同时用即刻或者将来的身体伤害、性侵害、关押或者拘禁相要挟,或者(2)将他人置于即刻或者将来的身体伤害、性侵害、关押或者拘禁的合理忧虑之中"。监视他人,是指在被害人的学校、工作单位、汽车以及其他有关场所的外面守候,不包括被告人的居所。尾随他人,是指被害人从一个地方到另一个地方的过程中,或者原地不动时,或者在一个小范围的区域里活动时,行为人始终与其保持着较近的距离。但行为人不可能在自己的居所里尾随他人。加重骚扰罪是"行为人在实施骚扰罪时,有下列情形之一:(1)导致被害人身体伤害;(2)关押或者拘禁被害人;(3)违反了临时限制令、保护令或者 1986 年伊利诺伊州《反家庭暴力法》第 214 条第 1 款第 2 项规定的若干禁止事项"。

(二)杀人罪(homicide)

"杀人"(homicide)这个词有两种含义:其一,指广义的事实概念,包括犯罪的杀人和非犯罪的杀人。其二,指狭义的法律概念,即杀人罪。与此相对,非犯罪的杀人包括正当杀人和可原谅的杀人。前者是指执行法律或者经过法律允许的杀人,后者是指意外情况下或者自身面临危险时的杀人。从客观上看,罪与非罪,都是杀人,没有多少不同。因此,杀人罪与非罪的杀人之界限只能取决于行为人的主观。刑法主要是根据行为时的犯意内容决定何种杀人行为是犯罪,以及是何种杀人罪。

普通法以行为人是否具有"恶意预谋",将杀人罪分为谋杀罪(murder)与普通杀人罪(manslaughter);以行为人是否具有"蓄意"(intention),将普通杀人罪分为自愿杀人罪(voluntary manslaughter)与非自愿杀人罪(involuntary manslaughter)。当然,自愿杀人罪是行为人在被害人"挑衅"(provocation)引发的"激情"(passion)之下的"蓄意",因而无"恶意"。非自愿杀人罪的犯意是严重或者过分的疏忽(gross or wanton negligence)。美国刑法承继了普通法杀人罪的基本架构,但也做了许多重要的改变。

1. 杀人罪的犯行。它是指构成杀人罪的客观方面的因素,杀人行为、杀人对象、死亡结果、杀人行为与死亡结果之间的因果关系等。区分杀人罪种类的依据在于犯意,而杀人罪的犯行因素是相同的。也就是说,以下各种具体杀人罪有着一致的客观基础,可在此一并讨论。

(1)杀人行为(killing)。即剥夺他人生命(taking of the life of one human being)的行为,没有杀人行为就没有杀人罪。杀人行为既可以是作为,也可以是不作为。但是,杀人行为本身还不等于杀人罪。英国律师威廉·布莱克斯通在18世纪就指出存在三种杀人:正当的杀人、可原谅的杀人、有罪的杀人。所谓“正当的杀人”(justifiable homicide),在普通法上被作为一种在紧急情况下或出于职责而实施的有意杀人,行为人没有任何恶意和任何应当受到谴责的过错。这种杀人包括代表国家执行死刑,警察执法过程中的杀人,以及毫无过错的人实施正当防卫时的杀人。所谓“可原谅的杀人”(excusable homicide),既指意外杀人,也指行为人有民事过错的情况下在防卫时的杀人。只不过,这种过错不足以构成犯罪。所谓“有罪的杀人”(criminal homicide)或者“凶恶的杀人”(felonious homicide),是指行为人在蓄意、明知、轻率或疏忽的犯意支配下实施的行为导致了他人死亡的情形。可见,“homicide”既可指杀人罪,也可指非罪的杀人。美国的制定法也对这样的区分予以认可,例如,华盛顿州的刑法典就规定了谋杀罪、虐杀罪、普通杀人罪、可原谅的杀人和正当的杀人。

(2)他人生命(another human being)。即杀人罪的对象,必须是有生命存在的他人。“生命存在”,是指出生以后死亡之前的存活状态。关于出生的标准,一些州要求胎儿必须脱离母体并且有了自己的呼吸,另一些州要求婴儿啼哭或者脐带被剪断。有的法院认为,出生的过程开始并且胎儿已经露出,就可以视为出生。是否出生,涉及杀人罪与杀婴罪(infanticide)或堕胎罪(feticide)的界限。关于死亡的标准,传统上一致认为是呼吸和心跳的停止,但是现在成了刑法中一个有争议的问题。这在一定程度上与生命维持机器和器官移植的医疗手段有关,因为某些器官要进行活体移植,必须在身体的所有功能停止之前就要被摘除,在生命维持机器的帮助下,呼吸和心跳都有可能持续。在这种情况下,“脑死亡”的标准应运而生——即使存在呼吸和心跳等人体机能,但只要大脑机能停止或丧失,就可以确认死亡。而且,医学现在承认,大脑才是生命的关键,而非过去所认为的心脏。可见医学和科技的发展对刑法的影响。“他人”,表明自杀不能构成杀人罪。

(3)他人死亡(someone died)。即杀人罪的结果——发生了他人生命丧失的事实。通常,这要通过法医检验加以确认。但美国每年都有数千人失踪,其中一些成为犯罪的被害人，这些犯罪包括杀人罪。如何对待“活不见人死不见尸”的情形？是否可以认定死亡结果的发生？根据美国的刑事司法原则，对于包括结果在内的犯罪客观事实，控方必须以合法的证据加以证明，不能推定，还必须排除合理怀疑。但是，证明犯罪客观事实的证据，既可以是直接的绝对证据，也可以是间接的相对证据(circumstantial evidence)。因此，在没有发现尸体的情况下，只要后一种证据(或被告人口供得到其他证据印证，甚或在没有口供时形成证据链条)具有排除合理怀疑的确定性，也能证明失踪人员已经遇害的结果。例如，在 People v. Lipsky 案中，被告人涉嫌威胁罪被关押在犹他州，供认自己曾在纽约州的罗切斯特谋杀了一名妓女，该妓女此前已被报告失踪，但未发现尸体。然而，控方出示了能够印证被告人口供的证据——被害人失踪的那一周由被告人在纽约州租住的一间公寓中找到的被害人的手包、凉鞋、钱夹、眼镜、身份证和其他私人物品；被告人作为纽约州某个学院在册的学生，却在被害人失踪后的那一周离开了该州，并且表现出过分紧张的情绪；被拘押后，被告人所写的一首诗中表明自己杀了人。陪审团据此作出了有罪裁决。

(4)死亡原因(cause of death)。即杀人罪的因果关系问题，被告人的非法行为导致了被害人的死亡结果。无法解释死因的情形并不多见，却也并不罕见。如果法医不能确定死因，或者死因在犯罪行为与自然力之间模棱两可，那么就产生了合理怀疑，就不能定罪。如此，由于医疗科学技术的局限，就总是存在一些无法确认死因的情形，被犯罪分子所利用。例如，今天的医学对出生两个月不满一年的“婴儿猝死综合症”(sudden infant death syndrome)有了诸多认识，司法可据以判断婴儿的死因，但从前的医生没有这种能力，使一些杀害多名婴儿的母亲以猝死的理由逃脱了定罪。同样，在 People v. Archerd 案中，被告人在 1947 年至 1966 年先后与多名女性结婚，每一名女性在被投了大额生命保险之后，都死于几个小时的昏迷。每个案件的死因都被怀疑是注射了过量的胰岛素，但在 1967 年之前，法医缺乏必要手段检验被害人的脑组织以证明这一事实。因此，涉嫌杀害 6 名女性的被告人仅因其中 3 人的死亡被指控和定罪。

有时，某个行为与死亡结果发生之间的间隔较长，使断定二者之间是否存在因果关系颇为困难，因此，普通法从时间上对因果关系进行了限制——“一年零一天规则”(year - and - a - day rule)，即只要被告人实施行为后的一年零一天之内没有发生被害人死亡的结果，那么超出这个时间段发生的死亡结果都不能归因于被告人的这个行为。美国的许多司法区仍然采用这一规则。佐治亚州的一位父亲被起诉要为他女儿的死亡负责,他承认当时摇动了孩子,但目的是要使她摆脱窒息。控方证明被告人的行为对孩子造成了永久性的大脑损伤,使其成为植物人。17个月后,在孩子母亲的要求之下,不顾被告人反对,法官裁决可以撤除生命维持机器。孩子在几周后死亡。父亲被指控谋杀罪。法官根据“一年零一天规则”,没有认可这一指控。控方就这一规则的适用上诉至佐治亚高等法院,后者否决了“一年零一天规则”并要求被告人以谋杀罪出庭受审。由此,该州1968年重新制定的刑法典不再包括这个规则。田纳西州、华盛顿州等也不适用这个规则。相反,加利福尼亚州刑法典不仅保留了这个规则,还将时间从一年零一天扩展到了三年零一天。

判断因果关系的一个难点出现于有介入因素发生的场合。例如,行为人将被害人刺成重伤,被害人因伤进入医院,伤势需要接受手术,医生手术时发生治疗不当,被害人在受伤两天后死亡。实施伤害的行为人与治疗不当的医生,何者应为死亡担责?一般来说,发生于一个犯罪行为之后的第三方的疏忽行为并不能消除最初犯罪的行为人的刑事责任,如果前面的行为是导致死亡的实质因素的话。只有死亡结果是单独由后面的行为(治疗不当)所引起并且完全不是由前面的行为所诱发时,后面的行为才能中断前面的行为(伤害)与被害人死亡之间的因果关系。

2. 谋杀罪。一般来说,该罪是指行为人蓄意非法剥夺他人生命的行为。“蓄意”的内容,可以有两种情形:一是希望他人死亡,二是希望他人重伤。可见,谋杀罪并不要求必须主客观完全一致。〔72〕 这样的情况还表现在所谓“冷血致死”(depraved Heart)的谋杀罪与“重罪谋杀罪”(felony murder)。前者是指被告人的极端轻率行为导致的杀人,是“对人的生命极端冷漠”(extreme indifference to the value of human life)的结果。后者是指行为人在实施或者着手实施抢劫、强奸、绑架、纵火、破门入户等对被害人有危险性的重罪过程中致人死亡而被归入谋杀罪的情形。被致死的人可以是重罪的被害人,也可以是参与实施重罪的共犯人之一,后者往往是被害人的反抗结果,都要算作重罪导致的死亡,并以此认定其余行为人构成重罪谋

〔72〕 也可以说,美国刑法的谋杀罪只要求犯意与客观行为保持一致,而不要求犯意与危害结果保持一致。行为人之所以要对危害结果承担责任,是因为其犯意与行为一致的情况下导致了危害结果,或者说,犯意与行为结合成为危害结果发生的原因,这种主客观相结合的因果关系是行为人对危害结果承担刑事责任的基础。具体而言,在行为人的蓄意是伤害他人的情况下,剥夺他人生命的行为受到了这种蓄意的支配并导致了他人死亡的结果,行为人就要按此结果承担谋杀罪的责任。这与中国刑法不同。在我国,虽然行为人的行为事实上导致了他人死亡,但如果查明其主观上只是伤害的故意,则不能构成故意杀人罪,只能构成故意伤害(致人死亡)罪,因为主观方面必须与行为和结果都保持一致,才能认定相应罪名。

杀罪。对于重罪谋杀罪,只需要认定行为人实施重罪的蓄意,至于其针对死亡结果的心理状态是什么,不予要求。

有的州还规定了一种雇凶谋杀罪(Murder for Hire),是指雇用他人杀人,以雇佣协议承诺支付实施杀人者报酬,雇佣者因此而构成的谋杀罪。

与普通法不一样,美国刑法普遍将谋杀分成至少两个等级,即一级谋杀和二级谋杀,以设定不同的刑罚后果。这对于保留死刑的州更具有重要意义,等级的区分直接关系到案件中的谋杀犯能否适用死刑。

虽然自杀罪早已被取消,但帮助或者教唆自杀的行为仍然构成一级谋杀。随着安乐死(euthanasia)问题的日益突出,因对极端病痛缠身的绝症患者的怜悯而帮助其结束生命的行为,逐渐得到社会一定程度的理解,影响着刑法的变化。1994年,俄勒冈州率先立法允许医生协助自杀(physician - assisted suicide)。但是,1995年就有一个联邦法院宣布其违宪并禁止其适用。在联邦最高法院审理了涉及华盛顿和纽约的类似制定法的案件之后,美国司法部于1998年宣布不会对协助他人自杀的数名医生提起指控,由此解除了俄勒冈州适用其规定的后顾之忧。现在,大多数法院都不把协助自杀的行为认定为谋杀罪。

3. 普通杀人罪(manslaughter)。该种杀人罪的严重性低于谋杀罪。美国司法区大多承继普通法,将普通杀人罪分成自愿的杀人罪和非自愿的杀人罪,但目的不是处罚轻重的区别,而是着眼于不同行为的认定。也有的州对普通杀人罪进行分级。还有的州则不作任何区分。

自愿的杀人罪,主要是指受到挑衅时的"激情杀人",故又称"激情杀人罪"(heat - of - passion homicide)。具体而言,被告人受到被害人的某种挑衅,因此产生激情而杀死被害人。此罪成立要素的特点是:(1)被告人受到了被害人的"挑衅",因而产生了"激情"。也就是说,被告人的行为是对被害人"挑衅"的反应,"挑衅"足以导致"正常人"失控或者处于"激情"之中,并且被告人也的确因"挑衅"产生了"激情"。所谓"激情",主要是指极端愤怒的情绪,但也可指高度惶恐或者极度绝望的心理。所谓"挑衅",主要是指超过轻微程度的侵袭(有的法院也承认严重的威胁)、打斗(双方互殴)、通奸(某些情况下发生在恋爱对象之间、被告人并未目睹、是被告人的合理误会等场合)、语言(通常伴有某些刺激行为)等。所谓"正常人"(reasonable persons),是指社会一般人,表明通常采用客观标准判断"挑衅"是否能导致"激情"。当被告人的确因"挑衅"产生了"激情"时,如果"正常人"都会如此,即可认定被告人受到"挑衅"并产生了"激情",处于失控状态;如果"正常人"不会如此,则被告人的"激情"不符合自愿杀人罪的要求。不过,在"正常人"都会因某种"挑衅"产生"激情"的情况下,如果被告人有着超强的自控力而未产生"激情",此时要采取主观标准,亦不符合自愿杀人罪的要求。(2)被告人事实上在失控的"激情"状态下实施了杀人行为并导致被害人死亡。杀人的事实具有谋杀罪所要求的犯行和犯意。从犯行来看,行为人非法杀死了被害人。从犯意来看,行为人蓄意实施了杀死被害人的行为。(3)被告人因"挑衅"产生"激情"后到实施杀人行为前,缺乏足够的"冷却"(cooled off)时间和条件。判断"冷却"时间和条件是否充分,采取客观标准,即在被告人的情况下,特定"挑衅"引发的"激情"要"冷却"下来,"正常人"也做不到。(4)被告人因"挑衅"产生的"激情",事实上,到实施杀人行为时也没有"冷却"。

由上述(2)可见,激情杀人原本符合谋杀罪的成立要件,在严格意义上,是谋杀罪的特殊情形。但是,被告人因被害人实施的令人难以忍受的"挑衅"而符合人性顺理成章地产生极端愤怒的"激情",并在这种"激情"的失控状态下实施了杀害被告人的行为,杀人行为虽然非法,但存在情有可原之处,故美国刑法将此种谋杀降格处理,归为非谋杀的自愿杀人罪。该罪必须同时符合上述条件。如果不符合(1)或者(3),也就是说,如果被告人受到"挑衅"后杀人,但是"正常人"面对这种"挑衅"不会因此产生"激情"或者产生了"激情"也会"冷却",那么就不符合"激情杀人",被告人应当承担二级谋杀的罪责。如果不符合(2)和(4),也就是说,如果被告人并非在"激情"之中实施杀人,或者其"激情"在实施杀人之前已经"冷却",那么也不符合"激情杀人",被告人应当承担一级谋杀的罪责。

除了"激情杀人",还有一些可归于自愿的杀人罪的情形,主要是由于行为人不合理的错误或者其他原因,使其行为具有某种正当行为的基本条件或者前提条件却又不完全符合正当行为条件,如防卫过当或者避险过当。此外,非精神病的精神错乱、酗酒或者吸毒引起的醉态等情况下的杀人,也属于自愿杀人罪。

非自愿的杀人罪,是指行为人没有蓄意的杀人行为。具体而言,行为人实施重罪之外的行为而导致他人死亡。根据加利福尼亚州刑法典,重罪之外的行为既指非法行为(包括轻罪),也指以非法方式实施的合法行为或者实施合法行为时不小心谨慎。一些司法区将行为人实施轻罪过程导致他人死亡的情形称为"轻罪杀人罪"(misdemeanor manslaughter)。非自愿的杀人罪对犯意的要求有两种情形:其一,对于轻罪杀人罪,只要求确认实施轻罪的蓄意,至于行为人对其导致的死亡结果的心理状态,可在所不问。其二,对于实施其他行为时导致他人死亡的情形,则要求确认被告人对死亡结果具有严重疏忽（gross negligence）的心理。

机动车杀人罪（vehicular manslaughter）是一种特殊的非自愿杀人罪，包括了各种驾驶机动车致死人命的情形，大多因严重疏忽所致。有的州将机动车致死与醉态驾驶放在一起规定，往往是重罪。

（三）性侵罪（sexual offenses）

普通法的性侵罪包括强迫与非强迫两种行为。前者的特征是暴力，侵害了人身，主要指强奸罪，犯罪人是实施强迫的性行为的一方；后者的特征是亵渎，损害了风尚，主要指鸡奸罪（sodmy）和口交罪（the crime of oral copulation）等，犯罪人是自愿实施相互同意的性行为双方。如果实施性行为的男女双方中男方是成年人而女方是少年儿童，则女方的所谓"同意"不被认可。美国刑法逐步将成年人之间彼此同意的私下性行为非犯罪化，强调惩治强迫的性行为，鸡奸罪和口交罪因增加了"强迫"的要求而被归入性侵罪。无论强迫与否，恋童癖（pedophilia）依然是性侵罪的情形之一。同时，提高了被害人"同意"的年龄标准，以加强对未成年人性健康的保护。在性侵罪之外，还存在有悖于风化的性犯罪，包括兽交（bestiality 或 zoophilia）、恋尸癖（necrophilia）、露阴癖（exhibitionism）、窥淫（阴）癖（voyeurism）等。但是，对于成年人之间相互同意的自愿的性行为，无论在大多数人看来怎样"反常"和"淫秽"，都已将其非犯罪化，最典型的是同性恋（男同性恋称为 homosexuals，女同性恋称为 lesbians）和异装癖（transvestism）。此外，为了维系正常的家庭伦理关系，刑法规定了乱伦罪（incest）。

1. 强奸罪（rape）。普通法的强奸罪（common – law rape），或称暴力强奸（forcible rape），是指男性违背女性意志而强行与其发生非法肉体关系（carnal knowledge）的行为（性交——sexual intercourse），是一个重罪。只有在男性性器官（至少最浅程度地）插入女性性器官时，该罪才能构成。是否射精不影响该罪成立。该罪的主体只能是男性，但必须年满 14 岁。强奸罪是违背女性意志的强迫行为，表现为未经女性同意，但英国的制定法也进一步规定了男子与不满 10 岁的女童发生性关系的强奸罪，无论女童是否同意，男子都成立该罪。即所谓制定法强奸罪（statutory rape）。强奸罪中的非法性关系，意味着处于合法婚姻中的丈夫不能构成针对妻子的强奸罪。虽然也罕见地出现了针对丈夫强行与妻子发生性关系的起诉，但针对的不是性关系，而是强制的方式，故涉及的罪名是侵袭罪或者威胁罪。不过，丈夫或者其他女性可以成为协助或者促使其他男子强奸该丈夫之妻子的帮助犯。1991 年 3 月，英格兰上诉法院驳回了一名男子的上诉，该男子被认定对其分居的妻子犯有强奸未遂罪。该案突破了婚内不能成立强奸的旧有规则,标志着现代社会妇女自我意识和独立感以及社会地位的增强。

美国的强奸罪亦由制定法规定,基本承继了英国的强奸罪,但很快修改了两个标准。其一,许多州明确地不接受14岁以下的男性不能犯强奸罪的普通法推定。其二,大多数州把16岁或者18岁以下的女性同意情况下与之实施性交的行为规定为犯罪。也有的州对被害人规定了限制性条件,必须是“先前品行良好”的女性。关于强奸罪的被害人,美国刑法不仅弱化了婚内不成立强奸的守则,而且一些州把婚内强奸的范围从分居的配偶之间扩大到了一起生活的夫妻之间。

强奸罪要求男性主动实施的性交行为“未经女性同意”,对此,各州的具体标准不完全相同。一般来说,女性不同意的表示应当是让正常的男人都会清楚地意识到的语言或者举动,如果女性主观上确实不同意却无任何外在表示,只是保持沉默,不能被认定为不同意。从被告人来看,如果因为合理的认识错误,以为女性同意而实施了性交,虽然女性实际上不同意,也不构成强奸罪。但是,许多法院认为,被告人之所以发生认识错误,是由于自己的轻率或者疏忽,则成立强奸罪。女性在醉酒或者吸毒或者无意识的情况下同意性交,一些州并不认可,视为不同意。另有一些州要求此种情形必须是由被告人引起的。在被告人采取欺骗手段获得女性对性交的同意时,要区分被骗女性发生错误认识的内容:如果女性对性交的理由认识错误,因而同意性交,应认定其同意;如果女性对性交本身认识错误,因而同意性交,应认定其不同意。前者例如,医生对女病人声称与其性交是治疗措施的一部分,女病人信以为真表示同意;后者例如,医生对女病人声称要用一种外科器械对其下体进行治疗,女病人信以为真表示同意,其实医生实施了生殖器的插入行为。

强奸罪必须有“强迫”(force),即女性被迫性交。个别法院认为,在女性不同意的情况下,插入行为本身就是强迫。但其他法院认为,强迫应当通过插入之外的行为来表现。强迫即暴力,包括使用暴力和以暴力相威胁(threat of force)。在使用暴力的场合,传统上要求被害人进行身体反抗(physically resisted),甚至一些州要求“尽力”(to the utmost)反抗。对此,许多制定法有明确规定,而大多数法院都将反抗作为确认被告人使用暴力的证明。不过,所有这些要求现在都已经淡化。尽力反抗的要求不复存在,代之以合理的(reasonable)反抗。合理反抗也意味着合理的不反抗。例如,面对持枪的凶恶陌生人,完全不反抗就是合理的。一些州彻底取消了反抗要求。不过,大多数州坚持,女性因害怕而未进行身体反抗是否合理,要视情而定,如果女性的害怕不合理,即使被告人知道并利用了这种害怕,也不能认定强奸。

以暴力相威胁，是指以即刻对女性实施严重身体伤害相威胁，一些州规定威胁的内容可以是造成剧痛、施行绑架等，所声称的伤害对象也可以是他人（如强奸被害人的亲友）。威胁必须是公然的，内容是即刻的，如果以未来的伤害相威胁，不符合强奸罪的要求。从强奸罪的强迫要求可见，行为人是蓄意而为。

美国刑法通常将强奸罪中性交“插入”的对象限制在女性的阴道，但《模范刑法典》承认肛门的插入也足以构成该罪，显示出与普通法的不同。进而，美国大多数州都补充了“同性强奸”（homosexual rape）或者不分性别的（gender - neutral）强奸罪。在这些州，不分性别，是指强奸罪的被害人不分男女，即男性强迫任何人性交，都构成强奸罪。但也有个别州的判例表明，从性别平等出发，只要实施了暴力强奸（强迫与他人性交），无论施暴者是男是女，都应定罪。

目前，一些州已经取消了强奸罪的“强迫”要求，如威斯康星州刑法典就将事实上没有使用暴力或者以暴力相威胁但未经女性同意而与其性交的行为规定为最轻的强奸罪。

2. 鸡奸罪（sodomy）。该罪与强奸罪唯一的不同，是男性生殖器插入的不是女性的阴道，而是他人的肛门。这里的“他人”兼指两性。显然，鸡奸行为不符合普通法的强奸罪，只能独立成罪。鸡奸作为独立罪名的另一个原因是此种行为被认为是变态的性行为，英国著名法学家威廉·布莱克斯通就称其为“反自然的无耻罪行”。受此影响，美国人也认为鸡奸是“反自然的可憎罪行”。〔73〕因此，美国早期的鸡奸罪着眼于对风化的亵渎，惩罚双方同意的此类行为。许多州的鸡奸罪后来向强奸罪靠拢，有了“强迫”的要求，但仍有一些州坚持传统做法。甚至，在 Bowers v. Hardwick 案中，美国最高法院肯定了惩治成年人（此案中是两名男人）之间（此案中是在卧室进行）鸡奸行为的佐治亚州刑法典。这招致了法律界的反对声音——要求废除那些禁止成年人之间双方自愿私下鸡奸行为的法律。当今，许多州已将此行为非犯罪化。不过，这里讨论的鸡奸罪，是指有暴力因素的情形。

3. 口交罪（The crime of oral copulation）。是指行为人强迫被害人与其进行口交的行为。所谓“口交”，是指行为人强行用自己的口唇接触被害人的生殖器或者肛门，或者被害人被迫用口唇接触行为人的生殖器或者肛门，不要求有生殖器的插入。从行为特征来看，是一方用嘴与另一方的生殖器或者肛门进行接触，但必须是一方强迫另一方进行，否则不构成犯罪，只是寻求刺激的“舔阴”（cunnilingus）和所

---

〔73〕 See Harvey Wallace & Cliff Roberson, *Principles of Criminal Law* （US：Longman Publishers），p. 141.

谓"吹箫"(fellatio)罢了。被告人与被害人双方不分男女,男对男,男对女,女对女,女对男,皆能实施该罪。

(四)限制自由罪(restricting freedom)

作为两种主要的限制自由的犯罪,非法拘禁与绑架罪在犯罪要件、严重程度和刑罚后果上各有不同。其中,严重程度又反映出两罪的衔接关系——实质上,非法拘禁罪是较轻的绑架罪,绑架罪是加重的非法拘禁罪。

1. 绑架罪(kidnapping)。早期普通法的绑架罪,是指偷运妇女和儿童出国境的一种轻罪。现代刑法的绑架罪取消了跨国的要求。但是,促使美国人重视该罪并将其规定为严重犯罪的直接原因,是引起极大轰动的林德伯格的儿子被绑架案。查尔斯·林德伯格(Charles Lindbergh)是第一个飞越大西洋的美国著名飞行员,深受大众喜爱。1932 年 3 月 1 日晚,他 20 个月大的儿子在位于新泽西的豪宅被绑架失踪,林德伯格按照绑匪的要求支付了 5 万美元赎金,但 71 天后,小查尔斯·林德伯格的尸体还是在离家不远的灌木丛中被发现。两年后,警方终于锁定犯罪嫌疑人——纽约木匠豪普曼。警方不仅在他家车库发现了部分被记下号码的赎金,而且搜集到多个有力指向豪普曼的确凿证据。豪普曼对指控矢口否认。陪审团经过 11 小时的讨论,得出了一级谋杀罪罪名成立的一致结论。豪普曼始终拒绝认罪,上诉被驳回后,1936 年 4 月他被送上了电椅。此案影响深远。英国著名探案小说家阿加莎·克里斯蒂的《东方快车谋杀案》一开始就是美国著名飞行员阿姆斯特朗的小女儿戴西被绑架并撕票,由此引出了扑朔迷离的故事情节,显然受到了豪普曼一案的启发。美国各州很快出台了严惩绑架罪的制定法,过去一直作为轻罪的绑架罪一跃成为严重的重罪。联邦刑法规定,犯绑架罪致人死亡的,要判处死刑或者终身监禁。在美国联邦调查局(FBI)的历史上,该案也具有里程碑式的意义。它是调查局第一次获得对州案件的办理权——国会通过了以林德伯格名字命名的"林德伯格法案"。法案规定:若绑架案在一周后还未获侦破,那么就推定绑架犯已经越过了州的边界,联邦调查局自动对该案享有管辖权。

一般来说,绑架罪是指行为人以使用暴力、以暴力相威胁、冒充、欺骗的方法,有意地和非法地控制、拘禁和转移他人的行为。大多数州的绑架罪都有几个要件:(1)对被害人进行人身控制(seizing)。在普通法上,孩子不能成为父母的绑架对象。但随着离婚的不断增加,夫妻之间争夺孩子的现象越来越多,常常发生无监护权的一方不顾法院禁令而擅自将孩子带走的情形,各州将严重的此种行为纳入绑架罪。1981 年,国会通过《预防父母绑架法》,规定涉及跨州的父母绑架案由 FBI 管辖。(2)对被害人进行拘禁(confining),即限制被害人的人身自由。(3)对被害人进行非法转移(unlawful carrying away of),即促使被害人在空间上移动了一定距离。然而,“距离”的标准是多少?曾引起争议。一般认为,转移必须是实质性的,距离不能过短,如从房间的一端到另一端。这样的标准显然机械而模糊,司法者认识到“距离”不是判断是否转移的唯一因素。于是,当一名年轻女子被迫离开自己的汽车而进入强迫她的男人的汽车,期间的距离只有几米,法院认定这是被害人的转移。大多数法院采取了两个交叉的标准来判断转移——强迫性和实质性。即使被害人只是从房间的一端到另一端,只要是被迫作为人质,就是转移。甚至,被告人在强奸他的妻子时将她捆绑起来,即已符合绑架罪。(4)对被害人使用了暴力或者以暴力相威胁,或者在某些情况下,进行了冒充或者欺骗。也就是说,对被害人进行转移,不一定非要使用了暴力或者以暴力相威胁。例如,驾车的被告人谎称可以送正在行走的被害人回家,结果将其载到了另一个地方。如果被告人将被害人送回了家但强奸了她,则只要被害人自愿或者同意搭车回家,就只能认定强奸罪,不能认定绑架罪。(5)对非法转移被害人的行为蓄意而为。行为人知道自己行为的非法性。如果其合理相信转移被害人有合理依据,则不构成绑架罪。成立该罪并不要求特定动机。虽然联邦刑法绑架罪法条中有“为了赎金、报酬或者其他”(for ransom or reward or otherwise)的表述,但其中的列举是对此类案件常见动机的强调,概括性的“其他”则表明动机不受限制。其实,“劫色”、父母争夺抚养权等,也是较多的绑架动机。

2. 非法拘禁罪(false imprisonment)。非法限制他人的人身自由,是该罪与绑架罪的共同定义。从犯罪要件来看,两罪唯一的区别是,在上述绑架罪的5个条件中,非法拘禁罪无第3项——对被害人的非法转移。在那些取消了绑架罪的非法转移要求的州,非法拘禁成为绑架罪的一部分。不过,没有非法转移的情形不一定都是非法拘禁罪,一些州规定,如果固定的拘禁时间较长且具有秘密性,应构成绑架罪。大多数州的非法拘禁罪是轻罪,除非使用了暴力和威胁。

(五)虐待罪(abuse)

虐待是以非人的方式对待他人的行为,故他人的自由、尊严、性权利、健康乃至生命都可能受到虐待行为的侵害,决定了虐待罪涉及多个人身犯罪的罪名。将虐待罪独立规定,主要是适应保护特殊群体的需要。根据特殊保护的对象,虐待罪有虐待儿童罪、虐待配偶罪和虐待老人罪。

1. 虐待儿童罪(child Abuse)。20世纪80年代开始,虐待儿童的投诉急剧增加，许多州有针对性地制定了专门的法律，被称为“危及儿童福利法”，规定父母或者监护人虐待儿童所要承担的责任。根据纽约刑法，危害儿童福利罪，是指行为人明知自己的行为是用一种会导致17岁以下孩子的身体、精神或者道德等方面的福利损害的方法，而从事这种行为，或者指挥或命令这样的孩子从事某项存在生命或健康实质性危险的工作，或者作为父母、监护人或其他负有照料或管束不满18岁孩子的法律责任，而没有或拒绝尽职尽责地保证孩子不会变成“受虐儿童”、“弃儿”、“少年犯”或“需要监护的人”。基于未成年人的年龄和脆弱性，许多州将虐待儿童罪规定为严格责任的犯罪。父母逛商店时将孩子锁在车里，醉酒驾驶时带着孩子等，都是犯罪。不过，母亲吸毒影响了胎儿不构成儿童虐待罪。联邦刑法亦规定了虐待儿童的罪行。

2. 虐待配偶罪（spousal abuse）。家庭暴力日显突出并受到更多关注。在许多情况下，法院会发出保护令，但遭到施暴者的蔑视和违反。许多州制定了专门法律，保护配偶一方（往往是妻子）免受来自另一方的暴力，为逮捕那些违反保护令的施暴者提供依据。即使那些已经取得保护令的一方配偶想要和对方和好，也不影响保护令的效力。由于配偶间的虐待经常跨州发生，给认定和管辖带来困难，国会1994年《暴力犯罪控制与执法法》就“州际家暴”（Interstate domestic violence）作了规定，成为《美国法典》第18篇第110A条。这一法律出台不久，一名叫克里斯托弗·贝利的男子驾车载着妻子周游西弗吉尼亚和肯塔基，一路对她进行侵害，直至送进急诊室。1995年5月23日，依据该法，贝利被定罪。

3. 虐待老人罪（abuse of the elderly）。它是指对老人实施身体虐待、怠慢、托管者虐待、遗弃、隔离，以及其他导致伤痛或者精神疾患，或者剥夺那些为免予身体伤害或者精神疾患而必需的食品或者服务的行为。一般由监护机构处理虐待老人事件，常常会诉诸民事审判程序。另一些虐待事件被报告到执法机构，可能面临一个或者几个制定法罪名的指控。一些州从立法上对某些虐待老人的暴力犯罪规定了更重的刑罚。

据美国众议院健康与长期护理小组委员会提交的报告，在20世纪90年代，每年有大约150万名着美国老人（所有美国老人的5%）经常受到自己子女的虐待。老人常常羞于承认家庭成员的虐待，或者担心他们的抱怨招致报复。联邦政府对此没有给予应有的重视。随着美国社会老人数量的增长，虐待老人的投诉也在增长。据称，65岁以上的美国老人，每25个人就有一个受到了某种形式的虐待、怠慢或者剥削。许多州通过法律，不照顾赡养的老人是犯罪。加利福尼亚州规定，任何负有照顾老人职责的人有意引起或者允许老人或其赡养的成年人被置于人身或者健康面临危险的境地,根据情况的危险程度,构成轻罪或者重罪。在 Heitzmann 一案中,法院依照该规定判决一名女性被告人有罪,理由是她的疏失导致了 68 岁的父亲的死亡。虽然其父亲与被告人的几个兄弟生活在一起,但法庭认为她明知其兄弟当时没有照顾父亲,却袖手旁观。

(六)民权犯罪(civil rights offenses)

这种犯罪在普通法上不存在,而为美国所独有。美国内战后,国会通过一系列法律保护新近获得自由的前奴隶。后来,这些经过修正的制定法被用于指控那些共谋或者使用官方权力剥夺他人享有的宪法和法律赋予的权利。

针对民权的共谋行为,是指二人以上共谋实施伤害、压迫、威胁、恐吓正在行使或者享受宪法赋予的任何权利或者保护特权的居民;或者二人以上出现在高速公路或者他人所在地方,意图妨碍或者阻止他人行使或者享受宪法赋予的权利或者保护特权。该罪的后果是罚金或者 10 年以下监禁,亦可并罚。如果共谋的行为被实施而致人死亡,或者包括绑架或者未遂的绑架、加重的性虐待或者未遂的加重性虐待、未遂的杀人,可适用罚金和任何刑期的监禁直至终身监禁,亦可判处死刑。

剥夺民权的行为,是指执法人员有意剥夺他人由宪法赋予的权利、特权、豁免权,或者因为一个人的外国身份、肤色、种族,而给予有区别的惩处、痛苦或者刑罚。对此,可处以罚金或者 1 年以下监禁,亦可并罚。如果行为导致身体伤害,或者使用、企图使用、威胁使用危险武器、爆炸物或者火器,可处罚金或者 10 年以下监禁,亦可并罚。如果导致死亡结果或者包括绑架或者未遂的绑架、加重的性虐待或者未遂的加重性虐待、未遂的杀人,可适用罚金和任何刑期的监禁直至终身监禁,亦可判处死刑。

民权犯罪中的动机是必需的要件,要求被告人的行为出于种族歧视。一个典型案例是洛杉矶的几名警察在逮捕非裔美国人罗德尼·金时对其进行殴打,被联邦法院认定有罪。

## 二、侵犯财产的犯罪

早期的普通法对美国财产法的发展有着特别深刻的影响。尽管美国刑法财产犯罪的一些罪名是普通法没有的,却保持了普通法的要素。因此,对财产犯罪的理解,不能不提及普通法。财产犯罪可以分成三类:严重的财产犯罪(serious property offenses)、较轻的财产犯罪(less serious property offenses)、对财产与人身双重侵害的犯罪(hybrid crime against the person and property)。

(一)严重的财产犯罪

这是联邦调查局(FBI)做的分类,包括盗窃罪(larceny - theft)、破门入户罪(burglary)、盗窃机动车罪(motor vehicle theft)和放火罪(arson)。

1. 盗窃罪。"theft"和"larceny"常常都被中译为"盗窃罪",其实,美国刑法的"theft"这个术语本身,主要用来概称三种犯罪:盗窃罪(larceny)、侵占罪(embezzlement)和欺诈罪(obtaining property by false pretenses)。可见,"theft"是指不具有暴力性的一类侵犯财产罪,"larceny"则是包含于其中的个罪。只不过,在最早的普通法中,"larceny"是唯一的"theft",此时二者是一致的。然而,与我国刑法盗窃罪具有对应性的罪名,应当是"larceny"。这里讨论的盗窃罪(larceny - theft),是类属于"theft"的"larceny",或者说,是狭义上的盗窃罪。该罪既是最古老的普通法罪名,也是现今美国发生最多的严重犯罪。普通法上的盗窃罪,是指蓄意非法取得他人所有的财物的行为。据此,该罪的成立需要同时符合以下要件:

(1)非法取得(trespassory taking)。它是指从所有者那里非法取得财物。这是普通法规定盗窃罪的关键前提,即假定所有人一旦发现非法取得行为,会以暴力来反击偷取其财物的人,故为了防止事态升级,必须遏制盗窃行为。如果没有非法取得,而是用阴谋诡计骗得财物,则所有人虽然在醒悟后也会非常愤怒,却不可能当场对行为人实施报复,社会的安宁不会受到挑战,故法律只需要求行为人进行民事赔偿。随着社会生活日益复杂,尤其是商业交易的发展,法官认为扩大盗窃罪的范围是必要的,于是出现了不要求认定"非法取得"的"盗窃罪"——"theft"的新类属。在那些被归入盗窃罪的新类属中,法官从一些情形推定出"非法取得"或者以这些情形代替"非法取得"。例如,主人把财物交给仆人,要求该财物必须用于主人,但仆人扣押了财物,侵犯了"推定占有"(constructive possession)。又如,Hufstetler v. State 案,被告人在加油站给自己的汽车加了 6.5 加仑汽油,当时的总价为 1.94 美元,被告人不付款就开车离去,后被认定轻微盗窃罪。被告人不服,认为已经在自己汽车油箱中的汽油脱离了所有人的控制,故不存在"非法取得",但法院以"推定占有"坚持定罪,认为依靠阴谋诡计或者欺骗运走财物的行为无效,所有者仍然保持着"推定占有"。此种方式的盗窃称为"诡计盗窃"(larceny by trick),也就是说,"非法取得"其实是存在的。再一个例子是,受托人将他人委托保管的包裹中的物品归自己使用,此时不适用"推定占有",因为受托人依据合同合法占有了包裹,委托人从事实上和法律上都没有占有包裹。这再次产生了扩大盗窃罪范围的需要，结果是法官判定，只要打开包裹并从中拿取了部分物品，就构成盗窃罪。一些法官的理由是，只要受托人从包裹中取货，就推定对货物的占有回转到委托人。相反，另一些法官认为，依据合同，受托人并没有占有包裹中的物品，物品仍然由委托人占有。但这样一来，受托人将完整的包裹据为己有，却不能认定盗窃罪。对此，一些州的处理方式是，如果受托人打开了包裹而非法占有其中的物品，构成盗窃罪；如果受托人将整体的包裹非法占有，构成新罪名——侵占罪(embezzlement)。也有一些州将两种情形结合为独立的“受托人盗窃罪”(larceny by bailee)——亦为新罪名。还有一些州则用“theft”来表示上述所有的情形。

(2)移转财物(carrying away)。即把财物从一地移动到另一地，极短距离的移动也符合要求。如果被告人企图将物品移动却未成功，则缺乏移转要件而不构成盗窃罪。

(3)他人的动产(personal property of another)。“动产”意味着“不动产”不能成为该罪对象。除非将不动产截断，此时的截断和盗窃是两个独立的行为。当今的一些州已经把不动产纳入“theft”的范围。该罪所要求的“动产”本是指有形财物，现在大多数情况下，电和气都被认为是盗窃对象，但是劳动和服务一般被排除在外，除非制定法专门规定。纽约州就于1986年将服务纳入盗窃罪的对象。随着计算机的兴起，利用工作电脑之便进行个人盈利活动，并没有破坏其中的软件和硬件，也没有从电脑主人或者用户那里非法取得和移转任何动产和好处，很难归入盗窃罪。于是，专门针对计算机犯罪的法律应运而生，规定独立的盗用计算机罪(theft of computer services)。本罪所要求的“他人的”，意味着无主财物和野生动物不能成为本罪对象。

(4)蓄意偷窃(with the intent to steal)。即蓄意剥夺他人所有的财产。所谓“剥夺”，意味着“永久”(permanently)。短期或者临时使用他人不动产，如偷开他人汽车，不构成盗窃罪，大多数州另行规定了专门罪名。

根据普通法的上述条件，美国制定法进行了一些调整。纽约刑法典将服务从盗窃罪的对象中取消，针对服务规定专门的罪名；将盈利性“算命”(fortune-telling)规定为轻罪；将原来的轻微盗窃与重大盗窃的区分变成了轻罪与重罪的区分，且这种区分适用于所有的“theft”。得克萨斯州刑法典将各种(至少是大多数)财产犯罪归并为“综合盗窃罪”(consolidation of theft offenses)，包括一系列罪名，除了传统的盗窃罪，还有盗用服务罪(theft of service)、盗取商业秘密罪(theft of trade secrets)、支票盗窃罪(theft by check)、擅自使用机动车罪(unauthorized use of a vehicle),以及现代社会常发生的盗用身份证号码,擅自使用电视或者电缆的解码和截取设备,制造、出售或者使用这些设备等犯罪。也有一些州的刑法继续使用范围扩大了的"larceny"概念,但该罪的基本构成要件决定了某些犯罪不能归入,如计算机犯罪、擅开他人汽车兜风的犯罪等,不得不额外制定专门的罪名。由此看,"theft"的确是比"larceny"更具有广泛涵盖性的概念。

2. 破门入户罪。普通法上,该罪是指行为人在夜晚破门进入他人住宅并意图实施重罪。该罪的要件是:

(1)"破门"(breaking the dwelling)。它是指对他人住宅的一部分或者作为防止闯入的物质设施进行破坏、移动或者将其置于一边。显然,中文表述的"破门"其实并不局限于住宅的门,而可以是任何部位。当然,门及窗的确是罪犯经常出入之处,故这里以门为例,如果行为人只是走进已经大开的门,不构成"破门"。如果关了门但未闩上,推开即为"破门"。如果门打开了部分,需要推开一些才能进入,一些州也认为符合"破门"。也就是说,"破门"实际上就是移除障碍的行为。如果行为人纵身一跃飞过他人住宅周围的篱笆,偷走了院子里的一些物品,不符合"破门"而不构成该罪。如果是以欺骗、暴力相威胁、通过烟囱等开放性通道、由里面的人开门等方式进入,可以被推定为强行"破门"。"破门"与"侵入"(trespass)密切关联,"侵入"即未获允许的非法进入,这种进入的手段是"破门"。如果行为人破坏之处与进入之处不一致,例如,打破了窗户,却从已经打开的大门进入,就不能成为"破门"。

(2)"入户"(entering the dwelling)。它是指行为人的全身或者任何部位(尤其是肢体)进入他人住宅。由行为人控制的用来实施重罪的工具进入住宅,也符合"入户"。使用工具在地板或者墙壁钻洞,使里面的颗粒物(如谷物)或者液体(如油品)流出,进到事先准备好的容器里,也构成"入户"。但是,如果被告人将工具伸入住宅,只是为了有效地进入却未实际进入,不构成"入户"。如果利用没有责任能力的人或者受过训练的动物进入住宅实施重罪,不能推定为该罪的"入户"。

(3)"他人住宅"(dwelling of another)。由于该罪要求发生在"家"(home)里面,故涉及住宅或者住宅地,即所谓"户"。在普通法中,教堂也可以成为"家",因为是神住的地方,这得到了1964年马里兰州案例的承认。一般而言,住宅是人们日常作息的地方,偶尔就寝之处还不足以成为住宅。季节性的住宅也符合要求。如果有人平时就住在办公室或者其他建筑里,也视为住宅。是否成为住宅,取决于是否日常在里面睡觉。住宅也包括庭院中的相关建筑,如车库、谷仓、牲畜房、地窖以及在地界之内的那些建筑。居住地必须是他人的。破门进入自己的住宅,蓄意实施重罪,不构成本罪。在科罗拉多州的一个案例中,一名分居的丈夫进入其妻子居住的独立公寓,被指控破门入户和侵入。高等法院认为,虽然分居不排除共享经济,但不意味着对住宅的共享占有——关键的问题是占有而非所有。即使妻子没有申请针对分居丈夫的限制令,也不意味着丈夫就有对公寓的占有权。因此,驳回了丈夫的上诉,维持了定罪。

(4)"晚间"(during the night)。即该罪发生的特定时间要求,通常是指从日落或者人的面庞看不清的时候开始到日出之前。"破门"和"入户"都要发生在"晚间",但不一定要发生在同一晚,可以是头天的晚间"破门",次日的晚间"入户"。

(5)蓄意实施重罪(intent to commit a felony)。这是"破门入户"行为的目的,常见的是要实施盗窃罪(larceny)。无论重罪是否完成,不影响本罪的认定。如果重罪完成,认定本罪和重罪两个罪名。如果行为人进入住宅时并没有实施重罪的蓄意,进去之后决定实施重罪,应当认定重罪而非破门入户罪。实施重罪的蓄意必须与非法破门入户行为之间具有同时性。蓄意实施轻罪也不符合要求。

美国的大多数州都以制定法规定了破门入户罪,基本坚持了普通法的上述要件。不过,大多数州都取消了"破门"要件,只需要非法进入即可。大多数州都将住宅扩展至任何建筑,只是对进入住宅者加重处罚。一些州保留了"晚间"要件,另一些州则予以取消或者将其作为加重情节。一些州还规定了该罪的等级,设置不同刑罚后果。有的州不要求进入住宅时必须蓄意实施重罪,可以蓄意实施任何犯罪,包括轻罪。一些州还规定了破门入户实施抢劫的独立罪名。

3. 放火罪。1978 年,联邦调查局首次将放火罪列入其财产犯罪目录。这是由于该罪频繁发生,有增无减,导致了人员伤亡和巨大财产损失,甚至将历史文物毁于一炬。证据的灭失,使对这种案件的调查也十分困难。放火罪与破门入户罪有相似之处,二者都是针对居民和居住的犯罪,对"他人住宅"有着相同的要求,如今都在制定法中规定,其范围及要件都超出了普通法。

普通法上的放火罪,是指邪恶地焚毁他人住宅。对"住宅"的理解完全与破门入户罪一样。"他人"也表示对住宅的占有而非所有。房东将租给住户的自己房屋烧毁,符合"他人住宅"的要求。通常情况下,烧毁自己的住宅并不构成该罪,但实施行为时不合理地烧了他人住宅,则不排除认定该罪。根据普通法,放火罪必须使住宅燃烧,并不一定完全烧毁。如果仅仅是抽烟或者恶意点火但在住宅燃烧之前被扑灭,则不符合要求。该罪是蓄意而为,疏忽不能构成。实施其他犯罪导致火灾,不构成该罪。

一些州的放火罪已经不限于住宅,而是扩大到多种建筑物。一些州取消了"实际燃烧"的条件,并且把爆炸而不是放火引起损失的情形以及开始并不是要烧毁建筑物的放火都归入放火罪。当然,必须证明行为时具有毁灭建筑物的蓄意。一些州将放火罪分级以设置不同的处罚。

4. 盗窃机动车罪。该罪专指以机动车为非法取得对象的行为。机动车包括汽车、卡车、公交车、摩托车、雪地汽车等。不言而喻,普通法时代不可能有本罪。

该罪也有类似于破门入户罪之处,存在非法进入的问题。但其进入的正是盗窃的对象,且只能是为盗窃的进入,这与破门入户罪不同。偷车兜风、不按时归还租车、擅自驾驶他人委托保管的车辆等,不构成该罪,但可能构成其他犯罪,如一些州规定了擅自使用财产罪(unauthorized use of property)。

(二)较轻的财产犯罪

所谓"较轻"(less serious),并不意味着这些犯罪导致的经济损失不严重。事实上,侵占罪和欺诈罪每年造成的经济损失都要大于盗窃罪和破门入户罪。只不过,后者所产生的社会恐惧和大众愤怒情绪,是前者不可比拟的。这里"较轻"的含义仅此而已。之所以这样归结,与普通法不无关系。例如,侵占罪是普通法的轻罪。但现在该罪既有轻罪,也有重罪。从"较轻的财产犯罪"的范围来看,主要有侵占罪(embezzlement)、诈骗罪(robtaining property by false pretenses)、伪造罪(forgery)、假冒罪(counterfeiting)、赃物罪(stolen)、恶意损毁罪(malicious mischief)、侵入罪(trespass)、信用卡诈骗罪(fraudulent use of credit cards)等。

1. 侵占罪。它是指受托保管财产的人侵吞或者滥用财产的行为。该罪名由制定法创制于18世纪末。盗窃罪的大部分要件适用于侵占罪,不同之处在于,侵占罪是行为人合法占有财产,盗窃罪的行为人无权占有财物;侵占罪侵害了信用,盗窃罪侵犯占有权。也就是说,由于该罪的前提是行为人基于委托关系合法地占有财产,不是非法取得他人合法占有的财产,故普通法中的"larceny"不包括此罪,但它属于制定法的"theft"。侵占罪要求对财产进行"转换"(conversion),但不仅仅是空间的移转,而是对财产所有权的妨害。这种转换是不诚实的(fraudulently)。侵占罪涉及的财产比盗窃罪更为广泛,可以包括不动产。一些州还专门针对公职人员的侵占罪作出特殊规定,设置更为严厉的刑罚。也有一些州并不区分侵占罪与盗窃罪,并合规定。

2. 诈骗罪。它是指蓄意永久剥夺他人财产而用虚构事实的欺诈手段获得财产所有权的行为，又包括许多类型：证券诈骗、储蓄与贷款诈骗、邮政诈骗、商业诈骗、医疗诈骗、财物转手诈骗、伪造诈骗、官员诈骗等。从行为的非法性来看，该罪类似于盗窃罪，不像侵占罪；从行为人对财产的占有是由合法控制人所给予来看，则像侵占罪，不像盗窃罪。诈骗罪的构成要件可归纳为四点：(1)获取财产所有权。在诈骗取得财产的情况下，产权被移转给了被告人。这要与使用诡计的盗窃罪区别开来，盗窃罪侵害的是占有权而不是所有权。(2)使用了虚构事实的方法。用以诈骗的虚假表述不能只是观点，必须是事实信息。如果虚假表述的内容之后变成真实的情况，则不符合要求。虚假表述必须是与案情直接相关的重要事实。既可以是口头表述，也可以是书面表述。在传统上，虚假表述只能是关于过去和现在的事实而非将来的事实——许诺。这是因为，许多许诺当时并非虚假，只是因为情况的变化而无法兑现，刑法必须考虑到这种情况。(3)被害人对虚假表述信以为真，并因此交出了财产所有权。(4)行为人主观上蓄意永久剥夺他人财产所有权。

3. 伪造罪。早期普通法曾用"cheats"(作弊)概指一组涉及虚假文书的行为所使用的罪名，包括伪造、提交伪造文件和假冒。在大多数情况下，前两种情形都被归为伪造罪。与此相联系，"making"用以表示变造文书的行为，包括擅自制作支票或者其他流通票据。变造的实质是对单词、字母、数字、标点符号等进行重要涂改。伪造罪的实质是要骗取他人某种权利。该罪通常是重罪。

就伪造文书而言，该罪的犯罪要件主要是：(1)在文字、签章、制作方面作假或者变造；(2)作假模仿的真本具有法律意义；(3)行为人蓄意作假。

就使用伪造的文书而言，该罪的犯罪要件主要是：(1)递交、企图递交、提供、给予虚假文书；(2)作假模仿的真本具有法律意义；(3)行为人明知文书是虚假的。

4. 假冒罪。假冒罪是以假充真的行为。假冒罪与伪造罪都是作假的行为，但伪造罪专门针对文书，行为人的目的是要证明某种权利的归属，从而间接获取利益，假冒罪则针对文书之外的广泛财产，行为人的目的是要以假充真，直接获取利益。最为典型的是伪钞。在许多州，假冒商标是犯罪。文书作假只能构成伪造罪，财物造假通常只能归于假冒罪，但是，也有一些财物(如银行债券)的造假既能符合伪造罪也能符合假冒罪。因此，一些州也将两罪归并为(广义的)伪造罪。

5. 赃物罪。许多盗贼，尤其是职业惯犯，并不打算使用其偷得的财产，而是通过中间人将赃物出售以取得利润。销赃行为在普通法上不是犯罪，制定法将其犯罪化。美国赃物罪的规制重点不是销赃而是接收赃物，故该罪指的是明知是赃物而接收的行为。该罪成立要件主要是:(1)接收财物的行为;(2)明知财物是犯罪所得;(3)蓄意剥夺他人财产所有权。

6. 恶意损毁罪。它是指恶意损害或者毁灭他人财产的行为。与盗窃罪不同,该罪的对象可以是动产也可以是不动产。在一些州,要求该罪必须是毁灭财产的情形。与放火罪不同,该罪的损毁方法多种多样。如今,该罪正在朝着更为广泛的方向发展。一种办法是把普通法和制定法规定的各种财产损毁犯罪集合起来,统称为"刑事损毁罪"(criminal mischief),既可以包括各种损毁行为,也可以包括多种犯意。

7. 侵入罪。它是指行为人非法进入他人处所或者在那里非法逗留。他人处所(premises of another)包括土地、船只、汽车等具有边界的一定范围的特定空间。这些特定空间通常是封闭和隔离的,或者有边界标记的,既可以是住宅,也可以是任何建筑物、园地和交通工具,还可包括墓地。只要蓄意擅自进入其中,或在其中行走和逗留,都构成此罪。

8. 信用卡诈骗罪。随着商业银行的发展和信用卡业务的增加,相关的诈骗行为也层出不穷。由于信用卡诈骗行为与一般的诈骗、伪造和假冒行为相比,有自身的特点,故各州纷纷规定专门的罪名。该罪主要是指行为人明知信用卡是偷来的、伪造的或者虚假的,或者持卡人无使用权,或者已经注销的,仍然使用该信用卡,目的在于获取财产或者服务的行为;或者明知或者应知信用卡会被用于获取财产或者服务而不会依法付账,仍制作、销售、给予、转手信用卡;或者明知现存的、不存在的、注销的、过期的信用卡及其代码等支付不了任何财产或者服务,仍发行该信用卡或者其代码。

(三)对财产与人身双重侵害的犯罪

对于既侵犯财产又侵犯人身的犯罪,虽然刑法选择归入侵犯财产罪,但毕竟具有双重侵害特征,故作为单独的一类财产犯罪加以观察是必要的。这类犯罪主要包括抢劫罪(robbery)和敲诈勒索罪(extortion or blackmail)。

1. 抢劫罪。普通法上的抢劫罪是重罪,其成立要件是:(1)夺取他人钱财;(2)他人正在占有钱财;(3)对他人使用暴力或者以暴力相威胁;(4)蓄意永久剥夺他人财产。其中,大多数要件都与盗窃罪相同,故将其归入财产犯罪,甚至作为一种特殊的盗窃罪。然而,抢劫行为的暴力性凸显了对人身的侵害,这是盗窃罪所没有的。因此,当今美国更倾向于将其作为侵犯人身的犯罪。FBI 把抢劫罪与杀人、强奸、严重侵害相并列,作为最严重的四种暴力犯罪之一。当然,基于传统的立法,还是把抢劫罪规定为财产犯罪。

美国刑法遇到的一个难题是:突然性的迅速抢夺财物的行为应当构成抢劫罪还是盗窃罪?实践中将迅速而顺利夺取财物与需要排除被害人的阻力才能夺取财物的情形加以区别,前者定盗窃罪,后者定抢劫罪。扒窃行为属于盗窃罪,但在扒窃中压制被害人反抗则属于抢劫罪。如果行为人先行对被害人进行强制(即使是下药),再将其财物偷走,也构成抢劫罪。在盗窃过程中对被害人进行了威胁也构成抢劫罪。以暴力威胁时,暴力可以针对被害人,也可以针对其家人等其他人,但必须是迫在眉睫的暴力。

抢劫罪的成立一般不在乎财物的经济价值及数额,这是不同于盗窃罪的另一个地方。抢劫罪的轻重依据暴力因素的相关情节来区分,如帮助与实行的区别、有无伤害结果的区别、是否使用危险武器的区别等。佛罗里达州于1993年6月的一个制定法还专门规定了入室抢劫罪(home - invasion robbery),并归入一级重罪。同时,该法还规定了另一个特殊的抢劫情形——劫持汽车罪(carjacking),是指以暴力(尤其使用致命武器)劫取机动车的行为。联邦和许多州将此种行为从抢劫罪中分离出来作为独立罪名,是因为该罪常常表现出残忍特征。

2. 敲诈勒索罪。由于抢劫罪中的暴力具有当场特征或者即时性,那么,威胁将来使用暴力的情形不包含于其中,而这正是敲诈勒索罪的关键性条件。在普通法和较早的制定法中,该罪的主体是公职人员。后来国会和许多州都扩大了范围,任何个人都可以实施该罪。不过,在立法上,有的州将其作为"theft"的一部分,如得克萨斯州,有的州专门规定若干罪名,如马里兰州刑法典中的一般敲诈勒索罪、国家或者本地官员或者雇员的敲诈勒索罪和虚假指控的敲诈勒索罪。

## 三、侵犯公共秩序与道德的犯罪

侵犯公共秩序的犯罪主要有:破坏安宁罪(breach of the peace),挑斗罪(fighting),妨害治安、游荡和流浪罪(disorderly conduct, vagrancy, and loitering),当众酗酒和吸毒失控罪(public intoxication and drug incapacitation),非法集会、暴动和暴乱罪(unlawful assembly, rout, and riot),携带武器罪(carrying weapons),阻碍高速公路或者公共道路罪(obstructing a highway or public passage),虐待动物罪(animal abuse)等。侵犯公共道德的犯罪主要有;卖淫罪(prostitution),淫荡和猥亵罪(lewdness and indecency),鸡奸罪(sodomy),诱奸、乱性和通奸罪(seduction, fornication, and adultery),重婚罪(bigamy)等。这些犯罪基本上是轻罪,但涉及的问题重大——个人

行使言论自由、人身自由、保留隐私、持有武器等宪法权利的边界,关系到个人利益与公共利益的平衡。宪法确立的罪刑法定原则要求刑法必须明文规定其所要惩处的犯罪,不能模糊不清和模棱两可。因此,把握这些罪名及其要件,对于社会生活意义重大。

(一)侵犯公共秩序的犯罪

早期普通法主要关注的是维持安宁和秩序,几乎英格兰的大多数制定法都有"维持国家安宁"或者"侵犯国家安宁"的表述。当时,"率土之滨,莫非王土",国王就是国家,故"国家的安宁"即"the peace of the King"。相应地,美国各州刑法规定了"侵犯州的安宁和权威罪"(against the peace and dignity of the state)。在一般的意义上,所有犯罪都侵犯了国家或者州的安宁,但是,现代美国刑法的"侵犯公共安宁和秩序罪"(against the public peace and order)是指一类最低限度的较轻罪行。

1. 破坏安宁罪。这是一个兜底性的罪名,即下面要介绍的各种罪名其实都是破坏安宁的犯罪,却不能穷尽所有的破坏安宁的犯罪情形,故用本罪予以概括。但正是由于该罪名的概括性,其具体要件规定于维持安宁的相关制定法中,作为法院判决的依据,当被告人对这些依据提出质疑时,上诉法院就要进行是否违宪的判断。例如,某个州的一名被告人声称:"你是妓女的儿子,我要掐死你!"该州法院认定其犯有本罪,其依据是有关制定法明文规定的"冒犯和侮辱的语言会破坏安宁"。上诉法院维持原判,认为有关制定法合乎宪法。另一个州的一名被告人在学校放学后冲进女儿的教室并当着女儿和尚未离开的同学大声训斥老师,被法院认定犯有本罪,其依据是有关制定法明文规定的"任何人不得在学校场合或者当着学生的面对教师实施斥责、无礼或者辱骂的行为"。结果上诉法院认为该规定模糊不清而违宪。宪法第一修正案规定了个人的交流沟通权利,学生家长有权批评教师。既然学生家长可以在其他场合批评教师,也可以在学校这样做。不过,如果制定法从破坏学校正常秩序的角度去规定上述家长的类似行为,是可以被接受的。为了增加该罪的明确性,有的州直接规定该罪的一些行为类型,包括在公共场合寻衅滋事、制造噪声、污言秽语等。但这些规定的可行性还值得研究。

2. 挑斗罪。它是指挑起事端、寻衅滋事的行为。这里的行为既包括推搡拉扯、制造噪声等举动,也包括挑斗性的污言恶语,因为这种言语的作用并非引起正常的思想反应或者争论,而是会导致即刻的暴力反应,这不是宪法所要保护的。但要甄别一种言语是否具有挑斗性,常常并不是一件容易的事情。

3. 妨害治安罪。普通法中的该罪不是一个独立罪名,只是被包含于破坏安宁的犯罪。现今美国大多数司法区都将本罪的行为规定在轻罪的制定法中。许多州有《妨害治安法》,各地的构思不一,有时与《游荡行为法》之间形成等同或者包含的关系,有时也与规定猥亵罪的制定法并用。“游荡”(vagrancy)与“懒汉”(idle)相联系。普通法的游荡罪,是指成天从一个地点到另一个地点,没有任何正常的维生手段,身体有能力也拒不工作,靠他人的施舍度日。大多数《游荡行为法》的范围要宽于《妨害治安法》。该法引起人们对警察自由裁量权过大的质疑,认为执法中存在对于少数族裔和无家可归者的歧视。在实践中,也有此类制定法被宣布违宪的案例。1997 年,马萨诸塞州高等法院就认为该州规定的流浪者和乞丐未经准许进行挨家挨户乞讨接受施舍的制定法违反了宪法第一修正案。一些州和城市制定的禁止在一些公共场所乞讨、坐、躺的法规,有的得到支持,有的被否决。

4. 当众酗酒和吸毒失控罪。将此种行为犯罪化是因为其扰乱了公共秩序或者公共道德,并可能威胁到自身或者他人,还有可能诱使更多的人去实施此种行为。该罪名也引起是否违宪的争议,许多州甚至取消了该罪名。但在实践中,仍有许多人因为该罪的行为被投入监狱,这恐怕是各地未找到更好治理方式情况下的无奈之举。

5. 非法集会、暴动和暴乱罪。该罪是普通法中的轻罪。非法集会是指三人以上聚集干扰社会安宁,主观上是蓄意参与非法组织的暴力违法活动或者合法组织的未经授权的活动。如果一个组织仅仅是未经允许聚集起来,还没有着手进行暴力违法的目的行为,则属于非法集会;如果这种组织开始采取实施目的行为的步骤,则属于暴动;如果这种组织实行其目的行为,则属于暴乱。在美国现代制定法中,暴动与暴乱并没有严格区分,可用于指相同的情形。

6. 携带武器罪。在普通法上,携带武器被认为存在破坏安宁的危险,具体而言,威胁到民众,故为轻罪。美国大多数司法区都有关于售卖、持有、携带武器的规定,但五花八门,不一而足。美国面临的矛盾是:一方面,宪法规定了个人拥有枪支的权利;另一方面,枪击事件频发,且越来越多的青少年涉案。这引起了人们对控制枪支的重新思考及争议。1993 年 9 月,经过 5 天关于青少年暴力的特别会议,科罗拉多州通过法律,禁止不满 18 岁的人持有手枪,除非是打猎、打靶等。然而,由于各种复杂原因和认识分歧,美国的控枪至今举步维艰。

7. 阻碍高速公路或者公共道路罪。管理部门有权规范和控制街道、高速公路以及人行道的汽车和人流,处罚阻碍高速公路或者公共道路的行为。这本身不成问题。常常引起麻烦的是当局要压制其认为不正常的示威游行,问题集中在示威游行是否阻碍了高速公路或者公共道路。

8. 虐待动物罪。它通常是一个轻罪,但也有的州规定为重罪。就该罪的构成而言,关键在于行为人是否残忍地对待了动物,这个问题在动物实验领域比较突出。就该罪的刑罚来看,究竟应当设置多重的刑罚,也存在争议,一些案例中的被告人会因虐待动物被判处五六年监禁,遂有人质疑,对暴力侵害动物行为的惩处力度已经超过了对人的保护。

(二)侵犯公共道德的犯罪

法律有别于道德,但法律也有促进道德的功能,问题在于如何把握法律介入道德的界限,而这是一个相当棘手的问题。刑法规定了一些侵犯公共道德的犯罪,总是会引起较多的争议。

1. 卖淫罪。有些国家只处罚介绍卖淫的"拉皮条"行为,卖淫本身不是犯罪,但在美国,除了内华达州的一些郊县,卖淫行为均为非法。各州对卖淫罪的规定不尽相同。一般来说,卖淫,是指为了金钱或者酬劳而随意与他人性交的行为。在有的州,只有女性即"妓女"才能犯本罪,但也有的州将本罪主体规定为中性,男女皆可犯。从实践来看,因卖淫受到实际处罚的,主要是那些公开招揽嫖客的"站街女"。认定该罪的一个疑难是如何理解"性行为"(sexual activity)。宾夕法尼亚州曾发生过一个案例,一名男子在"身体诊疗室"里全裸身体,接受一名半裸女性从业者的按摩,其中包括为其"打飞机"(按摩生殖器促其射精),男子为此"服务"向女子付款。该女子被认定卖淫,判处其1年缓刑和750美元罚金。在另一个案例中,一个"性商店"设置了玻璃隔间,付钱的男性顾客可以隔着玻璃一边观看里面的裸女跳舞,一边实现"自慰",法院认定舞女卖淫,理由是,根据历史沿革,该州制定法卖淫罪中的"性行为"应理解为除了性交也包括"同性恋和其他非常规的性关系",故案中的行为属于"非常规的"性行为。上诉法院推翻了这一判决,认为过去"同性恋和其他非常规的性关系"的规定,其目的是要遏制多种性交易,不是对卖淫罪中性行为的定义,案中的行为的确属于性交易,但最多是一种窥淫交易,可以构成其他犯罪,不是卖淫,卖淫必须有至少二人之间的身体接触。

2. 淫荡和猥亵罪。该罪有轻罪与重罪之分。该罪的轻罪,如在公共场所裸体或者异性之间公然无耻地未婚同居等,处罚很轻。该罪的重罪,是指同性之间私密的性行为以及无论同性还是异性之间严重的性行为。尤其是,该罪包括与未成年人之间的无暴力的性行为。所谓"性行为",包括双方生殖器接触、口与生殖器接触、肛门与生殖器接触、口与肛门接触、手与肛门接触、手与生殖器接触等,或者少年儿童所参与的意在激起、诱发、满足性欲或者情欲的活动。最高刑可以是终身监禁。该罪要求蓄意而为，蓄意的内容包含下流成分。这又是通过客观的情节来把握的，例如，在公共海滩裸体日光浴，足以构成该罪。裸体日光浴本身并不违法，但在禁止裸体的公共场所这样做，会被经过的其他人看见，就是蓄意下流地展示身体了。相反，在荒僻的海滩裸体日光浴，就不能说明行为人有着下流的蓄意。一般来说，各州都禁止在公共场合全裸或者刻意展露生殖器的行为。

在美国，裸露身体与法律的关系是一件并不简单的事情，在什么场合可以裸露什么部位，围绕裸露有什么权利和义务，始终成为司法上的难题。1992 年，22 名普林斯顿大学学生被捕，原因是他们裸跑穿过了新泽西州的普林斯顿小镇。本来，普林斯顿大学有个持续多年的传统习惯，就是在初雪降临时，二年级本科生在校园里裸跑。一些学生也会跑过小镇。不过，那年警方预计裸跑人数较多，事先警告学生的活动限于校园，但一些冒险分子还是跑到小镇上，并且经过餐馆和其他设施，惊动了当地居民。学生被指控淫荡罪，面临 6 个月的监禁。后来通过辩诉交易，以学生认罪换取 100 美元罚金和执行社区服务令以及没有犯罪记录的处理。该年“裸体奥运会”有大约 350 人参与和数量相当的观众，活动中，学生们过度饮酒，乱扔酒瓶，随地小便，一片混乱，6 名学生酒精中毒住进医院。对此，普林斯顿大学官方表示极为担忧，不能容忍，希望结束这项传统，但也指出这不是校方能够防止的事情。1999 年，学校师生委员会建议禁止这一赛事，将来参与的学生要被推迟一年毕业，次年 1 月出台了禁止性规定，虽然一些学生威胁说还要裸跑，但初雪来临的那天并没有大规模裸跑死灰复燃的迹象。

3. 鸡奸罪。在性犯罪类别中讨论过的鸡奸罪涉及暴力因素。这里的鸡奸罪则是指非暴力的情形，是指一个人的生殖器与另一个人的肛门交合或者接触的行为，以及人与动物之间的性行为。但如前所述，一些州认为非暴力非强迫的这类行为不宜用刑法干涉，属于私人领地，故废除了该罪。

4. 诱奸、乱性和通奸罪。普通法上没有诱奸罪，但美国的许多司法区规定了该罪，而且曾经是重罪。有一些司法区认为，如果诱奸之后双方结婚，便不再是犯罪。现代趋势是取消该罪。但是，行为人以欺骗或者吓唬的方法诱使他人同意与其进行性行为，仍然是犯罪。乱性罪和通奸罪也不是普通法罪名，而是由美国的一些制定法规定的。乱性罪通常是指未婚两性之间的非法性交。在爱德荷州，犯乱性罪，行为人要被处以 300 美元以下罚金或者 6 个月以下监禁，可以并罚。乱性罪也适用于他人婚姻中的“第三者”——与已婚夫妻一方非法性交的人。另一些州不仅处罚

"第三者",也处罚与其非法性交的夫或者妻一方,这种双方的犯罪即为通奸罪。但在一些州,通奸罪不是处罚"第三者",而是处罚与第三者非法性交的夫或者妻一方。早期的通奸罪,只有妻子一方才能构成,丈夫与妻子之外的女子性交则不是犯罪。现代的通奸罪是指有配偶的人与他人性交或者与有配偶的人性交的行为。有的州将通奸罪细分为单方通奸与双方通奸,前者是指通奸关系中的一方已婚,后者是指双方已婚。现代趋势是完全取消通奸罪。

5. 重婚罪。与通奸一样,重婚也是涉及家庭的犯罪,是指行为人明知另一个婚姻关系尚未解除而有意地缔结新的婚姻关系。这也不是普通法上的犯罪,却是一个教会法上的犯罪。1603 年,英国国会将重婚规定为犯罪,并且是可以适用死刑的重罪。美国也较早规定了重婚罪,但很少实际地应用。

## 四、侵犯政府管理的犯罪

上面介绍的各种犯罪主要发生在个人之间,即行为人是个人,被害人也是个人,犯罪人直接针对的是私权利,或者说,刑法之所以惩治这些行为,旨在保护私权利。相反,这里涉及的犯罪,直接侵害的是公权力,"受害者"是国家、政府、管理部门。其中,既有个人直接挑战公权力的行为,包括叛国罪(treason)、伪证罪(perjury)、妨害司法罪(obstruction of Justice)、拒捕罪(resisting Arrest)、逃跑罪(escape)、藐视罪(contempt)等,也有代表公权力的个人滥用或者亵渎公权力的行为,包括受贿罪(bribery)、渎职罪(official misconduct in office)等。

(一)叛国罪

美国刑法的叛国罪可有狭义与广义之分。本标题属于广义。狭义的叛国罪,是指意图颠覆政府或者投靠外国势力以反对政府的行为。这是侵犯政府管理的犯罪乃至整个刑法中最为严重的罪名,也是唯一由美国宪法直接规定的罪名。《美国宪法》第 3 条第 3 款规定:"对合众国的叛国罪只限于同合众国作战,或依附其敌人,给予其敌人以帮助和鼓励。无论何人,除根据两个证人对同一明显行为的作证或本人在公开法庭上的供认,不得被定为叛国罪。国会有权宣告对叛国罪的惩罚,但因叛国罪而剥夺公民权,不得造成血统玷污,除非在被剥夺者在世期间,也不得没收其财产。"广义的叛国罪,是指《美国联邦刑法》第 115 章规定的"叛国、叛乱和颠覆活动罪",包含了狭义的叛国罪以及与其相关的若干罪名——藏匿叛国者罪(misprision of treason)、叛乱罪(rebellion or insurrection)、阴谋叛乱罪(seditious conspiracy)、鼓吹颠覆政府罪(advocating overthrow of government)、削弱武装部队罪

(activities affecting armed forces generally)、为敌军招兵罪(recruiting for service against United States)、参加敌军罪(enlistment to serve against United States)。实践中,美国适用这些罪名处理的案件并不多,总共只有几十例。

1. 叛国罪。该罪的成立要件有:(1)对政府(联邦或者州)有效忠义务。对政府具有效忠义务的是美国公民。本来具有美国公民身份,但由于某种原因而丧失或者放弃这种身份,也不影响效忠义务的认定。(2)实施了违反效忠义务的行为。仅仅有叛国的想法不足以构成本罪。违反效忠义务的行为包括对美国发动战争、支持美国的敌人,如为反对美国的势力提供武器装备、将逃兵和罪犯交给敌人等。(3)蓄意实施违反效忠义务的行为。即被告人知道自己行为的助敌资敌性质而决意实施。被告人在法庭上当众坦白或者有两名以上的证人举证,都可以据此认定这种蓄意。《美国联邦刑法》规定,犯叛国罪,处5年以上监禁和10,000元以上罚金。

2. 其他叛国罪名。联邦刑法的规定是:(1)藏匿叛国者罪,是指明知他人实施了叛国罪,对其加以隐藏、不予揭露、不向政府报告的行为。犯该罪,处以罚金或者7年以下监禁,可以并罚。(2)叛乱罪,是指煽动、着手、协助、从事针对美国政府和法律机构的叛乱行为,或者对这些行为予以鼓励的行为。犯该罪,处以罚金或者7年以下监禁,可以并罚,还可以剥夺在美国担任任何公职的资格。(3)阴谋叛乱罪,是指二人以上共谋以武力颠覆、推翻、摧毁美国政府、对其发动战争、与其对抗,或者以武力妨碍、阻止、延迟美国法律的实施,或者以武力控制、取得、占有国家财产并以此对抗政府等行为。犯该罪的上述各项行为,均可处以罚金或者20年以下监禁,可以并罚。(4)鼓吹颠覆政府罪,是指蓄意鼓吹、教唆、劝说、教授他人瓦解或者摧毁任何一级美国政府的税收、必需品、威望、礼仪;或者对任何一级的政府及其工作人员施用武力、暴力、暗杀;或者以蓄意引起颠覆或者摧毁任何一级政府为目的,印刷、出版、编辑、发行、传播、出售、分发、公开展示任何含有上述内容的作品或者印刷品;或者组织、帮助、意图组织任何打算实施上述行为的人构成的社团或者集会,或者明知是这样的社团或者集会而参与的行为。犯该罪,处以罚金或者20年以下监禁,可以并罚。(5)削弱武装部队罪,是指战时有意制作或者递交虚假报告或者陈述,蓄意妨害美国武装部队运作和效能,或者促进敌军的效能,或者有意引起或者企图引起武装部队人员违抗命令、违背忠诚、实施叛乱、拒绝履职,或者有意妨碍兵员征召和入伍服役,或者企图这样做的行为。犯该罪,处以罚金或者20年以下监禁,可以并罚。如果二人以上共谋上述罪行,一方或者双方实行共谋内容,依照上述刑罚处罚。如果明知、有合理根据相信或者怀疑他人已经实施、准备实施上述罪行，处以罚金或者10年以下监禁，可以并罚。(6)为敌军招兵罪，是指在美国境内或者司法管辖区招募士兵或者海员参加敌对武装，或者为此开设招募站的行为。犯该罪，处以罚金或者5年以下监禁，可以并罚。(7)参加敌军罪，是指在美国境内或者司法管辖区参加敌对武装，蓄意与美国作战。犯该罪，处以罚金或者3年以下监禁，可以并罚。

(二)公职人员违背职责的犯罪

这是以公职人员为主体且与其担任的公共职责有关的犯罪，主要包括受贿罪与渎职罪。

1. 受贿罪。该罪古已有之，是普通法上的轻罪，当时主要适用于收取贿赂的司法裁判人员。制定法已从受贿罪延伸到行贿罪。因此，"bribery"既包括受贿罪，也包括行贿罪。这里从公职人员的角度，重点关注受贿罪。受贿罪的主体早已不止是司法人员，也包括其他公职人员。而且，未遂的受贿行为也构成犯罪。该罪现在是严重的犯罪，也是美国宪法规定的弹劾总统、副总统以及其他文职官员的两项罪名之一，另一罪名是叛国罪。

在美国的许多司法区，受贿罪包括：公务上的受贿、准公务上的受贿和职业上的受贿。任何执行公务的人员（公务员、雇员、副职官员）都可以构成公务受贿罪。现在的趋势是扩大到陪审员、证人、选举人等。准公务受贿罪是受贿罪进一步扩展的结果。一些州认为准公务也事关重大，容不得腐败。准公务人员包括公共组织的官员和雇员，为确定公共职务候选人提名而举行立法会议、政治会议、委员会、政治集会的负责人和成员，劳工组织的代表。实践中，一些社会岗位既不是公职也不是准公职，但其所需要的诚信和公正同样重要，这就使得职业受贿罪成为必要。这类行为主要发生在商业结算、贸易或者专业领域以及体育活动中。

除了受贿罪的主体之外，要求行为人蓄意收受贿赂。必须证明，行贿人为了影响官员的决定，给予其好处。必须证明被告人收受了来自行贿人的礼物并蓄意作出对行贿人有影响的决定。被告人的蓄意通过情节加以证明。同时还须证明，收受钱财的公务人员对行贿人请托的事项具有控制权力。受贿罪往往与其他一些罪名密切联系，如渎职罪、接受非法馈赠罪、私了罪、共谋罪、妨害司法罪、敲诈勒索罪等。此外，还有收买陪审员罪。在司法实践中，可能认定其中一个罪名，也可认定多个罪名。

2. 渎职罪，是指公务人员履行职责过程中有意实施的非法行为。该罪包括不履职、越权、滥权等行为。渎职是普通法上的犯罪,可处以监禁、罚金、开除公职。该罪与受贿罪相并列,各自独立。但有时,公职人员会同时触犯两个罪名。渎职罪的主体是公务人员或者执行公务的人员。渎职行为必须发生在执行公务的过程中。在越权的情况下,公务人员形式上是在执行公务,因而也能发生渎职。该罪的主观要件是不怀好意的蓄意。

(三)妨碍公共权力的犯罪

这是除叛国罪之外的对抗和挑战司法和执法的其他犯罪,主要包括伪证罪、妨害司法罪、拒捕罪、逃跑罪、藐视罪等。

1. 伪证罪,是指行为人在司法程序中违背誓言提供虚假证言的行为。该罪在早期普通法上是可处以死刑的重罪,后来减为流放和割舌,又后来减为没收财物,再后来减为罚金和监禁。并且,被认定该罪的人永远不能到法庭上宣誓作证。普通法上也有教唆伪证罪,与作伪证者同罚。除了司法诉讼过程中的伪证罪,现实中还有许多方面的伪证行为要被追究刑事责任,但这些行为被归于虚假誓言罪。美国联邦刑法规定的伪证罪和教唆伪证,其犯罪的场合包括法庭审理和大陪审团听证。各司法区除了规定伪证罪、教唆伪证罪和虚假誓言罪,还规定了对当局造假罪、向公共安全机构虚假报警罪、向执法机构虚假报告罪、拉拢或者报复证人或者举报者、篡改或者制作物证、篡改公共记录或者信息、冒充公务员等犯罪。

2. 妨害司法罪。早期普通法规定了该罪,是指干涉民事和刑事审判程序正常进行的行为,主要包括拉拢陪审团、干预公职人员履行职责、阻止或者拒绝出示证据、胁迫证人、收买法官、证人或者陪审员。美国的大多数司法区都追究这些行为的刑事责任,或者认定为本罪,或者认定为其他相关罪名,如藐视罪、共谋罪、伪证罪、收买陪审员罪、贿赂罪、敲诈勒索罪等。该罪可由司法和其他公职人员实施并可构成渎职罪。

3. 拒捕罪,一般是指拒绝和抵抗执法者对其进行逮捕的行为。但也有观点认为,凡是干扰和阻碍警察执法的行为都可构成拒捕。那么,个人是否能够以平和的方式拒绝警察非法的逮捕?肯定说认为非法逮捕侵犯了公民自由,故可以反抗。否定说认为司法程序为公民提供了救济渠道,不应通过拒捕来维权。不过,共识之处是以危险方式拒捕不能被允许。一些州依据是否导致伤害结果或者是否具有使用武器等危险情节来区分轻罪的拒捕罪和重罪的拒捕罪。

4. 逃跑罪,一般是指被羁押的人员从警察局或者监狱逃离的行为。该种罪行是没有使用暴力的情形,故为轻罪,否则,就构成更为严重的越狱罪(breach of pris-

on)。该罪发生在被告人被合法关押的场合,其行为可以是擅自离开没有隔离设施的羁押场所,或者经准许外出和休假后拒不返回。如果因羁押场所条件恶劣且存在人身隐患经反映又得不到解决而导致人犯逃跑,一些州并不会就此追究责任,但在问题得到解决之后仍不回归,则构成本罪。

该罪的行为要件是"离开"或者"脱离"(departing)。在监狱里拒不工作属于违法但不构成本罪,因为行为人并未离开监狱。该罪的犯意是蓄意离开,被告人只要超越了羁押场所划定的界限,就推定其具有离开的蓄意。如果被告人在外力强迫之下无奈离开监狱,可以成为抗辩事由。例如,一名囚犯受到多名狱友威胁,被要求提供性服务并被轮奸。他曾向监狱当局反映此事,却渺无回音,后不堪忍受凌虐而逃跑。如果被告人没有向当局反映,或者反映之后没有经过合理的处理时间,则受到威胁的事实不能成为该罪的抗辩。

逃跑罪的相关犯罪还有逃亡(fugitive)、父母绑架(parental kidnapping)、拒不援助警官(refusing to aid an officer)、缓刑或者假释期间违规(violating probation or parole)、保释期间逃离(jumping bail)或者拒绝出庭(failure to appear)、允许或为逃跑提供便利(permitting or facilitating escape)、提供逃跑工具(providing implements for escape)、擅自脱离社区矫正机构或者指定地点(unauthorized absence from community corrections facility)等。

5. 藐视罪,是指执意不服从或者不理会正在执行的公务,或者对法庭进行阻断、妨害、羞辱,或者妨碍司法或者其他公务程序。该罪分为直接藐视和间接藐视两种情形。前者是指在法庭上当场对法官说粗话等行为。后者是指在法庭之外贬低或者干扰程序的行为。藐视法庭或者立法机构的行为既有犯罪也有民事违法,其间的界限有时并不十分清楚。因此,刑法具体规定藐视罪是必要的。例如,蒙大拿州刑法典规定该罪的具体情形有:(1)在法院开庭过程的现场,行为人当场实施不服从法庭秩序的傲慢无礼行为,当场和直接导致庭审中断或者损害了法庭尊严。(2)不保持安静,制造杂音,或者其他干扰行为,导致法庭程序中断。(3)执意不服从或者拒绝任何法律程序或者法庭的命令。(4)任何法庭程序要求的证人非法拒绝宣誓,或者在宣誓后拒绝回答任何合法且恰当的质询。(5)蓄意发表关于法庭程序的虚假或者严重失实的报告。(6)执意不服从与陪审事宜相关的程序指令和告诫。凡是实施了上述行为,则构成藐视罪,处以 500 美元以下罚金或者 6 个月以下监禁,可以并罚。

## 五、其他类型的犯罪

犯罪分类的多种角度，决定了任何一种犯罪分类都难以避免有一些交叉，并且，任何一种犯罪分类都难以完全合理地决定全部罪名的归属。例如，环境犯罪、经济犯罪、毒品犯罪、白领犯罪、计算机犯罪、恐怖主义犯罪，尤其是有组织犯罪，都很难按照上述归类获得自身的准确定位。因此，任何犯罪分类只具有相对的意义，是一种大致的框架，总是需要用“其他”来作些补充。这里的所谓“其他类型的犯罪”，与上述犯罪类型相比，其实是从另一个方向进行的分类，它从特定的犯罪要素（如对象、主体、手段、动机等）出发，将上述犯罪分类中的相关犯罪串联起来集中加以审视，有助于把握其规律，有利于对其进行遏制。

### （一）白领犯罪或经济犯罪

所谓“白领”，是指具有较高社会地位的犯罪主体，通常是坐在办公室里的“成功”人士，常常是具有高学历、高智商、高技术的单位中高层主管和专业人员，这些人员的生活具备较稳定的经济保障，其一旦犯罪，更为隐秘和容易，手段更为复杂，获利更大甚至惊人。因此，“白领犯罪”的概念有利于专门针对这类主体加以防范。一般来说，“白领犯罪”的内容主要涉及商业或经济领域，包括逃税罪、垄断罪（托拉斯犯罪）、虚假报表罪、银行诈骗罪、邮政和网络诈骗罪、医疗诈骗罪、走私罪、洗钱罪、证券诈骗罪、强制交易罪、侵犯商业秘密罪、环境犯罪、计算机犯罪等。

不过，“白领犯罪”并非严谨的刑法概念，至多只是一个犯罪学上的概念。其实，“白领犯罪”所具有的“办公室”特征，更主要的是与“街头”犯罪形成鲜明对比，但后者也可包括涉及商业或经济的犯罪。上面列举的“白领犯罪”，也可以被“街头”人士所实施，只是“白领”人士犯这些罪会显得更为突出罢了。站在刑法的角度，重在认定和处置犯罪，关注的是犯罪的行为内容，并不在意一个任何人都可以构成的犯罪的主体身份，因此，与其使用“白领犯罪”，还不如使用“经济犯罪”（business crime 或者 economic crime）。事实上，“20 世纪 70 年代以来，美国存在着以经济犯罪的概念取代白领犯罪的概念的趋势”。〔74〕

经济犯罪不同于财产犯罪，尽管经济犯罪也是涉及财产的犯罪。财产犯罪产生于自然经济，主要围绕相对简单和稳定的财产所有权和债权关系，经济犯罪则适应发达的市场经济的需要，针对纷繁复杂的经济关系。经济犯罪的危害是财产犯

---

〔74〕　参见储槐植：《美国刑法》（第 2 版），北京大学出版社 1996 年版，第 235 页。

罪所无法比拟的，经济犯罪以外的所有犯罪（包括财产犯罪）造成的经济损害加在一起还远远不及一种经济犯罪（如逃税罪）所造成的损害。[75] 因此，追究经济犯罪的刑事责任是非常现实的任务。

美国的经济犯罪大多规定于刑法典之外的经济立法和经济管理行政法规文件当中。这些规定与刑法的一般原理，是对经济犯罪定罪量刑的依据。

（二）有组织犯罪及恐怖主义犯罪

在美国的禁酒时代，出现了有组织的贩运酒品的犯罪，后来演变到组织卖淫等非法勾当的犯罪。20 世纪中期，“犯罪辛迪加”（犯罪组织）扩展到高利贷、赌博、毒品和敲诈勒索等非法活动。犯罪组织通过其复杂和秘密的人员网络，对正常的商业活动进行渗透和操控。传统刑法针对特定的行为来定义犯罪，已经不适应不断发展的有组织犯罪了。甚至可以说，传统的犯罪定义已经在刑事司法体系中失效了。为了应对有组织犯罪，国会于 1961 年通过了三个制定法。这些法律授权 FBI 对赌博犯罪、在州际和到外国旅行或者为了帮助敲诈勒索而运输赌博用具、非法赌博等进行司法管辖。一些可以归为白领犯罪的罪名，也可以归入有组织犯罪，如洗钱罪、敲诈勒索罪等。但是，有组织犯罪不限于经济，往往也渗透到政治和社会其他领域。

恐怖主义犯罪通常是有组织犯罪。美国发生震惊世界的“9·11”事件之后，立即加大反恐力度，在不到两个月的时间里，美国总统乔治·W. 布什签署了《提供所需要的适当手段遏止恐怖主义以使美国团结和强大》法案（Uniting and Strengthening America by Providing Appropriate Tools Required to Intercept and Obstruct Terrorism，以下简称《爱国者法案》），该法案在参众两院以压倒性优势获得通过，整个立法过程未经公开听证和公众讨论。尽管这一法案当时适应了反恐急需，但显著强化政府及执法部门的行政权力，积极和加深对大众日常生活的介入，增加对公民个人权利的诸多限制，有矫枉过正的违宪之嫌，日益引起美国国内的忧虑情绪，安全与自由的关系成为矛盾的焦点。尽管《爱国者法案》有 16 个条款被设定为所谓“日落条款”，即确定了 4 年的有效期，以便国会能重新审视这些条款的授权，然而，该法案一旦通过，其所确定的条款内容基本不会被删除，除非实践表明有重大问题。事实上，其中的 14 个条款到期后成为永久性条款，其余两个再次被设定为“日落条款”。直到 2013 年 6 月，美国国家安全局外包商雇员爱德华·斯诺登（Edward Snowden）公开披露美国执法机构在全球范围大规模监听私人电话和网络信息的真

[75] 参见储槐植：《美国刑法》（第 2 版），北京大学出版社 1996 年版，第 237 页。

相，引起了广泛的质疑和谴责，美国国会才开始真正重视基于安全及反恐而在政府执法权力与公民个人权利之间发生的冲突。参众两院提出的若干法案倾向性不一。2013 年，众议院议员吉姆 · 森森布雷纳（Jim Sensenbrenner）提出的《兑现权利并终止窃听、网罗式信息搜集和互联网监控以使美国团结和强大》（Uniting and Strengtheming America by Fulfilling Rights and Ending Eavesdropping, Dragnet - collection and Online Monitoring Act，以下简称《自由法案》），该议员也正是《爱国者法案》的提出者。经过一番艰苦博弈，先后在2014 年5 月22 日和2015 年6 月2 日，该法案获得众议院和参议院的通过。作为讨价还价妥协的产物，《自由法案》在一定程度上限制了政府大规模收集公民通信信息的权力，但仍然保留了这些权力。[76]如今，美国反恐法律的具体措施，仍然在权力与权利的冲突中展开。

（三）毒品犯罪和酗酒犯罪

这两类犯罪在普通法上几乎不存在。现代社会意识到它们的严重危害，故以制定法加以规定，常常被归为侵害公共道德的犯罪。就毒品犯罪而言，不仅是个道德问题，而且带来了经济、社会和健康等诸多问题。毒品的流通滋生暴力犯罪和公职人员的腐败。根据20 世纪中期美国司法研究所对23 个大城市所做的一项调查，被逮捕者中毒品测试呈阳性的在 39% ~90%，足见毒品与犯罪的密切关系。毒品在有组织犯罪中也扮演了主角。20 世纪 80 年代末，美国开展了一场“反毒战争”，虽然效果有限，但产生了积极影响，青少年吸毒比例到 20 世纪 90 年代逐渐下降。但也有人认为这场“战争”已经失败，禁止毒品的立法使其形成规模庞大的地下经济，还不如将其合法化严格控制。主张合法化的毒品主要限于大麻。如今，这已经在一些地方成为现实，但也引来了许多民众的强烈反对。

20 世纪初，美国民众对酗酒深恶痛绝，国会通过宪法第 18 修正案，在全国范围禁止制造、销售和运输酒精饮品。这个 1919 年的禁酒令大大助长了进行地下交易的犯罪集团的发展，促进了有组织犯罪。最终禁酒令被 1933 年通过的宪法第 21 修正案取消。不过，仍然保留了政府禁止或者规范酒类的制造、销售和使用的一定权限。尽管现今到处都在卖酒，但全美仍有一些所谓“禁酒县”，主要在南部和中部，禁止售卖全部或者某些酒品。所有的州都对酒品的销售和使用进行了规范，并保留了与酒有关的犯罪。有两个罪名直接针对过量消费酒品的行为：当众醉酒罪和醉酒驾驶罪。

---

〔76〕 参见夏菲：《美国反恐法律的实践及其借鉴》，载《法学》2017 年第 7 期。

# 第三章　加拿大刑法

加拿大是一个联邦制国家，由首都渥太华、10个省和3个联邦地区组成。由东至西，10个省分别为：纽芬兰(Newfoundland)、新斯科舍(Nova Scotia)、爱德华太子岛(Prince Edward Island)、新不伦瑞克(New Brunswick)、魁北克(Quebec)、安大略(Ontario)、曼尼托巴(Manitoba)、萨斯克彻温(Saskatchewan)、阿尔伯塔(Alberta)、不列颠哥伦比亚(British Columbia)。3个联邦地区是育空地区(Yukon Territory)、西北地区(Northwest Territories)、纽那瓦地区(Nunavut)。加拿大地广人稀，接近1000万平方公里的国土上，只有3500万左右的人口。据统计，在2011—2012年度，加拿大的囚犯是每10万人中有118人，不仅低于美国，而且也低于澳大利亚和英国。然而算下来，全国一年毕竟也有几万名在押囚犯。从犯罪的危害来看，则影响广泛，不容轻视。2009年，有1/4的加拿大人成为犯罪的被害人，这些犯罪大多是盗窃个人与家庭财产。除此，最常见的案件是危险驾驶罪(11%)、普通威胁罪(10%)、不遵守法庭秩序罪(9%)。[1] 当然，杀人等重罪也时有发生。因此，刑法在加拿大的社会生活中具有重要意义。

考虑到犯罪黑数，实际的犯罪数据更高。例如，大多数遭受财产和人身双重侵害的人都不向警方报告，报案率不足三成。2013年，报警的罪案是180万起，是1973年以来的最低，比上一年减少8%；报案的杀人罪有505起，是1996年以来的最低，也是1966年以来的最低，且79%的报案是非暴力犯罪。报案数下降，可能显示了犯罪预防的效果，也可能是因为复杂的原因。就已有的报案而言，大部分没有形成起诉；起诉的案件中，大多数在庭外解决，进入审判的案件不到10%；进入审判的案件，判决结果有40%是无罪释放；无论有罪还是无罪的判决，很少上诉；有罪的裁决中，只有1/3导致关押；关押案件中，86%的刑期是6个月以下；等等。[2] 那

〔1〕 See Kent Roach, *criminal law sixth edition*, $6^{th}$ ed. (Toronto: Irwin Law Inc., 2015), pp. 1-2.

〔2〕 See Kent Roach, *criminal law sixth edition*, $6^{th}$ ed. (Toronto: Irwin Law Inc., 2015), pp. 2-3.

么,各种犯罪如何受到刑法的制裁或者被刑法"消化"？加拿大刑法的罪刑标准究竟如何？对此,需要一个较为全面的了解。

## 第一节 加拿大刑法的基本情况

对加拿大刑法做一纵向和横向的概观,有助于把握它与英国刑法和美国刑法以及其他英美法系国家刑法的异同,从而凸显其独特之处。

### 一、加拿大刑法的历史沿革

最早时的加拿大住着印第安人和因纽特人,过着较为原始的生活。1534 年,法国人雅克·卡蒂埃踏上加拿大土地,随后在他到达的魁北克宣布加拿大归法国所有,开启了法属殖民地时期,法国的法律制度也逐渐地被带到了他们所称的"新法兰西"地区。随着英国对法国作战的胜利,加拿大进入了英属殖民时期,除了魁北克,法国法律最终让位于英国法律。在殖民时期,加拿大实行的法律制度实际上是法英两国的习惯法及其本地习惯法。1867 年,根据英国颁布的《不列颠北美法》(British North America Act),加拿大联邦成立,由英国的殖民地变成了自治领。自此,与主权独立国家的趋势相适应,加拿大制定了包括刑事法律在内的一系列法律。一方面,这一时期的加拿大法律制度越来越多地受其邻居美国的影响,美国模式的色彩越发明显。另一方面,1918 年成立的"加拿大统一法律会议"对于包括刑法在内的加拿大法律的统一性、法典化和本土化做出了贡献。1982 年 3 月 9 日,英国议会批准了加拿大议会提交的《宪法法案》,4 月 17 日英国女王伊丽莎白二世亲赴渥太华,正式签署该法案,加拿大真正成为独立的主权国家。虽然加拿大作为英联邦国家,英国女王还是被尊为其元首,加拿大仅设总督,但这些都只具有形式意义,包括刑法在内的加拿大法律制度已经走上了自主发展的道路。〔3〕

以英国 1867 年颁布的《不列颠北美法》为界,之前的加拿大适用英国刑法,之后的加拿大有了制定刑法的权限。根据 1867 年的《加拿大宪法法》,联邦国会有权制定刑法;省议会有权规定本省的刑事司法制度和刑罚事宜。可见,虽然加拿大的刑法立法权由联邦和各省分享,但与美国不同的是,加拿大的实体刑法立法权,尤其是犯罪的界定权,集中掌握在联邦手里。此后近 30 年间,联邦议会制定了许多单

〔3〕 参见王立民主编:《加拿大法律发达史》,法律出版社 2004 年版,第 1 ~ 12 页。

行刑法。同时,加拿大立法者以英国律师、法官和作家詹姆斯·史蒂芬于1879年拟定的《英国法典草案》为模板,并且,在加拿大法学家乔治·博比奇的影响下,着手制定一部系统的刑事法律。1892年7月,《加拿大刑事法典》(Criminal Code of Canada)被正式推出。该法典的官方全称是"An Act Respecting the Criminal Law",即《刑法法》。[4] "Criminal Code of Canada"之所以没有被我国学者中译为《加拿大刑法典》,因为它是"系统规定大多数犯罪和诉讼程序的法律",[5]"这是一部包括刑事实体法与程序法在内的综合法典"。[6] 迄今100多年的时间里,《加拿大刑事法典》(以下简称《刑事法典》)在始终保持基本结构和内容的同时,也与时俱进,不断被修正。比较突出的是1906年、1927年、1955年和1985年几次大的修正。尤其是,1955年的刑法修改强调了严格的罪刑法定原则,在将制定法的罪名进一步集中的同时,也对普通法罪名进行清理,普通法罪名除非经由《刑事法典》明确,已经失去了直接的法律效力,在原则上废除了普通法犯罪,从而在英美法系国家率先结束了法官创制新罪的历史。自此,凡刑法无明文规定的,加拿大法官不能作出有罪判决。[7] 不过,判例仍然是重要的释法方式。虽然加拿大并没有遵循先例的判例法,即法院不受先前判例的约束,但法官不仅不会轻易否定先前判例,而且仍把判例视为重要的参照,因此,律师办案时需要收集和援引判例,以充分说明法条中的标准。而且,普通法仍在一定范围的事项上适用,故不失为加拿大刑法的一个渊源。1985年,再一次系统地对联邦制定法的有关刑事法律规定进行整合或者吸收。例如,随着社会进步和技术的发展,出现了规定驾驶汽车时打电话犯罪和网络犯罪等新的制定法,就需要将其纳入《刑事法典》统一规制,从而形成了《刑事法典》目前的版本。除了综合性修订,局部的修正也根据需要经常进行。例如,1968—1969年的修正法案将成人之间相互同意的同性恋行为非犯罪化,将堕胎、避孕和博彩等合法化,补充了持有新枪的限制,以及醉酒驾驶嫌疑人的酒精检测的权威标准。1985年之后,《刑事法典》的修订工作仍在继续。例如,在美国"9·11"事件之前,《刑事法典》几乎没有关于恐怖主义犯罪的规定。之后为了应对形势,加拿大国会制定了《加拿大反恐怖主义法》(Canadian Anti Terrorism Act),即《C36法案》(Bill C-36)于2001年12月18日获得通过。该法规定了资助恐怖主义的犯罪,以及参与、帮

[4] 我国对"criminal law"的中译通常为"刑法"。

[5] See the article, *Criminal Code of Canada* , from Wikipedia, the free encyclopedia.

[6] 参见杨诚:《〈加拿大刑事法典〉:评价与借鉴——中译本代序》,载《加拿大刑事法典》,卞建林等译,中国政法大学出版社1999年版,第3页。

[7] 参见王立民主编:《加拿大法律发达史》,法律出版社2004年版,第303页。

助、指示、包庇恐怖主义犯罪的行为,对恐怖主义犯罪主犯的最高刑罚为终身监禁,对从犯的最高刑罚为14年监禁,还规定建立恐怖主义组织清单,冻结和没收其财产。由于对《刑事法典》的多次修改,加之《加拿大权利与自由宪章》(以下简称《宪章》)赋予的法律审查机制,《刑事法典》的大量法条被加拿大最高法院否定,因为它们被确认侵害了宪章规定的个人宪法权利,违宪条文或被新的立法完全取消,或被废置而失效。这就使《刑事法典》的现有文本在许多地方并不是很连贯和完整,但这恰恰记录了该法典的历史变化。

## 二、加拿大刑法的主要渊源

加拿大刑法主要有三个渊源:宪法、制定法和普通法。三者并不是平分秋色的关系,而有位阶顺序。首先,宪法处于最高地位,故立法机关创制的犯罪可以因违宪而被法院推翻。其次,立法机关的制定法优于法官创制的普通法,只有在制定法没有规定的领域或者事项上才适用普通法,立法机关可以通过明文规定取消或者取代普通法上的相关惯例。最后,法官在各种刑法渊源中都居于关键地位,不仅创制了普通法,而且解释制定法,包括宪法。

### (一)加拿大刑法的宪法渊源

根据1982年《宪法法》第52条第2项,加拿大宪法的构成如下:(1)加拿大1982年《宪法法》(Constitution Act,1982)。该法以《宪章》(Canadian Charter of Rights and Freedoms)为序。(2)1982年《宪法法》附表所列的30项制定法。其中,最重要的是1867年《宪法法》,即《不列颠北美法》。(3)涉及上述两项的若干修正案。加拿大最高法院认为,1982年《宪法法》附表并未穷尽加拿大宪法的渊源,还应当包括联邦建立之前的许多法律和一些不成文的内容。对此,最高法院有权进行补充。这一权力得到《宪法法》的承认。

从当前来看,与刑法关系最为密切的是1982年《宪法法》中有关个人权利的规定——《宪章》。《宪章》是一部权利法案,旨在保护生活在加拿大的人们的政治权利和民事权利免受政府政策和行动的侵害,将加拿大的一整套宪法原则体现为具体的相关权利。这些权利是:(1)基本自由权利,包括道德自由、宗教自由、思想自由、信仰自由、表达自由、新闻传媒自由、和平集会自由和结社自由。(2)民主权利,通常是指参与政治活动和民主组建政府的权力,包括选举和担任立法机构成员的权利。(3)迁徙权利,包括进入、逗留和离开加拿大的权利。加拿大公民和永久居民有权搬迁到或者居住在任何行政区安家立业。(4)法律权利,是指受到司法体系和执法机构服务和保护的权利,包括生命、人身自由和安全的权利、不受非法搜查和逮捕的自由权利、不受非法拘禁的自由权利、得到法律援助和人身保护令的权利、在刑事程序中获得无罪推定的权利、不受酷刑的权利、不自证无罪的权利、在法庭上辩解的权利。(5)平等权利,是指受到平等法律对待的权利、获得平等法律保护和救济而不受歧视的权利。平等保护包括加拿大人的机会平等、为平等提供经济保障、为社会消费提供政府的平等服务,以及联邦政府要确保平等的待遇等。(6)语言权利,一般是指在加拿大与联邦政府和某些省的政府之间进行联系时使用英语或者法语的权利、少数民族使用自己语言接受教育的权利。(7)其他权利,是宪章没有规定但也承认的权利,如男女平等、宗教学校的保留等权利。所有这些权利之所以对于加拿大刑法非常重要,是因为该《宪章》有一个最显著的作用——扩展了司法审查,即法官在面对违反《宪章》所赋予的个人权利的制定法或者制定法的一部分时,可以直接判定其无效。在大多数情况下,只有当人们被指控犯罪时,才会产生"宪章权利"的诉求。因此,大多数"宪章诉讼"都发生在刑事案件中。这方面,加拿大最高法院举足轻重,其在实践中形成的一系列判例,对于维护加拿大宪法赋予的个人权利起到了至关重要的作用。《宪法法》也确认了加拿大原住民的原始权利和契约权利,一方面,保护那些体现原住民特色的活动、做法和传统,包括为了传统事项使用土地;另一方面,维护和执行国家与原住民之间的契约关系,鼓励原住民参与相关宪法性规定的修改。

《宪章》所确认的个人权利要求刑事司法程序正义和实体正义。程序正义的要求是调查和指控犯罪必须符合正当程序——刑事诉讼活动不得侵犯个人权利。实体正义的要求是规定犯罪的刑法本身不得违反《宪章》第 7 条规定的基本正当原则,且法律表述不得含糊、随意、过于宽泛、严重失衡,更不能惩罚"清白"(morally innocent)之人。所谓"清白",即无道义上的可谴责性,具体而言,是指虽然实施了有害行为但行为人毫无过错或者在极端情况下行为人非自主地或不自愿地实施了有害行为。违反《宪章》基本正义原则和要求的法律会被法院宣布无效。《宪章》第 7 条确认的"基本正义原则"(principles of fundamental justice)的底线是对个人生命权利、自由权利和人身安全权利的尊重。显然,这种司法审查的模式,明显受到了美国的影响。正是在宪法对刑法形成根本制约关系的意义上,宪法文件成为刑法的重要乃至首位的渊源。

《宪章》第 7 条并未许诺国家绝不干预个人生命、自由或者人身安全,相反,法律总是会进行这样的干涉,而且并不意味着一定会违反基本正义原则。《宪章》确认的个人权利虽然非常广泛,但终归还是有界限的,这个界限就是行为对他人权利或者公共利益的侵犯。例如,表达自由是个人权利,但不能冒犯他人和社会,因此,只要政府证明其对仇恨言论、为卖淫而交往、诽谤名誉、色情文化等的禁止性规定是对《宪章》权利的合理限制,便符合《宪章》第 1 条,是正当的。《宪章》第 1 条规定政府可以合理限制《宪章》第 7 条规定的个人权利,将有害的行为犯罪化,但必须符合社会的重要目的,而且只能在没有实现社会目的的其他途径时才能进行这种限制。否则,法院可以实施一系列宪法性救济,包括推翻违宪的定罪,终止刑事诉讼程序和结束对犯罪的指控,或者排除通过使用违反《宪章》的方法(如违宪搜查和讯问)采集的相关证据。除了被告人之外,被害人、证人或者媒体也享有《宪章》权利。

(二)加拿大刑法的制定法渊源

如果说宪法是加拿大刑法的基本渊源,那么可以说制定法是加拿大刑法的主要渊源。如前所述,加拿大实体刑法规定的立法权主要由联邦国会集中掌控。因此,加拿大刑法的主体部分是规定犯罪与刑罚的联邦制定法,包括《刑事法典》和单行刑法或者附属刑事法。

《刑事法典》共有 28 章,实体刑法部分是从第 1 章到第 13 章,共 15 章,这是因为第 12 章之后有第 12 - 1 章和第 12 - 2 章,为后来所增订。但是,与大陆法系国家刑法典的结构明显不同,《刑事法典》具有实体刑法典意义的前 15 章内容及第 1 章之前的"简称"和"解释"(第 1 ~ 3 条),缺乏系统的总则性规定,也没有明确区分总则与分则。从分析的角度看,一方面,该法典从第 2 章到第 12 - 2 章均为罪类划分,每一章犯罪之下都是具体罪名法条,可以视为分则性规定。另一方面,第 1 章"通则"(General)及其之前的"简称"和"解释"(Short Title and Interpretation),再加上第 13 章"未遂—共谋—从犯"(Attempts - Conspiracies - Accessories),可以视为总则性规定,主要涉及四项内容:其一,贯通整个法典且主要针对罪名法条中的一些概念进行定义和说明。其二,法典的效力范围以及英国刑法在加拿大的适用。其三,各种情况下的抗辩事由。其四,犯罪行为纵向与横向的划分类型。尽管法典的这三个部分的确属于总则性规定,但内容有限且零散,缺乏完整性、系统性和一体性。当然,无论如何,《刑事法典》为大多数具体犯罪及其刑罚后果提供了实体依据,对具有普遍性的适用范围、犯罪行为的纵横区分以及具有正当性或者情有可原的抗辩事由等问题作了明确的规定。

在法典之外,加拿大从自治领时期开始,单行的制定法也获得了迅速发展,其中不乏刑事法律文件或者包含刑事法律内容,例如,1908 年《少年犯法》、1970 年

《反毒品法》、1971年《保释改革法》、2003年的《青少年刑事司法法》等。此外,还有《证据法》《食品与药品法》《毒品控制法》《竞争法》《矫正与假释法》《海关法》《渔业法》《所得税法》《犯罪记录法》《罪犯身份法》《罪犯移送法》《引渡法》等。

(三)加拿大刑法的普通法渊源

英国普通法仍然可以有限地在加拿大适用。《刑事法典》第8条第2项规定:"1995年4月1日之前在某省生效的英格兰刑法,除经本法或加拿大议会制定之其他法律修正、变更、修改或影响者外,在该省继续有效。"该条第3项规定:"判被控行为或抗辩为正当或可恕的普通法之规定以及原则,除经本法或议会其他法律修正,或与之不一致者外,在依本法或议会其他法之规定对犯罪的诉讼中,继续有效并适用。"

此外,国际法也可以成为加拿大刑法的一个渊源。国会为了履行国际法义务,以制定法规定了恐怖主义犯罪、战争犯罪、宣传仇恨罪、酷刑罪等。法院在解释宪法性文件、制定法和普通法时,也越来越多地考虑了国际法的规定。

## 三、加拿大刑法的适用范围

加拿大主权所及的"境内"领土被视为加拿大刑法当然的和基本的适用范围,即在所有加拿大的省和领土上,刑事追究均以"女王在加拿大的权利"的名义提起,追究刑事责任的根据是刑事法典或者联邦的任何其他包含刑事犯罪的法律。在这个基础上,《刑事法典》以排除性规定和特殊性规定进一步明确该法典以及其他刑事法律的效力空间。

1.《刑事法典》第5条规定"对有关管理加拿大武装力量之法律,本法不适用"。对武装力量适用的刑法是《加拿大国防法》中的"军纪法"部分,该部分第5章为"军事犯罪与处罚"。[8] 此乃特别刑法。

2.《刑事法典》第7条规定了对民航中发生犯罪的适用:(1)在飞行中的飞机上犯罪,该飞机在加拿大注册或者目的港为加拿大;(2)犯罪涉及飞机、航运设备、国际机场,该犯罪发生在加拿大境外,犯罪后行为人出现在加拿大境内。该条也规定了涉及领海或者公海固定平台或者船舶的犯罪的管辖,管辖原则类似于涉及飞机的犯罪。

3.《刑事法典》第7条也规定了对涉及核材料犯罪的适用:在加拿大境外,接

[8] 参见萧榕主编:《世界著名法典选编·军事法卷》,中国民主法制出版社1997年版,第45~78页。

受、占有、使用、转让其占有的，或者给任何人寄送、运输、改制、处理或遗弃核材料并因此导致或可能导致他人之残废或严重人身伤害，或导致或可能导致对财产之严重损害或毁坏的，以及这些行为的阴谋犯、事后从犯、指使犯等。

4.《刑事法典》第7条还规定了对战争犯罪的适用：(1)在加拿大境外实施战争罪或反人类罪，行为者为加拿大公民或加拿大机构的雇员、敌对国公民或机构雇员，受害者为加拿大公民或盟国公民；(2)行为人实施犯罪后出现在加拿大境内。

5.《刑事法典》第8条规定了境内犯罪不适用该法典的有条件例外情形。属于例外的地方是加拿大的3个联邦地区，即育空地区、西北地区和纽那瓦地区。例外的条件是这3个地区与刑事法典的规定发生不一致时。例外的结果是这三个地区与法典规定不一致时适用各该地区的制定法。

## 第二节　加拿大刑法的犯罪分类

加拿大刑法及其教科书都不对犯罪概念进行定义，只是规定和解释具体的罪名，并从不同角度对犯罪进行分类。

### 一、实体角度的犯罪分类

《刑事法典》从其保护的法益及侵犯对象出发，设定了12章不同类别的犯罪及其罪名。

#### (一)侵犯公共秩序的犯罪

此类犯罪主要包括严重叛国罪和叛国罪、侵犯女王及破坏公共治安罪、帮助叛国罪、恐吓立法机关罪、破坏罪、煽动叛乱罪、帮助逃兵罪、伪造护照罪和使用伪造的护照罪、国籍欺诈罪、煽动罪、动摇军人忠诚罪、非法集会罪、骚乱罪、非法训练罪、决斗罪、非法闯入或滞留罪、危害飞机或机场安全罪、危害船舶或固定平台罪、爆炸物品管理失职罪、使用爆炸物品罪、擅自持有爆炸物品罪、从事有奖拳击罪等。

#### (二)涉及火器和其他进攻性武器的犯罪

此类犯罪主要包括犯罪中使用火器罪，违规使用、携带、处理、运输或储存火器罪，擅自持有或携带火器罪，无证持有或违规持有管制武器罪，向未成年人非法提供火器罪，向精神耗弱者非法提供火器罪，进口或运送禁用武器罪，制造自动火器罪，向无证之人运送管制武器罪，向无证之人运送火器罪，不及时报告火器状况罪，涉及火器准有证或许可证的犯罪等。

（三）妨碍执法和司法的犯罪

此类犯罪主要包括司法工作人员受贿罪和向司法工作人员行贿罪、官员受贿罪和向官员行贿罪、官员及其利益关系人与他人进行权钱交易损害政府利益罪、公务员欺诈或违反信托罪、市政官员与他人进行权钱交易罪、人事任命及公职的交易犯罪、阻碍公务员或警官执行公务罪、冒充警官罪、伪证罪、伪造证据罪、虚假宣誓罪、妨碍司法罪、虚假报案罪、私了罪、收赃罪、擅自广告收买赃物罪、越狱罪、帮助脱逃罪、帮助战犯脱逃罪等。

（四）性犯罪以及有悖于公共道德的犯罪

此类犯罪主要包括涉及未成年人的性猥亵罪、乱伦罪、鸡奸罪、兽奸罪、有伤风化罪、捆绑销售有害读物罪、淫秽表演罪、邮寄淫秽物品罪、诱奸罪、容留未成年人淫乱罪、腐蚀儿童罪、公然猥亵罪、公然裸体罪、滋事扰乱罪、妨害宗教罪、夜间在他人宅邸周边游荡罪、在公共场所非法持有有毒有害物质罪、游荡罪、妨害公共安全罪、传播不实新闻罪、亵渎或侮辱尸体罪等。

（五）侵犯隐私权的犯罪

此类犯罪罪名不多，主要包括窃听罪、电子窃听罪、泄露私人通信罪等几个罪名。

（六）违禁场所及赌博的犯罪

此类犯罪主要包括提供赌博场所罪、经营赌场罪、代人赌博盈利罪、以赌博方式处置财产罪、赌博诈骗罪、提供妓院场所罪、带人进入妓院罪、诱使他人卖淫罪等。

（七）侵犯人身与名誉的犯罪

此类犯罪主要包括不向被监护人提供生活必需品罪、疏忽致人死亡罪、疏忽致人伤害罪、谋杀罪、杀婴罪、轻率杀人罪、杀害胎儿罪、劝诱自杀罪、孕妇致死或隐藏婴儿罪、蓄意伤害罪、提供毒品罪、为制服被害人对其伤害罪、危险驾驶车船与航空器罪、派遣不合格人员驾驶船舶或航空器罪、发生交通事故不停止驾驶罪、妨碍救生罪、挖掘坑洞不尽安全防护职责罪、骚扰他人罪、恫吓他人罪、殴击罪、酷刑罪、殴击警察罪、性侵害罪、诱拐儿童罪、绑架罪、扣留人质罪、堕胎罪、重婚罪、虚假结婚罪、多妻罪、虚假证婚罪、违法证婚罪、亵渎宗教罪、诽谤罪、鼓动灭绝种族罪等。

（八）侵犯财产的犯罪

此类犯罪主要包括盗窃罪，擅自使用机动车辆或船只罪，违反信托罪，公务员拒绝移交财产罪，骗取牲畜罪，毁坏权利文件罪，欺诈财物罪，盗窃或伪造信用卡罪，擅自使用计算机罪，强盗罪，敲诈勒索罪，接受非法利率罪，破门入户罪，持有赃物罪,盗窃邮件罪,携带赃物入境罪,欺诈罪,伪造文件罪,使用伪造的文件罪,制造、使用、提供、持有用于伪造的材料或设备罪,非法制造、复制或使用公章罪,伪造公告罪,伪造电报罪,传播虚假信息罪,擅自起草文件罪,利用伪造文件获利罪,伪造印章或标记罪,毁坏文件罪,伪造文件副本或附件罪等。

(九)合同和商业欺诈犯罪

此类犯罪主要包括合同欺诈罪,利用邮件发布虚假信息获利罪,欺诈性地操纵证券交易罪,股票或买卖投机罪,经纪人为私利降价出卖股票罪,欺诈性隐瞒所有权文件罪,欺诈性登记所有权罪,欺诈性出售不动产罪,提供虚假收据罪,非法处分担保财物罪,金融收据、证明、确认书作假罪,非法处分债权人财产罪,收费欺诈罪,矿物欺诈罪,篡改书籍和文件罪,伪造受雇记录罪,税收人员虚假报告罪,虚假说明书、报表或账目罪,虚假报关罪,不保留商业账册罪,冒充他人获利罪,冒名考试罪,冒名确认文件罪,伪造商标罪,破坏或非法使用他人商标罪,出售旧货不标明罪,冒称皇家证书罪,非法处置打捞物罪,非法使用或去除公共储备品标志罪,向女王出售劣质物品罪,非法使用军服和军用标识罪,非法收购和派送军需品罪,违约致危险罪,恐吓罪,威胁受国际保护之人罪,违法雇佣和解雇罪,秘密回扣罪等。

(十)妨害财产的犯罪

此类犯罪主要包括毁损财产罪,袭击受国际保护之人的房屋、住宅或其乘坐的交通工具罪,纵火罪,保险诈骗纵火罪,失火罪,虚报火警罪,防止救援和打捞失事船只罪,干扰航海信号罪,擅自移动公共港口天然栅栏或屏障罪,房客毁损建筑物罪,损坏地界罪,损坏疆界罪,危害家畜罪,危害动物罪,虐待动物罪,保留斗鸡场罪等。

(十一)涉及货币的犯罪

此类犯罪主要包括伪造货币罪,持有加币罪,持有有价碎屑罪,使用假币罪,使用非流通硬币罪,代币诈骗罪,减损金银币价值罪,使用减损了价值的金银币罪,损坏通用硬币罪,印刷类似货币图样罪,制造、持有、买卖伪造假币工具罪,从造币厂偷出造币工具罪,假币广告和交易罪等。

(十二)涉及禁药的犯罪

此类犯罪只有一个罪名,即制造、推销、出售违禁药具、宣传品或者携带其进出加拿大国境罪。

(十三)涉及犯罪收益的犯罪

此类犯罪也只有一个罪名——洗钱罪。

## 二、程序角度的犯罪分类

《刑事法典》采用了英国刑法的犯罪分类，将犯罪分为简易审判罪和起诉审判罪。当然，这种以审判程序来区分的犯罪分类，最终还是以实体性的犯罪危害程度以及相应的不同轻重的刑罚后果为内在标准的。《刑事法典》第14章至第28章的程序性规定部分共有16章（第20章之后有第20-1章），其中，第14章“管辖”、第18章“预审程序”、第19章“可诉罪——没有陪审团的审判”、第20章“陪审团审判的程序和一般规定”、第21章“上诉——可诉罪”、第27章“简易定罪程序”等，分别反映出起诉审判罪和简易审判罪的程序性要求。同时，《刑事法典》的罪名条文中都具体表明了各该罪名的程序性犯罪归属，即指明是“可诉罪”，或是“按简易程序定罪”，或是兼而有之。

加拿大刑法中的简易审判罪是危害程度相对较轻并以简易程序审判的犯罪。简易审判罪由省法院的一名法官独任审判。通常，法律通过两种方式表明一个犯罪是简易审判罪：其一，如上所述，《刑事法典》罪名条文中直接出现“简易程序”的明文表述，如《刑事法典》第442条规定的损坏地界罪就“构成按简易程序定罪处罚的犯罪”。其二，《刑事法典》第27章“简易定罪程序”中专门一般性地规定了简易审判罪的刑罚及幅度，该法典第787条(1)的规定是：“除法律另有规定外，可按简易定罪程序处以的刑罚是2000加元以下罚金或6个月以下监禁或者二者并处。”（现在，罚金数额最高已经修改为5000加元。）因此，《刑事法典》具体罪名条文中指明简易审判罪时，不再具体规定刑罚，而由法官在最高刑罚的限度内自由裁量。

加拿大刑法的可诉罪是危害程度较重且刑罚更重并由法官与陪审团组成的法庭审理或者由高级法院的法官审理的犯罪。与英国和美国的犯罪分类相比，这里的起诉审判罪有些许不同。从审判方式来看有两种：一种是由省法院的一名法官与陪审团一起审判；另一种是由省法院的一名法官独任审判，不召集陪审团。也就是说，起诉审判罪也不一定非要陪审团参与审判。

《刑事法典》中的罪名大多是简易审判罪与起诉审判罪兼而有之。例如，《刑事法典》第72条规定了强行进入（他人不动产）罪和强行滞留（他人不动产）罪，第73条是处罚条款，该条规定：“任何人犯有强行进入罪或强行滞留罪(a)构成按简易定罪处罚的犯罪；或(b)构成可诉罪，处2年以下监禁。”现实发生的多数犯罪是简易审判罪。

## 三、文本角度的犯罪分类

从立法文本来看,加拿大刑法的犯罪还有“刑法犯罪”(criminal offences)[9]与“规章犯罪”(regulatory offences)之分。所谓“刑法犯罪”主要是指《刑事法典》规定的各种罪名,从谋杀、侵害、抢劫等传统犯罪到醉酒驾驶这样的新型犯罪,都有涵盖。《刑事法典》既要防止侵害人身权利的犯罪,也要防止侵犯财产权利的犯罪,还要防止危害公共安全和亵渎公共道德的犯罪,保护的法益是基本的、广泛的、多样的。从实质上看,该法典规定的犯罪旨在谴责、禁止实施或者参与那些具有严重社会危害性且本质上错误的行为。此外,《青少年罪犯法》《逃犯法》《加拿大国防法》中的《军纪法》等单行的刑事法律规定的犯罪亦属于“刑法犯罪”。但是,包括《刑事法典》在内的专门刑事法律规定的犯罪在加拿大所有的犯罪中,毕竟只占一小部分,更多的犯罪是由国会、各省、市针对不同管理领域分别规定的所谓“规章犯罪”。

有学者指出:“《加拿大刑事法典》之所以成为全国统一适用的唯一刑事法典,是因为100多年前的《英属北美法令》(British North America Act)规定刑事立法权归联邦行使。……根据这部宪法性法令,各省虽然有立法机构(省议会),但不得制定刑事法律,只能制定省法以建立和管理自身的刑事司法,并且可以在省法中规定罚金和短期监禁等制裁措施以保证法令的施行。实际上,各省政府多年以来只是在诸如省公路交通法规之类的省级立法中规定了一些处罚规则。而这些罚则的性质究竟相当于刑事规则还是行政处罚规定,尚有待研究。”[10]这里所指“省级立法”或者“省法”正是“规章犯罪”中的“规章”。这些“规章”的基本性质是行政性或者管理性,即设定政府或者公共权力机构进行社会管理活动的行政法律法规。违反这些规章的行为即属行政违法行为。只不过,加拿大与大多数国家一样,刑法规定的犯罪“定性不定量”,故不存在犯罪与行政违法行为的刻意区分。[11]“规章犯罪”实际上是在从事各种领域社会事业时的违反监管的行为,往往表现为用不正当的方式做正常的事情,如驾车超速、污染环境、无照经营、夸大性广告等。“规章犯罪”的主体既是自然人,也常常是法人,主要的法律后果是罚金。不过,对自然人主体也

---

〔9〕“criminal offences”通常可被中译为“刑事犯罪”,但它与“regulatory offences”相对时所表达的含义,应当是“刑法规定的犯罪”,故简称为“刑法犯罪”。

〔10〕杨诚:《〈加拿大刑事法典〉:评价与借鉴——中译本代序》,载《加拿大刑事法典》,卞建林等译,中国政法大学出版社1999年版,第3页。

〔11〕这也正是在与“regulatory offences”相对的意义上,不能将“criminal offences”简单地中译为“刑事犯罪”的原因——二者在加拿大都是具有刑事性质的犯罪。

规定有监禁的处罚。但是,这种规定的目的主要不是事后惩罚,而是要在违规行为发生之前制止和预防这种危险的或者有害的行为,具有更多的事前指引的作用。总而言之,“规章犯罪”虽然在案发数量上多于“刑法犯罪”,但显然在严重程度上更轻,同时,二者在构成要件和证明要求上也存在区别。

## 第三节 加拿大刑法的犯罪要件

加拿大刑法的犯罪要件,包括立法所禁止的作为或者不作为,即犯行,以及实施犯行时具有的过错,即犯意。控方必须排除合理怀疑地证明被告人实施了犯行并具有所要求的犯意。一般要求,犯行与犯意必须具有同时性。例如,指控谋杀罪,就必须证明被告人实施了导致他人死亡的行为且在实施该行为时明知被害人的死亡结果可能发生。通常,不能证明其中任何一个方面的犯罪要件或者不符合同时性要求,犯罪都不能成立。根据《宪章》第1条的明文要求,控方也必须排除合理怀疑地证明被告人的相关抗辩事由并不成立。如果控方排除合理怀疑地证明了犯行与犯意,就不存在抗辩事由,就可以对被告人定罪。

### 一、犯行

在加拿大,犯行(actus reus)又被称为“被禁止的行为”(prohibited act),它至少有两层功能:其一,刑事政策功能,即在刑法中对某种行为加以禁止,是国会根据民意作出的立法选择,具体而言,究竟何种行为要被规定为刑法中的犯罪而被禁止,反映了立法者的政策取向,这种取向因时而异,与时俱进,也就是说,犯行的种类及变化最能体现刑事政策的取向。现代加拿大刑法明显的趋势是立法者扩大刑法所禁止的行为范围。例如,强奸罪曾经被定义为男子未经一名不是其妻子的女子同意而与其性交的行为,但1983年这一定义为更加宽泛、中性、可以针对任何人的“性侵害罪”所取代,到了1992年,性侵害罪再次发生变化,国会对该罪“未经同意”的要件进行了重新考虑,规定在例外情况下无须认定被害人是否同意。其二,罪刑法定功能。立法者一旦选定一系列行为并以刑法明文禁止,就只能据此追究相应的刑事责任,凡是在刑法明文禁止之外的行为,都不能受到刑罚处罚。而且,即使刑法明文禁止了某种行为,也要按照该种行为被刑法禁止的范围认定犯罪,超出被禁止范围的该种行为,也不能受到刑罚处罚。为了保证规定禁止行为的刑法的稳定性、可预期性和权威性,在加拿大,认定“刑法犯罪”和“规章犯罪”的依据只能是有效的成文法律或者法规的禁止性规定。一方面，法院不能自己创制罪名。1953 年，《刑事法典》第 9 条规定，对任何人不得以普通法（法官法）罪名定罪，只有一个例外——藐视法庭罪。当然，法院对刑法禁止的行为的解释也非常重要，加拿大强调法院的解释必须符合罪名法条的立法目的。例如，立法者在《刑事法典》第 322 条第 1 款中，将盗窃罪规定所禁止的行为定义为“拿取并移转任何物品”。对此，法院在符合立法目的的前提下通常会实行有利于被告人的解释原则。加拿大最高法院解释，盗窃罪的“任何物品”可以包括写着秘密信息的一张小纸片，却不包括计算机屏幕上的秘密信息，如果要处罚“盗取”后者的行为，只能通过立法者修改盗窃罪规定，明文将计算机秘密信息纳入“任何物品”的范围，或者创制一个新的罪名——盗取计算机秘密信息罪。另一方面，刑法对所禁止行为的规定本身应当明确。《刑事法典》是对立法者所要禁止的行为的系统规定，几乎所有犯罪都有定义，旨在符合立法的明确性要求。根据《宪章》第 7 条所确认的基本正义原则，模糊和过于宽泛的法律应当被废除，因为它们不能为民众提供稳定的预期，让其清楚地知道什么是合法与违法，使其无法作出正确的行为选择。只有在法律有可靠预期的基础上，不知法才不能成为宽恕的理由。

在加拿大刑法中，犯行一般是积极的作为，如拿取他人财产；但也可以是消极的不作为，如父母不给孩子提供食物。相比之下，“规章犯罪”规定了更多的不作为犯罪，例如，不保存适当的商业记录，不采取健康和安全措施。传统的刑法很少惩治不作为，认为刑法禁止危害行为，并不要求人们积极地去做社会满意的行为，但在现代刑法中，这种立场有所改变。不过，在刑法禁止行为的扩张趋势中，不作为犯罪还是受到严格控制。通常，只有在个人具有具体的法律义务去实施某种行为时，不作为才会成为犯行的一种形式。

成立不作为所要求的法律义务由《刑事法典》和其他制定法确立。例如，根据《刑事法典》第 215 条，父母、配偶或者监护人有为其孩子、配偶提供生活必需品或费用的法律义务，如果没有可原谅事由而未履行义务，即构成犯罪。如果一个人实施这种犯罪时或者由于疏忽没有履行防止他人死亡的法律义务，那么，就可以根据非法行为或者重大疏忽而认定其犯有普通杀人罪。如果不实施某个行为对于或者可能对于生命有危险，那些承诺实施这种行为的人就有了实施该行为的法律义务，这种义务可以适用于一个人同意作为救生员的场合，如果他救助溺水者时没有尽到合理的努力，可构成不作为。无疑，没有同意作为救生员的人不受救助义务的约束，即使见死不救也并不违法。安大略上诉法院强调，只有被告人有约束力和特意的承诺才足以产生《刑事法典》第 217 条的义务,仅仅是言语表达还不能导致不作为的刑事责任。在提供医疗或者实施其他会给他人生命带来危险的行为时,行为人存在合理防止结果的义务,例如,明知自己感染了艾滋病毒而献血的人,就违背了这种义务。类似的情形还有:持有爆炸物时没有合理地小心谨慎,出席法庭时不遵守秩序,警察求助时不予协助,虐待孩子,分娩时不寻求他人帮助,驾车发生事故时擅离现场,怠慢动物,凿出冰窟窿或者挖坑不采取防护措施等,都可以产生不作为犯罪。此外,还有一种新类型的义务——凡指挥他人去从事某项任务或者教人如何去工作,便有义务采取合理措施防止那项任务或者工作给那个人或者其他人带来身体伤害。对此,"规章犯罪"通过制定安全标准或者要求保持恰当记录,相对更多地惩罚不作为。不作为的义务由制定法规定,也意味着普通法通常不能成为不作为义务的依据。不作为的义务通常必须由制定法明示,但在特殊的犯罪中,义务也可以是暗含的。

在传统上,加拿大刑法的犯行被理解为纯粹客观的要件,完全是身体的外部形态,与此相对,主观的心理要素全部被归于犯意。然而,现今对犯行的认识已经不同,"自愿"或"自主"(voluntariness)成为犯行不可或缺的内在属性,或者说,是判断犯行存在的一个重要标准。从实践来看,这有助于防止法官对非自愿或非自主或无意识地"实施行为"的被告人定罪,尤其对于不要求证明过错要素或只要求疏忽的犯罪,犯行的这种主观性标准特别重要,直接关系到能否定罪。最高法院在 1962 年的 King 一案中首次确立犯行的自愿性要求。该案涉及危险驾驶罪的认定,驾车人驾车时的确处于服用了麻醉药品的危险状态,但服用麻醉药品并不具有自愿性或自主性,而是驾车之前看牙医过程中由医生置入的。最高法院的审理法官指出,只有在自主状态下作出肯定的选择或有意的决定,才可能有犯行,故该案不能定罪。非自愿的情形可以包括睡眠中的行动、心脏病或癫痫发作导致的痉挛、视网膜脱落情况下的举动、蜂蜇伤时的身体反应、严重醉酒时的活动等。强调犯行的有意性,内在根据是《宪章》第 7 条所要求的基本正义原则,只有自主的行为才是可以被惩罚的。

犯行可以被狭义地理解为刑法禁止的行为,但也常常要被广义地理解为还包含了刑法禁止的结果。杀人罪是最突出的例子,要求必须认定发生了死亡结果,并且该结果是由被告人的行为所引起——顺理成章地引出了因果关系问题。在杀人罪中,因果关系链条扩展较远,以便判断是否被告人的行为导致了他人死亡,尤其在有介入因素的情况下,这种判断更为关键。例如,死亡的原因到底是被告人的行为,还是治疗不利或者自身已经病入膏肓?一般而言,被告人实施禁止行为与其之后发生的禁止性结果之间的因果链条,只要没有介入因素使其中断,就要确认二者的因果关系。即使危害结果部分地是由被害人自身罕见的和也许是不可预见的缺陷引起的,也不能中断因果链条。这就是英国和美国都实行的"薄头骨"(thin skull)规则,其含义是"被告人看到的就是被害人本来的情况"。此外,当其他因素与被告人的行为共同导致结果发生时,不能因为其他因素的存在而否认被告人的行为与结果之间的因果关系。

从立法上看,国会通过制定法对具体犯罪的定义确立相应因果关系的标准。例如,《刑事法典》第 222 条第 1 款规定,以任何方法直接或者间接地导致他人死亡,构成杀人罪。这里的因果关系宽泛,可以适应这样的情形——被告人诱拐一名儿童,将其锁于车中,后来孩子死于低体温症。规定一级谋杀罪的第 231 条第 5 款也是这样,只要被告人正在实施或者正在着手实施该款所列的性侵害、绑架、劫持人质、劫机、暴力伤害、非法拘禁等犯罪,就是引起犯罪过程中发生的死亡结果的原因。《刑事法典》第 224 条至第 226 条还设定了特别的因果关系规则,以处理被告人的行为与被害人的实际死亡之间较为久远以及某些介入因素(如医疗)的问题。最高法院指出,《刑事法典》第 224 条和第 225 条规定,如果本来可以借助恰当的方法避免死亡结果,或者真诚地进行了适当或者不适当的医疗是死亡的最近的原因,因果链条都不能被打破。

不过,刑事法典并没有全面系统地规定所有的因果关系问题,根据最高法院的指示,这种情况下可适用普通法的一般刑法原则。在加拿大的法官看来,判断因果关系的宽松标准并不会扩大刑事责任,因为刑事责任还受到主观过错的制约。最高法院一直坚持使用"重要原因说"判断因果关系,只不过存在两种有着微妙差异的立场:一种是否定式表述——"并非不重要的原因";另一种是肯定式表述——"重要的促成原因"。

## 二、犯意

犯意(mens rea)是犯罪成立的主观"过错要件"(the fault element)。每个犯罪的过错要件都有具体不同的内容,因为它们对应的犯行是不同的。在这个意义上,有多少种犯行,就有多少种犯意。对各种犯意进行概括归类,有助于对其进行把握。然而,由于加拿大国会长期不接受定义过错要件的建议,使犯意基本处于不确定和复杂的状态之中,给法院留下了很大的裁量空间。加拿大刑法既没有明文规定每一种犯罪的具体犯意,也没有像美国各州那样以《模范刑法典》为蓝本明文概括"蓄意""明知""轻率""疏忽"几种犯意形式,虽然在加拿大的刑事司法中,其犯意也被解读为这几种形式,但解读犯意的依据不是法律的规定或范本的表述,而是由法院从不同具体犯罪的法律规定中加以推断。

主观过错要件并非凭空或者抽象存在,必须与某种客观的行为后果或者情节相联系。因此,法院是根据犯意与犯行的关系,通过罪名条文规定的犯行要素得出主观犯意的答案。这些犯行要素即是行为的情节和后果。例如,谋杀罪至少需要证明被告人主观上明知被害人会死亡,而普通杀人罪则需要证明被告人对伤害他人身体有所预见的可能性。一种情况下,法院必须证明与犯行的所有要素相关的主观过错,另一种情况下,则不要求面面俱到,只需证明与特定犯行要素有关的犯意。

在典型意义上,犯意与禁止行为的后果相关。在杀人罪中,犯意是蓄意导致死亡,轻率地或者有意地对其知道自己的行为可能导致死亡的结果视而不见。根据这个原则,指控被告人侵害执行公务的警察,必须证明被告人具有侵害的犯意并在主观上明知对象是一名警察。传统刑法着眼犯意与犯行的绝对对应性。但在 Creighton 案中,情况发生改变,就非法的普通杀人犯罪而言,对身体伤害危险的客观预见可能性是充足的过错要件,即使该罪的犯行正在导致死亡而非身体伤害。并不要求过错要件与犯行的所有方面具有对应性的犯罪,有时被称为部分蓄意(offences of partial intent)的犯罪、推定的犯罪(constructive crimes),或者下游犯罪(crimes based on predicate offences)。

在严格意义上,推定谋杀罪违反了《宪章》第 7 条的基本正义原则,因为当它的犯意要求是一个前提性犯罪(诸如抢劫罪)的过错和导致身体伤害的过错,缺乏与杀人行为相关的犯意,不符合谋杀罪的被告人至少对死亡结果有主观预见的宪法性要求。然而,最高法院收回了其宣告的这种宪法性的一般原则。在普通杀人罪案件中,即使被告人的主观过错仅仅与导致身体伤害的客观危险相关联,也要对其行为导致的死亡结果负责。此外,也有一些犯罪所要求的犯意超出了实际的犯行,对此,所有未遂罪都是适例。

加拿大刑法理论区分主观的过错要件(subjective fault elements)和客观的过错要件(objective fault elements)。主观的过错要件,或称心理要件,是指与特定的犯行情节或者结果相关联的主观意识。客观的过错要件仅仅是指,如果一名正常人身处被告人的境遇,是否具有或者不具有一个罪名所要求的主观意识——对该问题的回答决定着被告人是否具有主观过错。显然,前者属于心理事实,后者具有推定的意味。一种犯罪要求被告人具有主观过错要件,另一种犯罪要求认定被告人的客观过错要件,故在要件的意义上,二者相互排斥。但是,在事实的意义上,二者可以并存。在要求控方必须证明被告人的主观心理要件时,客观过错不具有要件意义,却可以作为认定主观犯罪心理的方法。具体而言,法官或者陪审团必须决定被告人的心理内容,这有赖于对案件事实呈现的证据的判断,这就几乎不可避免地要考虑一名正常人处于被告人的情境时会想到什么或者意识到什么。如果被告人实施了一个可能导致某种后果的行为,而在这种情况下,人们通常能够预见到该行为的后果,一般来说,断言被告人也能预见到自己行为的可能后果就是合理的,依此判断,被告人实施了产生这些后果的行为,就是蓄意实施这种行为及引起这种结果。被告人行为导致结果发生的可能性越大,就越容易断定被告人是在蓄意导致这些结果。然而,这一方法的目的是要决定特定的被告人蓄意的内容,而不是要在被告人的实际蓄意存疑的情况下,将其与一个正常人可能被推定在当时情况下可能有的蓄意联系起来。换言之,一个正常人可能知道什么的判断,可以为陪审团提供一个得出被告人具有特定主观心理要件结论的基础,而绝非要求陪审团直接作出这样的结论。对事实的认定必须坚持开示所有的案件证据,尤其是有关被告人特质的证据,一旦这些证据存在合理怀疑,都应当是无罪的结果。

主观过错作为一项原则,是要防止被告人由于某些原因并不能像正常人那样明知和预见的情况下对其定罪。这有助于保护那些智障人士,他们对一些事情不能认识或者无所谓蓄意,尽管这些事情在正常的观察者看来是十分明显的。主观犯意的功能就是防止对那些不具有可谴责性的人定罪,他们无法理解或者蓄意追求行为的后果。

加拿大刑法理论对主观过错进行了程度的区分(the degrees of subjective mens rea)。当一个案件事实不符合较重程度的犯意要求时,可能符合较轻程度的犯意。一名不能被认定蓄意实施犯罪的人却可以被认定明知禁止的结果会发生。同样,不能认定一个人明知禁止的结果会发生,却可以认定他轻率的主观态度——对禁止的危险有意地视而不见、漠不关心。

最严重的主观过错类型是“蓄意”(intent 或者 purpose 或者 wilfulness),即要求被告人行为时具有蓄意或者存在实现被禁止的结果的目的,或者有意追求这样的结果。一个适例是《刑事法典》第 229 条对谋杀罪的规定,被告人的“意思是引起……死亡”。相对而言,在规定各种犯罪时,这种高等级的犯意并不经常适用。也就是说,主观犯意的普通法推定,甚至宪法性要求,都不需要大多数犯罪证明蓄意,只需要证明“明知”甚至“轻率”这样较低的犯意形式。在国会特别使用“具有蓄意”的表述时,才通常排除了“轻率”这样的较低形式的主观犯意。

《刑事法典》规定非实行犯的条款都要求对目的(蓄意)加以证明。要给客观上没有实际实行犯罪的被告人定罪,如帮助犯等,顺理成章地要求更高程度的主观犯意。实际实行了犯罪但未能完成,要给被告人定未遂罪,也要求主观上具有蓄意。总之,被告人在客观上距离完成犯罪越远,定罪所要求的主观犯意理所当然的越重。

必须区分蓄意(intent)与动机(motive)。正如 Dickson 大法官所指出,在日常意义上,两个概念可以交互使用,但二者在刑法中却是严格区别的。在大多数刑事审判中,法院关注的是作为心理要件的蓄意——使用特定手段制造特定结果的自由意志的实现,而不是动机——实现其自由意志的前提性动因。犯罪的心理要件通常不涉及动机。不过,对于证明犯罪和反驳犯罪的控辩双方而言,动机常常在确认事实方面发挥作用。在实践中区分蓄意与动机,加拿大最高法院也经历了反复。在 1936 年、1976 年和 1995 年的三个案例中,同样是被告人在他人的死亡威胁之下实施了帮助抢劫的行为,却有着不同的认定。第二个案例中,最高法院认为被告人迫于死亡威胁而帮助他人抢劫根本不能形成执行非法目的的真实蓄意,而在其前后的两个案例中,最高法院认为避免伤害自己或者他人的动机不能否定被告人的犯罪蓄意。虽然动机不再是定罪要考虑的因素,却可以影响量刑。

严重程度仅次于蓄意的犯意类型是“明知”(knowledge),即被告人实施犯行时知道自己的行为可能导致禁止的结果。《刑事法典》第 229 条(c)就规定,如果被告人明知其行为可能导致他人死亡,尽管其希望达成的目的并非引起他人死亡或者身体伤害,亦构成谋杀罪。同样,《刑事法典》第 229 条(a)第 2 项也规定,如果被告人在蓄意对他人身体进行伤害时明知这种伤害可能导致死亡,亦构成谋杀罪。也就是说,在被告人没有第 229 条(a)第 1 项所要求必须具有的导致他人死亡的希望、蓄意、动机、意思,根据被告人明知被害人会因其行为而死亡,照样可以构成谋杀罪。

“明知”对于持有型犯罪的认定必不可少。例如,持有毒品的犯罪,只有在被告人明知其持有的物品是毒品时才能成立。在此,必须区分被告人的“相信”(belief)和事实的“真相”(truth)。前者是指被告人对其持有物品属性的认知和确信,后者是指被告人持有物品本身的真实存在及属性。被告人的“相信”可能与物品的“真相”一致,但也常常不一致,即被告人对其持有物品的认知和确信发生错误。无论如何,决定主观犯意的因素都是被告人的“相信”,而非物品自身的“真相”,这只是影响客观犯行是否具备的因素。据此,被告人合理“相信”其持有的不是毒品,即使“真相”是毒品,因不具有明知毒品的犯意而不构成犯罪;相反,被告人“相信”其持有毒品,“真相”却不是毒品,因不具备持有毒品的犯行而不构成犯罪。这个道理可扩大到一般的事实认识错误的情形。例如,被告人“相信”一具用作衣服模特的假人是其仇人,用剪刀捅刺后才发现“真相”,其不构成犯罪,是因为杀人罪所要求的自然人对象不存在,而不是因为其不具有杀人的蓄意。

“蓄意”和“明知”的主观过错类型可以“转移”(transferred subjective mens rea),即实施行为时针对预定对象的犯意转移到实际的被害人。在 R. v. Droste 案中,被告人为了杀害妻子纵火焚烧汽车,结果导致坐在后排的两个孩子窒息死亡,其对妻子的犯意转移到孩子,可以据此认定对孩子的杀人罪。

加拿大刑法实践还总结了一种严重程度轻于“明知”重于“轻率”的独特犯意类型——“有意失明”(wilful blindness),是指被告人主观上看到了进一步探寻或者弄清可能存在的禁止结果或者情节的需要,却因为不想了解“真相”而有意不去进行这种探寻。也就是说,被告人并不具体明知其行为的相关情节或者后果,只是看到了进一步弄清这些事实“真相”的需要,但主动选择了漠不关心的态度,消极地不去弄清。虽然美国刑法也注意到这种情形,但没有像加拿大刑法这样将其作为一种独立的犯意形式。

“轻率”(recklessness)是最轻的一种主观犯意类型,是指被告人已经注意到或者意识到禁止行为的危险。例如,被告人在与妇女发生性关系时认识到存在对方不同意的危险,就是由轻率构成的性侵害罪。“轻率”要求被告人意识到禁止行为发生的可能性(possibility)。比较起来,“明知”也要求被告人意识到禁止行为发生的可能性(probability),但这种可能性的程度要高于“轻率”所要求的可能性。而且,“轻率”的可能性主要反映被告人的主观感受和认知程度,“明知”的可能性主要反映被禁止行为本身发生的客观概率。

“蓄意”、“明知”、“有意失明”和“轻率”都是主观过错,严格意义上的“犯意”即指这些主观过错类型。犯意,通常是指被告人的主观心理状态,即要求证明“蓄意”“明知”“有意失明”“轻率”这样的积极心理内容。如前所述,在以主观过错为要件的犯罪中,常常需要通过客观过错来证明主观过错,但此种情况下的客观过错并非犯罪要件。然而,加拿大最高法院在明确区分主观过错和客观过错的基础上,同时日益主张后者成为一种适当的过错类型。也就是说,客观过错本身可以成为独立的犯罪要件,具体而言,这种客观过错要件就是“疏忽”(negligence),即指正常人处在被告人的情况下应当能够认识到禁止的行为,就视为被告人也应当能够有此认识,被告人未能认识,便具备承担刑事责任的主观基础。因此,"疏忽"虽然并不是被告人的实际心理内容,而是以客观标准为基础来推定被告人的过错,但从犯罪要件的意义上,可以作为扩大的形式被归入犯意。疏忽的过错基础并不在于被告人针对犯行的意思,而是被告人是否对犯行给予了合理的注意。最高法院确认,疏忽不仅是《刑事法典》之外的"规章犯罪"的一个过错形式,也是《刑事法典》中多数犯罪的过错形式,只不过,对《刑事法典》中犯罪疏忽的要求,标准更高,必须是对注意要求的明显违背。最高法院告诫:如果对民事注意原则的一切背离行为都要犯罪化而无论其违背程度,就会编织一张过宽过大的犯罪之网,把没有刑法所要求的可谴责性的民事过错之人一网打尽,存在违反基本正义原则的危险。

此外,虽然疏忽过错的指控不涉及认定被告人的主观心理内容,但是,最高法院认为,法院应当审视被告人的实际心理状态以决定被告人是否存在针对疏忽的合理怀疑的情形,这给被告人的抗辩提供了一条路径。也就是说,"疏忽"实际上是根据客观标准对被告人过错的推定,这种推定允许被告人以实际心理状态对推定提出合理质疑。

如前所述,加拿大有"刑法犯罪"与"规章犯罪"之分,上面的犯意讨论主要限于"刑法犯罪",而"规章犯罪"的过错要求应当如何?一直存在争议。一种立场是将"规章犯罪"与"刑法犯罪"同等对待,要求控方排除合理怀疑地证明被告人的主观过错;另一种立场是区别对待,只需要"规章犯罪"的控方证明被告人实施了禁止行为即可定罪,实行"绝对责任"。加拿大最高法院最终选择了"严格责任"。"严格责任"也不要求控方证明被告人实施"规章犯罪"时的主观心理状态,但要求控方排除合理怀疑地推定被告人的疏忽过错。这与"绝对责任"有着明显区别:第一,绝对责任不要求证明犯意,意味着"客观归罪",犯罪的成立根本无须过错要件,全凭犯行是否存在,而严格责任不要求证明犯意,却要求推定疏忽过错的存在,犯罪的成立需要犯行和犯意齐备。第二,绝对责任不要求证明犯意,意味着被告人也不能以不具有犯意作为抗辩犯罪的事由,只能围绕犯行提出抗辩,而严格责任推定被告人的主观过错,就必须允许被告人就其真实的主观事实状态提出抗辩,即被告人可以提出自己不具有疏忽过错的反证或者反驳。第三,绝对责任不要求证明犯意,意味着不可能有任何证明程度或者标准上的要求,而严格责任要求控方推定被告人的疏忽过错,在面对被告人有权提出反证或者反驳的情况下,控方的推定必须能够排除合理怀疑。

## 第四节　加拿大刑法的未完成罪

未完成罪(unfulfilled crimes),是指意图完成或者实施一个犯罪并为此实施了一定的行为,但这个犯罪尚未完成或者尚未被实施,行为人实施的一定行为仍然构成犯罪。根据行为人实施的一定行为的不同特征,加拿大刑法的未完成罪包括未遂罪、共谋罪和教唆未遂罪。《刑事法典》一般性地规定了这些犯罪形态,可以普遍适用于不同罪名,但是,一旦把这些形态规定为专门的罪名,则应当按照具体罪名认定处理。例如,诱使不满16岁的未成年人从事猥亵活动就是一个专门罪名,发生此种情况,就不按照教唆未遂罪处理。

### 一、未遂罪

《刑事法典》第24条明文界定了未遂罪(attempted crimes)。根据该条,未遂罪是指,蓄意实施一个犯罪的任何人,为了完成这个犯罪,进行作为或者不作为,而无论在当时情况下完成该犯罪是否可能,结果没有完成这个犯罪。如果蓄意实施犯罪的人进行作为或者不作为,仅仅是准备实施犯罪,在法律上被认为不能构成未遂罪。

未遂罪是没有完成一个罪名全部犯行的犯罪形态,故被认为是对相关犯罪的一种扩大制裁。既然未遂罪在客观犯行上有所短缺,行为人的主观过错自然成为更首要的处罚依据,相应地,未遂罪在主观上要求更为严重的犯意类型,通常只能是"蓄意"。而且,未遂罪的主观犯意必须与其要完成的犯行本意保持一致,以《刑事法典》第229条规定的谋杀罪为例,该罪被告人所要完成的犯行是"杀"(killing)——剥夺他人生命的行为,与此直接对应的主观目的是"要杀人",那么,这也是谋杀的未遂罪所要求的主观心理。也就是说,未遂罪的主观过错程度不能低于与完成犯行相对应的犯意要求。虽然就(完成形态的)谋杀罪本身的构成而言,在发生了死亡结果的情况下,以伤害为内容的主观犯意也符合该罪要求,但它不符合谋杀的未遂罪所要求的犯意——剥夺他人生命的蓄意,这才与"杀"的本意相符合——剥夺他人生命。

就未遂罪的犯行来看,关键在于与预备行为区别开来,因为对未遂罪犯行的界定通常就是"超出了只是为犯罪作准备的行为"(beyond mere preparation for the crime)。"为犯罪作准备的行为"即犯罪预备。在加拿大刑法中,除非将某种犯罪预备行为规定为独立的罪名,犯罪预备一般不是犯罪。因此,未遂罪的犯行与犯罪预备行为之间是一条罪与非罪的界限。在不同的犯罪中,二者的界限表现出不同的特点,只能根据案件的事实和违法的性质予以具体把握。最高法院原则上主张"接近完成说"(proximity to the completed offence)的判断标准。例如,为了射杀他人开始用已经上膛的手枪对其瞄准,就是超出了预备而接近完成的谋杀行为,如果这一行为被制止或者后果没有发生,便成立未遂罪的犯行。反推,在端枪瞄准之前的行为均为预备行为,可能成立非法携枪等犯行,但还不是谋杀罪和谋杀未遂罪的犯行。从实践角度看,是否具有超出预备行为的犯行,在很大程度上有赖于对主观犯意的强有力证明。例如,证明被告人打开和翻查汽车里的储物小箱是为了寻找钥匙偷取该车,即使没有找到钥匙,也具备了盗车未遂罪的犯行;相反,用印泥取下了汽车钥匙的模型印迹,被认为只是偷车的预备行为。带着头套持枪进入商店,具备抢劫的未遂罪犯行,但被告人途中听说商店不开门而返回,则很难确定其具有抢劫的蓄意,也就难以认定是否具有抢劫未遂罪的犯行。实际上,只要蓄意能够被清楚地证明,一个距离完成犯罪较远的未遂罪的犯行也会被接受。同时,犯罪的规模也左右着未遂罪犯行与完成犯罪之间的距离。例如,被告人意图实施大屠杀,那么,即使距离完成犯罪在时间上还有数月之久,也可能具备超出了预备的犯行。

有的国家认可"中止"(abandonment or desistance)能够成为未遂罪的抗辩事由,但加拿大刑事法典没有此种规定。加拿大刑法强调的是被告人实施犯罪的当时所具有的蓄意。不过,中止的事实可以引起对被告人是否具有蓄意的合理怀疑。

有时,被告人的行为不仅超出了预备,而且完成了一个犯罪的犯行,但犯罪仍然没有完成甚至不可能完成,这种行为照样符合未遂罪的犯行要求。例如,被告人已经完成了对被害人的欺诈行为,但被害人没有上当受骗,不影响诈骗的未遂罪成立;被告人明知自己携带艾滋病毒而与一名女子性交,由于该女子此前已经感染了艾滋病,不存在再被感染的问题,也不影响构成严重侵害的未遂罪。后面一种情况是所谓的"不能犯"(impossibility)。

"不能犯"包括事实的不能犯(factual impossibility)与法律的不能犯(legal impossibility)。前者是指犯罪对象的实际不存在、犯罪手段的无效、犯罪结果已经存在等原因导致行为人不可能完成犯罪的情形,例如,小偷掏他人口袋,里面却没有钱,或者上述想要通过性交把艾滋病传染给实际上已经感染艾滋病的他人。后者是指行为人实施的行为其实并不是法律规定的犯罪而只是行为人误认为是犯罪,例如,被告人相信一个不是赃物的物品是赃物而购买,或者把自己的雨伞当作他人的雨伞而悄悄拿走。在加拿大最高法院看来,这两种不能犯并没有本质的区别,主观上都具有完成犯罪的过错,客观上都具有超出预备的行为,没有完成犯罪也不是被告人自己控制的结果。最高法院在若干案件中一再指出不能犯不是未遂罪的抗辩事由。据此,以为政府的钱是贩毒收入而"洗钱"、以为是活人而向尸体捅刀子、以为一个包裹是毒品而运输其实并非毒品、到一个旅馆希望能与一名 11 岁的儿童发生性关系而该旅馆并没有这样的儿童,都能构成相应的未遂罪。只有被告人所要实施的是一种"虚构的犯罪"(imaginary crime),不能犯才能是抗辩事由。例如,一个人以为持有 100 加元是非法的,就是一个无罪的抗辩事由,因为其根本不具有法律上的犯意,也没有表现出任何将来会实施犯罪的倾向。

## 二、共谋罪

与未遂罪一样,共谋罪(conspiracy)也是在犯罪完成之前发生的情形,是指二人以上密谋、共商而达成从事非法活动尤其是可起诉的犯罪的协议、计划等行为。《刑事法典》第 465 条、第 466 条和第 467 条规定了共谋罪,包括为了实施谋杀的共谋罪、为了诬陷他人的共谋罪、涉及域外人员和犯罪的共谋罪、为了进行非法贸易限制的共谋罪等。共谋罪的时间点比未遂罪还要提前,即处于犯罪或者非法行为的商议计划阶段,还没有开始实际的准备活动,更没有超出预备行为。刑法之所以要将犯罪的处罚扩大到这个较早阶段,是因为多人聚集筹划非法和犯罪活动已经给社会带来了现实威胁,尤其是有组织犯罪及恐怖主义犯罪、毒品犯罪等,大多经过周密的预谋,为准备和实施犯罪奠定了基础,一旦准备和实施,危害很大,难于控制。

共谋的犯行是实施和完成一个犯罪行为的商议。因此,必须证明商议行为的事实存在,但并不需要证明达成协议之后是否实施了所商议的进一步行为。例如,谋杀共谋罪的犯行就是两个以上的人一致同意杀害作为第三方的他人,既不需要发生任何人实际被杀的结果,也不需要证明行为人采取了谋杀的任何实际步骤。只需证明两个以上的被告人共同计划从事非法活动,尤其是实施属于起诉审判的犯罪,就可以构成共谋罪。在时间上,犯罪的阴谋可能距离实施犯罪的完成行为(甚至距离准备行为)还相差甚远,也不影响共谋罪的成立。所谓"商议"或者"协议"[12](agreement),就是多人之间的意思联络(communication)行为,意思联络既可

---

〔12〕 "商议"侧重于表示达成"协议"的行为,"协议"侧重于表示"商议"达成的结果,都是"agreement"的应有含义。

以通过明示行为来表现，也可以通过默示行为来实现。这种协议只需要是一个对整体过程具有支配性的计划，而不需要在实施方法、人员、被害人等方面一应俱全地具体化。也就是说，只需要证明被告人围绕实施一个非法或者犯罪行为进行商议或达成协议即可，不需要考虑这个协议后来被如何执行。

共谋的犯意通常是蓄意，包括蓄意达成协议和蓄意实施共同计划。也就是说，共谋的蓄意包括两方面的内容：一是针对协议行为本身的蓄意，二是针对协议所追求的目的——完成犯罪的蓄意。共谋罪要求两个以上的被告人都必须具备两方面的蓄意。例如，二人达成了一个实施非法行为的协议，但只有其中一人具有绑架他人的目的，就不能认定绑架共谋罪。同样，一个人与卧底警察之间的协议也不可能构成共谋罪，因为警察并没有完成犯罪的蓄意。但是，二人以上与卧底警察之间的协议，除了警察的其他人之间可以构成共谋罪。

一般来说，蓄意是共谋罪行为人的主观心理过错，但有时，共谋罪也可以由客观过错构成。例如，二人达成了会过度减少竞争或者不正当竞争的协议，但并不是蓄意或者明知该协议会过度减少竞争或者导致不正当竞争，照样可以构成共谋罪。此时，其实只要求对协议行为有蓄意。

与未遂罪一样，共谋罪也不承认"不能犯"的抗辩事由。例如，二人共谋将毒品收益的黑钱"洗白"，其实是政府在诱捕行动中投入的钱款，并不影响洗钱的共谋罪成立。也与未遂罪一样，"虚构的犯罪"不能成为共谋罪所要求的蓄意内容。

### 三、教唆未遂罪

教唆是指唆使、建议、引导、诱惑他人实施犯罪的行为。如果被教唆人接受了教唆，实施或者开始实施所教唆的犯罪，则教唆者构成教唆罪，该罪属于后面要讨论的"参与罪"；如果被教唆人没有实施或者没有开始实施所教唆的犯罪，则教唆者构成教唆未遂罪（counselling a crime that is not committed），该罪是这里讨论的问题。《刑事法典》第 464 条规定了教唆未遂罪。

教唆未遂罪的犯行是"教唆"（counsel）。《刑事法典》第 22 条（3）规定，"教唆"包括促使（procure）、诱使（solicit）、煽动（incite）。据此，一个人虽然不能与一名卧底警察构成共谋罪，但如果他教唆卧底警察实施犯罪，尽管警察不构成犯罪，教唆者也可构成教唆未遂罪。

《刑事法典》第 464 条没有明确规定教唆未遂罪的犯意，但从其对犯行规定的字里行间可以看出，教唆未遂罪要求被告人明知所教唆的犯罪并且具有犯罪得到实施的实际蓄意。在R. v. Dcleod案中,认定被告人通过出版大麻如何生长的文章教唆他人种植大麻,上诉法院认为,文章的确是有意教唆读者种植大麻,但证据不足以证明出版者具有这种蓄意。在R. v. Janeteas案中,安大略上诉法院更加全面地强调了教唆未遂罪犯意的重要性,但犯意只能是蓄意。轻率和视而不见都不能作为教唆未遂罪的犯意。一个人偶尔在他人面前谈到实施某种犯罪的可能性,或者表达了实施犯罪有关的危险思想,都不足以成为教唆未遂罪的犯意。这是因为,与未遂罪与共谋罪一样,教唆未遂罪也是一种未完成的犯罪形态,之所以要受到处罚,在于被告人蓄意追求犯罪的完成。然而,加拿大最高法院以6:3的多数通过了一个有争议的判决——承认教唆未遂罪的犯意可以是蓄意,也可以是较轻形式的明知,即意识到了教唆行为可能导致被教唆人实施其教唆的犯罪的不正当危险。

如前所述,在未遂罪与共谋罪中,“不能犯”都不成其为抗辩事由,然而,曼尼托巴省上诉法院曾经认定一名成年被告人不能构成教唆他人实施猥亵侵害罪,因为被教唆者是一个不满12岁的未成年人,缺乏完成犯罪的能力。这一判决引起质疑。尽管《刑事法典》第23-1条规定的一方不能定罪并不影响另一方的定罪只是针对被教唆者实施了所教唆之罪的情形,而不适用于被教唆者未实施所教唆之罪的情形,但《刑事法典》第152条明文规定了诱使不满14岁以下的未成年人实施猥亵行为的犯罪,这里并未要求作为诱使对象的未成年人实际实施了猥亵行为。此外,从教唆未遂罪与未遂罪和共谋罪同属于未完成罪来看,三者的“不能犯”问题应有相同的原则。

## 第五节　加拿大刑法的参与犯罪

参与犯罪(participation in crimes),是指那些并不亲手完成犯罪而是对完成犯罪的行为给予促成和帮助,这种促成和帮助的行为仍构成犯罪。加拿大刑法的参与犯罪包括教唆罪、帮助罪、共同蓄意罪和事后帮助罪。与未完成罪一样,《刑事法典》一般性地规定了犯罪参与形态,可以普遍地适用于不同罪名;但是,一旦这些形态被规定为专门的罪名,则应当按照具体罪名认定处理。例如,对那些为恐怖组织效力而进行活动的人员提供资助、方便、指导是一个专门的罪名,发生此种情况,不按照参与犯罪的一般原则认定处理。

### 一、教唆罪

与《刑事法典》第464条规定的教唆未遂罪不同,该法典第22条规定的教唆罪

(counselling a crime that is committed),是指被告人促使、诱使或者煽动他人实施完成某个犯罪的行为,被教唆者实际完成了该犯罪的情形。此时,被告人构成教唆罪或者教唆犯,属于"参与犯罪"或者参与犯。也就是说,教唆犯是因参与了一个已经完成的犯罪而被追究刑事责任的情形,教唆未遂犯是因为发动了一个并未完成的犯罪而被追究刑事责任的情形。被教唆者是否使用所教唆的方法完成所教唆的犯罪,例如,教唆谋杀的方法是枪击,但被教唆者用的是炸弹,不影响教唆罪的构成。

教唆罪的过错要件也与教唆未遂罪不同。教唆未遂罪要求证明被告人的主观过错,而教唆罪的过错要件也可以有客观形态。根据《刑事法典》第22条(2)的规定,被告人促使、诱使或者煽动他人去实施和完成一个犯罪的行为时,其明知或者应知被教唆者实际实施的犯罪,就可以被认定为被教唆者所完成犯罪的参与犯。这表明,未遂罪的过错要件不仅有蓄意,而且也可以是明知、轻率乃至疏忽。也就是说,教唆他人实施犯罪时,明知这种犯罪可能导致某种严重的后果因而会触犯更重的罪名,一旦犯罪完成并发生严重后果,可以认定更重的相关罪名。例如,被告人的教唆内容是暴打他人而明知这可能打死被害人,如果被害人被打死,就可能被认定普通杀人罪而不是殴击罪。

## 二、帮助罪

根据《刑事法典》第21条(1)的规定,以作为或者不作为的形式帮助他人犯罪的,是帮助罪(aiding or abetting an offence)。所谓帮助他人犯罪,即对他人正在实施的完成某种犯罪的行为给予帮助,从而促成该犯罪的完成,故为以帮助的方式实际参与了这个犯罪。此种情况下,帮助者与被帮助者构成同样的罪名——被帮助者实施的完成犯罪的行为所触犯的罪名。一般将被帮助者称为该罪的主犯(principal),将帮助者称为该罪的从犯(accessary)。不过,控方并不需要刻意作出这样的区分,因为有时作出这种区分并不容易。例如,多人殴打被害人,有时候可能是相互帮助。最高法院认为,就定罪而言,无论是主犯还是从犯,只要以一定方式参与了犯罪,没有什么区别。多人殴打被害人致其死亡,但不清楚谁的行为是致死的原因,只要每人都明知自己的行为可能对导致被害人死亡起到作用,则对每个被告人都可以认定谋杀罪。

需要注意的是,加拿大刑法帮助罪中的"帮助"由"aiding or abetting"两个术语共同表达,其实二者所表达的行为特征有所不同:"aiding"意思是"assist"或者"help",都表示对于特定事物主动施加作用力,以实际推动的方式予以促成。"abetting”意思是“encouraging”、“instigating”、“promoting”或者“procuring”,即鼓励、唆使、推动、促成等。这在一方面确实更多地包含了教唆的情形,另一方面似与“aiding”重合,但是,“abetting”更倾向于“从旁加油”或者“助长气焰”的行为特点,同时也包括不作为方式。例如,分散商场保安人员的注意力,以便同伙窃取商品属于“aiding”,而商场的售货员允许或者放任顾客窃取商品则属于“abetting”。因此,“abetting”至少并不完全与“教唆”等同,也不能由“aiding”来取代。上述两种情况都因帮助他人实施窃取商品的行为而构成盗窃罪,但具体行为的认定不同。[13] 二者比较,“abetting”对他人实施犯罪行为的帮助程度似乎要低一些,故构成帮助罪的犯行,至少要认定“abetting”的情形,否则就不能定罪。例如,如果不能证明一个人对他人正在实施的犯罪行为加以鼓励或者支持,就不能仅仅因为这个人在犯罪现场而没有制止犯罪行为而对其定罪。一般来说,在犯罪现场本身还不足以构成帮助罪,无论见死不救的旁观表现出多么冷漠,还是缺乏犯罪所要求的帮助行为。不过,如果一个人事先知道一个犯罪会发生而在犯罪发生时出现在犯罪现场,可以成为一种帮助行为。如果一个人在犯罪现场挡住了被害人的逃离之路,或者阻碍了被害人获得其他救助,则足以成为帮助罪的犯行。

进一步看,犯罪发生时在现场的人,即使是持消极默许的态度,也不一定能构成不作为的帮助罪,因为不作为犯罪必须要有在当时情况下法律要求其作为的特定义务,如前述商场售货员放任顾客窃取商品。同样,有人危险驾驶借来的汽车,车主没有实施任何危险行为,却构成危险驾驶罪,因为没有尽到控制自己车辆使用的责任。

此外,在一个犯罪行为导致的侵害状态的持续过程中,对犯罪进行帮助的,也构成帮助罪。例如,他人已经实施绑架行为,在拘禁被害人的过程中给予其某种帮助。

与帮助罪较为宽松的犯行要求相适应,其过错要件的要求更高,必须是帮助他人实施犯罪的蓄意,也就是说,被告人不仅要明知自己所帮助的是主犯,而且要以这种帮助为目的。《刑事法典》第21(1)(b)条规定的“目的”(purpose)是“蓄意”的同义语。尽管蓄意中包含有明知的成分,但仅仅是明知不足以成为帮助罪的犯意。轻率更不能成为这种犯意。帮助罪在客观犯行方面比完成犯罪的行为要轻,相应地,要求主观过错具有更重的犯意形式。

---

[13] See Kent Roach, *criminal law sixth edition*, 6th ed. (Toronto: Irwin Law Inc., 2015), p. 154.

具体而言,帮助罪的犯意包括两个方面的要求:其一,帮助主犯的蓄意;其二,对主犯所实施犯罪的类型但不是确切性质的明知。也就是说,根据《刑事法典》第21条的规定,一方面,帮助罪的构成必须要有帮助目的。如果不知情地提供了一个炸弹或投放了毒药,即使符合帮助他人犯罪的犯行,却因缺乏帮助犯罪的目的或者蓄意,并没有参与犯罪。另一方面,强调帮助罪的帮助目的并不意味着被告人具有的犯意必须与主犯的犯意完全一样。

帮助罪也存在中止问题。刑法的中止是停止或者放弃已经实施的犯罪行为并防止犯罪结果发生的情形,可以成为针对犯罪成立的抗辩事由。因为犯罪中止可以大大减少被告人的可谴责性,鼓励其从犯罪中撤出并报告犯罪,对社会有利。但是,法律对中止的使用有严格限制。一对夫妇约定杀死自己的孩子后自杀,丈夫实施了杀害行为,妻子提供了杀人毒药,虽然在此过程中妻子对丈夫表示他们不应当将犯罪计划进行下去,但是并不属于犯罪中止。因为,除了及时和明确地表示要撤回非法目的的意愿,犯罪中止还需要被告人证明,其是否针对自己参与实施的犯罪计划而在当时情况下采取了合理的步骤消除参与行为的作用或者防止完成行为的实施,如果被告人仅仅是表示了中止的意思,在可以做到的情况下,却既没有藏起毒药也没有把孩子支走,就不属于帮助罪的中止。

关于帮助罪中的"不能犯"问题,安大略上诉法院在R. v. Chan案中使用了最高法院在Dynar案中的理由。R. v. Chan案的被告人当时认为自己正在参与大量海洛因的买卖交易,其实警察已经事先将毒品截获,只留下少量的海洛因。上诉法院认为,认定犯意的关键是被告人确信自己正在交易海洛因而不是事情的真实性。也就是说,即使在被告人接受的口袋里没有毒品,被告人也具有犯意。接下来的问题是被告人是否具备成立帮助罪所要求的犯行。如果不存在毒品,难以认定被告人实施了帮助毒品犯罪的行为。当然,在这种情况下,被告人有可能构成持有毒品的未遂罪。

### 三、共同蓄意罪

《刑事法典》第21条(2)规定:"二人以上形成实现一个非法目的和因此而相互帮助的共同蓄意,当其中一人实施该共同蓄意的犯罪时,其他人明知或者应知实施的犯罪是实现共同蓄意的可能后果,则其他人也参与了该罪。"在此,没有亲手实施犯罪的其他人构成的参与犯罪,即所谓"共同蓄意罪"(common intention to commit an unlawful purpose),亦可称为"同谋犯"(accomplice)。例如,二人形成了抢劫罪的共同蓄意,其中一人实施了抢劫行为,但在抢劫过程中又实施了暴力拘禁罪和普通杀人罪,则未实施犯罪行为的另一人要被认定不仅参与了抢劫罪而且参与了后面两种犯罪。

二人形成实现"非法目的"的"共同蓄意"或者"同谋",类似于"共谋",但不同的是,共谋罪的共谋各方都没有实施完成犯罪的行为,甚至没有实施准备犯罪的行为,而共同蓄意罪中,至少有一方实施乃至完成了犯罪。共同蓄意的一方所实施的犯罪行为,如果超出了共同蓄意的犯罪而触犯了其他罪名,此方可按其他罪名认定,另一方则可能被认定不同的罪名。例如,实施犯罪行为的一方超出了抢劫罪的共同蓄意而犯有谋杀罪,对另一方,则依其主观上对死亡结果的认识情况,可能被认定普通杀人罪。反之,实施犯罪的一方在主观过错的程度上可能不及另一方,此时的定罪也会不同。例如,冷静的或者未受到挑衅的同谋犯可以具有谋杀罪的犯意,醉酒或者受到挑衅的另一方实施了杀人行为,却只有普通杀人罪的犯意。

共同蓄意罪的犯意包含两种不同的过错要素:其一,共同的非法目的;其二,主观明知或者客观推知实际实施的犯罪是执行非法目的的可能结果。

## 四、事后帮助罪

实施事后帮助罪(accessory after the fact)的行为人即为事后从犯,其没有参与犯罪,之所以要受到处罚,是因为在他人犯罪后提供了帮助。这是《刑事法典》第 23 条规定的一个独立犯罪,即明知他人参与了犯罪,为使其逃脱而接纳、安慰或者协助。该罪的犯行是对已经犯罪之人给予接纳或者收留(receiving)、安慰或者照顾(comforting)、协助或者援助(assisting)。仅仅是不作为,例如,没有向当局报告逃犯的所在之处,通常还不是该罪的犯行。反之,告知逃犯警方已经掌握了他们的身份信息足以成为该罪犯行。

即使被帮助者没有被认定犯罪,帮助者也能因其犯行被认定事后帮助罪。最高法院曾维持了对一名事后从犯的定罪,该人从杀人现场转移其兄并精心伪装现场,具有足够的犯行,尽管其兄最终未能被认定谋杀罪。此外,《刑事法典》第 23 条(2)规定,已婚之人帮助其实施了犯罪的配偶,不构成事后帮助罪。这里体现出所谓"亲亲相隐"。

事后帮助罪的犯意包括两种不同的成分:其一,主观明知被帮助者已经参与了某种犯罪;其二,具有帮助逃犯逃脱的目的。具体而言,一方面,被告人必须对另一名被告人已经实施了一个具体犯罪(如谋杀)的事实具有明知或者视而不见的心理状态。仅仅抽象地知道其他被告人可能实施了某种犯罪,还不能满足事后帮助罪的犯意要求。另一方面,帮助行为起到了帮助他人逃脱的事实,帮助的目的与犯罪无涉,也不足以符合事后帮助罪的犯意要求。被告人行为时必须具备帮助已知犯罪人逃脱的目的。

## 第六节 加拿大刑法的抗辩事由

同其他英美法系国家一样,加拿大刑法中的抗辩事由对于刑事责任的确定有着重要影响,但其具体的抗辩事由又有自己特色。例如,《刑事法典》规定了未成年、精神病、同意、胁迫、执法、防卫、监护强制、纪律强制、手术强制等抗辩事由,但唯独没有各国刑法都规定的紧急避险等事由。当然,《刑事法典》没有明文规定并不等于不能成为抗辩事由,那么,实际情形究竟如何?

### 一、醉态

醉态(intoxication),是指被告人因服用酒精饮品和毒品而产生的一种精神的或者身体的状态,可成为针对特定犯罪所要求的过错要件或者犯行所要求的自主性的抗辩事由。在历史上,醉态被认为是犯罪的一个加重因素,因为它是被告人自己的愚蠢行为引起的,本来完全可以避免。19 世纪开始,法庭才开始将其作为一个针对主观犯意的抗辩事由给予关注,但仍然坚持认为醉态犯罪并非没有可谴责性,故它作为抗辩事由受到严格限制。醉态抗辩适用于那些严重的犯罪,如谋杀罪、抢劫罪等;不适用于严重程度相对低一些的犯罪,如普通杀人罪、侵害罪等。现代的醉态抗辩起始于英国上议院 1920 年对 D. P. P. v. Beard 案的裁决。该案被告人 Beard 在强奸过程中一直处于醉态之中并杀死了被害人,杀人后紧接着回答并通过了加入工会的一些必要的且并非弱智的问题,上议院维持了对他认定的谋杀罪,指出该案中的醉态不能成为抗辩事由,除非证明 Beard 在强奸时的醉态达到了使其不可能形成犯罪的蓄意,而得到证据证明的事实并非如此。所谓不可能形成犯罪蓄意,就是醉态导致了精神疾病,故可以成为抗辩事由的醉态实际上属于精神病抗辩的一种情形。

Beard 案在英国和加拿大都被作为醉态抗辩的基本根据,法院都根据该案的裁决,认为区分特定蓄意和一般蓄意的犯罪是认定醉态抗辩的前提,醉态抗辩只能针对特定蓄意的犯罪。加拿大最高法院在 R. v. George 案中认定,抢劫罪是特定蓄意的犯罪,与醉态相关;而侵害罪是一般蓄意的犯罪,对此提出醉态抗辩,至少极为罕见。特定蓄意的犯罪与一般蓄意的犯罪,区别在于犯罪的目的是否该罪成立的要件:抢劫罪之所以属于特定蓄意的犯罪,是因为该罪要求被告人施用暴力是为了方便取得财物;而侵害罪属于一般蓄意的犯罪,则是因为该罪只要求被告人未经他人同意施用暴力。

非自愿的醉态是一个独立的抗辩事由,是指被告人的醉态不是他自己造成的,而且不能合理地期待被告人知道醉态减损了自己的能力。这种抗辩具有双重作用,既可以否定犯意,也可以否定犯行——包括一般犯意的犯罪的犯行。

## 二、精神病

精神病(mental disorder)抗辩事由,是指被告人实施了犯行,但因正常心理过程受到减损,不能认识到行为的性质,而不能承担刑事责任的情形。这种情况其实并非纯粹的无罪,而只是因为精神病不承担刑事责任而被归为无罪。被告人不能因无罪而自动获得自由,相反要被置于管束之下,直到被确认对社会不再存在重大危险,这种管束才能被解除。精神病抗辩规定于《刑事法典》第 16 条。

精神病通常会导致人对自己的行为不能有正常的认知,而在某些情况下也会使人无法控制自己的行为,此时的行为便是非自主的行为(involuntary behaviour),被称为“自动行为”或者“自动症”(automatism)。但是,也存在不是精神病导致的“自动行为”,这是普通法上的抗辩事由,没有被规定在法典中。

支配精神病抗辩的实体规则来自 1843 年英国上议院对 M’Naghtcn 案的处理。陪审团认定被告人患有受到政府迫害的妄想症,在精神病状态下谋杀了首相的秘书,不构成犯罪。针对该案的上诉,上议院指出,只要清楚地证明被告人实施行为时受到精神病的影响,不知道自己所作所为的性质和对错,就可以适用精神病抗辩。这就是所谓“姆纳坦规则”,该规则被包含于加拿大的《刑事法典》。

精神病抗辩一方面要求被告人实际患有精神疾病,另一方面要求这种疾病严重到足以使其不能辨认行为的性质或者无法知道行为的对错。在加拿大,“姆纳坦规则”给予精神病抗辩的最初定义已被扩展。这关系到如何控制和治疗在不正常的精神状态下导致严重危害的人以保护社会大众的刑事政策。最高法院在 Stone 案中指出,审判法官可以根据刑事政策的考量来决定精神病抗辩的范围。因此,精神病抗辩的标准是相对开放的,不仅是患有精神病和影响正常意识状态,还应包括“持续危险”(continuing danger)和“内部原因”(internal causes)。前者是指被告人因精神病导致的不正常意识状态，给社会大众带来了持续的危险，后者是指不正常意识状态的原因必须是来自被告人的生理构造。但是，这并不排斥间歇性的精神病发作给社会带来的非持续性危险的情形。在 R. v. Cooper 案中，Dickson 大法官将精神病定义为"损害了人的精神和其功能的任何疾病、紊乱或者不正常状况，不包括饮酒或者吸毒导致的自我沉迷状态，以及歇斯底里或者脑震荡造成的一时性状态"。不过，饮酒和吸毒都有可能使人的意识器官发生实质性病变，成为精神病。

梦游可以成为抗辩事由，但是否属于非自主行为的精神病抗辩，在加拿大存在争议。情感刺激可以成为精神病或者非自主行为的抗辩事由，如在可怕的事故中目睹所爱的人死去。

## 三、自身防卫和防卫他人

《刑事法典》规定自身防卫和防卫他人(self - defence and defence of others)的条文曾被公认过于烦琐，甚至最高法院在 1995 年批评这些规定"极其机械""过分细致""自相矛盾""边界不清"。这些过去的规定企图定义自身防卫的各种情节，着力区分防卫人是否蓄意导致死亡或重伤，是否对要防卫的人进行了侵害或挑衅，是否在某些情况下加予防卫人特定的躲避义务，也区分被告人的自身防卫与被告人所保护的第三人的防卫。这些面面俱到、无所不包的努力，往往被批评为造作和多余。2012 年的《刑事法典》修正案采纳了简洁方式的包容性概念，新的第 34 条虽然保持了原有规定的基本内容，但在相当程度上简化了自身防卫规定。据此，自身防卫的成立条件如下：

### (一)有合理根据地相信暴力或暴力威胁将会发生

根据第 34 条(1)(a)，被告人必须有合理根据地相信针对自己或他人的暴力或暴力威胁将会发生。自身防卫的旧规定强调侵害的实际存在及其非法性，而现在的规定主要涉及暴力或暴力威胁。在 R. v. Petel 案中，最高法院认为被告人有资格主张自身防卫，即使其事实上并未受到非法侵害。该案案情是，一名妇女在受到两名男人其中一个的威胁，另一个将枪给了她之后，她将二人枪杀。她辩解，自己合理地但也许是错误地相信正在受到两名男人的非法侵害。首席法官 Lamer 指出，对于侵害存在的诚实而合理的错误认识是被允许的。一定不能把侵害的实际存在当作实施自身防卫的先决条件，不能不考虑被告人的认识。因此，重点不是被告人是否被非法侵害，而是被告人是否合理相信了在当时情况下自己受到了非法侵害。

R. v. Reilly 一案作出了自身防卫的一个里程碑判决。最高法院认为，被告人不是必须要等到迫在眉睫的攻击。因此维持了一名妇女无罪的判决。在她的同居伴侣威胁说客人离开其住处后就要伤害她,她便向虐待她的伴侣的后脑开枪。Wilson 大法官强调,问题不在于一个旁观者会合理地认识到什么,而是被告人从其处境和经验出发合理地认识到什么。

(二)自身防卫的主观目的

第 34 条(1)(b)要求,主张自身防卫的人必须具有防卫自身的主观目的。因此,寻求报复、惩罚或向对方施暴以证明自己,都不符合自身防卫的抗辩要求。有时,这种不适当的主观目的与防卫自身的主观目的结合在一起,也属于符合要求的情形。

(三)自身防卫所实施的反击行为必须在当时是合理的

这个问题较为复杂。旧规定要求被告人使用的暴力不能超过必要限度,或限于保证被告人免于死亡或重伤所必需。新的第 34 条(1)(c)规定了一个一般性和开放性的标准,本质上是委托法官和陪审团决定自身防卫是否在当时合理的问题。第 34 条(2)则规定了法院应当考虑的被告人、其他人和行为的相关情节,明文列出但不限于 9 个因素:(1)暴力或威胁的性质;(2)暴力侵害迫在眉睫,没有其他可用的方法应对这种暴力;(3)行为人在事件中的作用;(4)事件中的任何一方是否使用或威胁使用武器;(5)事件双方的体型、年龄、性别和体质;(6)冲突双方之间任何关系的性质、持续时间和历史,包括任何先前使用或威胁使用暴力,以及这种暴力或威胁的性质;(7)冲突双方之间任何交往和联系的历史;(8)行为人对暴力或暴力威胁进行反击的性质和相当性;(9)实施的行为是否针对其明知为合法的暴力或暴力威胁进行反击。

被告人是否应当在使用自身防卫之前躲避(retreat)?在 Lavallee 案中,最高法院确认被告人在自己家里无须躲避。然而,任何不躲避原则都应当审慎,否则会鼓励不必要不相当的暴力性自身防卫。新的第 34 条(2)(b)主张,法院可以考虑“是否存在针对正在发生的暴力的其他反应方式”。在某些情况下,这些其他的反应方式可能包括躲避。但无论如何,不要求所有案件的被告人都必须躲避。

一个人可以针对逮捕或其他执法行动进行防卫吗?第 34 条(3)否定这样的自身防卫主张,除非被告人“具有合理根据地相信”这些执法活动是“非法行为”。合理性要求并不是完美的标准。被告人可以合理相信警察的行为非法,即使警察实际上正在合法行为。

总之,要决定自身防卫中所实施行为的适当性或合理性,应当综合考虑第 34 条列举的一系列具体因素。不适当或不合理的过度防卫行为必须承担刑事责任。加拿大法院不承认从事过度和不合理自身防卫的被告人的部分抗辩,不能将谋杀降格为普通杀人。

防卫他人的成立要件与防卫自身基本相同。第34条(1)(a)不仅把自身防卫的暴力扩展到暴力威胁,还将暴力或暴力威胁的对象从本人扩展到他人。同时,“他人”的范围也得到扩展。防卫他人的旧规定中,“他人”被限制为受到被告人保护的人员。这个术语不是由《刑事法典》或加拿大刑事判例定义的,只是一种普遍的共识——家庭成员和被告人负有照管义务的其他人。现在的防卫他人可以包括非亲属关系的第三方,例如,被告人遇到一个正被他人殴打或威胁的陌生人,而实施了对该人的防卫行为。见义勇为者将能够对任何其他人采取保护行动,但必须根据第34条(1)(a),具有合理根据地相信他人正面临暴力或暴力威胁,也必须根据第34条(1)(b),出于防卫他人的主观目的实施行为,进而,根据第34条(1)(c),使用的暴力必须在当时是合理的。错误相信第三方受到暴力或暴力威胁,根据第34条(1),可能仍然是合格的防卫,如果这种错误在当时是合理的话。

## 四、财产防卫

根据加拿大《刑事法典》第35条,可以对财产进行防卫(defence of property),其成立抗辩事由的条件如下:

### (一)合理相信自己正常占有财产和具有财产权利

根据第35条(1)(a),要成立财产防卫,行为人必须有合理根据相信自己正常占有财产或经授权实施行为,或合法协助且有合理根据相信授权人或被帮助的人正常占有财产。

所谓“正常占有”(peaceable possession),是指自己对财产的占有未受到质疑和挑战。其实,第35条(1)(a)与先前的条文一样,并不要求对财产有真正的正常占有,只是要求主张财产防卫的人和被协助管理财产的人合理相信自己处于对财产的正常占有状态。

### (二)有合理根据地相信有人正在侵犯财产

根据第35条(1)(b),被告人要成立财产防卫,也必须有合理根据地相信有人进入、拿取、损坏、毁灭财产或使财产丧失效用。从侵犯财产的时间点来看,包括:(1)将要进入、拿取、损坏、毁灭财产或使财产失去效用;(2)正在进入、拿取、损坏、毁灭财产或使财产失去效用;(3)已经进入、拿取、损坏、毁灭财产或使财产失去效用。

(三)实施行为的主观目的是保护财产

根据第35条(1)(c),被告人要成立财产防卫,其实施行为的主观目的必须是保护财产。具体而言,这种主观目的包括:(1)防止他人进入财产;(2)使正在进入或已经进入财产的他人离开财产;(3)防止他人拿取、损坏、毁灭财产或使财产失去效用;(4)从他人那里夺回财产。

(四)被告人实施的行为在当时是合理的

根据第35条(1)(d),被告人要成立财产防卫,其实施的行为必须在当时是合理的。对此条件争议颇多。但是,不同于第34条的自身防卫,第35条并未列举式地规定法官和陪审团在判断合理性时所应依据的因素。同时,该条也没有使用旧规定中关于财产防卫所使用的暴力应限制在必要范围的常见表述,即要求保护财产使用的暴力与对财产利益的危害之间具有某种相当性。在司法实践中,法院通常都不允许仅仅是为了防止侵犯财产的犯罪就可以杀人。但是,在R. v. Szczerbaniwicz案中,最高法院开始认可财产防卫所实施的暴力可以大于对财产的侵害。这是否意味着第35条没有相当性要求?立法上并不清晰,解释上存在分歧。

此外,第35条(2)规定,如果被告人没有主张权利,并且其他人依法有权对其占有,则不能成立财产防卫。

## 五、避险

加拿大最高法院在历史上并不愿意承认因可怕的危难导致的避险(necessity)作为可原谅事由或正当性事由。在英国的Dudley案中,在海难中漂流的几名男子杀害了一名男孩并以吃他为生,被认定谋杀罪。将最弱、最小、最无抵抗能力的人选为杀死的对象,办案法院认为这种避险抗辩表现出的是危险、不道德和对所有法律原则的背离。法院承认被告人当时大祸临头,但认为:我们常常会被迫建立我们自己都难以达到的标准。一个人无权宣称诱惑是一个可原谅的事由,虽然自己会屈从于它;也不允许原谅罪犯在任何情况下改变或削弱犯罪的法律定义。不过,被判处死刑的几名男子后来得到伊丽莎白女王的恩赦而被减刑为6个月监禁。20世纪70年代的加拿大,避险作为未经堕胎委员会批准实施堕胎的犯罪的抗辩事由,但最初遇到很大阻力。Dickson大法官指出,避险抗辩模糊而晦涩,如果让其在加拿大法律中存在,势必大大助长把危难的紧急情况下不守法行为视为正当的倾向,显然使守法成为不可能。任何健康的法律都不能承认允许个人违法的原则,因为法律包含了更高的社会原则而不可冒犯。首席大法官不同意这种意见,而是将这个抗辩留给陪审团决定——是否存在对于妇女生命或健康的紧迫危险，是否肯定法律和堕胎委员会认可这种行为以防止危险发生。最高法院最终在 Perka 案中承认避险是一个普通法上的抗辩。该案涉及毒品走私犯因恶劣海况被迫来到加拿大海岸。时任首席大法官 Dickson 谨慎地将避险限制到紧迫危险的情况，即避险行为人在当时需要采取行动避免直接和紧迫的灾难。在这种情况下，根据对压力的恰当而正常的反应的社会期待来衡量，避险是道德上的非自愿行为，并且明显不存在避免灾难的合理合法的其他选择。避险抗辩的成立要素如下：

（一）合理相信有紧迫的灾难和危险

Dickson 首席大法官在 Perka 案中指出，作为可原谅事由的避险只能用于被告人除了违法便没有其他现实选择的情况。但是，非要在危险来临时才能避险的要求似有违反《宪章》第 7 条之嫌——被告人在道德上不自愿的情况下也不能对严重且无法避免的将来危害采取措施。在 Ruzic 案中，一个提出“被迫”抗辩限于紧迫的死亡或身体伤害危险的制定法被认为违反了《宪章》第 7 条，因为它惩罚了那些在道德上不自愿的人。在 R. v. Latimer 案中，最高法院确认了灾难必须是紧迫或危害不可避免且临近的要求。危难可预见或可能发生还是不充分的，灾难必须濒临发生和极有可能发生。

（二）合理相信没有合法的解决之道或安全的逃避方式

在 Perka 案中就不存在合法的解决之道，因为被告人面对灾难在海里沉浮，不能不带着装运毒品的货船靠岸。法院不应当以被告人正在实施非法行为而否定避险。在 Morgentaler 案中，则存在合法的解决之道，因为合法的堕胎可以获得委员会的批准。

（三）在要避免的危害与施加的危害之间具有相当性

在 Latimer 案中，最高法院确认了相当性要求，认为为了应对不具有生命威胁的灾难而杀人是完全不相当的。最高法院也承认，大多数情况属于“灰色地带”，在要避免的危害与施加的危害之间进行平衡是非常困难的。因此，没有必要固守要避免的危害明显大于加予的危害，只需要两种危害差不多严重即可。

## 六、被迫

与避险一样，“被迫”（duress）也是用实施犯罪的方式对外部压力做出反应。所谓“外部压力”（external pressure），是指他人的伤害威胁。典型的“被迫”例子是一个被他人用枪指着头的人实施了一个犯罪或协助实施犯罪。加拿大的“被迫”抗辩较为复杂,因为存在两种类型。一种"被迫"类型是《刑事法典》第 17 条规定的限制性抗辩,只适用于主犯,而且列举了一系列的例外。第 17 条规定,当场受他人以即刻处死或人身伤害相威胁而被强迫犯罪之人,如其系相信威胁即将实施而犯罪,并且也未参与预谋或结伙,应免予刑事责任。但是,当犯罪为严重叛国罪或叛国罪、谋杀罪、海盗罪、性侵害罪、持武器性侵害罪、对第三方威胁罪或造成人身伤害罪、严重性骚扰罪、强迫诱拐罪、扣押人质罪、抢劫罪、持武器骚扰罪或导致人身伤害罪、严重骚扰罪、非法导致人身伤害罪、纵火罪或第 280 ~ 283 条规定之罪(诱拐及扣押青少年),第 17 条规定的免责不适用。这里的大多数限制性情形被批评为违反了《宪章》第 7 条,即惩罚了道德上的非自愿行为。另一种"被迫"类型是适用于犯罪各方的普通法抗辩。由于没有任何限制,这种"被迫"更显得抽象。不过,在 R. v. Ryan 案中,最高法院缩小了两种"被迫"抗辩之间的差异。一方面,用普通法概念解读第 17 条的"被迫";另一方面,将第 17 条中的一些制定法概念用于普通法的"被迫"。"被迫"抗辩的成立要素为:

(一)对被告人或第三方以死亡或身体伤害相威胁

《刑事法典》第 17 条要求,威胁,是实施犯罪即可会带来的死亡或身体伤害。最高法院在 Ruzic 案中认为,对"被迫"抗辩提出"紧迫性"和"当场"的要求违反了《宪章》第 7 条,因为这会导致惩罚道德上非自愿实施了一个犯罪的人。在该案中,受到进口海洛因指控的被告人被威胁,如果她不进口毒品,就要杀害其住在外国的母亲。最高法院在 Ruzic 案中明确,针对被告人家庭成员的第三方的死亡或身体伤害威胁,可以根据第 17 条加以考虑。最高法院在 Ryan 案中指出,普通法被迫抗辩中的"严重"身体伤害不再必要,取而代之的是身体伤害。

(二)合理相信威胁将会被执行

《刑事法典》第 17 条要求被告人成立"被迫"抗辩必须在主观上相信死亡或身体伤害的威胁将会被执行,最高法院在 Ryan 案中对此进一步解释为,被告人的相信是合理的。这实际上将第 17 条融入了普通法的被迫。

(三)没有安全的逃避方法

在 Iibbert 案中,最高法院总结,普通法的"被迫"抗辩不适用于具有安全逃跑方法以及可以安全将自己从被迫情形中解脱的各方。Lamer 首席大法官阐述的理由是,就像避险,普通法的"被迫"抗辩所适用的情况仅仅是,被告人没有可供其决定是否犯罪的现实选择。缺乏选择并不只是取决于被告人对可用选择的主观认识,也基于一个正常人处于被告人的情况下是否具有安全逃跑方法和法律解决之道。

一个人在受到威胁6个月之后到机场去接收毒品,即使被告人是真诚地相信自己没有安全的退路,也还要通过多种客观的情况考察其是否属于合理相信自己无路可逃。如果一个正常人处在被告人的情况下,有着与被告人同样的人身特征和经历,得出存在退路而合理替代犯罪的实施,则“被迫”抗辩将不成立。

(四)威胁与所威胁的伤害之间具有紧密的即时联系

这也是最高法院在Ruzic案中所表述的要素,与避险抗辩的紧迫性要求相一致。最高法院以灵活方式解释什么是紧密的即时联系。Ruzic被威胁两个多月之后实施进口麻醉毒品的犯罪。先接收海洛因和假护照,接着从贝尔格莱德出发经布达佩斯和雅典到达多伦多,她花了4天。发出威胁的人并没有陪伴她,而是留在贝尔格莱德,可能在那里执行对她母亲的威胁。正如《刑事法典》第17条所规定,威胁第三方可以成为普通法“被迫”抗辩的基础。在Ryan案中,最高法院指出,紧密的即时联系要素的一个目的是强化没有安全退路的要素。如果威胁尚与被告人的非法行为有着过于遥远的距离,就很难得出处于类似情况的正常人除了实施犯罪而无其他选择。这个要素的另一个目的是保证处于充分压力下的被告人保证其实施行为时符合可原谅事由在道德上不自愿的逻辑要求。

(五)所要避免的危害与施加的危害之间具有相当性

最高法院在Ryan案中强调,普通法与《刑事法典》第17条都要求相当性。相当性(proportionality)要求所威胁的危害等同于或大于施加的危害。这与避险抗辩的第三个要素是相同的。但在实际判断这种相当性时,应当保持与避险抗辩相同的严格客观标准,还是在被迫中的客观标准相对宽松?还存在一定争议。

(六)被告人受到的威胁不能是其犯罪活动、犯罪共谋或犯罪组织的结果

这是一个排除性的要素。根据《刑事法典》第17条,被告人参与了共谋或犯罪组织而因此服从于强制的情况不构成“被迫”抗辩。最高法院在Ryan案中解释,这种排除只适用于主观上明知自己因自愿涉入犯罪而受制于威胁的被告人。

## 第七节 加拿大刑法的刑罚制度

加拿大《刑事法典》第23章“刑罚、罚金、没收财产、费用及财产返还”以及第20章中的“量刑”等内容,加之普通法的传统和法院的有关判例,共同构成其刑罚制度。

## 一、刑罚种类和刑罚措施

加拿大刑法中的刑罚种类可以分为监禁刑与非监禁刑。监禁刑包括终身监禁与监禁。非监禁刑有罚金、赔偿、没收财产、剥夺资格等。加拿大刑法中的刑罚措施是指围绕上述刑罚种类形成的刑罚执行方式,主要有释放、缓期、替代、赦免等。在加拿大刑法中,刑罚种类与刑罚措施紧密结合。

(一)终身监禁

终身监禁是所有严重叛国罪或谋杀罪(包括一级谋杀和二级谋杀)的法定刑,而且也是这些犯罪的唯一或强制性法定刑(mandatory sentence)。终身监禁也可以是若干其他犯罪的最高刑罚,如疏忽致人死亡罪、轻率杀人罪、抢劫罪、敲诈勒索罪、破门入户罪以及严重性侵害罪等。判处终身监禁的犯罪情形大多涉及暴力。

适用于最严重犯罪的终身监禁是加拿大刑法中最重的刑罚种类,它取代了过去曾经有过的死刑。加拿大早期就有死刑,历经法属殖民地和英属殖民地,但许多死刑记录因火灾、洪水或腐烂而灭失。1749 年,水手 Peter Cartcel 在 Halifax 港湾的一艘船上刺死了 Abraham Goodsides 并伤害了其他两名男子,被船长召集的法庭判处死刑,被吊死在桅杆上以儆效尤。这是英属时期的加拿大最早的死刑记录之一。据统计,自 1867 年到 1976 年 6 月 14 日取消谋杀罪的死刑,加拿大共有 1481 人被判处死刑,710 人被执行死刑。被执行死刑的人包括 697 名男性和 13 名女性。对民间人员执行死刑的唯一方法是绞刑,对军人的死刑则以枪决的方式执行。邦联建立之后,将可判处死刑的犯罪减少到谋杀罪、强奸罪和叛国罪。商人,政治家和社会改革者 Robert Bickerdike 对于推动废除死刑做出了重要贡献。1914 年和 1916 年,他两度提出用终身监禁代替死刑的法案。1950 年,国会议员 Ross Thatcher 提出废除死刑动议。1956 年,参众联合委员会建议保留死刑作为谋杀罪的强制刑罚。1961 年,立法上区分了判处死刑的谋杀罪和不判处死刑的谋杀罪。伴随自由党在 1963 年联邦选举中获胜,死刑在事实上被中止。1967 年 11 月 30 日,C-168 法案获得通过,决定暂停适用死刑 5 年,除非谋杀警察和狱警。1973 年 1 月 26 日,5 年截止期满后,加拿大检察部门宣布继续停止死刑。1976 年 7 月 14 日,C-84 法案在自由投票中以 130:124 的微弱优势得以通过,导致了死刑在法律上的废除,但依照《国防法》保留了加拿大武装部队成员所犯的某些军事犯罪(贪生怕死,逃兵,非法投降,充当敌人间谍)的死刑。1998 年,军事犯罪的死刑也被废除。

加拿大一直存在反对废除死刑和恢复死刑的呼声。1987 年 6 月 30 日,一项恢复死刑的法案被下议院以148:127的票数否决，此次投票中，首相 Brian Mulroney、司法部部长 Ray Hnatyshyn 和外交部部长 Joe Clark 均反对该法案；相反，副首相 Donald Mazankowski 和大多数进步保守党国会议员支持该提案。加拿大最后一次执行死刑是1962年12月11日，在多伦多的 Don 监狱，29岁的 Arthur Lucas 和54岁的 Ronald Turpin 因犯多个谋杀罪被双双送上绞架。[14]

（二）监禁

监禁是最常用的刑罚种类，有服刑期限。对监禁的期限，加拿大《刑事法典》明文规定最高刑。具体而言，从不同罪名的监禁刑来看，单个犯罪法定最高刑分别有14年、10年、5年、2年。显然，14年是监禁刑的最高期限。不过，在成立数个犯罪的情况下，加拿大刑法实行相加并罚原则，即对每个犯罪判处的监禁刑期先后相继地连续执行，这可以使实际的总和刑期大大超出单个犯罪的最高监禁期限。

（三）假释

加拿大的假释制度由《矫正与有条件释放法》（Coreections and Conditional Release Act）系统规定（1992年修正），而《刑事法典》主要规定了假释资格：

1. 尽管《矫正与有条件释放法》第120（1）条规定，罪犯被判处两年或以上的监禁刑，包括不是最低刑的终身监禁，被认定的犯罪是由该法"表1"或"表2"列出的犯罪而基于起诉方式指控的，如果符合对犯罪的社会谴责的表达或因此要求的特殊威慑或一般威慑的目的，那么法院可以命令在罪犯被完全假释之前必须执行的刑期最低是所判刑期的1/2或10年。

2. 尽管《矫治与有条件释放法》第120条规定，罪犯被判处两年或以上的监禁刑，包括不是最低刑的终身监禁，其认定的犯罪是《刑事法典》第467.11条（参与犯罪组织的活动）、第467.12条（为犯罪组织实施犯罪）、第467.13条（为犯罪组织指导犯罪的实施）之外的有组织犯罪，法院也可以命令罪犯被完全假释之前必须执行的刑期最低是1/2或10年。

3. 尽管《矫治与有条件释放法》规定，罪犯被判处两年或以上的监禁刑，包括终身监禁，但基于恐怖主义犯罪或《刑事法典》第467.11条、第467.12条或第467.13条规定的犯罪，法院将命令罪犯在获得完全假释之前必须执行的刑期最低是1/2或10年，除非法院考虑了犯罪实施的情节和犯罪人特征及情节，认为具备了对犯罪的

---

[14] See Susan Munroe, *History of Capital Punishment in CanadaHistory of Capital Punishment in Canada* (https://www.thoughtco.com. Updated March 08, 2017); The article, *Capital punishment in Canada*, From Wikipedia, the free encyclopedia.

社会谴责,充分体现了特殊威慑和一般威慑。

4. 对于被认定严重叛国罪或一级谋杀罪而被处以终身监禁的人,必须服刑 25 年才有假释资格。

5. 对于被认定二级谋杀罪而被判处终身监禁的人,如果该人先前被认定过属于谋杀罪的过错杀人,那么无论《矫治与有条件释放法》如何规定,都要服刑 25 年才有假释资格。

6. 对于被认定二级谋杀罪而被判处终身监禁的人,必须服刑至少 10 年以上 15 年以下的刑期,才具有假释资格。

7. 对于被认定一级谋杀罪或二级谋杀罪而被判处终身监禁的人,如果该人犯罪时不满 16 岁,法官可在 5 ~7 年决定该人具有假释资格必须服刑的时间,如果法官不予决定,具有假释资格的服刑时间为 5 年。

8. 对于被认定一级谋杀罪而被判处终身监禁的人,如果该人犯罪时不满 17 岁,其获得假释资格必须执行的刑期为 10 年。

9. 对于被认定二级谋杀罪而被判处终身监禁的人,如果该人犯罪时为 16 岁或 17 岁,其获得假释资格必须执行的刑期为 7 年。

10. 对于上述情况之外的被认定任何犯罪而被判处终身监禁的人,通常具有假释资格。

(四)附条件的监禁刑

附条件的监禁刑,是指被判处监禁刑的犯罪分子有条件地不在监狱服刑的特殊监禁刑。这种监禁刑类似于假释,却不是假释。二者的区别主要是:第一,《刑事法典》中的假释(parole)与附条件监禁刑(conditional sentence of imprisonment)从表述到内涵都不等同,且性质迥异。“parole”强调的是“释放”,而“conditional sentence of imprisonment”落脚在“刑罚”。或者说,假释相对于“收监”,是“执行”与“未执行”的关系,附条件监禁刑却是法条本身明文表述的一种监外执行——“在社区服刑”(serve the sentence in the community)。第二,假释适用于已经在监狱服刑的犯罪分子,而且许多犯罪分子还必须在监狱服刑达到法定年限并依照法定条件表现良好时,才能依法决定对其是否假释。尽管附条件监禁刑对某些犯罪也有类似要求,但对于被判处 2 年以下监禁尚未服刑的犯罪分子,量刑时即可一并作出是否附条件监禁的决定。2008 年对附条件的监禁刑补充了额外的限制,即它不能用于严重人身伤害的犯罪、性犯罪、超过 5000 元的盗窃犯罪、恐怖主义犯罪和任何包含最高 14 年刑期监禁或终身监禁法定刑的犯罪。可见,附条件的监禁已然成为短期监禁的一种替代措施。第三,假释考验期限通常是未执行完毕的监禁刑期,附条件监禁刑的监外服刑期限可以比监禁刑期更长。第四,假释期间罪犯违反假释条件的法律后果是即行收监;附条件监禁刑的罪犯在监外服刑时违反所附条件,既可以收监服刑,也可以将所附条件修改得更为严格,仍在监外服刑,等等。

不过,除了上述区别,附条件监禁刑对罪犯所附的强制性条件与假释类似:第一,态度平和,举止规矩。第二,应法院传召随时到庭。第三,在规定的时间内(通常是两天)必须向监督人报告。第四,除非法院或监督人准许,不得脱离法院所管辖的区域。第五,有任何地址或工作变动,提前或及时通知法院或监督人。

此外,附条件监禁刑对罪犯还有一些选择性条件可供附加:第一,戒酒或戒毒。第二,不得拥有、持有或携带武器。第三,供养和照顾被抚养人。第四,8 个月以内从事 240 小时的社区服务。第五,参加省里批准的矫治计划。第六,遵守法院认为可以要求的其他合理条件,服从各项细化规定,保证表现良好,防止再次犯罪。

(五)减刑

作为一种服刑机制,减刑(remission)针对被判处刑期 2 年以下监禁刑的犯罪人,是指这样的罪犯在监狱服刑期间,如果表现良好服从监规,可用其已经服刑时间以一定比例减少剩余刑期。具体而言,通常每服刑 2 天可减少 1 天剩余刑期。如此计算,大多数罪犯实际服刑的时间只是所判处监禁刑期的 2/3,例如,被判处 12 个月监禁的被告人将在服刑 8 个月后被认为完成了刑期。

(六)缓刑

与减刑一样,缓刑也是一种针对被判处 2 年以下监禁刑的犯罪人的服刑机制。如果发出缓刑令之后,犯罪人又因其他犯罪导致了一项超过 2 年监禁的判刑,缓刑令并不失效。缓刑也可用于罚金刑,但不能同时与监禁和罚金并用。缓刑令的最长期限为 3 年。缓刑令要求犯罪人在缓刑期间遵守一系列条件,包括强制性条件和选择性条件,其内容与假释和附条件的监禁基本一致。不遵守缓刑令本身就是一种犯罪。如果不遵守缓刑令却实施其他犯罪,则是双重犯罪。

(七)延迟量刑

延迟量刑(suspended sentence)是与缓刑相结合的一种措施,但又比缓刑更进一步。在法院认为罪行足够轻而对被告人作出延迟量刑的裁决时,被告人就被置于长达 3 年期限的缓刑。在此期间,被告人必须遵守缓刑所要求的条件。一旦因违反缓刑条件而被取消延迟量刑,决定延迟量刑的法院可以对被告人重新量刑。这并不被认为是重复评价,因为延迟量刑不是最终决定。

(八)罚金

罚金可以单独适用,也可以分别与缓刑或监禁并用,但不能同时与缓刑和监禁并用。如果犯罪由简易程序认定,则对自然人的最高罚金是5000元,对组织的最高罚金是10万元,除非制定法另有规定。如果犯罪由起诉程序认定,则罚金数额不限。罚金是监禁刑的补充或替代刑罚。如果罚金未被支付,则罪犯可以被监禁。法院判处罚金时必须考虑犯罪人的支付能力。当有支付能力的犯罪人被判处罚金而未支付时,法院可以判处其监禁。过去,为了防止被判处罚金的犯罪人不缴纳罚金,法院往往会在判处罚金的同时预判一个假定的监禁刑期,但由于缺乏统一标准,各地法院自行其是。于是在1995年,加拿大国会创制了确定监禁天数的固定公式。这个公式是,由未支付的数额和与被告人监禁相联系的任何经济价值作为分子,省最低工资的8倍作为分母。例如,在一个司法区,未支付的640元罚金与每小时8元的最低工资将约等于10天。此外,法院也可以要求被告人向被害人支付额外罚金或财产,额外罚金可达被判处罚金的30%,如果本来没有判处罚金,则可对应起诉罪判处100元罚金,对简易审判罪判处50元罚金,法院也可以自由裁量决定增减。

## 二、量刑目的和量刑原则

在加拿大,量刑在传统上是司法自由裁量的事情,因为立法机关在其规定的范围广泛的犯罪行为中,一般只是为严重的和常见的犯罪设立最高刑罚,以此限定法官的量刑权。这与美国更多依赖制定法规定的犯罪等级及其最低刑罚不同。这样做的实际效果是将刑罚裁量权由法官更多地转移到控方,从而使控方具有与被告人就特定指控进行辩诉交易的操作空间。这也是加拿大目前的发展趋势。出于对量刑自由裁量权的制约,《刑事法典》明文规定了量刑目的和量刑原则。

(一)量刑目的

《刑事法典》第718条规定,量刑的基本目的是,通过处以具有下列一个或若干目的的公正制裁,伴随预防犯罪的方案,着力尊重法律和维护正义、和平与安全的社会:(1)通告非法行为;(2)阻吓罪犯和其他人不实施犯罪;(3)必要时将罪犯与社会隔离;(4)有助于矫治罪犯;(5)对被害人或社会遭受的危害提供补偿;(6)促进罪犯的责任意识,对伤害的被害人和社会进行谢罪。

显然,加拿大刑法中的量刑目的是多元的。公正的量刑可以是出自上述任何一个或几个目的。与其说这是对司法裁量的限制,不如说是一种指引——每一个法官对每一个案件的量刑都必须具有刑法规定的明确目的;同时仍然保留了很大的自由裁量空间——不同法官对不同案件可以选择恰当的量刑目的。加拿大最高法院认为,没有一个量刑目的优于其他量刑目的,法官只能根据案件的特殊性决定遵循哪个或哪些目的,将其作为该案量刑的宗旨。因此,量刑可以是为了阻吓罪犯和其他人将来不实施犯罪,也可以是为了将犯罪人与社会隔离而使其无法犯罪,还可以是为了促进罪犯回归社会或促进罪犯为被害人或社会提供补偿的能力。不同的目的决定着刑罚种类及刑罚措施的选择,监禁刑更多体现阻吓,而缓刑更有利于矫治罪犯,罚金则符合补偿被害人和社会的目的。可见,一个法官的信念对于任何案件的量刑都是最重要的。然而,由于不同刑罚种类和措施本身就是在对某种量刑目的的侧重中产生的,这决定了某个刑罚种类和措施难以同时体现不同的量刑目的。例如,同时考虑报应和阻吓他人的目的可以适用监禁刑,但无法再兼顾矫治和阻吓犯罪人的目的,这会使法官为难。

（二）量刑原则

《刑事法典》第 718.1 条规定了量刑的基本原则(fundamental principle of sentencing),即“刑罚必须与犯罪的严重性与犯罪人的责任程度相均衡”(a sentence must be proportionate to the gravity of the offence and the degree of responsibility of the offender.),以下简称“均衡原则”。显然,均衡原则不仅要求刑罚必须与实施的犯罪相均衡,也要求刑罚必须与犯罪人的责任或过错相均衡。

在量刑基本原则的基础上,《刑事法典》第 718.2 条进一步规定了量刑时需要考虑的若干原则:(1)根据有关犯罪或罪犯的加重或减轻情节来决定刑罚的增减。专门规定,基于种族、民族、血统、语言、肤色、宗教、性别、年龄、身体或精神缺陷、性取向或任何其他类似因素而产生的偏狭或仇恨而发动的犯罪,罪犯实施的犯罪是虐待自己的配偶(spouse)或普通法上的伴侣(partner),罪犯实施的犯罪是虐待不满 18 岁的人,滥用被害人的信托或服从的地位,为了犯罪组织的利益而实施犯罪或在犯罪组织的指示或联系中实施犯罪,实施恐怖主义犯罪等,都属于加重情节。(2)刑罚应当与类似情况下实施的类似犯罪的类似犯罪人被判处的刑罚相类似。(3)如果被判处的若干刑罚合并相加,时间不能过长或过于严苛。(4)如果很少限制自由的制裁种类在当时是合适的,罪犯就不应当被剥夺自由。(5)虽然监禁在当时是合理的,也应当对所有罪犯考虑所有其他可以适用的制裁,对原住民的情节要予以特别关注。

对于涉及犯罪的单位的量刑,《刑事法典》第 718.21 条要求考虑下列因素:

(1)涉及犯罪的单位认识到犯罪会为其带来优势。(2)执行犯罪的计划程度和犯罪的期间及复杂性。(3)为了表明不能支付罚金或进行补偿,涉及犯罪的单位是否企图隐匿或转移其资产。(4)刑罚将对涉及犯罪的单位的经济能力和其雇员被继续雇佣产生影响。(5)公共权力当局调查和指控犯罪的成本。(6)对涉及犯罪的单位或涉及形成单位犯罪基本行为的一个代表人处以任何规章处罚。(7)涉及犯罪的单位或涉及实施单位犯罪行为的任何代表人是否被认定类似犯罪或受到规章体系制裁的类似行为。(8)由涉及犯罪的单位根据起到实施犯罪作用的代表人而施加的任何惩罚。(9)涉及犯罪的单位被命令进行任何补偿或已经支付给犯罪被害人的任何数额的补偿。(10)涉及犯罪的单位采取的减少实施后续犯罪可能性的任何措施。

# 第四章 澳大利亚刑法

澳大利亚是在1901年才建立的联邦制国家,虽然据考古发现,3万多年前那里就已经有了人类活动的踪迹。[1] 澳大利亚全称澳大利亚联邦(The Commonwealth of Australia),由新南威尔士、维多利亚、昆士兰、南澳大利亚、西澳大利亚、塔斯马尼亚6个州以及北部和首都两个地区组成。历史上的澳大利亚开化较晚,直到1770年英国海军上尉库克一行登陆南威尔士,原住民们还以捕鱼和打猎维生,在习惯性规则的支配下过着无国家无法律的原始共有生活。1788年1月18日,英国海军上校菲利普被任命为澳大利亚第一位总督兼英军司令,他将驻扎地命名为“悉尼”(Sydney是当时英国内务大臣的名字),澳大利亚殖民地历史由此开始。英国殖民者使用他们自己的法律管制属地,攫取利益。首任总督得到英王特许授权,根据英格兰法审判和惩治澳大利亚发生的叛国罪、重罪和轻罪。毫无疑问,澳大利亚的早期法律制度就是英国的法律制度,这决定了澳大利亚刑法的血缘归属是英美刑法(Anglo - American criminal law)。应当看到的是,英国法律在澳大利亚的适用过程中,不可避免地受到当地因素的影响,尤其是随着澳大利亚联邦的成立,澳大利亚由英国的殖民地成为英国的自治领,走上了独立自主的发展道路,包括刑法在内的澳大利亚法律不断展现出自身的一些特色。

## 第一节 澳大利亚刑法的主要渊源

一般来说,澳大利亚刑法,是指澳大利亚联邦的各个司法区的刑法。这些司法区包括6个州、联邦和自治地区。因此,不同司法区之间的纵横关系,是认识澳大利亚刑法渊源不可缺少的框架背景。

---

〔1〕 参见王宇博:《澳大利亚——在移植中再造》,四川人民出版社2000年版,第5页。

## 一、普通法司法区和法典司法区

澳大利亚刑法源于英国普通法，这种传统仍然在澳大利亚的审判实践中继续演化。虽然所有的州都有了刑法的制定法，但实际情况差异很大。一些州的刑法已经完全法典化，另一些州的刑法则仍然承继了普通法的散在状态。前者被称为“法典司法区”（code jurisdictions），后者被称为“普通法司法区”（common law jurisdictions）。[2]

属于普通法司法区的有新南威尔士州、南澳大利亚州和维多利亚州。从地理上看，这些州位于澳洲大陆东南一带，是早期的殖民地区，因而受到了英国法律更多和更深的影响。这些州都制定了一般性的专门刑事法文件（Crimes Act 或者 Criminal Law Consolidation Act），将大多数普通法罪名及其相应的确定刑罚列于法中，但并不系统和全面地定义犯罪的要件。例如，新南威尔士州 1900 年《犯罪法》（Crimes Act）第 177 条规定：“任何人实施盗窃罪，或者实施本法规定的比照盗窃罪处罚的可起诉犯罪，除非另有规定，应当判处 5 年有期监禁。”该条文表明盗窃罪是可起诉罪，其刑罚为 5 年监禁。但无论该条还是该法的其他条文，都未定义盗窃罪，仍然要到普通法中去找寻其含义及条件。新南威尔士州的《犯罪法》曾在 1984 年被修正[1984 年《（修正）犯罪法》]。除此之外，该州通过一系列制定法创制和定义刑事罪名，例如，1970 年《即决罪法》（Summary Offences Act）、1981 年的《（性侵害）犯罪法》[Crimes（Sexual Assault）Act]等。在普通法司法区，只有议会而非法院能够创制新的罪名，已经是一项既定的规则。

其实，南澳大利亚州在 1901 年至 1902 年、维多利亚州在 1904 年至 1912 年都曾有过引入刑法典的尝试，但均以失败告终。南澳大利亚和维多利亚司法区各自刑法的大多数罪名被分别规定在 1935 年《刑法综合法》（Criminal Law Consolidation Act）和 1958 年《犯罪法》。前者于 1940 年、1976 年、1981 年和 1983 年等先后被数次修正（Criminal Law Consolidation Act Amendment Act）；后者则由 1973 年《（盗窃）犯罪法》[Crimes（Theft Act）]、1980 年《（性罪名）犯罪法》[Crimes（Sexual Offences）Act]、1981 年《（罪名分类）犯罪法》[Crimes（Classification of Offences）Act]、1984 年《（共谋与煽动）犯罪法》[Crimes（Conspiracy and Incitement）Act]等单行刑事法律给予了补充。同时，该两州也存在一定数量的普通法罪名。

---

〔2〕 See Wikipedia, the free encyclopedia, *Criminal law of Australia* (Aug. 8. 2018), https://en.wikipedia.org/wiki.

属于法典司法区的有澳大利亚联邦、首都地区,北部地区,昆士兰州,塔斯马尼亚州和西澳大利亚州。从地理上看,这些州位于开发较晚的澳大利亚西部地区和北部地区以及离岛,因而其法律带有更多的本土色彩,受到英国法律的影响相对较小。在这些司法区,不是简单地以制定法文本形式去认可普通法,而是引入了具有创制功能的法典,使刑法文本的内容系统而全面。在非疑难的一般情况下,内含解释性规定的刑法典取代了普通法。1899 年《刑事法典法》(Criminal Code Act)是昆士兰州通过的第一部刑法典,作为该州刑法渊源的最初文本,它由 Griffith 主持起草和提出。Griffith 深受意大利刑法典的影响,[3]认为意大利刑法典的许多方面在当时堪称完美,并亲手翻译了该法典。因此,他借鉴了 1889 年意大利刑法典的许多元素,同时也从 1881 年美国纽约刑法典中受到启发,在其起草的法典中将普通法罪名与制定法罪名融为一体。Griffith 法典后来被部分其他的英联邦国家在做了一些修改的基础上采纳,这些国家包括尼日利亚、巴布亚新几内亚和瑙鲁。昆士兰刑法典自然成为进一步的立法修正和司法解释以及判例的基础。1913 年,昆士兰州修正了该刑法典(Criminal Code Amendment Act)。

受昆士兰刑法典的影响,西澳大利亚州于 1913 年、塔斯马尼亚州于 1924 年、北部地区于 1983 年、澳大利亚首都地区于 2002 年先后制定了自己的刑法典。其中,西澳大利亚的刑法典名称为《刑事法典汇编法》(Criminal Code Compilation Act),其余均为《刑事法典法》(Criminal Code Act)。

澳大利亚联邦曾在 1914 年 9 月通过《犯罪法》,并于 1926 年、1928 年、1960 年数次重新颁布,后来被 1995 年的《刑事法典法》取代。

法典化的具体做法各有不同。有些情况下是简单地把普通法的刑法规定编纂成为法典的样式,另一些情况下则以立法文本为基础制作法典,这会比其他司法区有更多变化。无论哪个司法区,对于包括刑法典在内的立法,都需要用司法判例和解释的方法给以不断完善。例如,Carter 主编的《昆士兰刑法》一书被公认是最具有参考价值的资料之一,澳大利亚法律学者和实务人员使用该书的经常性频率甚至已经超过了翻阅法典本身,就是因为这本书对与昆士兰刑法典相联系的判例法体系给出了准确的解释及信息。

---

〔3〕 Samuel Walker Griffith (1845—1920),澳大利亚政治家,曾任昆士兰州总理、澳大利亚高等法院首席大法官,澳大利亚宪法的主要起草人。虽然 Griffith 生在威尔士,长在澳大利亚,但 1865 年的一次欧洲游历中,在意大利度过的时光让他喜欢上了意大利人和他们的文化,甚至多年以后,他成为澳大利亚第一个但丁作品的翻译者。

除了刑法典之外,大多数司法区还存在没有明文标有“刑法”字样的许多刑事立法或者刑法判例,违反这些单行法律文件所确立的刑事条款也会引起刑事诉讼。

## 二、联邦司法区与各州司法区

19世纪,羊毛和金矿为澳大利亚带来了财富,经济随之快速发展,人口持续增长,殖民地自身的利益引发和促进了政治改革和自治运动,与此相适应的法律成果是英国于1842年通过的《澳大利亚自治法案》和1850年通过的《澳大利亚殖民地政府条例》,据此,澳大利亚成立了立法会议,建立了限制总督权力的代议体制,确立了自治和民主制度。进而,1885年创立了澳大利亚联邦委员会,负责立法事宜。19世纪90年代召开的几次宪法会议,推出了宪法草案及修正案并得到各个殖民地的批准,1900年终获英国议会的通过和国王的批准。在宪法的基础上,1901年1月1日正式建立了澳大利亚联邦。

可见,此前澳大利亚的独立之路始终没有脱离英国法律轨道,澳大利亚联邦的立法权一开始就受到严格限制。当然,这种限制一方面是要维系英国法统对澳大利亚各殖民地法律的权威,另一方面反映各殖民地出于自身利益的自治倾向。这在刑事立法上的表现是,处理犯罪问题主要是各州的职责,联邦政府的权力很少。澳大利亚联邦宪法并没有一般地授权联邦议会制定有关犯罪的刑事法律。相反,宪法授权各州和领地政府就治安、秩序和各自司法区的良好管理进行立法,各地立法者拥有维持公共秩序和保护本地居民及其财产的一般权力。不过,《澳大利亚联邦宪法》第51条、第52条和第61条等或明或暗的规定,还是为联邦议会刑事立法权限提供了依据。联邦既有法典化的刑事法律——1914年《犯罪法》和1995年《刑事法典法》,也有规定刑法某个方面内容的单行制定法,还有在涉及海关、税收、保险、社会安全、广播乃至网络等广泛而多样事务的不同制定法的刑法条款。1949年《种族屠杀公约法》规定了针对战争被害人和种族屠杀的罪名,这显然是联邦刑法的一个单行制定法。此类单行法还有1963年《(航空器)犯罪法》、1964年《(海外)犯罪法》、1972年《(劫持航空器)犯罪法》、1973年《(航空器保护)犯罪法》、1973年《死刑废除法》、1976年《(化学武器)犯罪法》和《(受国际保护人员)犯罪法》、1978年《(外国入侵和招募)犯罪法》、1979年《海上犯罪法》、1987年《犯罪程序法》、1988年《引渡法》、1992年《刑事立法修正法》、1994年《(儿童色情旅游)犯罪修正法》、1997年《安乐死法》、2002年《国际刑事法庭法》、2003年《(恐怖主义)刑法修正案法》、2010年《(禁止酷刑和废除死刑)刑事立法修正法》等。

大量联邦刑事犯罪和刑罚,还规定在联邦的各种其他制定法中。1901 年《审计法》(Audit Act 1901)创造了第一批联邦刑事罪名,包括公共服务欺诈罪、伪造罪和伪证罪;1905 年《秘密佣金法》(Secret Commissions Act 1905)首次规定联邦腐败罪名,制定该法的直接动因是当年在澳大利亚乳制品行业发生的贿赂丑闻;1905 年 12 月 30 日澳大利亚联邦首次宣布,根据 1901 年《海关法》(Customs Act 1901),禁止制造消费性麻醉药品和禁止进口非医用鸦片;1907 年,联邦高等法院首次审理进口鸦片案件;1910 年对《海关法》的补充条款大大扩展了走私犯罪的范围,私自进口或者持有非法进口的物品成为联邦犯罪;1924 年 4 月 18 日的《海关通告》禁止出口非医用鸦片;为遵守 1925 年关于遏制鸦片制品的制造、交易和使用的日内瓦公约,1926 年 11 月 25 日澳大利亚联邦禁止大麻的进出口;1942 年《广播法》制定了转播亵渎性、不雅或淫秽材料罪;1945 年《战争法》是澳大利亚第一部战争犯罪立法,规定了战犯的审判和刑罚;虽然联邦不管理任何监狱,但 1967 年《联邦罪犯法》规定了罪犯最低监禁刑期;1971 年《(保护人身和财产)公共秩序法》规定,在联邦领土上暴力示威行为的刑罚后果为 3 个月监禁;等等。

此外,通过《澳大利亚联邦宪法》第 51 条规定的外事权力,联邦立法权也大大扩展。塔斯马尼亚州高等法院曾确认,联邦为了履行其承认或者批准国际条约而产生的宪法本不包含的义务,可以制定相关法律。1994 年联邦制定《(性行为)人权法》,取代塔斯马尼亚州刑法典中反恋童癖规定。联邦政府根据《澳大利亚联邦宪法》第 51 条规定的外部事务权力取代一个州的刑法的相关规定,这还是第一次。1997 年联邦《安乐死法》直接废除了北部地区将安乐死非犯罪化的规定,这是联邦首次使用针对领地的立法权推翻领地的法律。

联邦刑事立法最初主要涵盖那些涉及联邦、联邦机构、联邦官员、联邦财产和税收的犯罪。但有时,各州认为制定一部全国性法律比制定一系列的州法律对处理某些犯罪更为有利,并一致同意将其宪法赋予的本地立法权力提交给联邦,则联邦立法权会扩展到各州刑法的管辖领域。规范公司的权力本属于各州,但是 2001 年联邦《公司法》规定了公司及其代理人和董事会实施的犯罪,这是宪法赋予联邦的刑事权力的一个重大转变。

2002 年《安全立法修正案法》是第一部联邦反恐怖主义立法。2002 年的《国际刑事法庭法》确认澳大利亚执行《国际刑事法院罗马规约》,调查和起诉种族灭绝犯罪、战争犯罪和侵犯人权的罪行,接受国际刑事法院管辖。2006 年,维多利亚的一个县法院首次根据联邦刑法典中的性奴条文对一名女性定罪。2010 年联邦《犯罪立法修正案法(禁止酷刑和废除死刑)》禁止各州恢复死刑,要求各州贯彻执行反对酷刑和其他残酷、不人道或者有辱人格的处遇和处罚的联合国公约。

## 三、刑法的改革和《模范刑法典》

由于上述普通法司法区与法典司法区的区别、联邦司法区与各州司法区的区别,使澳大利亚刑法在很大程度上被条块分割,以至于复杂多样,彼此冲突,既不方便,也影响功能的发挥,尤其是不适应现代社会流动性和交互性带来的不可避免的一体化倾向。这就产生了在全澳大利亚进行刑法改革的客观需要。

同样是实行联邦制的美国,20 世纪 60 年代就推出了由 American Law Institute 拟制的《模范刑法典》(Model Penal Code),极大地推动了全美各州和联邦刑法标准的相对统一。姑且无论是否受到了美国做法的影响,澳大利亚在事实上于 1990 年将制定自己的《模范刑法典》(Model Criminal Code)的任务正式提上了议事日程。6 月 28 日,澳大利亚司法部常务委员会决定设立刑法官员委员会(the Criminal Law Officers Committee )。所谓刑法官员,是指各司法区司法部的高级刑法事务咨询专家,经挑选成为刑法官员委员会的委员。当时,各司法区都正在或者正准备对各自的刑法典或者犯罪法进行重大的重新考量,已经形成了普遍的共识——对现存刑法的任何评价或者改革都应当致力于清除司法区之间的隔阂,为此,有必要成立一个专门组织负责起草一部面向所有澳大利亚司法区的《模范刑法典》。1991 年 5 月,刑法官员委员会召开了第一次正式会议,决定从最基础的刑事责任基本原则着手制定工作。1992 年 7 月,刑事责任专章草案被呈交司法部常务委员会并征求意见(包括利用 1992 年 9 月在奥克兰举行第四届国际刑法大会的方便,征求了与会代表的意见),随后修改的报告于年底再次呈交司法部常务委员会,其大部分内容受到了广泛的认同。联邦 1995 年《刑事法典法》正是在这个报告的基础上制定的。

1993 年 11 月,刑法官员委员会(CLOC)更名为模范刑法典官员委员会(Model Criminal Code Officers' Committee),使该组织的目的更为明确。模范刑法典官员委员会的成员包括来自联邦政府和新南威尔士州的各 3 人,来自维多利亚州和首都地区的各 2 人,来自昆士兰州、西澳大利亚州、南澳大利亚州、塔斯马尼亚州和北方地区的各 1 人。模范刑法典官员委员会(MCCOC)用了 10 多年时间进行广泛的咨询和研究,草拟了 12 个讨论稿、11 份报告,陆续推出了共 9 章的《模范刑法典》(Model Criminal Code)文本。根据 2009 年 5 月 28 日的《模范刑法典》(第 1 版)文本,其 9 章内容是:第 1 章"序言"、第二章"刑事责任的一般原则"(7 节)、第三章"盗窃、欺诈、敲诈、作假、贿赂及相关犯罪”(6 节)、第四章“财产损坏和计算机犯罪”(2 节)、第五章“侵犯人身罪”(2 节)、第六章“毒品犯罪”(6 节)、第七章“妨害司法管理罪”(5 节)、第八章“扰乱公共秩序罪”(1 节)、第九章“违背人道罪”(1 节)。

对于《模范刑法典》计划以及其他有利于协调联邦、各州和各领地之间的刑法及程序的工作,联邦法律委员会也给予了大力支持,先后向司法部提出有关《模范刑法典》第二章“效力”的意见,向司法部常务委员会提出对《模范刑法典》在澳大利亚各司法区的贯彻情况进行审查的建议,向司法部常务委员会提出“失效判决标准”法案;向澳大利亚法律改革委员会提出有关联邦罪犯的量刑的建议,向司法部常务委员会提出一事不再理、禁止双重处罚和对主张无罪的上诉人的指控等事项的建议。2009 年 5 月 28 日的《模范刑法典》(第 1 版)指出,该文本是由联邦议会法律委员会为各州和领地准备的法典样板。该法典集中了司法部常务委员会所设刑法官员委员会(以及后来的模范刑法典官员委员会)草拟的不同的单独报告中的规定。

澳大利亚《模范刑法典》正文的标题“Criminal Code of [Name of State/Territory]”表明了该法典对各州和领地制定刑法典的示范意义。然而,其推行缓慢,示范效果有限。联邦、首都地区和北部地区部分地贯彻了这个法典样板,其他司法区却没什么进展。即使该法典第一章和第二章所陈述的刑事责任基本原则在 10 多年前就得到了司法部常务委员会的认可,它依然未能在绝大多数的州司法区得以实行。当前,澳大利亚的部分州有一些刑法改革计划,主张通过《模范刑法典》实现各州刑法之间更高程度上的一致性。现在,新南威尔士州、西澳大利亚州和北部地区都参与了这项改革,对一些犯罪作出修订,使其与《模范刑法典》相匹配。但是在许多方面,各州并不改变其法律来呼应《模范刑法典》,在某些情况下则完全拒绝接受该法典。因此在当今,澳大利亚刑法领域更高一致性的现实需求,几乎还像 20 年前《模范刑法典》拟订计划开始时一样迫切。

## 第二节　澳大利亚刑法的犯罪标准

与各国刑法一样,澳大利亚刑法也力图为犯罪提供一个切实可行的判断标准。

### 一、犯罪概念

与英国一样,澳大利亚的法律学者也认为,用简短且合理的陈述从实质上给犯罪概念下一个定义,是很困难的。因为并不存在适用于一切犯罪的共同属性,只能概括出相对普遍的特征,这就是犯罪对社会的危害性(harm)和在道德上的恶劣性(blameworthiness)。[4]

犯罪对社会的危害性这个特征显示出犯罪与民事损害行为的区别,后者是对个别的社会成员利益的损害,犯罪则不仅仅局限于行为人与被害人个人之间的利益关系,而是对社会共同体的利益造成了严重的侵害。这种区别决定了相应的救济方法及处理二者的程序都有不同。但是,既然犯罪也会有个别的被害人,那么,哪些行为是单纯涉及个别被害人利益的民事损害行为,哪些行为是既涉及个别被害人又危害了社会整体利益的犯罪?这只能由代表社会的国家及其授权机关决定。换言之,犯罪与民事损害行为的界限在很大程度上是国家意志的体现,并不完全是客观的区分。至少,损害到个体利益的犯罪与民事损害行为之间不是绝对的非此即彼关系,因为很难说构成社会整体的个体受到了损害而社会整体却不会受到任何危害,在严格意义上,只是危害程度不同罢了。具体而言,只是立法者将那些危害较为严重的民事损害行为当作犯罪并规定到刑法之中,而将那些危害轻微的民事损害行为视为单纯的民事损害。

犯罪在道德上的恶劣性,是指犯罪必须是严重违反道德规范的行为。例如,谋杀罪、强奸罪、盗窃罪、纵火罪等早期普通法确立的犯罪,都严重违背了社会生活的伦理要求;但严重违反道德规范的行为还不一定是犯罪,如通奸是严重的不道德行为,在现今的澳大利亚刑法中却不是犯罪。同时,许多行为无所谓道德还是不道德,也可以成为犯罪,如某些商店在某些情况下在特定的时间之后营业可能构成犯罪。在此,犯罪的特征不是道德上的恶劣性,而是立法者所认为的对社会的危害性——破坏社会秩序。相反,有的犯罪在事实上无所谓对社会的危害性,例如,有伤风化的一些犯罪,其特征恰恰是道德上的恶劣性。

澳大利亚学者认为,从未有过精确的犯罪定义,但这并不妨碍人们把握犯罪概念。因为犯罪不过是立法者根据自己的是非标准和善恶观念决定的需要受到最严厉制裁的行为,立法者的意志体现在立法的犯罪条款之中,人们只需要知道刑法的规定即可,司法者按照刑法定罪量刑,普通人遵守刑法的禁止性规定——犯罪就是告诉人们不能做什么事情的"王法"(crime is something which the law of the land

---

[4] See David Barker, *Essential Australian Law* $1^{th}$ *ed.* [New South Wales: Cavendish Cavendish Publishing (Australia) Pty Limited, 2000], p. 5.

tells him not to do)。[5]

澳大利亚承袭了英国刑法对犯罪的分类,将犯罪分为可起诉罪与不可起诉罪。这在广义上可以理解为严重的犯罪和相对不严重的犯罪。不可起诉罪的严重性轻于可起诉罪,因而更值得原谅。犯罪是否严重的标准取决于立法者。几个世纪以来,由于人类价值评估的变化,关于犯罪严重性的现代观点早已不同于普通法的判断。可起诉罪有叛逆罪,重罪和轻罪。叛逆罪极为罕见,包括侵犯君王和国家安全。重罪的概念较为抽象,通常被认为是表示一种特别邪恶或恶毒的犯罪,早期的普通法刑罚都是针对此类犯罪设定的。在刑法被现代化的那些司法区,重罪只是通过其刑罚后果得到体现。昆士兰、西澳大利亚和塔斯马尼亚的刑法典已经不再使用"重罪"术语。在其他州的刑事法律规定中,重罪概念仍被保留。轻罪与重罪相对,主要区别是刑罚后果不同。最初,重罪的认定涉及财产没收和民事权利的丧失。

当今,可起诉的犯罪与不可起诉的犯罪分类与追究刑事责任的程序密切相关。从警方对犯罪嫌疑人的逮捕来看,重罪与轻罪的主要区别在于前者可以进行无证逮捕。从法院管辖来看,不可起诉罪是在司法权受到限制的法院处理,主审法官或者治安法官被授权处以较轻的罚金或者监禁。严重的可起诉罪也在治安法官那里初审,以决定他们是被释放,还是要被起诉到有陪审团的更高层次的法院去。治安法官的初审职能,在普通法上属于曾经的大陪审团。如果初审认为需要起诉,就要提交给皇家检察官制作书面控诉状,将嫌疑人提交皇家法院安排受审。在法院正式开庭之前,人犯或继续被拘留或者被保释。起诉书是非常重要的文书,起诉书准备充分与否关系到起诉成败,控方常常因为丁点的疏漏而失败。因此,起诉书往往都很冗长。在1844年Daniel O' Connell案的审理中,起诉书长度竟达300英尺。不过,现代的刑事控状采取了简洁的做法,同时允许进行补充。

## 二、犯罪要件

中国著名刑法学家储槐植教授率先使用"美国刑法犯罪构成双层模式"的表述,[6]准确归纳了美国刑法乃至整个英美刑法犯罪成立标准体系的基本结构及特征。不过,在实质和总体结构一致的基础上,澳大利亚刑法学界在结构的逻辑及表述上稍有不同。无论美国、英国还是加拿大,都是由犯罪要件(elements of a crime)

---

〔5〕 See G. A. Flick, *Baalman's Outline of Law in Australia*, $4^{th}$ *ed.* (Sydney: The Law Book Company Limited, 1979), p. 215.

〔6〕 参见储槐植:《美国刑法》(第2版),北京大学出版社1996年版,第1~5页。

与抗辩事由(defences)构成的“双层模式”,其中,犯罪要件又包括犯行(actus reus)和犯意(mens rea)。也就是说,犯罪要件是对犯行与犯意的概括,而抗辩事由则是在其之外且与其相对的排除性因素。但是,有澳大利亚学者认为,传统上把犯罪定义一分为二,即犯行与犯意,是有缺陷的,因为它无法涵盖“第三个要件”(a third element 或 third factor)——“用否定性术语表达的缺乏有效抗辩”(to be described in negative terms as absence of a valid defence)。所以,澳大利亚的犯罪成立标准体系要理解为涵盖“犯行”、“犯意”与“缺乏(或排除)有效抗辩事由”三个犯罪要件的“三维结构”或“三位一体结构”(the three - fold structure)。澳大利亚学者强调,抗辩不应当被理解为只是一种额外评价的事由,或者是与包括犯行和犯意两个因素的犯罪要件相对的另一个层面;相反,抗辩事由与犯行和犯意处于同一个层面,一起解决犯罪要件问题,有助于恰当地认定犯罪。[7]

(一)犯行

在澳大利亚,犯行被称为犯罪的物理(或身体)要件(the physical elements of a crime),包括作为或者被告人的身体举动(a physical act by the accused)、不作为(a failure to act by the accused 或 an omission)、被告人的身份(a status possessed by the accused person)与被害人的心理状态(a state of mind on the part of the alleged victim)。一个犯罪可能具有这些犯行中的一种,也可以是多种。

作为与不作为的原理与其他英美国家基本一致,这里不予赘述。需要一提的是,“被告人的身份”和“被害人的心理状态”属于犯行的特殊表现。所谓“被告人的身份”,通常不能是肤色或种族等个人永久性自然特征,否则属于歧视或压迫,而主要是指法律上的身份,如在一国境内不具有合法移民和非移民身份的人可能构成犯罪。所谓“被害人的心理状态”,最典型的是“同意”,适例为强奸罪,该罪的成立正是因为缺乏特定被害人的同意。

(二)犯意

犯意是犯罪的心理状态(the criminal state of mind)。与其他英美国家一样,澳大利亚用以表述犯罪心理要件的词汇众多,如有意(wilful)、恶意(malicious)、邪恶(wicked)、放纵(wanton)、欺诈(fraudulent)等词汇在过去曾经广泛使用,而今频繁使用的词汇则有不诚实地(dishonestly)、有意地(intentionally)、轻率地(recklessly)和疏忽地(negligently)。在一些情况下,新旧术语交替使用,典型的例子是普通法

---

[7] See David Lanham, *Criminal Laws in Australia* (Sydney: The Federation Press, 2006), p. 10.

上的恶意预谋(malice aforethought),在许多地方仍然是谋杀罪所要求的心理状态的正式表述。不过,主要的犯意形式可依照可谴责性(blameworthiness)程度递减的顺序排列为:有意、轻率、疏忽。这三种心理状态都有一些下位的分类。同时,三种犯意的边界也不是绝对分明的,其间也存在一些重合。尽管如此,三种犯意形式还是有各自的独立特征,这些区别对于刑法的各个部分都有影响。例如,同样严重的伤害,有意犯罪的最高刑为20年监禁;轻率犯罪的最高刑为15年监禁;疏忽犯罪的最高刑为5年。与存在犯意相对的情形是主观无过错,这种情况下的心理状态不构成犯罪,不受任何处罚。但有时认定行为人的心理状态是否有过错并不那么容易。

1. 有意(intention)。澳大利亚现代刑法中的"有意"有三个类型:(1)有目的(purpose)的有意。这是被普遍接受的含义,是指行为人希望或打算引起危害结果。被告人认识到引起危害结果的可能性哪怕很小,也满足这种类型的有意。(2)预见或明知(foresight or knowledge)的有意。这里的预见或明知相对于危害结果发生的确定性或肯定性——"certain",这个词表示程度很高的可能性,"virtually certain"则是极有可能,已经达到必然性。只要被告人预见到肯定(certain)或非常肯定(virtually certain)最终会导致危害,即使并不希望(without wanting)危害结果的发生,也属于有意;但并不总是如此。在 R v. Steane 案中,被告人被指控在战时有意协助敌人,为德国人播放节目,但其这样做是为了使家人能脱离德国集中营。英国刑事上诉法院认为,被告人的心理状态并不等同于帮助敌人的有意。当然,这个案件存在争议。美国的《模范刑法典》将这种"明知"(knowledge)的心理状态归为独立的类型,与"蓄意"相并列。但澳大利亚刑法倾向于使用"有意"或"轻率"的概念,"明知"并非独立形态,而是横跨"有意"与"轻率"之间并分属于二者的情形。(3)伴随的有意(concomitant intention)。这种有意形式既不要求追求结果发生的目的,也不要求对结果发生肯定性的预见,而仅仅是基于主要目的(main purpose)的伴随状态。如果被告人将一颗不可靠的炸弹放在飞机上,明知其爆炸与不爆炸的可能性各占一半,在这种明知结果发生概率较低的情况下,被告人为了取得保险金而毁灭飞机,很难说其行为伴随了杀人的目的,在事实上也未对死亡结果的发生有着高度肯定性的预见。但是显然,如果毁灭飞机的目的达到,死亡将非常肯定地发生。也就是说,虽然被告人明知结果发生的概率较低,但也明知低概率一旦成为现实就会发生死亡结果,即只要机毁就会人亡,那么,这种心理状态也是一种"有意"。

2. 轻率(recklessness)。澳大利亚刑法的轻率有四种情形,其中,前两种得到公认,后两种存在一定争议。(1)对(较高程度)可能性的预见(foresight of probabili-

ty)。在此,"probability"是指危害发生概率较高或更具有客观根据的可能性。普遍的共识是,一个人预见到自己的行为可能导致危害,仍然照做不误,这个人就是在轻率的行为,除非属于存在风险的正当性事由或可原谅事由。英国和澳大利亚的法院曾经将这种对可能性的预见作为"有意"的一种形式,但现在已经发生了变化。引起关注的大量心脏手术案件表明了更为现代的立场。在一个心脏手术进行时,医生和家人往往明知,手术可能导致病人死亡,但也可能给予病人更长更有质量的生命。尽其所能改善病人生命质量而被认为是有意杀害病人显得荒唐。但是,行为人没有充分理由而招致了病人危险要被认定为轻率,则是顺理成章的。(2)对(程度较低)可能性的预见(foresight of possibility)。与"probability" 相比,"possibility" 表示的可能性程度相对较低或客观根据较弱。澳大利亚高等法院承认轻率可以作为谋杀罪的充足条件,但坚持主观预见只能是"probability",而不能是"possibility"。无论怎样评估谋杀案件中的这种限制,它都不适合法律规定的其他情形。例如,被告人预见到被害人不同意性交的"possibility",就足以构成强奸罪。(3)漠不关心(indifference)。普通英国人会认为这个概念是用于轻率的最合适的比喻,但这种用法在澳大利亚刑法中一直不太顺利。在 Pemble v. R 案中,澳大利亚高等法院基于谋杀罪法律的目的而拒绝用"漠不关心"替代预见危害的标准,Barwick 法官认为,它至多只是对预见的一个补充成分。这个观点后来被澳大利亚高等法院在 Crabbe 案中否定。在一些司法区,"漠不关心"是性犯罪案件中轻率的首选情形。(4)明显的危险(obvious risk)。在一系列英国案件中,一个人没有预见一个明显和严重的危险,而采取了招致这种危险的方式行为,可以构成轻率。这种形式的轻率曾被用于英格兰的轻率驾驶(现已废除)以及轻率导致的刑事损害,但不适用于侵害、强奸和恶意伤人等犯罪。这种轻率在澳大利亚没有得到普遍运用。

3. 疏忽(negligence)。普通法一般不认为疏忽足以认定一个人犯有严重的刑事罪行,主要的例外是普通杀人罪。根据现在的澳大利亚法律,如果一个人在严重疏忽的情况下致死人命,可以被认定犯罪。疏忽,乃至严重疏忽(gross negligence),不同于轻率的前两种类型。被告人没有预见到危害的危险,不符合这两种类型的轻率,却可能以疏忽定罪。只要实际存在一种危险且被告人的行为不符合同样情况下一个正常人的预见标准,就足以认定疏忽。制定法的情况有所不同。在一些情况下,疏忽可能成为犯罪定义的一部分。例如,缺乏应有的小心和注意的驾驶(driving without due care and attention),就是用另一种方式表达的疏忽驾驶。在立法机关完全没有规定心理要素的情况下,澳大利亚法院通常倾向于承认合理的事实错误的抗辩,其整体效果恰恰是赋予了一种疏忽的刑事责任。

虽然缺乏过错(absence of fault),通常不存在刑事责任,但也有例外。对于刑事诽谤和藐视法庭等少许情形,普通法会惩罚那些没有蓄意、轻率或疏忽而导致危害的人。

除了上述基本的犯意要求,澳大利亚刑法也关注了一些特殊情形。其一,假定或推定的心理状态(presumed or constructive mental states)。一般的观点是,无论一个现有犯罪的成立要求什么样的心理状态,它必须是针对法律禁止的危害。因此,一个有意导致身体伤害的犯罪,被告人只是有意恐吓被害人或导致财产损失,则是不够的。但在某些案件中,法律打算惩罚那些轻于法律禁止的危害的心理状态。这样的犯罪不多,但有两个突出的情形——推定的谋杀罪与非法和危险行为的普通杀人罪。例如,被告人在武装抢劫过程中意外致死被害人,其既没有有意杀人,也没有预见到被害人死亡,一般来说,这并不构成谋杀罪,只能构成武装抢劫罪;但是,依照推定的谋杀罪规则,其有意抢劫可被推定为有意杀人,构成谋杀罪和武装抢劫罪。其二,误指或转移的心理状态(misdirected or transferred mental state)。法律不要求被侵害的人应当是被告人希望侵害或预见到要被侵害的人。因此,如果D向A扔了一块石头,有意要伤害她,但石头没有打中A,却击中了藏在灌木后面的B,那么,D应构成有意导致伤害罪,即使其完全不知道B在现场甚至B是否存在。在法律上,针对A的有意转移到了B。

(三)抗辩

即使被告人导致了危害并具备相关心理状态,即具备犯行与犯意两个要件,但如果能够提出有效抗辩事由,则表明其不具备第三个要件——“缺乏有效抗辩”,仍不构成犯罪。这里包含的逻辑是:对于那些被理解为“恶意”的“有意”犯罪而言,有效抗辩事由可以直接否定“恶意”的存在,从而否定犯罪成立,而不能认定“有意”的存在,再以抗辩事由否定犯罪成立。在这个意义上,抗辩事由(如醉酒)有时不过是判断犯行或犯意的排除性事由或反面考量因素。

1. 未成年(infancy)。基于青少年嫌疑人不同的年龄界限,存在两个抗辩事由。其一,根据最初的普通法,较低的年龄界限是7岁。在新南威尔士、南澳大利亚和维多利亚,这个界限是10岁。法典司法区的这个界限也是10岁。达不到低龄界限的儿童完全免予刑事责任。如果不到刑事责任年龄的儿童实施了在他人那里是犯罪的行为,必须根据有关立法而不是刑事司法制度来处理。其二,较高的年龄界限一般是14岁。法典司法区采纳10~14岁的刑事责任界限,而普通法司法区适用14

岁以下无刑事责任原则。根据高低两个标准，在较低年龄界限（刑事责任年龄）之上较高年龄界限之下的儿童可以构成犯罪，但只限于控方（除了其他要件之外）证明该儿童明知其行为是错误的情况。不过，对于犯罪的未成年人，尽可能适用刑事司法之外的教育和矫正措施。在犯罪结构的意义上，较低年龄的未成年抗辩事由是真正的第三种要件，不属于未成年人有无相关心理状态的问题。

2. 精神病（insanity or mental disability）。精神病抗辩可以影响对嫌疑人的定罪量刑。就定罪而言，精神病抗辩虽然在不同司法区有不同的做法，但通行的立场还是1843年英国上议院采纳的姆纳坦规则（M'Naghten Rules），只不过，各个司法区在细则上存在差异。

3. 不由自主（automatism）。法律明确承认神智健全或不健全状态下的不由自主举动为被告人无罪的辩护事由。例如，一个人驾车时被石头击中或受到一群蜜蜂的攻击，并不因为驾驶不稳导致事故而被定罪。在个案中，可以是石头或蜜蜂的叮咬等外部因素直接影响驾驶人的动作，也可以是驾驶人自身的条件反射行为影响了自己的驾驶。在两种情况下，驾驶人都不应当为其身体动作承担刑事责任。虽然在石头或蜜蜂的直接迫使下导致动作很像身体强迫症，却不存在精神病的问题。所有刑事法典都存在包含了不由自主抗辩事由的条款。对于神智健全的不由自主，可以从两个角度理解。其一，它可以使一个人的行为不成其为刑事责任所要求的物理要件（的行为）。据此，没有身体行为也因此没有犯罪，这就与抗辩事由无关。但这样理解存在一些问题，首先，这不能直接适用于在物理要件是身份或不作为的情况。其次，似乎为神智健全而不是神智不健全的不由自主确立了一个不同的理论根据。这并不是说，神智不健全的不由自主没有实施行为，而应当是实施了行为基础上的抗辩。其二，法律往往会处罚先前过错导致的不由自主行为，此时的不由自主无法否定犯罪的物理要件。一个经典案例是Ryan v. R。被告人Ryan参与了对一个服务站的武装抢劫，用上了膛的枪指着服务员，服务员条件反射突然移动，Ryan也随之扣动扳机，子弹打中服务员。澳大利亚高等法院多数法官把条件反射作为不由自主（或非自愿），并且因此不将其归为杀人罪的行为。由于将此情形无罪释放极不公正，法官必须寻求加予刑事责任的方式。结果追溯到之前该行为是自愿的（非不由自主），包括装弹、上膛和举枪等预备行为。该案定罪的结果有利于社会公正，但定罪理由被认为不无牵强。更好的解决方法似应认定按压扳机引起了死亡，并且在其他案件中可以排除刑事责任的不由自主抗辩在这里并不适用，因为嫌疑人有过错地导致了针对自己的不由自主情节。同样，高等法院在R v.

Jiminez 案中认为，睡着的驾车人导致死亡，不能以有罪责的驾驶为由而定罪。驾驶的犯行并不成立，而应承认不由自主或非自愿行为的抗辩。如果睡觉产生于被告人先前的过错，刑事责任即可确定。此外，还存在醉酒引起的第三种类型的不由自主，但可归入专门的醉酒抗辩。

4. 外部强制和驱动（physical compulsion and propulsion）。例如，A 强行抓住手持凶器的 B 的手臂而将凶器刺向 C，那么，A 构成犯罪，B 不构成犯罪。澳大利亚的制定法规定了这种抗辩事由。但是，其与不由自主的关系有待讨论。

5. 不能（impossibility）。当嫌疑人无法避免法律禁止的危害（所谓“不能”）时不应被认定犯罪。“不能”，在一些情况下可以否定犯罪外部要件的存在，另一些情况下则可以否定心理要件的存在，还有一些情况下，是一种独立于犯行与犯意的抗辩事由。具有导向性的 Lim Chin Aik v. R 案将“不能”的抗辩归属于犯意问题。制定法也承认“不能”的抗辩事由。

6. 意外（accident）。在涉及主观犯意的犯罪中，意外很难作为独立的抗辩事由，因为意外通常否定犯意。在疏忽犯罪的情况下，如果行为发生时不存在疏忽，或疏忽的程度低于犯罪成立的要求，则“意外”是一个独立抗辩。在严格责任或绝对责任的犯罪中，“意外”可以否定犯行，或与事实错误、合理尽力、第三方行为以及“不能”等抗辩事由之间存在重合之处。这些普通法规则适用于新南威尔士、南澳大利亚和维多利亚。联邦、澳大利亚首都地区和北部地区法典在很大程度上遵循了普通法有关“意外”的理解。昆士兰、塔斯马尼亚和西澳大利亚法典拒绝普通法对犯意的突出强调，而把几种抗辩事由作为独立事由看待，其中包括“意外”。如果被告人不是有意或预见，或者不是一个正常人可以合理预见到其实是可能发生的，则属意外。不过，意外事件并不需要是犯行所要求的最终危害。在犯罪是推定责任的情况下，犯意低于犯行，以便针对较低危害的犯意就已足够。如果此种犯意为充足，则不存在由“意外”导致了更大危害的抗辩，除非“意外”达到了打破因果链条的程度。Mamote - Kulang of Tamogot v. R 案表明了这种观点，澳大利亚高等法院认为，非法行为与“鸡蛋壳头盖骨规则”（eggshell skull rule ——“薄头骨规则”）结合的普通杀人罪情节并非意外发生。当时，被告人重拳击打其妻腹部，致其脾脏破裂而死亡。被害人脾脏肥大，比正常的脾脏更容易破裂。高等法院认为，被告人被认定普通杀人罪是合适的。因为有意伤害是普通杀人罪的充足犯意，不存在“意外”的抗辩余地。但 R v. Van den Bemd 案有不同结论。该案被告人击打被害人的脖子，被告人死于出血。被害人有一种先天缺陷，使其更容易出血。法院认为，如果死亡是一名正常人都不能合理预见的击打不可能引起的结果，则死亡就是意外发生。两案结论似乎冲突，但其实在二者的间隔中，澳大利亚高等法院已经在 Wilson v. R 案中大大缩小了非法行为普通杀人罪的犯意。该案中的多数意见认为，就非法行为的普通杀人罪而言，行为必须具有严重伤害的明显危险，是正常人能够预见到的严重伤害的明显危险。因此，击打脖子的案件不符合这个标准。不过，“意外”抗辩不能用于犯意转移的案件。

7. 错误(mistake)。“错误”能在不同方面影响刑事责任。事实错误比法律错误更可能导致无罪。事实错误与刑事责任的关联取决于犯罪所要求的心理状态种类和案件适用的抗辩事由种类，主要体现在以下几个方面：

(1)要求有意或预见的犯罪。如果被告人相信自己正在对着一颗树桩射击，而事实上是对着小孩开枪，不能构成谋杀罪，因为其既不是有意杀人，也没有预见到死亡结果可能发生。在这种类型的案件中，“错误”并不非要合理，即使被告人所发生的错误相信在事实上不合理，法院也可能并不认为他们真正具有这种错误。如果错误是一种精神病幻想，则适用精神病规则；而如果错误是醉酒所致，则必须考虑醉酒的相关规则。

(2)要求疏忽的犯罪。这种情况下的事实错误不一定会导致无罪。因此，在开枪的案件中，如果只是考虑被告人的错误不合理，就将形成严重疏忽的一部分，并且在承认严重疏忽的普通杀人罪的司法区，可能导致普通杀人罪的成立。

(3)不需要证明心理状态的犯罪。在这种(严格责任或绝对责任)犯罪以及刑法典的一些犯罪中，不要求“错误”所影响的心理状态，因此，如果“错误”具有任何相关性，都只能作为独立的抗辩事由。这得到了澳大利亚司法与立法的认可。

(4)错误与其他抗辩。在一些情况下，错误与心理状态的成分(犯意)无关而与另一个抗辩有关。例如，自卫抗辩不仅适用于嫌疑人实际处于攻击之下，而且也适用于嫌疑人错误相信自己受到了攻击。这种情况下的“错误”并不能合乎逻辑地得出“合理”(reasonable)是“错误”必须具备的。在自卫的案件中，澳大利亚要求错误是合理的；相反，英国法律认为真正的(genuine)错误才是充分的，即使不合理。同样，在“挑衅”抗辩的案件中，澳大利亚要求错误必须是合理的，而英国法律也要求真实而不论其是否合理。

法律错误(mistake of law)一般不能成为一个抗辩，即使错误是合理的。在 R v. Bailey 案中，船长被认定有罪，向另一艘船开火的行为被规定为犯罪的制定法，正好是他出海期间通过的，他没有机会知道法律的变化。根据联邦、昆士兰、西澳大利亚、澳大利亚首都地区和北部地区的法典,只有在明知法律被明确表述为一个犯罪要件时,对法律的认识错误才有可能成为抗辩。塔斯马尼亚法典规定,对法律的无知与"有意"等心理状态有关时可能成为抗辩。法律错误不能提供无罪抗辩时,可能导致刑罚减轻,尤其是在错误合理的情况下。因此,上述船长案中,法院建议赦免。在某些情况下,法律错误可以否定心理成分。例如,盗窃罪包含了一个不诚实的成分,那么,对法律规定的"诚实"发生错误可以成立抗辩,即使错误不合理。法律错误中的"法律"也包括较高等级的法院形成的判例,但不能是已经被推翻的判例。一般来说,"法律"还可包括部长、当地议会和类似机构指定的规范,但没有公开的除外。有时,事实错误与法律错误的界限并不那么清晰,往往引起一些争议。

8. 被迫(duress)。这是指被告人在受到严重威胁的情况下实施犯罪可以提起的抗辩。其适用所基于的因素有:

(1)犯罪类型。讨论"被迫",可将犯罪分为四种类型——谋杀罪(包括谋杀未遂罪)、叛国罪、其他凶残犯罪和其他犯罪。许多刑法体系拒绝允许将被迫作为谋杀罪的抗辩,尤其是对于那些有时被称为一级主犯的谋杀罪实行犯。因为法律不能将杀人者或其亲友的生命看得比无辜被害人的生命更有价值,所以被迫不是一个正当性事由。又因为被迫之下的杀人不足以排除或减少可谴责性,所以被迫也不是一个可原谅事由。在 Howe 案中,上议员 Hailsham 说,法律要求英雄主义而不可怜懦夫和胆小鬼。但是,至少在第三方被威胁的案件中,出于保护而非怯懦的杀人行为应当是可原谅的。在杀人者本人受到威胁的案件中,怯懦或缺乏英雄主义不会获得无罪,但可以将刑事责任由谋杀罪减为普通杀人罪。北部地区的刑法典就包含此种规定。被迫抗辩通常不适用于叛国罪,但也有例外,主要是那些相对较轻的帮助犯。对于其他凶残犯罪中的被迫抗辩,各司法区做法不一。昆士兰和西澳大利亚排除"被迫"适用于海盗和涉及严重身体伤害以及蓄意实施这种伤害的犯罪。塔斯马尼亚的排除范围则包括强奸、导致严重身体伤害、抢劫和纵火。北部地区在严重身体伤害的基础上增加了普通杀人罪。但维多利亚允许被迫作为普通杀人罪的抗辩。有关的判例也排除谋杀和其他凶残的犯罪适用被迫抗辩。所谓"其他犯罪",首先是指财产犯罪,包括损毁、盗窃、支配和共谋欺诈财产等犯罪。此外,被迫抗辩适用于毒品、伪证和藐视法庭等犯罪以及某些性犯罪、较轻的伤害罪甚至劫持航空器罪。

(2)威胁的性质。法律通过三种途径决定何种威胁之下构成被迫。其一,明确规定某种威胁,如死亡。其二,与威胁之下实施的犯罪的严重性进行比较和平衡,是相对的威胁。其三,前二者的结合。因此,对威胁性质的判断存在多样性。例如,澳大利亚刑法典规定了前两种途径,昆士兰、塔斯马尼亚和西澳大利亚的刑法典限制为死亡或严重身体伤害而不实行平衡原则。

(3)错误的影响。被迫抗辩不仅适用于实际的威胁,也适用于被告人合理相信这样的威胁存在。

(4)被告人的先前行为。如果被告人的一个可谴责性的行为将自己置于某种威胁之下,不适用被迫的抗辩。

(5)躲避威胁。如果被告人明知存在一个躲避威胁的合理机会而无须实施危害,则不适用被迫抗辩。

9. 避险(necessity)。这个抗辩有些麻烦。其基础到底是价值还是功利,究竟属于正当事由还是可原谅事由,或此时不同于彼时,常常不尽清楚。但一般来说,避险抗辩与六类犯罪有关。

(1)谋杀罪。在英国和澳大利亚的普通法上,避险一般不是有意杀人的谋杀罪的抗辩。英国法院在 R v. Dudley and Stephens 案中既没有认为遇到船难的水手杀害年轻同伴并食其维生的行为是正当的,也不承认挽救了 3 条性命而杀了一人的行为是可原谅的。但在澳大利亚法律中存在例外。在被告人或其所爱的人面临死亡的紧急危险时,避险可以成为可原谅事由而将谋杀罪减为普通杀人罪。还有一种非常特殊的避险类型,涉及缩短生命。主要是医生为了减轻临终病人的痛苦,给其大剂量的止痛药,其副作用加速了死亡,不构成谋杀罪。

(2)堕胎罪。在普通法上,基于保护孕妇生命和健康的目的,有时甚至可以是为了心理健康,避险可以使某些情况的堕胎成为合法。但是,澳大利亚的制定法并没有明文规定避险抗辩,更没有显示其为正当性事由还是可原谅事由。

(3)殴打和破坏身体完整性的犯罪。一般来说,法律不允许在这些犯罪中适用避险抗辩。随着医疗救治和器官移植的发展,医护人员的避险问题变得突出,解决这个问题的主要做法是区分是否违背被害人意志。

(4)贪利的犯罪。在此,避险抗辩一直不被允许。否则,财产权利受到威胁,社会秩序荡然无存。即使是缺衣少食的流浪者,盗窃或非法闯入也不属于避险,而应依法寻求社会救助。

(5)损毁财产的犯罪。如果为了挽救生命的需要而损毁财产,可以是正当性事由的避险。例如,拆除房屋阻断火源。同时,该点也可以为维持生命的紧急状态下吃掉他人食物等行为提供抗辩。

(6)危险犯罪(danger crimes)。与实害(actual harm)犯罪相比,法律对危险犯罪的避险抗辩,要求更为宽松。例如,监狱失火犯人逃生、为抢救病人闯红灯等行为,都属于避险。

10. 减轻(diminished responsibility)。这属于部分或有条件的抗辩(partial or qualified defence),可以将刑事责任从谋杀罪降低为普通杀人罪。这一发源于苏格兰的判例法被英格兰的制定法吸收,也被新南威尔士、昆士兰、澳大利亚首都地区和北部地区的制定法采纳。这种抗辩的表述和解释具有多样性,其核心特征表现于主观责任能力(辨认和控制自己行为的能力)实质性减损的定义之中。

11. 醉酒(intoxication)。醉酒情况下是否存在犯意是一个复杂问题。在逻辑上,醉酒可以否定部分犯罪的外部要件(身体要件或物理要件),可以排除心理要件,也可以支持其他抗辩,如不由自主或精神病。与这种所谓"逻辑立场"(logical approach)不同,还存在所谓"政策立场"(policy approach),这种立场将醉酒作为一种独立的抗辩,不仅要求否定犯罪的某种要件,而且这种犯罪必须允许醉酒抗辩。承认醉酒抗辩的场合是特殊犯意的犯罪,不承认醉酒抗辩的场合是基本或一般犯意的犯罪。不同司法区的具体立场又因两种不同的醉酒情形而异:

(1)自我沉迷的醉酒(self - induced intoxication)。维多利亚采取"逻辑立场",将醉酒作为证明犯罪要件的一个影响因素。如果犯罪要求实际预见危害,被告人醉酒而没有预见到危害,则被告人无罪。根据这个立场,被告人进入醉酒状态时的过错本身不会导致刑事责任。只有被告人在进入醉酒之前预见到危害,这种先前的心理状态才会产生刑事责任。澳大利亚联邦、新南威尔士、昆士兰、塔斯马尼亚、西澳大利亚和澳大利亚首都地区的立法(以及英国法)采取"政策立场",不允许醉酒仅仅是通过否定犯罪的一个要件来发挥抗辩作用。

(2)非自愿的醉酒,包括两种情况:其一,受到他人欺骗或强迫情况下的醉酒,以及意外醉酒等类似情形。在此,各司法区比较一致地采取了"逻辑立场"。如果被告人被控实施侵害,但这种行为是在醉酒程度达到了其不知自己所作所为时,可以解脱刑事责任。其二,上瘾的醉酒(intoxication through addiction)。这是对酒精或毒品不可抗拒的渴望导致的醉酒或醉态,在观念上也属于非自愿的醉酒,但社会的需要不能容忍这种情形完全无罪。这显然属于"政策立场"。

12. 自卫(self defence)。这是指行为人为了避免自己的人身受到侵害而对侵害者采取一定暴力的行为,不构成犯罪。对此,可从几个方面加以理解:

(1)抗辩范围。自卫主要用于抗辩侵犯人身的犯罪——从谋杀罪到普通侵害罪。有时也涉及财产犯罪,因为防卫行为可能损毁一定的财产,但并不对此承担刑事责任。例如,为了排除侵害使用暴力时打碎一扇窗或打死了一只狗,为了自身安全闯入侵害者领地,等等。然而,一名醉酒的人为了逃避严重侵害而驾车,不能以自卫的理由抗辩醉酒驾驶罪,因为该罪侵害的是公共秩序而不是人身或者财产。

(2)侵害程度(the seriousness of the attack)及相当性(proportionality)。自卫适用于所有程度的侵害,从最缓和的身体接触到导致死亡,但防卫人可以使用的暴力强度是由相当性要求支配的。相当性,即侵害的程度与抵御侵害所使用暴力的程度之间必须符合某种比例关系。被告人使用何种程度的暴力才符合正当性事由或可原谅事由的要求? 尤其棘手的问题是,在何种侵害面前才能使用致死或者重伤的暴力? 对这种比例的掌握,澳大利亚不同司法区的做法存在差异。在 Zecevic v. DPP(Vic)案中,高等法院多数意见是,根据澳大利亚普通法,通常,只有威胁导致了被告人合理认为自己面对死亡或严重伤害,才能使用可以导致侵害者死亡或严重伤害的暴力。但是,"通常"(ordinarily)这个概念意味着在某些情况下,针对死亡或严重伤害之外的攻击,也可以使用会导致死亡或严重伤害的暴力。例如,性侵害,尤其是强奸。但与英国刑法相比,澳大利亚的多数司法区在针对这类犯罪自卫抗辩的暴力手段上,采取了较为严格的标准。如果侵害是潜在致命的,可以不用躲避(retreat)而直接使用致命暴力,否则只能在躲避之后才能针对非致命攻击使用致命暴力。大多数情况下,还是要考虑相当性原则。但家庭暴力等情形中的侵害并非一次性的,而是日复一日甚至年复一年地持续进行,该如何把握受虐妇女自卫抗辩的相当性? 一般限于极端的暴力。不符合相当性的暴力自卫,不能成为无罪抗辩,但可以作为减罪事由,如将谋杀罪减为普通杀人罪。

(3)必要性(necessity)。对防卫自身所使用的暴力的一个普遍要求是不能超过必要限度(the force used to defend oneself must be no more than is necessary to do so.)。必要性要素意味着,自卫人采取较轻暴力无法满足自卫的需要,才能(乃至只能)采取较重的暴力。因此,虽然被告人被逼到墙角且没有过错,但是,面对连榔头都拿不起来的虚弱老人的攻击,就不能以暴力击打头部的方式来反击。如果完全可以安全地解除侵害者的武装并消除进一步危险,就不能杀害对方。这里讲的必要性不一定是真实存在的(actuality),而是被告人合理判断的结论。

(4)目的。为了自卫实施暴力(for the purpose of self - defence)才是合法的。如果 X 打算杀害被告人但被告人没有意识到这一点,出于过去的恩怨报复杀害了 X,被告人构成谋杀罪。

(5)躲避(retreat)。是否要求自卫之前必须躲避？这是自卫抗辩中最混乱的问题之一。但很清楚的是，在躲避会增加被告人危险的情况下，不存在躲避的义务。关于躲避的原则经历了几个发展阶段。第一阶段是被作为必要性的一个方面，即能安全躲避便存在躲避义务。第二阶段是对第一阶段的例外，如公职人员的执法活动和家中自卫都无须躲避；但有些情况存在争议，如面对未遂的谋杀(或重伤)是否需要躲避？如果答案是否定的，那么也要在侵害较轻时加以躲避才可以原谅后来杀人时的不躲避。此时对自卫的评价，不是看正当事由所要求的相当性，而是作为一个可原谅事由。例如，为了防止被殴打而杀人，缺乏相当性而不具有正当性，但只要其在杀人之前尽可能地回避，就是可以原谅的。当时，基于躲避原则的可原谅的自卫涉及的刑罚是没收财产，没有死刑或监禁，这种不具有相当性的自卫被称为限制性自卫(qualified self - defence)。随着没收财产的废除，自卫的合法性问题变得突出。第三阶段关注躲避的合理性问题。该阶段的标志是R v. Howe案，澳大利亚高等法院认为，陪审团在考虑被告人行为的合理性时，要依据躲避是否可能做出和应当做出的观念性标准，以此代替第二阶段有关合理性的具体规则。第四阶段显出对第一阶段的回归，即躲避又与必要性密切关联。不过第三阶段的模糊之处并未改观。澳大利亚高等法院再次提供了引导，在Zecevic案中，把躲避仅仅视为决定被告人是否有合理根据相信使用暴力是必要的考虑因素。接着，又会来到第二阶段——这就是历史的循环，尽管是融入了新的内容。例如，“家是个人的城堡”的英国古谚是要求躲避的例外规则，已经被国际化和赋予两性平等的内涵，可以为涉及家庭暴力的自卫提供有用的根据。现代的受虐妇女不应当再像过去那样，在面对丈夫虐待时负有离家躲避的义务，家同样是妇女的堡垒，面对来自外部和内部的侵害，都无须躲避，可以直接反抗而进行自卫。

(6)危急(attack is immediate or imminent)。只有面对当场或者紧迫(immediate or imminent)的侵害或侵害危险，暴力自卫才是正当的。丈夫虐待妻子，妻子将熟睡中的丈夫杀害，在美国可以是自卫，但不被多数澳大利亚法官认同。不过，是否危急要以侵害的手段而定。导致危急的侵害并不要求必须是犯罪。精神病人、未成年人、动物的举动，以及在被迫或错误情况下实施的行为均可构成危急的侵害，对此，均可实施暴力反击以求自卫。但是，对于正当行为(如执行死刑、执行逮捕)不存在合法的自卫。有时，自卫也适用于被告人并未处于确定和即刻的危险之中，而是针对不在场的人形成威胁。但是，澳大利亚高等法院在R v. Cousins案中认为，针对将来可能发生的侵害的抗辩不适用于持有一罐有毒喷雾以备防卫的情形。在Police

v. M案中，不认为自卫可以适用于醉酒驾驶，因为该罪侵犯的是公共秩序而非人身或财产。

13.防卫他人（defence of third parties）。关于使用暴力防卫自身之外的第三方，对此有不同观点。一种观点认为，只有第三方与防卫人之间具有特定关系，如父母与子女、夫妻、主仆等，防卫他人才是合法的。另一种观点认为，自卫可以扩大到防卫任何第三方，包括亲属和陌生人。防卫他人也不局限于针对重罪，只要非法侵害即可。如果防卫人与第三方之间存在特定关系，在明知第三方与侵害者在相互进行不法侵害（非法打斗）时，为了防卫第三方对侵害者实施暴力，也是非法的，如果致死侵害者，构成普通杀人罪。不过，在这种情况下，如果第三方进行了躲避后仍然面临侵害，则防卫人的行为可以被原谅。防卫人明知侵害者是不负刑事责任的精神病人，在与其有特定关系的第三人（如其子女）面临该精神病人的侵害时，可以进行暴力防卫。这里主要不在于防卫人与第三方的关系如何，而是在不具有谴责性的精神病人的侵害与被侵害的无辜者生命之间，后者更重。然而，一名女性受到非强奸的性骚扰时，是否可以使用致命暴力进行防卫，要依不同情况而定。一般来说，对于非致命侵害不能使用致命暴力，但如果其当时无路可逃，无法回避，此时杀死侵害者，或可得到法律的认可。然而，如果与女子素不相识的人遇到这种侵害情形，为了使女子免遭性骚扰杀死侵害者，则不被法律认可。因为，免受性骚扰的自由与侵害者的生命相比，后者更重。此时，防卫人与第三方的特定关系就有重要意义。法律的原谅可以扩展到近亲之间相互防卫的暴力行为，但应做严格限制。在R v. Portelli案中，维多利亚刑事上诉法院考虑了防卫他人及其与防卫自身的关系。该案的被害人欠了被告人和另一个叫Bonnici的男人的钱。当时，正在汽车里的二人看见了被害人。Bonnici停车下来朝着被害人走去，被害人向Bonnici打了一拳，导致其倒向汽车，被告人从汽车中出来，用棒球杆击打被害人，被定侵害罪。上诉法院要求重审。不过，在People v. Yaklich家庭暴力案件中，受虐妻子雇两人杀害其丈夫，其针对谋杀或者共谋杀人指控的抗辩不能成立。总体来看，澳大利亚各地都逐步扩大了防卫他人抗辩事由的适用。

14.阻止犯罪（prevention of crime）。法律至少允许使用暴力阻止某些犯罪。这种使用暴力的权利与自卫以及防卫他人有所重合。使用暴力尤其是致命暴力所针对的犯罪类型，在不同司法区有所不同。在普通法上，要使有意致死或者非常严重的伤害正当化，所要阻止的犯罪必须属于暴力和邪恶的类型。布莱克斯通曾指出，为阻止抢劫、谋杀、夜盗、放火和强奸犯罪的杀人是正当的。现代的制定法倾向于用一般性的规则替代个别的先例,如在昆士兰和西澳大利亚,阻止破坏治安或者骚乱的权力要服从于明文规定的合理相当性要求。但是昆士兰没有关于为阻止犯罪进行无证逮捕和阻止头脑不正常的人的扰乱行为的明文规定。把违法(offence)定义为犯罪(crime),一般意味着可以进行无证逮捕,如性骚扰,这使使用暴力的权力十分宽泛。但无论如何,也要有合理的必要性要求。塔斯马尼亚的法律允许在合理相信阻止紧迫的和严重的人身或者财产损害的犯罪时可以使用暴力。在北部地区,非致命的暴力可用于阻止破坏治安的行为和镇压骚乱和防止违法,使用致命暴力的规则要更为严格,通常由警察针对可能导致死亡或者重伤的犯罪采取。维多利亚和联邦法典采纳了一般的相当性原则。维多利亚1958年《犯罪法》第462条允许使用与阻止可起诉犯罪的目的具有相当性的暴力。联邦《刑事法典》第10.4条把阻止犯罪的各种权力限于对现场情况作出合理反应的行为。

15. 逮捕(arrest)。根据普通法,在区别重罪逮捕和轻罪逮捕的基础上采用一个大致的相当性原则。前者必要时可采取致命暴力。在所有的重罪都可以判处死刑的年代,这可能是公平的,但随着某些重罪可以适用更轻的刑罚,这个规则就有问题了。维多利亚在普通法上用所有情况(无论重罪还是轻罪)下使用暴力都必须具有相当性的原则取而代之。后来废除了重罪,但适用于所有情况下逮捕的相当性原则得到保留。昆士兰有一套更为详细的规则,相当性在一定程度上依实施逮捕的是警官还是公民个人而定,也在一定程度上依暴力是在逮捕过程中使用还是在逮捕后制止逃跑时使用。在较新的案例中,如果属于可以无证逮捕的犯罪,必要时执行逮捕者可以使用致命暴力。盗窃罪也被归于此类,惊人地显现出使用暴力的宽泛权力。北部地区的相应规则将使用致命暴力限制于警官实施的逮捕,必须是针对可能实施了可以判处终身监禁的犯罪的危险嫌疑人。在此,使用暴力的目的是防止嫌疑人逃跑,但相当性针对的不是逃跑本身,而是嫌疑人将来危害的可能性。在南澳大利亚,可以使用暴力以使合法的逮捕更加顺利,只要被告人相信使用暴力具有基于事实的合理的相当性,被告人并非有意导致死亡或者是意识到可能导致死亡的情况下轻率行动。此时,并不要求合理的相当性符合真实的情况。

16. 保护财产(protection of property)。法律承认个人使用合理暴力保护财产的权利。那么,为了保护财产可以使用怎样的暴力?可以针对何种财产使用暴力?为了保护自己的羊是否可以杀了对方的狗?尤其是,能否对侵犯财产者的人身使用暴力?在某种情况下,伤人与杀狗孰轻孰重?这方面的具体规则在不同刑事司法制度中亦有不同,但突出的问题都是何种情况下可以使用致命暴力。基本的原则是:

致命暴力不能单纯用于保护财产。主要的例外集中在住宅防卫。普通法上曾经认为夜盗罪暴力而凶恶,制止此种犯罪,必要时可让罪犯付出生命代价。北部地区的制定法将该罪定义为夜晚破门入户而对房主带来了危险,言下之意是对没有带来危险的破门入户者不能使用致命暴力。相比之下,昆士兰、塔斯马尼亚和西澳大利亚的法律并没有采取这种限制。在南澳大利亚,制定法存在完整财产防卫和部分财产防卫两种条款。就前者而言,被告人不能是有意导致死亡或者在意识到死亡可能发生时轻率实施行为。对此,也存在合理的相当性要求。就后者而言,必须是被告人相信行为必须是必要而合理的,不是有意导致死亡。如果符合这些条件,不需要行为在事实上具有合理的相当性。但是,在针对住宅入侵使用暴力的无罪抗辩案件中,不要求合理的相当性。

17. 挑衅(provocation)。这是可以将谋杀罪减为普通杀人罪的抗辩事由。成功的挑衅抗辩,其所涉及的挑衅事由必须符合一些最起码的规则,必须导致自我控制的丧失。并不非要证明挑衅否定了杀人或者进行严重身体伤害的蓄意。但是,澳大利亚对这种抗辩存在分歧。模范刑事法典官员委员会建议废除,联邦和首都地区的《刑事法典》均未有这种规定,塔斯马尼亚更是在最近废除了挑衅,维多利亚也宣布将要废除。许多学者认为,人在任何情况下都不应当丧失理智,否则要为其带来的后果负责。在承认挑衅抗辩的司法区中,只有北部地区将它作为刑事责任的一般抗辩事由。挑衅抗辩主要用于谋杀罪,可将谋杀罪减为普通杀人罪,也适用于未遂谋杀和谋杀导致的伤害。一般意义上的挑衅范围宽泛,为此刑法必须加以限制,不是任何事实上的挑衅都可以成为一种抗辩事由,限制主要体现在:

(1)孩童。至少要排除太小的孩子。在 R v. Terry 案中,被告人为了制止一名 19 个月的孩子尖叫而将其杀害,不能成立挑衅的抗辩。然而,在 R v. Doughty 案中,被告人为了让妻子睡觉,自己照顾刚刚出生 17 天的婴儿,因婴儿长时间哭闹不睡,将其杀死,被认定谋杀罪,上诉法院改判普通杀人罪。这一做法很快在昆士兰的 Burrows v. R 案中被抛弃。该案中的被告人杀害了与其同居者所生的 6 岁的孩子,因为孩子呕吐时弄脏了他的脚。法院认定挑衅抗辩不成立,因为被告人丧失自控超出了正常人对呕吐反应的尺度。

(2)言语。现代谋杀罪法的早期,言语可以构成挑衅。16 世纪末,几名流氓无赖杀害了路人,被认定普通杀人罪而非谋杀罪。后来法官通过收缩挑衅的法律规定来寻求谋杀定罪。1666 年确立的原则是,即使是侮辱性的言词,例如,称被告人是妓女的儿子,也不足以成为挑衅。这就是单纯的言语不能构成挑衅的原则。该原则不关注正常人对此种侮辱会如何反应。因为可能的情况是,许多很正常的人面对这种情况也会杀人,而且正常的陪审员也会宽恕他们而定普通杀人罪。因此,该原则不是从社会中总结出来的,而是来自刑事政策。然而,现代刑法中很少有这样的规则,但也不是将其完全搁置,关键在于确定言语挑衅的界限和范围。可以作为挑衅的言语主要是威胁、噪声、流言、侮辱。其中,威胁言语始终可以构成挑衅。噪音挑衅应当排除无意的与合法的情形。流言或传言是由他人转述构成的挑衅,在一个老判例中,被告人的孩子满身是血地告诉他被另一名男孩殴打,被告人跑了约一公里路找到那个男孩,并用棍棒击打致其死亡。法院认为可以使用挑衅抗辩。该案中儿子的言语描述了身体侵害的情景。后来的许多案例则与对通奸的描述有关。法律对于这样的言语是否形成挑衅抗辩摇摆不定。在 R v. Rothwell 案中,Blackbure 大法官告诉陪审团,配偶突然承认通奸可以成为挑衅。在 R v. Palmer 案中,刑事上诉法院接受 Rothwell 案的立场,但拒绝将突然坦白通奸的挑衅扩大到订婚关系,认为这种挑衅只是对言语不构成挑衅的例外。在 Holmes 案中,上议院的决定急剧反转。该案中的被告人丈夫杀害了妻子,因为妻子在指出其通奸的同时坦白了自己的通奸。法官告诉陪审团,坦白通奸不能构成挑衅,被告人犯有谋杀罪。刑事上诉法院支持了这个定罪,但把重点放在被告人自己也犯有通奸罪。上议院承认言语只有在例外的情况下可以构成挑衅,但认为单纯的坦白通奸不能构成挑衅。该案被 1957 年英国《杀人罪法》逆转。然而,该案继续在澳大利亚发生影响。在昆士兰、南澳大利亚和维多利亚,规则并没有被制定法改变,具有激烈挑衅意味的言语可以构成挑衅。对于坦白通奸的具体案件,仍然遵循单纯的坦白通奸不能是通奸的原则,但加入什么因素才成为并非“单纯”的坦白通奸,却并不清楚。在 Moffal v. R 案中,澳大利亚高等法院大多数法官认为,妻子告诉丈夫她与所有街上的男人睡过觉,并把自己的裸体照片扔向丈夫,称他为黑人的野种,嘲笑他,把电话机向他扔过去,已经显示出充分的挑衅而让陪审团考虑普通杀人罪。Gibbs 大法官持不同立场,将此案作为单纯的坦白通奸,认为应当遵循 Holmes 案多数意见中的 Stephen 大法官的意见,其同意单纯的坦白通奸并不充分,但认为妻子的言语是一种“批发滥交”的自吹自擂;Mason 大法官认为问题的关键在于单纯的坦白通奸是否充分;Barwick 首席大法官和 Murphy 大法官准备承认坦白通奸可以是挑衅。侮辱性言语可以构成挑衅。英国 1957 年《杀人罪法》废除了单纯的言语和单纯的坦白规制。澳大利亚的制定法至今没有变化。新南威尔士和澳大利亚首都地区的立法将“严重的侮辱性言语”作为可能的挑衅,北部地区的法典含有侮辱抗辩,塔斯马尼亚的法典最近废除了挑衅抗辩。西澳大利亚针对侵害案件规定的挑衅包含侮辱，但该条款是否适用于谋杀案件并不清楚。

(3)性行为不检点。继通奸可以成为挑衅抗辩之后，现代刑法也承认在某些情况下的性行为不检点可以是挑衅。英国和美国要求这种挑衅必须具有突然性，而不是预先知晓的。但澳大利亚没有这种要求。在 Parker v. R 案中，枢密院接受了被告人的挑衅抗辩，即使被告人在杀害被害人之前已经知道被害人缠着他妻子好几天了。尽管新南威尔士 1900 年《犯罪法》规定了突然性要求，但该案还是抗辩成功。规定突然性的还有北部地区和塔斯马尼亚的《刑事法典》。在昆士兰和西澳大利亚，这种挑衅并不要求必须具有突然性。把通奸和性行为不检点作为挑衅的背后，隐含的观念是性嫉妒乃人类弱点，但现代女性学者认为，这不过是男性的弱点而已——这里涉及了男女平等的问题。性行为不检点的挑衅，要求不检点者与被告人具有合法的夫妻关系，但在某些情况下也扩大到非婚关系，如订婚的男女。

(4)严重的人身暴力行为。这是最典型的挑衅。在涉及暴力的案件中，如果自卫抗辩不成立，可适用挑衅抗辩。例如，没有重复暴力的危险或者不用致命手段也能轻易地制服袭击者的情况。在 Mawgridge 案中，法院认为，揪被告人的鼻子或用手指弹其额头足以构成挑衅，导致被告人拔剑行刺。对其根据，存在三种说法：一是治安被破坏；二是存在对被告人的冒犯；三是被告人合理相信侵害人有可能进一步侵害自己。第一种说法把温和的侵害包括在内，过于野蛮而不应被接受。第二种说法忽略了一个事实——判决该案的时代，侮辱性的言语不构成挑衅，挑衅与冒犯无关。第三种说法更为可信，因为暗含的严重伤害危险可以使预期的攻击比当时更为危险。但在没有迹象表明会发生进一步侵害时，轻微的攻击不足以构成挑衅抗辩。在 Protector v. Buckner 案中，法院采取了不同的标准。该案被告人因债务被两名男子绑架，其中一人带了一把剑，并未抽出。被告人用一把刀向没有佩剑的另一人刺去并致其死亡。法院的多数意见认为，被告人只成立普通杀人罪。到了后来的 Mawgridge 案，挑衅的标准趋严，必须是严重人身侵害，甚至用拳头击打也不一定达到严重。

(5)严重的财产损失。在单纯的言语可以构成挑衅的情况下，更为严重的财产损坏也应当构成挑衅，甚至单纯言语不构成挑衅却不妨碍财产损坏构成挑衅。在把通奸看成是最严重的财产侵犯(配偶为私产，过去即妻子是丈夫的私产)时，其他的财产侵害自然也可以构成挑衅。但是，轻微的财产损坏或者违反家庭财产协议，都不构成挑衅。

(6)冷却时间(cooling time)。所谓"冷却",是指受到挑衅而产生激愤的情绪趋于平复。激情平复再行暴力,不能成立挑衅抗辩。冷却时间显然是一个激情平复的客观指标,即在挑衅事件(或者一系列挑衅的最后一次挑衅)与杀人之间不能有太大的间隔。冷却规则又派生出两个规则,一是挑衅必须具有突然性,二是没有时间形成报复动机。澳大利亚已经没有采取这种范围狭窄的冷却时间要求了。在 R v. Nelson 案中,被害人是一名白人男子,严重伤害被告人的头部,作为原住民的被告人几分钟后杀死了被害人。Kriewaldt 大法官认为,如果被告人也是一名白人,则按照一般规则,受到挑衅后几分钟应当冷却下来,但该案的被告人是一名原住民,情况就不同了,挑衅的效果可能持续更长时间,被告人可以被定普通杀人罪。但这有歧视之嫌。不过,枢密院在 Parker v. R 案中进一步扩展了宽松的时间间隔,该案被告人在挑衅(对方诱惑被告人的妻子)发生 20 分钟后将挑衅者杀死,抗辩仍然可以被考虑。甚至还有相隔几天的反击被允许挑衅抗辩。澳大利亚高等法院在 Masciantonio案中承认冷却时间的持续相关性,但认为不应当由正常人的情况来衡量,而应当由被告人自己的行为和人类事务的普遍经验来衡量。

(7)自己诱使的挑衅。被告人诱使被害人或第三人进行挑衅,挑衅抗辩不能成立。

(8)合法行为的挑衅。挑衅并不限于非法行为。即使行为必须是错误的,也不非要是违法的。

在通过以上条件确认挑衅存在之后,还必须确认被告人因挑衅而失去自我控制,即产生了"激情"(passion)。这种激情尚未达到完全的不由自主。此外,澳大利亚占优势的观点还要求,挑衅事件必须面对被告人当场发生。并且,澳大利亚所有司法区都采取"普通人"(ordinary person)或"正常人"(reasonable person)标准来判断失控,即正常人处在被告人的情况下会因挑衅而失控并形成杀人或者重伤的动机。这种判断往往涉及种族、移民、性别、年龄、精神失常、醉酒等因素。不过,这种标准也受到许多责难。主要的批评是,这种客观的标准会把挑衅抗辩变成只是失控。一般来说,挑衅抗辩主要是被告人杀了挑衅者的情形,但也存在被告人在杀害挑衅者时由于意外或者错误而杀害了其他人、挑衅行为直接针对被告人之外的与被告人有关的其他人、直接针对被害人及其实施挑衅的相关人反击时杀害了不是挑衅者的被害人等情形。澳大利亚《模范刑事法典》不存在挑衅抗辩。

18. 原住民的习惯和信仰(aboriginal custom or belief)。制定法和普通法上的非法行为可能恰恰是原住民习惯法上的合法行为,甚至是其所要求的行为。然而,原住民习惯中的行为权利和义务本身并不成为抗辩事由。在 Walker v. New South Wales 案中，依据《1900（新南威尔士）犯罪法》[ Crimes Act 1900 (NSW)]，一名原住民被指控持有某种火器和骚扰罪。他向澳大利亚高等法院提出诉求——新南威尔士议会未经原住民同意，无权制定影响其生活的法律。他还指出，普通法承认原住民的习惯法，因此应当根据这种承认来解释立法。Mason 大法官拒绝了这两个诉求。针对第二个诉求，他认为澳大利亚刑法并没有提供一个可选择的法律体系在其旁边运行。不存在一种由原住民法律可以把原住民排除于普通法院的管辖之外的抗辩事由，也不存在仅仅是根据原住民法律的授权而来的实质性的抗辩事由。不过，拒绝仅仅是依据原住民习惯的抗辩并不意味着原住民的实践、信仰和特点与刑法的执行无关。在 R v. Warren 案中，几名被告人被控告犯有某种侵害人身的犯罪，但他们声称被害人违反了原住民法律，如果不对其进行惩罚，他们自己就要受到惩罚，因此被迫行为。审判法官拒绝了这一抗辩，部分是因为，这是对 Mason 大法官在 Walker 案中判决的规避。南澳大利亚刑事上诉法院推翻了审判法官的观点。被告人并未寻求坚持原住民法律可以使其行为合法，只是其行为时受到了相当于被迫抗辩的外部压力。此外，原住民的习惯也可以成为占有某种财产的抗辩，如捕鱼。

19. 多元文化抗辩（multicultural defence）。根据被告人民族、道德或宗教背景的法律或者习惯，澳大利亚刑法规定的某些犯罪行为可以在某种文化类型中是合法的或可以包容的。虽然不存在这种独立的文化抗辩事由，但是被告人的文化或者宗教背景可能与犯罪的心理要素有关，或者可能支持某种抗辩事由。许多涉及文化背景的判例法都集中在前面讨论的挑衅的法律规定。此外，文化观念也与被告人的主观心理状态有关，有时可以支持合理的主观信念。例如，来自普遍信奉巫术的国家的移民可能被认为真诚而合理地相信被害人愿意受到巫术的伤害。一般来说，法律不允许因被告人的特殊文化背景而降低构成犯罪的标准。但是，澳大利亚法律改革委员会曾经建议，法律应当改变，以允许在决定被告人的行为是否合理时，考虑被告人所尊崇的文化价值。虽然没有同意创设完整或者部分的文化抗辩，但接受文化背景可以影响量刑、决定是否起诉以及任何与宗教宰杀动物等有关的法律赦免。

## 第三节　澳大利亚刑法的犯罪形态

澳大利亚刑法的犯罪形态有：未遂（attempt）、教唆（incitement）、共谋（conspiracy)和同谋(accomplices)。其中,前三种形态又被称为准备罪(preliminary crime),[8]最后一种形态即为共同犯罪。

## 一、未遂罪

在所有澳大利亚司法区,有意实施而未完成某个犯罪或某类犯罪的行为本身就是犯罪。不过,根据澳大利亚联邦、南澳大利亚、澳大利亚首都地区和北部地区的立法,实施任何犯罪的未遂都是犯罪。在西澳大利亚,实施任何可起诉罪和法典规定的简单犯罪的未遂要构成犯罪。昆士兰、塔斯马尼亚和维多利亚的刑法中,未遂罪的一般性条文规定只包括实施可起诉犯罪的未遂行为。新南威尔士刑法未遂罪的一般性条文,仅仅是指实施《1900(新南威尔士)犯罪法》中的犯罪。在一些司法区,未遂犯罪的刑罚低于完成犯罪的刑罚。但在另一些司法区,二者的刑罚相同。在西澳大利亚,实施可起诉犯罪的未遂,其刑罚低于实施简易审判犯罪的未遂。

如何界定未遂犯罪的行为,标准颇多,在不同情况下,这些标准都可以具有合理性,对此,只能就事论事,因案而异,主要有"最后行为""确定无疑""实质行为""危险临近""系列行为""接近""超出预备"等标准。"最后行为标准"(the last act test)出自Eagleton案。该标准意味着,如果被告人不需要进一步的行为已足以完成犯罪,则可构成未遂犯罪。"确定无疑标准"(Unequivocality test)是在Roberts案中提出的,即被告人的行为能够确定无疑地表明犯罪目的而又没有完成犯罪,即是未遂。据此,在被告人还需要更多行为才能把完整的犯罪实施完毕的情况下,也可以被认定未遂犯罪。在Barker案中,被告人坦白,他邀约一名男孩子与自己取乐,具有鸡奸的目的,因此被认定鸡奸未遂罪,但显然,其邀约取乐行为仅仅停留在猥亵阶段。"实质行为标准"(the substantial test)要求未遂行为必须是被告人计划达到的犯罪终点过程中的实质性步骤,这种步骤能够非常准确地表明被告人的犯罪目的。这一标准将判断未遂行为的重心从还要做什么(主观)转向已经做了什么(客观)。"危险临近标准"(the dangerous proximity test)可适用于存在某种危险的案件。危险,既包括死亡或人身伤害的可能性,也包括财产损毁的可能性。"系列行为标准"(the series of acts test)是指某个犯罪是由一连串的行为构成的,如果这个过程不中断,该犯罪就会最终完成,那么,只要被告人的行为是其中一环,犯罪没有最终完成,就可构成未遂犯罪。例如,出于毒杀他人的目的,每次投少量的毒,积少

---

[8] 在澳大利亚刑法中,"preliminary"有广义与狭义两种用法。此处是广义用法,而狭义用法为"预备犯"。

成多,最终毒死他人,则第一次投毒时即可构成谋杀未遂罪。“接近标准”(the proximity test)并没有回答什么是对犯罪完成的“接近”,具有很大灵活性。“超出预备标准”(the beyond preparation test)是要把预备与未遂相区别,但这个标准非常模糊——不是预备才能是未遂,那预备又是什么呢?总之,上述标准只能具体问题具体分析,分别用于不同场合。澳大利亚各司法区做法不一。

一般来说,未遂犯罪的成立,在被告人的主观上必须存在有意(目的)。但是,如果明知自己的行为必然导致危害结果的发生而实施行为,虽然并不希望自己的行为导致危害结果,而且事实上没有导致危害结果,也可以构成未遂犯罪。甚至,如果被告人的行为存在致人死亡的危险,那么主观上的冷漠轻率也可以成为构成未遂犯罪的犯意。例如,引爆炸弹会导致近旁的人死亡而仍然实施引爆行为。不过,这不适用于可能导致排爆人员死亡的情况,因为被告人只是明知排爆人员必然会到场排爆,不是明知排爆人员必然会被炸死。与对犯意的宽泛理解相区别,也存在严格的理解,即要求未遂犯罪的犯意只能是(有目的的)有意,不承认明知、推定的蓄意以及冷漠的轻率。进而,对于有意的内容是否要针对犯罪的全部成分,也存在不同意见。在 R v. Evans 案中,南澳大利刑事上诉法院认为,有意性交和对于缺乏同意存在轻率的情况下,都可以成立强奸未遂罪。在此,确认轻率有两种方法:其一,区别后果与情节,要求有意只是针对前者。其二,只是要求有意针对要完成的犯罪。

未遂的不能犯(attempting the impossible),可以分为三种情况:(1)手段不充分。通常不能作为抗辩。例如,被告人将电线放在其妻的洗澡水里,即使这种方法不可能杀害其妻,也构成谋杀未遂罪。(2)事实上的不可能。无论被告人是否达成其目的,这都是一个有力抗辩。因此,试图从空口袋里偷东西,试图杀害一个其实已经死亡的人,都不能构成未遂犯罪。(3)法律上的不可能。如果所相信的犯罪其实并非犯罪,可以成为不能犯抗辩。澳大利亚联邦、昆士兰、塔斯马尼亚、维多利亚、西澳大利亚、澳大利亚首都地区以及北部地区都以制定法明确规定不能犯不是抗辩。

## 二、教唆罪

教唆的本质是使他人实施犯罪。如果被教唆的人实施了犯罪,教唆的人便成为参与犯罪的一方(共犯)。如果教唆的犯罪没有被实施,则教唆的人承担教唆的责任。昆士兰和北部地区之外的所有澳大利亚司法区都有教唆罪。在新南威尔士和南澳大利亚,教唆罪是普通法罪名。其他司法区由制定法规定。虽然昆士兰和部分地区没有称为教唆的罪名，但也在相应规定中逻辑地包含了教唆的情形。教唆不仅针对完成犯罪，也针对准备犯罪的行为。A 教唆 B 去教唆 C 实施犯罪，亦构成犯罪。教唆共谋也构成犯罪，但维多利亚已经废除了这种规定。教唆未遂犯罪也构成教唆犯罪。

1. 教唆犯罪的犯行。教唆常常表现为鼓动，除此之外，普通法上还可以是指挥、请求、提议、建议、鼓励、命令、唆使、竭力劝告等。制定法还有催促、声援等。

2. 教唆犯罪的对象。对象不能是无刑事责任能力人。例如，R v. Whitehouse 案中，一名父亲煽惑其 15 岁的女儿与其乱伦。根据法律，16 岁以下的少女不构成乱伦罪。上诉法院认为，在这种情况下，被告人也不能构成教唆罪，且不构成任何其他犯罪。

3. 教唆犯罪的犯意。通常教唆犯罪要求“有意”存在。问题在于，这种“有意”是否为唯一的犯意形式？如果 A 不知道 C 是一名警官，要 B 对 C 实施身体伤害，那么 A 成立教唆殴打罪而非加重殴打罪。如果 A 知道 C 是警官，则其心理状态是有意与轻率的结合。

## 三、共谋罪

在澳大利亚所有司法区，共谋都是独立的犯罪。有的司法区，共谋是普通法犯罪；另一些司法区，共谋则是制定法犯罪；也有的司法区，既有普通法的共谋罪，也有制定法的共谋罪。在普通法上，共谋罪有两种类型：其一，实施一个犯罪的共谋；其二，实施一个非法但不是犯罪的行为的共谋。新南威尔士和南澳大利亚沿用了这种普通法。昆士兰则用制定法保持了共谋罪的两种类型。其余司法区一般不承认非犯罪的非法行为的共谋罪。

### （一）共谋罪的种类

一般来说，共谋罪可以分成：实施一个犯罪的共谋罪、实施一个非法行为的共谋罪、欺诈的共谋罪、其他共谋罪。

1. 实施一个犯罪的共谋罪。这种共谋罪存在于澳大利亚所有司法区。根据联邦刑法，这里的“犯罪”必须是可以处刑 12 个月以上的监禁和 200 元罚金。在昆士兰和北部地区，对这种共谋罪所设置的刑罚轻重，取决于犯罪（crime）与违法（offence）的区分。在西澳大利亚，共谋罪刑罚的轻重区分在于是否可起诉罪或简易审判罪。最典型的共谋罪情形是共谋者之一打算实施犯罪。如果实施犯罪的是共谋者之外的人，照样可以构成共谋犯罪。

2. 实施非法行为的共谋罪。对此存在较多争议。但在某些案件中,共谋实施非法行为无疑应当构成犯罪。例如,共谋使一名女性成为妓女,虽然成为妓女本身不是犯罪,但让他人成为妓女的共谋应当构成共谋罪。

3. 欺诈共谋罪。这在澳大利亚所有司法区都是犯罪,尽管法律渊源各不相同。无论何种法源,欺诈共谋都与普通法有关,除非在某种程度上被制定法改变。

4. 其他共谋罪。这种共谋罪因司法区不同而不同,包括以各种方式影响财产的共谋、进行某种特定种类的伤害的共谋、与职业有关的共谋、煽动性共谋、勒索共谋等。

(二)共谋罪的构成要件

共谋的核心特征是共谋者之间的协议(agreement)。各自对相同犯罪有意追求,还不足以构成共谋犯罪。这里的协议并不需要达到合同法那样的要求。即使没有书面协议,行动和口头都可以构成。协议一旦达成,共谋即告完成。之后的撤回协议不能成为一个抗辩。但是,澳大利亚联邦和首都地区的法律已经有所突破,可以有条件地承认撤回协议,必须是在共谋的行为实施之前,并且采取合理步骤防止犯罪的实施。

共谋罪必须发生在两个以上主体之间。法人与其意志的代理人之间不能构成共谋罪。在 R v. McDnnell 案中,Nield 法官指出,虽然法人是独立单位,却不能认为其有独立思想。如果自然人的被告人代表了两个法人并且代表双方形成了实施不法行为的有意,又该如何?加拿大的安大略上诉法院在 R v. Electrical Contractors 案中认为,自然人与双方法人之间可以被认定共谋,因为自然人可以被视为具有两个独立思想的两个独立的人。美国的判例法则不承认这种共谋。澳大利亚联邦和首都地区的刑法规定,自然人与法人之间可以构成共谋。夫妻之间能否形成共谋罪也是一个问题。普通法最初不承认夫妻共谋,因为夫妻被虚拟为一个人。新南威尔士、昆士兰、西澳大利亚和北部地区已经废除了这种虚拟。有责任能力的人与未成年人或精神病人之间也可以成立共谋罪,只要后者有能力达成协议,尽管后者不构成犯罪。此外,即使协议的另一方是犯罪的被害人,也不影响另一方共谋罪的成立。

共谋的犯意是有意实施非法行为,与此相对的犯行是协议。共谋一般是有意而为,但有时轻率也可以成立共谋。不过,澳大利亚联邦和维多利亚的刑法要求共谋罪的犯意必须是有意。

## 四、同谋罪

同谋罪,是指二人以上参与实施某个犯罪。二人以上参与犯罪有四种情形:

(1)所有参与者实施同样的行为。例如,多人一起将被害人抬起,将其从高楼上抛下。(2)多个参与者实施不同的行为,如一人偷取出财物交给另一人拿走。(3)一人直接实施犯罪而其他人间接参与。这是更为常见的方式。这种情况下间接参与的犯罪人的刑事责任根据是:第一,某人实施了犯罪行为。第二,间接参与者的行为必须是参与。第三,间接参与者具备必要的犯意。第四,不存在间接责任的排除(抗辩)。(4)事后的参与。在严格意义上,与其说是参与前面的犯罪,不如说是知道前面的犯罪而不举和加以庇护的行为。

同谋犯参与犯罪,是参与的犯罪已经发生前提下的一种认定。在直接参与犯罪与间接参与犯罪的认定上,有两种观点:其一,间接参与者的刑事责任要以直接参与者的刑事责任为前提。其二,首先确定有人实施了犯行,然后根据其他人自己的犯意来确定其刑事责任。目前的主流是将前者作为一般原则,但也承认在某些情况下,间接参与者可以独立于直接参与者承担刑事责任。

有许多术语用来表示犯罪的各种直接参与者与间接参与者。那些刑事责任不依赖于他人的犯罪参与者有时被称为一级主犯(principal in the first degree),通常只限于重罪案件。一级主犯通常是犯罪的最直接的参与者,但也有可能是间接参与者。主犯这个概念常被用于与一级主犯相对,但较为模糊。主犯也被称为"primary offender"。另一个术语是行凶者(perpetrator),指实行行为者。较难理解的是二级主犯(principal in the second degree),该术语严格限于在犯罪现场并对重罪起作用的间接参与者,这些参与者是同谋犯而非行凶者,其被作为主犯是因为在一级主犯不能被定罪时也可以被定罪,它适用于不是重罪的犯罪。那些参与重罪但不在犯罪现场的参与者被称为事前同谋犯。其他犯罪的参与者也可以被称为事前同谋犯。还有几种其他的术语,如共犯(accomplices)、帮助犯(aiders)、教唆犯(abettors)、从犯(secondary offender)等。从犯的行为可表现为帮助、教唆、解忧、配合、鼓励、支持、赞成和同意等。在犯罪之后帮助犯罪的行为也构成犯罪,但这些人并没有参与犯罪,而是因为扰乱了司法秩序而构成独立犯罪,属于事后同谋犯。

根据一般原则,间接参与者的刑事责任从属于直接参与者的刑事责任。在 R v. Demirian 案中,A 和 B 计划爆炸领事馆,但 B 导致了炸弹过早爆炸而自己被炸身亡。A 被指控为谋杀 B 的事前同谋犯。但是,维多利亚法院认为,B 不构成谋杀罪,故 A 也不能作为谋杀罪的同谋犯。但是,现实中的一些情况使得追究间接参与者的刑事责任不能都以直接参与者的刑事责任为前提。例如,一个人通过飞机运输毒品,自己并未实施搬运行为,不能以飞机不构成犯罪为由而解脱自己的刑事责任。同样,A诱骗B说自己的妻子愿意与B发生性关系,B信以为真,遂与A的妻子发生性关系,其实A妻并不同意,A不能以B不构成强奸罪为由推卸强奸罪的责任。在此,飞机和B被称为"无辜代理人"(innocent agency)或者"无罪的工具"(innocent instrument)。但由于强奸罪的行为具有人身归属性,故该罪是否适用无罪工具原则,在澳大利亚尚有争议。在直接行为者涉及某种身份时,更是不可能适用无罪工具原则,因为有身份者不可能成为无身份者的代理人。此时只能用因果关系解决问题。例如,发生在美国的一个案例,医生开了一个无效处方,而几个药店以为是有效处方,遂按处方售卖了成瘾药物。药店无罪,医生有罪,不是因为药店是无辜代理人,药物是药店的而不是医生的,不存在代理,医生有罪是因为他引起了售卖的行为,所以作为主犯承担出售药物的刑事责任。

在现场实施行为,与直接参与者的行为相呼应的间接参与者应当被认定为主犯而非从犯。即使间接参与者不在犯罪现场,也可以被认定为主犯。这是基于直接参与者在现场实施行为之前与间接参与者之间的共谋——达成犯罪协议。

同谋罪的犯意较为复杂,澳大利亚的刑法存在三种不同的标准:第一,无论主犯的犯意要求如何,从犯的刑事责任要求有意或明知,或兼而有之。第二,认为轻率是从犯刑事责任的必要而充足的条件,而无论主犯的犯意如何要求。第三,从犯的犯意与主犯的犯意有着相同的要求。这些标准的应用还要考虑不同犯意要求的犯罪罪名,包括有意的犯罪、明知的犯罪、轻率的犯罪、疏忽的犯罪、严格责任的犯罪、推定责任的犯罪、犯意转移以及违法的类型等。

## 第四节　澳大利亚刑法的罪刑种类

如前所述,澳大利亚不同的司法区的刑法各有不同,故本书不可能一一顾及。这里仅以《澳大利亚联邦刑法典》为例,就其规定的罪刑种类做一概观。[9]

澳大利亚联邦罪刑种类的依据是1995年《澳大利亚联邦刑法典》。该法典目录序号按1~10章排列,但第3章和第6章已被废除,实际只有8章内容。其中,除第1章"法典编撰"(codification)和第2章"刑事责任的一般原理"(general principles of criminal responsibility)之外,其余各章均为具体的罪刑规定。需要指出的是,法典第2章规定了犯罪成立的一般要素,却未有关于刑罚的一般性规定。具体的刑

〔9〕 参见《澳大利亚联邦刑法典》,张旭、李海滢、李綦通、蔡一军译,北京大学出版社2006年版,第29~253页。

罚规定随附于各种具体的犯罪。也需要指出的是,《澳大利亚联邦刑法典》自1995年颁行之后,已经过多次修正或补充,罪刑规定有所增删,如《1999年刑法典修正案(贿赂外国公职人员)》《2000年刑法典修正案(盗窃、欺诈、贿赂及相关犯罪)》《2001年计算机犯罪法》《2002年刑法典修正案(禁止恐怖主义爆炸行为)》《2003年刑法典修正案(恐怖主义)》《2004年反恐怖主义法》《2005年刑法典修正案(贩卖人口罪)》,等等。

## 一、危害国际社会和外国政府的完整和安全之罪刑规定

这是由《澳大利亚联邦刑法典》第4章"国际社会和外国政府的完整和安全"规定的罪刑种类:

1. 对外国公职人员行贿罪(bribing a foreign public official)。法定刑为10年监禁。[10] 法院可施加罚金来替代监禁或在判处监禁的基础上追加罚金。

2. 谋杀联合国职员或相关人员罪(murder of a UN or associated person)。法定最高刑为终身监禁。

3. 杀害联合国职员或相关人员罪(manslaughter of a UN or associated person)。法定最高刑为25年监禁。

4. 有意导致联合国职员或相关人员重伤罪(intentionally causing serious harm to a UN or associated person)。法定最高刑为20年监禁,加重情形的最高刑为25年监禁。

5. 轻率地导致联合国职员或相关人员重伤罪(recklessly causing serious harm to a UN or associated person)。法定最高刑为15年监禁,加重情形的最高刑为19年监禁。

6. 有意导致联合国职员或相关人员伤害罪(intentionally causing harm to a UN or associated person)。法定最高刑为10年监禁,加重情形的最高刑为13年监禁。

7. 轻率地导致联合国职员或相关人员伤害罪(recklessly causing harm to a UN or associated person)。法定最高刑为7年监禁,加重情形的最高刑为9年监禁。

8. 对联合国职员或相关人员进行非法的性侵害罪(sexually penetrates a UN or

---

〔10〕《澳大利亚联邦刑法典》罪名法条中的法定刑有两种表述:一种表述是"penalty",另一种表述是"maximum penalty"。二者在字面上有区别,前者似应为绝对确定的法定刑。但是,张旭教授等翻译的《澳大利亚联邦刑法典》"译者序"指出,刑法典中关于"处罚"的规定一般是指被判处的最高刑罚,如"处罚:终身监禁"是指最高能被处以终身监禁的刑罚。同时,译者出于忠实原文的考虑,将"penalty"直译为"处罚"。

associated person unlawful)。法定最高刑为 15 年监禁,加重情形的最高刑为 20 年监禁。

9. 绑架联合国职员或相关人员罪(kidnapping a UN or associated person)。法定最高刑为 15 年监禁,加重情形的最高刑为 19 年监禁。

10. 非法拘禁联合国职员或相关人员罪(unlawful detention of UN or associated person)。法定最高刑为 5 年监禁,加重情形的最高刑为 6 年监禁。

11. 有意引起联合国职员或相关人员的财产等的损害罪(intentionally causing damage to a UN or associated person's property etc.)。法定最高刑为 10 年监禁。

12. 使用爆炸性或毁灭性装置的国际恐怖活动罪(international terrorist activities using explosive or lethal devices)。法定刑为终身监禁。

13. 偷渡人口罪(offence of people smuggling)。法定刑为 10 年监禁或 1000 刑罚单位罚金,或两者并处;加重情形的法定刑为 20 年监禁或 2000 刑罚单位的罚金,或两者并处。[11]

14. 制造、提供或持有伪造的旅行或身份证件罪(making, providing or possessing a false travel or identity document)。法定刑为 10 年监禁或 1000 刑罚单位罚金,或两者并处。

15. 提供或持有私自颁发或变更的或因威胁而获取的旅行或身份证件罪(providing or possessing a travel or identity document issued or altered dishonestly or as a result of threats)。法定刑为 10 年监禁或 1000 刑罚单位罚金,或两者并处。

---

[11] 这里及以下所涉及的“刑罚单位”(a penalty unit),称 PU,是由澳大利亚制定法所规定的用来计算罚金的金额。罚金的计算方法是将一个罚金单位的价值(金额)乘以制定法为该罪行规定的罚金单位的数目。在采用罚金单位之前,罚金和其他费用通常是直接用普通货币金额规定的。然而,通胀的影响意味着最初的大额罚金到头来会严重缩水,而法律和法规经常修改金钱惩罚的数额又是一个非常耗时的过程且不现实。刑罚单位恰恰提供了一个快速和简单的方式来调整许多不同的罚金数额。澳大利亚各司法区都有自己的刑罚单位。刑罚单位的价值(数额),以及这种价值(数额)的变化方式和频率,各州有所不同,联邦犯罪也有对应的联邦刑罚单位。例如,维多利亚罚金单位的价值(数额)是有关部门依据 2004 年《货币单位法》(Monetary Units Act 2004)在《政府公报》(*Government Gazette*)上发布的通知,就一个财政年度确定的金额。自 2018 年 7 月 1 日起,罚金金额为 161.19 元。因此,如果法律规定了 100 个罚款单位,罚款数额即为 16,119 美元。新南威尔士州的罚金单位是 110 元。昆士兰的一个罚金单位是 130.55 元。塔斯马尼亚的刑罚单位价值根据上一年度的消费者价格指数(CPI)变动对每个财政年度进行调整,并在下一个财政年度的 6 月 1 日前在《政府公报》上公布。西澳大利亚的刑罚单位因法律而异,大部分立法以数额列出,道路交通违法的罚金单位为 50 美元。南澳大利亚没有刑罚单位,而是由立法直接规定罚金额。根据澳大利亚联邦法律,从 2017 年 7 月 1 日起,对个人的罚金单位为 210 美元。到 2020 年 7 月 1 日及以后每隔 3 年的 7 月 1 日,运用各个群体消费价格指数而得出的指数来决定金额。

16. 提供或持有无权使用的旅行或身份证件罪(providing or possessing a travel or identity document to be used by a person who is not the rightful user)。法定刑为10年监禁或1000刑罚单位罚金,或两者并处。

17. 占有或毁损他人旅行或身份证件罪(taking possession of or destroying another person's travel or identity document)。法定刑为10年监禁或1000刑罚单位罚金,或两者并处。

## 二、危害联邦安全之罪刑规定

这是由《澳大利亚联邦刑法典》第5章"联邦的安全"规定的罪刑种类[恐怖主义犯罪由《2002年刑法典修正案(恐怖主义)》所补充。]:

1. 叛国罪(treason)。法定刑为终身监禁。

2. 间谍及类似活动罪(espionage and similar activities)。法定刑为25年监禁。如果在涉及该罪的起诉和听证中违反法定要求或指令,则认定其实施了该罪,法定刑为5年监禁。

3. 恐怖主义行为罪(terrorist acts)。法定刑为终身监禁。

4. 提供或接受恐怖主义行为训练罪(providing or receiving training connected with terrorist acts)。法定刑视情分别为20年监禁或15年监禁。

5. 持有与恐怖主义行为相关的物品罪(possessing things connected with terrorist acts)。法定刑视情为15年监禁或10年监禁。

6. 收集或制造可能有助于恐怖主义行为的文件罪(collecting or making documents likely to facilitate terrorist acts)。法定刑视情为15年监禁或10年监禁。

7. 实施了准备或筹划的恐怖主义活动的其他犯罪(other acts done in preparation for, or planning, terrorist acts)。法定刑为终身监禁。

8. 指挥恐怖组织活动罪(directing the activities of a terrorist organisation)。法定刑视情为25年监禁或15年监禁。

9. 加入恐怖组织罪(membership of a terrorist organisation)。法定刑为10年监禁。

10. 为恐怖组织征募罪(recruiting for a terrorist organisation)。法定刑视情为25年监禁或15年监禁。

11. 训练恐怖组织或接受恐怖组织训练罪(training a terrorist organisation or receiving training from a terrorist organisation)。法定刑为25年监禁。

12. 为恐怖组织获取资金或从恐怖组织获取资金罪（getting funds to or from a terrorist organisation）。法定刑视情为25年监禁或15年监禁。

13. 为恐怖组织提供支持罪（providing support to a terrorist organisation）。法定刑视情为25年监禁或15年监禁。

14. 联系恐怖组织罪（association with terrorist organisations）。法定刑为3年监禁。

15. 资助恐怖主义罪（financing terrorism）。法定刑为终身监禁。

16. 谋杀澳大利亚公民或居民罪（murder of an Australian citizen or a resident of Australia）。法定刑为终身监禁。

17. 杀害澳大利亚公民或居民罪（manslaughter of an Australian citizen or a resident of Australia）。法定刑为25年监禁。

18. 有意导致澳大利亚公民或居民重伤罪（intentionally causing serious harm to an Australian citizen or a resident of Australia）。法定刑为20年监禁。

19. 轻率造成澳大利亚公民或居民重伤罪（recklessly causing serious harm to an Australian citizen or a resident of Australia）。法定刑为15年监禁。

## 三、危害政府正常管理之罪刑规定

这是由《澳大利亚联邦刑法典》第7章"政府的适当管理"规定的罪刑种类：

1. 抢劫罪（robbery）。法定刑为15年监禁，加重情形的法定刑为20年监禁。

2. 破门入户罪（burglary）。法定刑为13年监禁，加重情形的法定刑为17年监禁；如果破门入户是为了实施伤害他人或损毁财产的犯罪，则可被判处终身监禁或5年以上监禁。

3. 不付账而逃离罪（making off without payment）。法定刑为2年监禁。

4. 为盗窃或某种侵犯财产罪进行准备罪（going equipped of theft or a property offence）。法定刑为3年监禁。

5. 不诚实地获取或保留财产罪（dishonest taking or retention of property）。法定刑为2年监禁。

6. 通过欺诈获取财产罪（obtaining property by deception）。法定刑为10年监禁。

7. 通过欺诈获取某种经济利益（obtaining a financial advantage by deception）。法定刑为10年监禁。

8. 一般地不诚实罪(general dishonesty)。它指获取联邦实体的某种利益、造成联邦实体的某种损失或影响联邦政府公职人员。法定刑为5年监禁。

9. 获取经济利益罪(obtaining financial advantage)。法定刑为12个月监禁。

10. 诈骗共谋罪(conspiracy to defraud)。法定刑为10年监禁。

11. 申请时弄虚作假罪(false or misleading statements in applications)。法定刑为12个月监禁;如果是轻率所致,法定刑为6个月监禁。

12. 虚假或误导性信息罪(false or misleading information)。法定刑为12个月监禁。

13. 虚假或误导性文件罪(false or misleading documents)。法定刑为12个月监禁。

14. 对联邦政府公职人员提出不正当要求罪(unwarranted demands of a Commonwealth public official)。法定刑为12年监禁。

15. 联邦政府公职人员提出不正当要求罪(unwarranted demands made by a Commonwealth public official)。法定刑为12年监禁。

16. 贿赂联邦公职人员罪(bribery of a Commonwealth public official)。它包括行贿与受贿。法定刑均为10年监禁。

17. 联邦公职人员收受腐败利益罪(corrupting benefits given to, or received by, a Commonwealth public official)。法定刑为5年监禁。

18. 滥用职权罪(abuse of public office)。法定刑为5年监禁。

19. 伪造罪(forgery)。法定刑为10年监禁。

20. 使用伪造的文件罪(using forged document)。法定刑为10年监禁。

21. 持有伪造的文件罪(possession of forged document)。法定刑为10年监禁。

22. 持有、制作或改装用于伪造的设备罪(possession, making or adaptation of devices etc. for making forgeries)。法定刑视情为10年监禁或2年监禁。

23. 篡改文件罪(falsification of documents etc.)。法定刑为7年监禁。

24. 提供来自虚假或误导性文件的信息罪(giving information derived from false or misleading documents)。法定刑为7年监禁。

25. 对联邦政府公职人员等造成伤害罪(causing harm to a Commonwealth public official etc)。法定刑为10年监禁。

26. 威胁对联邦政府公职人员等造成伤害罪(threatening to cause harm to a Commonwealth public official etc)。如果威胁造成严重伤害,或威胁前政府官员,法定刑为 7 年监禁;如果威胁造成伤害,法定刑为 2 年监禁。

27. 非公职人员假冒公职人员罪(impersonation of an official by a non - official)。法定刑为 5 年监禁。

28. 公职人员假冒另一公职人员罪(impersonation of an official by another official)。法定刑视情为 2 年监禁或 5 年监禁。

29. 妨碍联邦政府公职人员罪(obstruction of Commonwealth public officials)。法定刑为 2 年监禁。

## 四、反人道及其相关行为之罪刑规定

这是由《澳大利亚联邦刑法典》第 8 章"反人道罪及相关犯罪"规定的罪刑种类(主要涉及某些国际性犯罪,澳大利亚享有优先管辖权):

1. 种族灭绝屠杀罪(genocide by killing)。法定刑为终身监禁。

2. 造成身体或精神严重伤害的种族灭绝罪(genocide by causing serious bodily or mental harm)。法定刑为终身监禁。

3. 有意剥夺生存条件的种族灭绝罪(genocide by deliberately inflicting conditions of life calculated to bring about physical destruction)。法定刑为终身监禁。

4. 强行绝育的种族灭绝罪(genocide by imposing measures intended to prevent births)。法定刑为终身监禁。

5. 强行转移儿童的种族灭绝罪(genocide by forcibly transferring children)。法定刑为终身监禁。

6. 反人道谋杀罪(crime against humanity - murder)。法定刑为终身监禁。

7. 反人道灭杀罪(crime against humanity - extermination)。法定刑为终身监禁。

8. 反人道奴役罪(crime against humanity - enslavement)。法定刑为 25 年监禁。

9. 反人道驱逐出境或强行迁移人口罪(crime against humanity - deportation or forcible transfer of population)。法定刑为 17 年监禁。

10. 反人道囚禁或其他严重剥夺人身自由行为罪(crime against humanity - imprisonment or other severe deprivation of physical liberty)。法定刑为 17 年监禁。

11. 反人道酷刑罪(crime against humanity - torture)。法定刑为 25 年监禁。

12. 反人道强奸罪(crime against humanity - rape)。法定刑为 25 年监禁。

13. 反人道性奴役罪(crime against humanity - sexual slavery)。法定刑为 25 年监禁。

14. 反人道强迫卖淫罪(crime against humanity – enforced prostitution)。法定刑为25 年监禁。

15. 反人道强迫受孕罪(crime against humanity – forced pregnancy)。法定刑为25 年监禁。

16. 反人道强迫绝育罪(crime against humanity – enforced sterilisation)。法定刑为25 年监禁。

17. 反人道性暴力罪(crime against humanity – sexual violence)。法定刑为25 年监禁。

18. 反人道迫害罪(crime against humanity – persecution)。法定刑为17 年监禁。

19. 反人道强制人员失踪罪(crime against humanity – enforced disappearance of persons)。法定刑为17 年监禁。

20. 反人道种族隔离罪(crime against humanity – apartheid)。法定刑为17 年监禁。

21. 反人道的其他罪(crime against humanity – other inhumane act)。法定刑为25 监禁。

22. 有意杀害的战争罪(war crime – wilful killing)。法定刑为终身监禁。

23. 施以酷刑的战争罪(war crime – torture)。法定刑为25 年监禁。

24. 非人道待遇的战争罪(war crime – inhumane treatment)。法定刑为25 年监禁。

25. 生物学实验的战争罪(war crime – biological experiments)。法定刑为25 年监禁。

26. 有意导致剧烈痛苦的战争罪(war crime – wilful causing great suffering)。法定刑为25 年监禁。

27. 破坏和侵占财产的战争罪(war crime – destruction and appropriation of property)。法定刑为15 年监禁。

28. 强制在敌方部队服役的战争罪(war crime – compelling service in hostile forces)。法定刑为10 年监禁。

29. 拒不公正审判的战争罪(war crime – denying a fair trial)。法定刑为10 年监禁。

30. 非法驱逐出境或迁移的战争罪(war crime – unlawful deportation or transfer)。法定刑为17 年监禁。

31. 非法拘禁的战争罪(war crime – unlawful confinement)。法定刑为 17 年监禁。

32. 劫持人质的战争罪(war crime – taking hostages)。法定刑为 17 年监禁。

33. 攻击平民的战争罪(war crime – attacking civilians)。法定刑为终身监禁。

34. 攻击民用物体的战争罪(war crime – attacking civilian objects)。法定刑为 15 年监禁。

35. 攻击执行人道主义援助或维持和平任务人员或物品的战争罪(war crime – attacking personnel or objects involved in a humanitarian assistance or peacekeeping mission)。法定刑视情为终身监禁或 20 年监禁。

36. 过分的附带伤亡或破坏的战争罪(war crime – excessive incidental death, injury or damage)。法定刑视情为终身监禁或 20 年监禁。

37. 攻击不设防地区的战争罪(war crime – attacking undefended places)。法定刑为终身监禁。

38. 杀死或伤害已经丧失战斗力人员的战争罪(war crime – killing or injuring a person who is hors de combat)。法定刑视情为终身监禁或 25 年监禁。

39. 滥用白旗的战争罪(war crime – improper use of a flag of truce)。法定刑为终身监禁。

40. 滥用敌方旗帜、徽章或制服的战争罪(war crime – improper use of a flag, insignia or uniform of the adverse party)。法定刑为终身监禁。

41. 滥用联合国旗帜、徽章或制服的战争罪(war crime – improper use of a flag, insignia or uniform of the United Nations)。法定刑为终身监禁。

42. 滥用日内瓦公约特别标记的战争罪(war crime – improper use of the distinctive emblems of the Geneva Conventions)。法定刑为终身监禁。

43. 迁移人口的战争罪(war crime – transfer of population)。法定刑为 17 年监禁。

44. 攻击受保护目标的战争罪(war crime – attacking protected objects)。法定刑为 20 年监禁。

45. 残害的战争罪(war crime – mutilation)。法定刑视情为终身监禁或 25 年监禁。

46. 医学或科学实验的战争罪(war crime – medical or scientific experiments)。法定刑视情为终身监禁或 25 年监禁。

47. 背信弃义进行杀伤的战争罪(war crime – treacherously killing or injuring)。法定刑视情为终身监禁或25年监禁。

48. 拒不宽大的战争罪(war crime – denying quarter)。法定刑为终身监禁。

49. 毁损或没收敌方财产的战争罪(war crime – destroying or seizing the enemy's property)。法定刑为15年监禁。

50. 剥夺敌方国民权利或诉讼权利的战争罪(war crime – depriving nationals of the adverse power of rights or actions)。法定刑为10年监禁。

51. 强迫参加军事行动的战争罪(war crime – compelling participation in military operations)。法定刑为10年监禁。

52. 掠夺的战争罪(war crime – pillaging)。法定刑为15年监禁。

53. 使用有毒物质或毒害性武器的战争罪(war crime – employing poison or poisoned weapons)。法定刑为终身监禁。

54. 有意杀害的战争罪(war crime – employing prohibited gases, liquids, materials or devices)。法定刑为25年监禁。

55. 使用被禁止的气体、液体、物质或设备的战争罪(war crime – employing prohibited gases, liquids, materials or devices)。法定刑为25年监禁。

56. 使用被禁止的子弹的战争罪(war crime – employing prohibited bullets)。法定刑为25年监禁。

57. 侮辱个人尊严的战争罪(war crime – outrages upon personal dignity)。法定刑为17年监禁。

58. 实施强奸的战争罪(war crime – rape)。法定刑为25年监禁。

59. 实施性奴役的战争罪(war crime – sexual slavery)。法定刑为25年监禁。

60. 强迫卖淫的战争罪(war crime – enforced prostitution)。法定刑为25年监禁。

61. 强迫受孕的战争罪(war crime – forced pregnancy)。法定刑为25年监禁。

62. 强迫绝育的战争罪(war crime – enforced sterilisation)。法定刑为25年监禁。

63. 实施性暴力的战争罪(war crime – sexual violence)。法定刑为25年监禁。

64. 利用受保护人员作为盾牌的战争罪(war crime – using protected persons as shields)。法定刑视情为终身监禁或17年监禁。

65. 攻击使用日内瓦公约特殊标记的人员或物体的战争罪(war crime – attac-

king persons or objects using the distinctive emblems of the Geneva Conventions)。法定刑视情为终身监禁或20年监禁。

66. 以饥饿作为战争方法的战争罪(war crime - starvation as a method of warfare)。法定刑为25年监禁。

67. 利用、征召或征募儿童的战争罪(war crime - using, conscripting or enlisting children)。法定刑视情为17年监禁、15年监禁或10年监禁。

68. 实施谋杀的战争罪(war crime - murder)。法定刑为终身监禁。(本罪及以下各罪是在非国际武装冲突中的战争罪,之前各罪是在国际武装冲突中的战争罪)

69. 进行残害的战争罪(war crime - mutilation)。法定刑视情为终身监禁或25年监禁。

70. 实施虐待的战争罪(war crime - cruel treatment)。法定刑为25年监禁。

71. 实施酷刑的战争罪(war crime - torture)。法定刑为25年监禁。

72. 侮辱个人尊严的战争罪(war crime - outrages upon personal dignity)。法定刑为17年监禁。

73. 劫持人质的战争罪(war crime - taking hostages)。法定刑为17年监禁。

74. 未经正当程序判刑或处决的战争罪(war crime - sentencing or execution without due process)。法定刑视情为10年监禁或终身监禁。

75. 攻击平民的战争罪(war crime - attacking civilians)。法定刑为终身监禁。

76. 攻击使用日内瓦公约特殊标记的人员或物体的战争罪(war crime - attacking persons or objects using the distinctive emblems of the Geneva Conventions)。法定刑视情为终身监禁或20年监禁。

77. 攻击涉及人道主义援助或维护和平任务的人员和物体的战争罪(war crime - attacking personnel or objects involved in a humanitarian assistance or peacekeeping mission)。法定刑视情为终身监禁或20年监禁。

78. 攻击受保护目标的战争罪(war crime - attacking protected objects)。法定刑为20年监禁。

79. 实施掠夺的战争罪(war crime - pillaging)。法定刑为20年监禁。

80. 实施强奸的战争罪(war crime - rape)。法定刑为25年监禁。

81. 实施性奴役的战争罪(war crime - sexual slavery)。法定刑为25年监禁。

82. 强迫卖淫的战争罪(war crime - enforced prostitution)。法定刑为25年监禁。

83. 强迫受孕的战争罪(war crime – forced pregnancy)。法定刑为终身监禁。

84. 强迫绝育的战争罪(war crime – enforced sterilisation)。法定刑为 25 年监禁。

85. 实施性暴力的战争罪(war crime – sexual violence)。法定刑为 25 年监禁。

86. 利用、征召或征募儿童的战争罪(war crime – using, conscripting or enlisting children)。法定刑视情为 17 年监禁、15 年监禁或 10 年监禁。

87. 迁移平民的战争罪(war crime – displacing civilians)。法定刑为 17 年监禁。

88. 背信弃义实施杀伤的战争罪(war crime – treacherously killing or injuring)。法定刑视情为终身监禁或 25 年监禁。

89. 拒不宽大的战争罪(war crime – denying quarter)。法定刑为终身监禁。

90. 实施残害的战争罪(war crime – mutilation)。法定刑视情为终身监禁或 25 年监禁。

91. 医学或科学实验的战争罪(war crime – medical or scientific experiments)。法定刑视情为终身监禁或 25 年监禁。

92. 毁损或夺取敌方财产的战争罪(war crime – destroying or seizing an adversary's property)。法定刑为 15 年监禁。

93. 涉及医疗程序的战争罪(war crime – medical procedure)。法定刑为 25 年监禁。(该罪及以下各罪是严重违反日内瓦公约第 1 议定书的战争罪)

94. 为了移植而输出血液、切除人体组织和器官的战争罪(war crime – removal of blood, tissue or organs for transplantation)。法定刑为 25 年监禁。

95. 攻击含有危险能量的工厂或设备而导致平民过多伤亡的战争罪(war crime-attack against works or installations containing dangerous forces resulting in excessive loss of life or injury to civilians)。法定刑为终身监禁。

96. 攻击不设防地区或非武装区的战争罪(war crime – attacking undefended places or demilitarized zones)。法定刑为终身监禁。

97. 不公正地延迟遣送囚犯或平民的战争罪(war crime – unjustifiable delay in the repatriation of prisoners of war or civilians)。法定刑为 10 年监禁。

98. 种族隔离的战争罪(war crime – apartheid)。法定刑为 17 年监禁。

99. 攻击受保护目标的战争罪(war crime – attacking protected objects)。法定刑为 20 年监禁。

100. 伪誓罪(perjury)。法定刑为 10 年监禁。(该罪及以下各罪是针对国际刑

事法院审判管理的犯罪）

101. 伪造证据罪（falsifying evidence）。法定刑为7年监禁。

102. 毁损或隐藏证据罪（destroying or concealing evidence）。法定刑为7年监禁。

103. 欺骗证人罪（deceiving witnesses）。法定刑为5年监禁。

104. 向证人或翻译人员行贿罪（corrupting witnesses or interpreters）。法定刑为5年监禁。

105. 威胁证人或翻译人员罪（threatening witnesses or interpreters）。法定刑为7年监禁。

106. 伪造证据阻止证人或翻译人员罪（preventing witnesses or interpreters）。法定刑为5年监禁。

107. 阻止出示证物罪（preventing production of things in evidence）。法定刑为5年监禁。

108. 报复证人罪（reprisals against witnesses）。法定刑为5年监禁。

109. 报复国际刑事法院官员罪（reprisals against officials of the International Criminal Court）。法定刑为5年监禁。

110. 滥用司法程序罪（perverting the course of justice）。法定刑为5年监禁。

111. 国际刑事法院官员接受不正当利益罪（receipt of a corrupting benefit by an official of the International Criminal Court）。法定刑为10年监禁。

112. 奴役罪（slavery offences）。法定刑视情为25年监禁或17年监禁。

113. 性奴役罪（sexual servitude offences）。法定刑为15年监禁，加重情形的法定刑为19年监禁。

114. 为性服务进行欺骗性征募罪（deceptive recruiting for sexual services）。法定刑7年监禁，加重情形的法定刑为9年监禁。

## 五、给社会带来危险之罪刑规定

这是由《澳大利亚联邦刑法典》第9章"对社会的危险"规定的罪刑种类：

1. 跨境武器交易罪（cross - border offence of disposal or acquisition of a firearm）。法定刑为10年监禁或2500刑罚单位的罚金，或者并处。

2. 污染商品罪（contaminating goods）。法定刑为10年监禁。

3. 威胁污染商品罪（threatening to contaminating goods）。法定刑为10年监禁。

## 六、危害国家基础之罪刑规定

这是由《澳大利亚联邦刑法典》第10章“国家的基础”规定的罪刑种类:

1. 处分犯罪所得罪(dealing in proceeds of crime etc.)。即洗钱罪(money laundering)。如果钱财价值100万澳元以上,法定刑视情为25年监禁、12年监禁或5年监禁,或1500刑罚单位、720刑罚单位或300刑罚单位的罚金,或并处。如果钱财价值10万澳元以上,法定刑视情为20年监禁、10年监禁或4年监禁,或1200刑罚单位、600刑罚单位或240刑罚单位的罚金,或并处。如果钱财价值50,000澳元以上,法定刑视情为15年监禁、7年监禁或3年监禁,或900刑罚单位、420刑罚单位或180刑罚单位的罚金。如果钱财价值10,000澳元以上,法定刑视情为10年监禁、5年监禁或2年监禁,或600刑罚单位、300刑罚单位或120刑罚单位的罚金。如果钱财价值1000澳元以上,法定刑视情为5年监禁、2年监禁或12个月监禁,或300刑罚单位、120刑罚单位或60刑罚单位的罚金。如果钱财价值更低,法定刑视情为12个月监禁或6个月监禁,或60刑罚单位、30刑罚单位或10刑罚单位的罚金。

2. 持有被合理怀疑为犯罪所得的财产罪(possession etc. of property reasonably suspected of being proceeds of crime etc)。法定刑为2年监禁,或50刑罚单位的罚金,或并处。

3. 窃取邮件接收箱、物品或邮政信息罪(theft of mail - receptacles, articles or postal messages)。法定刑为10年监禁。

4. 收受窃取的邮件接收箱、物品或邮政信息罪(receiving stolen mail - receptacles, articles or postal messages)。法定刑为10年监禁。

5. 拿取或打开邮件接收箱、物品或邮政信息罪(taking or concealing of mail - receptacles, articles or postal messages)。法定刑为5年监禁。

6. 不诚实地使用已经用过的、外观损坏或涂改过的邮票罪(dishonest removal of postage stamps or postmarks)。法定刑为12个月监禁。

7. 损毁或破坏邮件接收箱、物品或邮政信息罪(damaging or destroying mail - receptacles, articles or postal messages)。法定刑为10年监禁。

8. 擅自更动邮件接收箱罪(tampering with mail - receptacles)。法定刑视情为5年监禁或2年监禁。

9. 谎称寄送爆炸和危险物品罪(hoaxes - explosives and dangerous substances)。

法定刑为 10 年监禁。

10. 利用邮政或类似服务进行威胁罪(using a postal or similar service to make a threat)。如果威胁杀人,法定刑为 10 年监禁;如果威胁造成重伤,法定刑为 7 年监禁。

11. 利用邮政或类似服务进行恐吓、骚扰或引起罪行罪(suing a postal or similar service to menace, harass or cause offence)。法定刑为 2 年监禁。

12. 致使危险物品通过邮政或类似服务运送罪(causing a dangerous article to be carried by a postal or similar service)。法定刑为 10 年监禁。

13. 致使爆炸性或危险性或杀伤性物质通过邮政运送罪(causing an explosive, or a dangerous or harmful substance, to be carried by post)。法定刑为 10 年监禁。

14. 涉及电信服务商的一般不诚实罪(general dishonesty with respect to a carriage service provider)。法定刑为 5 年监禁。

15. 窃听装置罪(interception devices)。法定刑为 5 年监禁。

16. 错误传接通讯罪(wrongful delivery of communications)。法定刑为 1 年监禁。

17. 干扰设备罪(interference with facilities)。法定刑视情为 1 年监禁或 2 年监禁。

18. 更改电信设备标识罪(modification etc. of a telecommunications device identifier)。法定刑为 2 年监禁。

19. 有意更改电信设备标识而占有或控制数据或设备罪(possession or control of data or a device with intent to modify a telecommunications device identifier)。法定刑为 2 年监禁。

20. 有意更改电信设备标识而制造、提供或获取数据或设备罪(producing, supplying or obtaining data or a device with intent to modify a telecommunications device identifier)。法定刑为 2 年监禁。

21. 复制受特殊签名保护的数据罪(copying subscription - specific secure data)。法定刑为 2 年监禁。

22. 有意复制账户标识而占有或控制数据或设备罪(possession or control of data or a device with intent to copy an account identifier)。法定刑为 2 年监禁。

23. 意图复制账户标识而制造、提供或获取数据或设备(producing, supplying or obtaining data or a device with intent to copy an account identifier)。法定刑为 2 年监禁。

24. 利用电信服务进行威胁罪(using a carriage service to make a threat)。如果威胁杀人,法定刑为 10 年监禁;如果威胁造成重伤,法定刑为 7 年监禁。

25. 利用电信服务进行虚假威胁罪(using a carriage service for a hoax threat)。法定刑为 10 年监禁。

26. 利用电信服务进行恐吓、骚扰或引起罪行罪(using a carriage service to menace, harass or cause offence)。法定刑为 3 年监禁。

27. 滥用紧急电话服务罪(improper use of emergency call service)。法定刑为 3 年监禁。

28. 利用电信服务传输儿童色情材料罪(using a carriage service for child pornography material)。法定刑为 10 年监禁。

29. 为通过电信服务加以利用而持有、控制、制作、提供或获取儿童色情材料罪(possessing, controlling, producing, supplying or obtaining child pornography material for use through a carriage service)。法定刑为 10 年监禁。

30. 利用电信服务传输虐待儿童材料罪(using a carriage service for child abuse material)。法定刑为 10 年监禁。

31. 为通过电信服务加以利用而持有、控制、制作、提供或获取虐待儿童材料罪(possessing, controlling, producing, supplying or obtaining child abuse material for use through a carriage service)。法定刑为 10 年监禁。

32. 网络服务商和运营商违反义务罪(obligations of Internet service providers and Internet content hosts)。这是明知存在上述四个罪名的行为时不报警的情形。法定刑为 100 刑罚单位的罚金。

33. 利用电信服务为不满 16 岁的人做淫媒罪(using a carriage service to procure persons under 16 years of age)。法定刑为 15 年监禁。

34. 利用电信服务"诱惑"不满 16 岁的人罪(using a carriage service to "groom" persons under 16 years of age)。法定刑视情为 12 年监禁或 15 年监禁。

35. 擅自篡改(计算机)数据以造成破坏罪(unauthorised modification of data to cause impairment)。法定刑为 10 年监禁。

36. 擅自破坏(计算机)电子通讯罪(unauthorised impairment of electronic communication)。法定刑为 10 年监禁。

37. 擅自访问或篡改保密数据罪(unauthorised access to, or modification of, restricted data)。法定刑为 2 年监禁。

38. 擅自破坏存储于计算机磁盘的数据罪(unauthorised impairment of data held on a computer disk etc.)。法定刑视情为2年监禁或3年监禁。

39. 有意实施计算机犯罪而制造提供或获取数据罪(producing, supplying or obtaining data with intent to commit a computer offence)。法定刑为3年监禁。

40. 不诚实地获取或交易个人金融信息罪(dishonestly obtaining or dealing in personal financial information)。法定刑为5年监禁。

41. 意图不诚实地获取或交易个人金融信息而持有或控制物品罪(possession or control of thing with intent to dishonestly obtaining or dealing in personal financial information)。法定刑为3年监禁。

42. 意图不诚实地获取或交易个人金融信息而进口物品罪(importation of thing with intent to dishonestly obtaining or dealing in personal financial information)。法定刑为3年监禁。

# 第五章　印度刑法

印度是世界文明古国之一。然而，在漫长的历史中，印度饱受外来入侵。1853年7月22日，马克思在《不列颠在印度统治的未来结果》中写道："印度本来就逃不掉被征服的命运，而且它的全部历史，如果要算做它的历史的话，就是一次次被征服的历史。印度的社会根本没有历史，至少是没有为人所知的历史。我们通常说的它的历史，不过是一个接着一个的征服者的历史，这些征服者就在这个一无抵抗、二无变化的社会消极基础上建立了他们的帝国。"[1]早在公元前1500年前后，雅利安人就从伊朗高原进入印度次大陆，建立大大小小的国家，创建种姓制度，催生婆罗门教。从公元前600年开始，波斯人、马其顿人、大夏希腊人、塞人、安息人、大月氏人、嚈哒人、阿拉伯人、突厥人、蒙古人等，先后入侵印度。然而，真正掌控印度命运的是近代欧洲殖民者——英国。大英帝国在与葡萄牙、荷兰和法国争夺印度的竞争中占得先机，又成功地镇压了当地的反抗，从而建立起对印度的直接统治，在掠走大量财富的同时，将包括刑法在内的英国法律制度在当地推行。尽管随着印巴分治，印度获得了独立，但英国法律已经在印度生根巩固，印度成为英美法系的国家之一。当然，印度的文化和国情也在一定程度上影响其法律，形成了有自身特色的刑法。

## 第一节　印度刑法的法典形式

印度刑法（Indian criminal law），广义上可以包括《印度刑法典》《刑事诉讼法典》《印度证据法》三部主要的法律以及议会通过的《预防腐败法》《劣质食品法》《嫁妆防治法》《抗辩事由法》等单行法。狭义的印度刑法专指《印度刑法典》。

作为印度刑法的基本和主要的渊源，《印度刑法典》是在英属殖民地时期由英

〔1〕《马克思恩格斯选集》（第2卷），人民出版社1972年版，第69页。

国于1860年制定的,该法于1862年实施至今,其间被多次修正,但始终保持23章不变。其中,第1章是“导言”,规定了该法典的适用范围;第2章“一般解释”,对该法典一些主要用语作出说明;第3章“刑罚”,对刑种和刑度以及处刑原则作出规定;第4章“一般例外”,实际上是关于抗辩事由的规定;第5章“协助犯罪”,规定了非实行行为的犯罪和共谋犯罪;第23章“未遂犯罪”,规定了该种犯罪的定义和处罚;其余各章规定了具体的犯罪与刑罚。这样的体例与其他英美法系国家的刑法典大同小异,但《印度刑法典》的与众不同之处是有三种特别规定——“例解”,“说明”,“例外”。〔2〕这些规定不属于刑法典条文的正文,但在条文正文之下,附着于正文的内容而存在,与正文具有同等的法律效力。虽然不是每个条文都有这样的规定,但其不时显现,成为《印度刑法典》的一个突出特色。

## 一、《印度刑法典》条文中的“例解”

所谓“例解”(illustration),顾名思义,就是以举例的方式对条文正文加以说明。例如,《印度刑法典》第4条正文规定:“本法典的各项规定也适用于下列的人实施的任何犯罪:(1)在印度国境以外任何地方的任何印度公民;(2)在印度注册的任何船只或飞机上的任何人,不论该船只或飞机在什么地方。”在其之下的“例解”是:“A是一名印度公民,在乌干达实施了谋杀。该人在印度的任何地方案发被捕,都可以在当地受到审判和被认定谋杀罪。”又如,《印度刑法典》第30条正文是:“‘有价证券’一词,是指一个建立、扩展、移转、限制、消灭或放弃任何法律上的权利,或任何人据以承诺负有一种法律上的义务或没有某种法律上的权利的文书,或意欲成为上述这种文书的一个文书。”紧接正文的“例解”是:“A在一张汇票的背面签名。由于这个背书的效力是将该汇票的权利移转给任何合法持票人,这个背书是一个‘有价保证’。”再如,《印度刑法典》第121条正文是:“无论何人,对印度政府进行战争,或企图进行这种战争,或帮助这种战争进行的,应判处死刑,或终身流放,并可加处罚金。”正文下面的“例解”是:“A参加对印度政府的叛乱,即构成本条之罪。”

---

〔2〕 参见《印度刑法典》,吉蒂译,法律出版社1957年版;《印度刑法典》,赵丙寿、向朝阳、杜利译,四川大学出版社1988年版。不过,本书所涉及的《印度刑法典》各个条文的内容,都直接以英文原版为准,只是把中译本作为提示性参考。对于各个条文的理解,则主要参照了印度学者阐释《印度刑法典》的原版教科书,主要有:K. D. Gaur, *Textbook on Indian Penal Code*, 5th edition. [India: LexisNexis, A Division of Reed Elsevier India (Pvt) Ltd 2005];John D. Mayne, *Commentaries On the Indian Penal Code*, 8th (Madras: Higginbotham $ CO., 1874);等等。

可见,这类“例解”中的举例,不是司法实践中实际发生的具体案例,只是就有可能发生的情形虚拟一个行为主体,对其符合正文的一定行为加以具体描述,从而帮助人们明确正文内容的意思及范围。其中,上述第 1 例是通过虚拟一名印度公民在乌干达实施谋杀的案情,指出其适用《印度刑法典》中的谋杀罪规定,用以说明正文中的“在印度国境以外任何地方的任何印度公民”实施的“任何犯罪”,都适用“本法典的各项规定”。这是一种最直接的举例,因为乌干达是另一个独立国家,则印度公民在该国实施谋杀即属于在印度国境以外犯罪。同样,上述第 2 列举出的“一张汇票的背面签名”,是要指出“这个背书的效力是将该汇票的权利移转给任何合法持票人”,因此它是一个“有价保证”,以此说明这种具备“有价保证”作用的文书属于“有价证券”,即背书的汇票将正文中的“有价证券”直接具体化,以便理解和把握。上述第 3 例则有些许不同,第 121 条正文是规定“对印度政府进行战争”的侵犯国家的犯罪,“例解”中的举例是“A 参加对印度政府的叛乱”,在此,“叛乱”并不是“战争”的直接举例,因为“叛乱”不是“战争”的当然内涵,也就是说,“战争”(war)这个概念本身在语义上并不能包含“叛乱”(“insurrection”——《印度刑法典》中使用的英文术语,意为暴动、叛乱、起义、造反等)。在严格的意义上,“战争”是具有特定形式的武力对抗,通常包含军队、军人、武器、弹药等要素,而叛乱虽然是一种武力对抗,但形式上没有一定之规,甚至组织涣散、装备简陋。第 121 条“例解”的用意在于要把一切可称得上“叛乱”的行为归结为该条的“战争”,以便治罪。这实际上是对“战争”范围的一种扩大理解。

与上述“例解”有所不同,另一些“例解”并不虚拟具体行为人及其具体行为情节,而是强调某一类人、某一类行为或某一类状态。例如,《印度刑法典》第 21 条正文规定“‘公务员’一词指属于下列任何一项规定的人:……”共列举了 11 种人员,包括军官、法官、法庭工作人员、陪审员、仲裁人、执法人员、履行治安或卫生等特定公共职能的官员,等等。之下的“例解”是:“一个市的长官是一个公务员。”又如,第 163 条规定:“无论何人,为自己或任何人,从任何人处接受或获得,或同意接受或企图获得任何酬谢作为动机或报酬,而运用个人势力诱使任何公务员,实施或不实施任何职务上的行为,或使该公务员在行使职权时对任何人表示照顾或不照顾,或向中央或任何省政府,或国会或任何省的立法机关,或任何公务员,给予或企图给予任何人任何服务或损坏的,应被判处刑期可以达到一年的单纯监禁,或罚金,或二者并罚。”之下的“例解”是:“一个辩护人收受费用,在一位法官面前为一个案件进行辩论;一个人收受费用,安排和修正一份呈送政府方的申请书,说明申请人的各项贡献和要求；一个从已经定罪的犯罪人那里收受酬劳的代理人呈送政府一份申辩书，说明定罪定得不公平。这些都不在本条范围以内，因为他们并不运用或企图运用个人的势力。"

上面所举的两类"例解"都只有一项内容，许多"例解"也包含多项内容。例如，《印度刑法典》第182条正文规定了向公务人员提供虚假信息罪："无论何人把他明知或相信是虚假的消息提供给任何公务员，意图使该公务员或明知他这样做会使该公务员：——(1)做或不做根据该公务员事先得知的真实情况不应该做或不应该不做的任何事，或(2)运用该公务员的合法权力致任何人以损害或滋扰的，应被判处刑期可以达到六个月的任何一种监禁，或可以达到一千卢比的罚金，或二者并科。"该条的"例解"属于第一类情形，包含多项内容："(一)A告知一个兼理司法的地方官，说该地方官属下的一个警官B犯了怠忽职守和行为不当的罪，明知该消息是虚假的，并明知该消息会使该地方官撤除B的职务。A犯了本条所列的罪。(二)A不真实地告知一个公务员，说：B密藏私盐，明知该消息是虚假的，并明知由于告知这消息的结果会使B的住处受搜查，随着会使B受到滋扰。A犯了本条所列的罪。(三)A不真实地告知一个警察说：他在一个特定的村庄附近被人施以暴行并遭抢劫。他并不提出作为袭击他的人之一的任何一个人的名字，但明知由于这个消息的结果，警察将会在村庄里进行调查或搜查，使村民或某些村民受到滋扰。A犯了本条的罪。"又如，《印度刑法典》第124条规定了煽动反对政府罪："无论何人，用言语或文字，或符号，或能够辨识的表象，或其他方法，对在印度合法成立的政府，引起或企图引起仇视或藐视，煽动或企图鼓动不满情绪的，应被判处终身或任何较短的流放，并可加处罚金，或者判处刑期可以达到三年的监禁，并可加处罚金，或者判处罚金。"该条的"例解"属于第二类情形，包含多项内容："(一)'不满情绪'包含不忠诚和一切怀敌意的情绪在内。(二)不赞成政府措施的评论，目的在于用合法手段变更这项措施，并未煽动或企图煽动仇恨、藐视或不满情绪的，不构成本条的犯罪。(三)不赞成政府行政或其他措施的评论，并未煽动或企图煽动仇恨、藐视或不满情绪的，不构成本条的犯罪。"再如，《印度刑法典》第29条正文规定："'文书'一词，指用文字、数字、符号或这些方法中的几种，在任何物体上表达或叙述任何事件，被用来或可能被用来作为这个事件的证明的物品。"之下的"例解"是："一个表明契约条件而可以被用作契约证明的文件，是一个文书。一张对银行开的支票是一个文书。一张委托书是一个文书。一张被用作或可以被用作证明的地图或设计，是一个文书。一张载有指示或命令的文件是一个文书。"

有时,一个条文之下的"例解"会包含多项举例。《印度刑法典》第 499 条正文规定之后共有 7 个"例解"。

## 二、《印度刑法典》条文中的"说明"

所谓"说明"(explanation),顾名思义,是指以明确的文字表述解释法条中的概念。"说明"既可以针对法条正文,也可以针对"例解"。例如,《印度刑法典》第 27 条正文规定:"当财产由一个人的妻子、秘书或佣人代他掌管时,在本法典意义内是由这个人所占有。"紧接的"说明"是:"一个临时或在特定情况下被雇用为秘书或佣人的人,应属于本条意义的秘书或佣人。"又如,《印度刑法典》第 29 条的"说明(一)"在正文之后,而"说明(二)"则是在"例解"之后:"用商业或其他方面习用的文字、数字或符号所表达的任何事件,虽然实际上可以不是用本条意义一类的文字、数字或符号所表达,应认为是这样表达的。"同样,"例解"既可以针对法条正文,也可以针对"说明"。例如,第 29 条"例解"之后的"说明(二)",又紧随规定了一个"例解":"A 在依照他的只是支付的汇票背面签名,依照商业习惯的解释,这背书的意义是该汇票应支付给持票人。这个背书是一个文书,而且应被解释为与签名之上曾写有'给付持票人'或具有同样意义的文句一样。"

当刑法典条文正文后依次有"说明"和"例解"时,"说明"是针对正文的解释,而"例解"既针对正文,也针对"说明"。例如,《印度刑法典》第 351 条正文规定:"做任何姿势或任何准备的任何人,意图或明知该姿势或准备将会使在场的任何人了解到做该姿势或准备的人即将对该人使用犯罪性质的武力,认为是犯暴行罪。"接下来是"说明":"仅用言词不构成暴行罪。但一个人所用的言词可以赋予他的姿势或准备这样一种意义,以致可以使那些姿势和准备构成暴行罪。"最后是"例解":"(一)A 对 B 挥动拳头,意图或明知这样做可能使 B 相信 A 即将打 B。A 犯了暴行罪。(二)A 开始解开一条猛狗的口套,意图或明知这样做可能会使 B 相信他即将嗾使这只狗攻击 B。A 对 B 犯了暴行罪。(三)A 提起手杖,对 B 说:'我要打你一顿。'这里,虽然 A 用的言词并不能构成暴行罪,虽然仅有这种姿势不伴随以任何其他情况,也许不构成暴行罪,但是被言词所解释了的这个姿势可以构成暴行罪。"显然,"例解(一)和(二)"都是针对条文正文的举例,而"例解(三)"是针对"说明"的举例。又如,《印度刑法典》第 193 条正文后有"说明(一)和(二)",接下来是"例解",之后是"说明(三)"。

如前所述,有两类"例解":一类是以虚拟的案情为例,另一类是指出一个概念包含或不包含的一种具体情形。比较起来,“说明”与前一类“例解”往往明显不同,但是,与后一类“例解”的界限似乎不那么清晰,二者都是直接对一个概念的范围加以解释,“一个临时或在特定情况下被雇用为秘书或佣人的人,应属于本条意义的秘书或佣人”,这样一个“说明”与“一个市的长官是一个公务员”这样一个“例解”之间,究竟有多少区别呢？而且,从某些“说明”来看,与前一类“例解”之间的界限也显得模糊,例如,《印度刑法典》第94条之后的“说明”:“(二)一个人被一帮土匪捉住,并因受到立即死亡的威胁,被迫做一件依法是犯罪的事,例如,一个五金工匠被迫用他的工具打开一所房屋的门,以便土匪进入抢劫,有权利受到本例外的利益。”

不过,多数“说明”还是与“例解”有着明显区别。例如,《印度刑法典》第425条正文下的“说明”是:“(一)犯罪人意图使被损坏或被毁损的财产的所有人失利或受损失,并不是本罪的必要条件。如他意图用损坏任何财产的方法使或明知会使任何人不当失利或受损失,便已足够,无论该项财产是否属于该人。(二)毁损罪可以用影响属于该行为人或该人和其他人共有的财产的行为来实行。”这是对条文中包含的犯罪要件或标准的解释,而非通过举例来界定一个概念的范围,不具有“例解”的意义。这样的“说明”也出现在第477条:“依照本条提出的任何控诉,只要主张一个一般的欺诈意图即已足够,不必举出意图使任何特定的人受欺骗,或详细指出意图作为欺骗标的的任何特定钱数,或实行该犯罪的任何特定日期。”此种“说明”还出现在总则性的第28条:“(一)仿造物品是否逼真,并不是伪造的要件。(二)当一个人把一件物品摹仿成另一件物品,而这件相似的物品足以欺骗人,在相反的情况被证实以前,应推定这个把一件物品摹仿成另一件物品的人,就是意图使用这件相似的物品实施欺骗或明知这种欺骗会实施。”如此等等。

有的“说明”直接解释概念的内涵,也不具有举例指明概念范围的意义。例如,《印度刑法典》第489条的“说明”是:“为了本条和第489条A、第489条B、第489条C及第489条D的各种目的,‘银行券’的意义是,意图用来作为金钱的等价物或代用品的,由在世界任何部分经营银行业务的任何人所出具的,或由任何国家或主权国家的权力或在其权力下所出具的,或由任何国家的权力或在其权力下所出具的期票或在持票人要求是即行付款的约定。”又如,第21条“例解”后的“说明”:“……(二)‘公务员’一词用在任何地方,都应该理解为一个实际上占有公务员位置的人,即使他占有这个位置的权利具有法律上的瑕疵。(三)‘选举’一词,指依照或根据任何法律规定用选举的方法进行的,目的在于选出任何立法、市政或其他任何性质的国家机关成员的选举。”再如，第246条对正文的“说明”：“一个人挖出货币的一部分，而把其他任何物填入空处，便是改变了货币的成色。”

## 三、《印度刑法典》条文中的“例外”

“例外”（exception），顾名思义，是相对于一般情形的反向特殊情形。在《印度刑法典》中，“例外”的相对性体现在两个方面：

其一，“例外”其实是相对于特定犯罪的具体抗辩事由。例如，第212条正文规定：“一个犯罪已经实行时，无论何人窝藏或隐匿他明知或有理由相信是罪犯的人，意图掩护他逃避法律惩罚的，如这个犯罪应受死刑的处罚，应被判处刑期可以达到五年的任何一种监禁，并可加处罚金；如该犯罪应受终身流放或刑期可以达到十年监禁的处罚，应被判处刑期可以达到三年的任何一种监禁，并可加处罚金；如该犯罪应受可以达到一年而达不到十年监禁的处罚，应按为该犯罪所规定的监禁种类，被判处刑期可以达到为该犯罪所规定的最长监禁刑期的四分之一的监禁，或罚金，或二者并科。……”之后的“例外”是：“本条不适用于犯罪人的丈夫或妻子实行窝藏或隐匿的任何案件。”这显然是特定主体身份可以排除该罪的一种具体抗辩事由。同样，第216条A的例外规定是：“本条不适用于犯罪人的丈夫或妻子实行窝藏的案件。”此种“例外”规定还出现在《印度刑法典》规定淫秽物品罪的第292条、规定谋杀罪的第300条、规定非法限制他人自由罪的第339条、规定绑架罪的第361条、规定强奸罪的第375条、规定重婚罪的第494条、规定诽谤罪的第499条、规定侮辱罪的第504条等。

其二，“例外”是相对于“一般例外”的规定。《印度刑法典》第四章规定了“一般例外”，视其内容，其实是关于抗辩事由的一般性规定或总则性规定，包括错误、命令、避险、防卫等。与此相对，“例外”是“一般例外”所不能包含的特定罪名的特殊抗辩事由，因此，其仅规定于分则性罪刑条文之中。从《印度刑法典》的分则性规定来看，不是所有具体罪刑条文都包含“例外”，那些没有规定特殊抗辩事由的具体罪刑条文可以适用“一般例外”的抗辩事由，只要这些抗辩事由符合具体罪刑条文规定的情形，具有对应性和相关性。正如《印度刑法典》第二章“一般解释”之下的第6条所规定：“整个法典内，每一罪名的定义，每种刑罚的规定和每个罪名定义或刑罚规定的每一个例解，都应该理解为受‘一般例外’一章中所规定的各项例外的拘束；即使在罪名定义、刑罚规定或例解中对这些例外并未重复说明时，亦同。”同时，即使规定了“例外”的具体罪刑条文，也可以适用“一般例外”所规定的总则性抗辩事由。例如,《印度刑法典》第300条规定了谋杀罪的五处“例外”,分别是在受到他人挑衅、善意的不当履行权力、被害人同意等情况下的杀人,作为对谋杀罪的特殊抗辩事由,而属于“一般例外”的第76条规定了执法行为和善意的错误认识时实施的行为不构成犯罪,之后的“例解”专门列举士兵受命依法“向一群暴徒开枪”的杀人行为不构成犯罪——这里的犯罪即为谋杀罪。

有的“例外”直接针对法条正文,如上述《印度刑法典》第212条等;也有的“例外”直接针对“例解”,如第300条规定的五处“例外”均不在正文之后,而都是在“例解”之后。

需要指出的是,有的“例外”与“例解”的区分似乎也不那么清晰。例如,《印度刑法典》第499条的第二个“例解”是:“A为反对B的下列行为善意地发表任何意见的,不是诽谤:就一个公共问题向政府请愿,在就一个公共问题召集开会的通知书上签字,主持或参加这种机会,成立或参加任何邀请公众支持的会社,对一个特定候选人投票或为他进行竞选运动,而该候选人所竞选的职位,其职责的有效执行为公众所关心的。”该“例解”紧接一个“例外”:“公布关于一个法庭的程序或任何这种程序的结果的实体上真实的报告,不是诽谤。”二者都表述了不是诽谤的特定具体情形,为什么前者是“例解”而后者是“例外”呢?

## 四、《印度刑法典》条文中三种附件的作用

综观《印度刑法典》中的“例解”、“说明”和“例外”,有的法条中只出现其中一种,有的法条出现两种,也有的法条出现全部三种。虽然这三种法条因素的侧重点各有不同,相互之间以及与法条正文之间的关系有所不同,但最终总体来看,都发挥了对法条正文进行解释的作用。

不妨以《印度刑法典》第499条规定的诽谤罪来看看正文之外的三种法条因素所起的解释作用。该条正文规定:“无论何人,以言词、意图被阅读的文字、记号或能够辨识的表象,制作和公布关于任何人的指责,意图损害,或明知或有理由相信这种指责将损害该人的名誉的,除下列各例外情况外,认为是诽谤。”

正文之后是说明:“(一)对已死的人指责任何事情,如该项指责在该人活着的时候足以损害他的名誉,并且该项指责是意图用来损害他的家属或其他近亲属的感情的,可以构成诽谤。(二)制作关于一个公司、会社或作为这样的公司或会社的一群人的指责,可以构成诽谤。(三)指桑骂槐形式的指责或讽刺地表达的指责,可以构成诽谤。(四)对一个人的指责除非是在对他的估价上,直接地或间接地降低

他道德上或知识上的品质,或就他的阶级或职业降低他的品质,或降低他的信用,或使人相信他的身体处于可憎的或一般认为是不体面的状态的,不认为是损害这个人的名誉。"这四项"说明"分别解释了诽谤的对象(包括死人和单位)、行为方式(包括影射)和内容(具有贬低作用)。

"说明"之后,是针对正文的连续七个"例解"。第一个"例解"有三项:"(一)A说道:'B是一个规矩人,他从来没有偷C的表'。意图使人相信B确曾偷了C的表。这是诽谤,除非它合乎诸例外之一。(二)问A谁偷了C的表。A指指B,意图使人相信B偷了C的表。这是诽谤,除非它合乎诸例外之一。(三)A画了一张B拿着C的表跑走的图画,意图使人相信B偷了C的表。这是诽谤,除非它合乎诸例外之一。"这显然是举例解释诽谤行为的不同表现,其中,"例(一)"虽然是使用言语的诽谤,但特殊之处在于表面上是否定B偷C的表,其实,把B挑出来(可能用一种奇怪的语气或语调)加以强调,说这话的用意恰恰是要引起众人对B的注意和怀疑;"例(二)"虽然没有使用言语,却是以指向性动作回答问题,其实是向众人示意B偷了C的表;"例(三)"是以图画方式告知众人B偷了C的表。三个例子都是诽谤的具体表现。由于多数诽谤是以直接明确的(口头或书面)语言,相比之下,三个例子中的诽谤情形仅凭语言难以把握,所以需要在法律上专门指出。

接下来是针对正文的连续三个"例外":"(例外一)就关于任何人的真实的任何事予以指责,如该指责是为了公众利益而应予制作或公开的,不是诽谤。至于是否为了公众利益,是一个事实问题。(例外二)对一个公务员在执行其公职时的行为,或对他仅限于在该行为上所表现的品格,而不超越该限度,善意地发表任何意见的,不是诽谤。(例外三)对任何人触及任何公共问题的行为,并对他仅限于在该行为上所表现的品格,而不超越该限度,善意地发表任何意见的,不是诽谤。"这些"例外"均属于公民行使批评权的行为,故不成为诽谤行为。因此,这些情形构成对诽谤罪的抗辩。

此外,第二个"例解"只有一项,之后是一个"例外","一个"说明",再加一个"例外"。第三个"例解"有两项,后接一个"例外"和"说明"。第四个"例解"有五项,之后有一个"例外"。第五个"例解"有一项,之后有一个"例外"。第六个"例解"也是一项加一个"例外"。第七个"例解"有两项,之后有一个"例外"。

可见,在法条中安插如此多的解释性内容,的确是《印度刑法典》的突出特色。无论大陆法系国家的刑法,还是英美法系的其他国家的刑法,这样的立法方式在世界上极为罕见,类似的情形似只有《新加坡刑法典》。

## 第二节　印度刑法的犯罪标准

与大多数英美法系国家的刑法一样，印度刑法的犯罪标准亦包括犯罪要件与抗辩事由两个方面，前者是犯罪成立必须具备的要素，后者是犯罪成立必须排除的情形。

### 一、印度刑法的犯罪概念

与其他英美法系国家的刑法类似，印度刑法的犯罪概念主要由“crime”和“offence”两个术语来表示，二者基本通用。从其使用的场合来看，后者比前者通常更为宽泛，前者仅指以刑罚为后果的刑事犯罪，但是，在《印度刑法典》中，主要使用了后者而不是范围更为严格的前者。究其原因，这恐怕与英美刑法的一个普遍特点相联系——不刻意界定犯罪的实质概念。

不妨看看《印度刑法典》第 40 条的规定：“除本条第二和第三两款所载明的各章和各条外，‘犯罪’一词，指本法典使其应受惩罚的事项。”“在本法第四章、第五章 A 及第 64 条、第 65 条、第 66 条、第 71 条、第 109 条、第 110 条、第 112 条、第 114 条、第 115 条、第 116 条、第 117 条、第 187 条、第 194 条、第 195 条、第 203 条、第 211 条、第 213 条、第 214 条、第 221 条、第 222 条、第 223 条、第 224 条、第 225 条、第 327 条、第 328 条、第 329 条、第 330 条、第 331 条、第 347 条、第 348 条、第 388 条、第 389 条和第 445 条中，‘犯罪’一词，指依照本法典或后面所列的特别法或地方法应受惩罚的事项。”“在本法典第 141 条、第 176 条、第 177 条、第 201 条、第 202 条、第 212 条、第 216 条和第 441 条中，‘犯罪’一词，在依照特别法或地方法应受惩罚的情事，依照该法典应处六个月以上监禁，并科或不并科罚金时，与前款规定具有相同的涵义。”该条显然是犯罪概念的“形式定义”，即犯罪就是刑法典规定要用刑罚惩处的情形。刑法典规定的各种犯罪不过就是具体犯罪及其构成条件，这正是“offence”所能表达的意义。也就是说，这个术语侧重于指称具体犯罪。如果着眼于犯罪的实质，则正如印度刑法学者所言：“该条文的这些规定不过陈述了一种事实状态而已，不能被认为是犯罪的定义。”[3]《印度刑法典》之所以对犯罪的实质概念“沉默不语”，是因为犯罪在本质上是刑事政策的产物，以统治阶级（精英或富人）的利益和国家意

---

〔3〕 K. D. Gaur, *Textbook on Indian Penal Code*, $5^{th}$ edition. [India: LexisNexis, A Division of Reed Elsevier India (Pvt) Ltd 2005], p. 60.

志为转移,犯罪不过是居于强势地位者对可能威胁其地位者贴上的标签而已,标签的作用在于厘清要惩治的行为,因此,犯罪实质概念的主观性必然带来认识上的分歧,以致难以达成一个统一的定义。[4] "crime"这个术语比"offence"抽象,侧重于表示犯罪的总体或集合(offences)而非具体罪名,故其更具有实质的意义,刑法典不得不加以回避。

定义犯罪概念的困难并不妨碍通过犯罪的特征来理解犯罪概念:(1)犯罪是国家所认为的由人实施的有害的作为或不作为;(2)犯罪是国家要用刑罚加以威慑或制裁的越轨行为;(3)犯罪是国家依照其制作的法律程序来加以判断和确定的。

虽然刑法典的规定可以回避犯罪的实质,但要理解刑法典的规定,无论如何也绕不开犯罪的实质问题。一般来说,犯罪的实质与社会利益和社会价值有关。就社会利益而言,犯罪是有危害的行为;就社会价值而言,犯罪是邪恶的行为。印度刑法理论中的犯罪实质,是侵害社会利益与背离社会价值的合一,因此,犯罪是应当受到谴责的行为,也就是所谓"坏事"(wrongs)——其取向是"减损人类幸福",是应当受到非难的反社会行为(anti - social)。但是,"坏事"或反社会行为并不等同于犯罪,其范围宽于犯罪,而犯罪是"坏"的程度更高的反社会行为。例如,抢劫、谋杀、强奸、绑架和诽谤等行为,其错误程度足以成为犯罪。但是,撒谎和见死不救的行为错误程度较低,不仅不会被作为犯罪,而且也不由任何法律加以规范,它们是不道德或伦理错误的行为,可由社会和宗教等规范来调整,有这些规范对其进行否定性评价而不予认可。这就构成了犯罪与不道德行为的区别。

同时,一个错误行为被国家视为犯罪,还取决于这个错误行为的客观针对性。如果错误行为造成的伤害更集中于个人,可以要求实施错误行为的人支付金钱赔偿损害,如欺诈、损害、疏忽等,可称为"民事错误"(civil wrong)或"侵权"(tort)。与此不同,称为刑事犯罪的错误行为,其严重性主要体现在直接影响社会整体,如抢劫、抢夺、谋杀、绑架、强奸、煽动、叛国等错误行为,扰乱了社会的组织结构、妨碍了法律和秩序稳定,危及了国家政权或制造了普遍的恐慌,这种错误被称为"社会错误"(public wrong),即"犯罪"(crime)。国家首先关心的不是实施犯罪的人对被害人支付赔偿的问题,而是看重对犯罪人的惩治,因此专门设计针对犯罪的刑事程序,并由法院来决定惩罚犯罪人。例如,尽管侵权与犯罪都可能侵犯物权,且两种错误都由法律规定,不是单纯的道德问题,但是如下三方面不同:从行为性质来看,侵

---

〔4〕 See K. D. Gaur, *Textbook on Indian Penal Code*, $5^{th}$ edition. [India: LexisNexis, A Division of Reed Elsevier India (Pvt) Ltd 2005], pp. 59 - 60.

权是对个人权利的侵犯,犯罪是对社会整体的侵犯;从责任承担来看,侵权的后果是赔偿,仅此而已,犯罪的后果则是以监禁和罚金等方式让行为人痛苦,以儆效尤;从法律程序来看,对侵权的救济由受损一方自行决定提起诉讼要求赔偿,对犯罪的追究主要是以国家名义加以启动。

有时,某种错误行为可以既是侵权也是犯罪,如欺诈、侵占、恶意诉讼、诽谤等。也就是说,该行为受到了民事法律与刑事法律的双重调整。一个侵害行为,从个人角度看可以是侵权,因为它危害了个人的人身安全。同时,这个行为也可被看作危害整个社会安全的犯罪。因此,针对这样的错误行为,有两种不同诉讼。错误行为者可能受到刑事处罚,也可能在民事诉讼中被强制向受到侵害的一方支付赔偿。这种类型的错误行为被称为“恶劣侵权”(felonious tort)。

英国曾经不存在针对同一个错误行为的(民事与刑事)双重诉讼。如果行为是一个重罪,就认为它“淹没了特定的私人错误”(drowned the particular and private wrong)。这个刑事重罪淹没民事侵权的原则后来被修正,转而认为民事诉讼与刑事诉讼都可以针对同一个侵害行为,但刑事诉讼优先,民事诉讼只能在刑事诉讼之后提起。也就是说,私人错误并不淹没在重罪之中,个体的民事赔偿只是延迟到追究刑事责任之后。

印度从未接受“重罪淹没侵权”原则。如果错误行为一开始就具有侵权与犯罪的双重性质,那么,即使还没有对此提起刑事诉讼,被害人也可以自行提起侵权赔偿的民事诉讼。即对于双重性质的错误行为,刑事诉讼与民事诉讼并行不悖,既可以同时提起,也都可以单独提起。

## 二、印度刑法的犯罪要件

印度刑法要求犯罪成立必须具备的要件是犯行(actus reus)和犯意(mens rea)。这与其他英美法系国家的刑法并无二致,不过,其内容及表述还是有一些自身特色。

### (一)犯行

犯行包括行为(act)与结果(result)。其中,行为可表现为作为(act)与不作为(omission)。可见,“act”可以在两种意义上使用,广义包含作为与不作为,狭义仅指作为——亦可称“conduct”。虽然犯行首先是指行为,行为对于犯行不可或缺;但是,行为还不等于犯行,只有“有意的”或“自愿的”(voluntary)行为才是犯行。相反,“非有意的”或“不自愿的”行为不是犯行。例如,根据《印度刑法典》第94条,强迫或威胁之下实施的作为就不能成为刑事责任客观基础的犯行。就不作为的犯行而言,除了"有意的"要求,根据《印度刑法典》第32条,还需要法律加予特定义务为成立的前提,例如,父亲、丈夫依法应向孩子、年迈父母和妻子提供衣食、保护和医疗帮助,如果父亲或丈夫为履行此种义务造成严重后果,则具备不作为的犯行。不过针对这种传统的法律标准以及社会中存在的男女不平等的观念和做法,印度最高法院曾通过判例明确了儿子与女儿都有供养无力维生的父母的义务,因此都有可能构成不作为的犯行。

犯行不等同于行为,还在于犯行除了行为还包括结果,这种结果必须是有危害的,或者已经发生,或者具有发生的可能性。仅仅是行为,既没有实际导致危害结果,也不存在引起危害结果的可能性,不能成为犯行。因此,危害结果及其与行为的因果关系,对于犯行的确定必不可少。甚至,立法者首先是着眼于危害结果,才将那些引起或可能引起危害结果的行为规定为犯罪而以刑罚惩治。

由于犯罪不仅是事实性概念,而且是政策性概念,是刑事政策选择的产物,这就合乎逻辑地得出:犯行还必须是法律禁止的行为和结果,如杀人、放火、强奸、抢劫等。这个要求实际上是罪刑法定原则的体现,法律没有明确禁止的行为和结果,不可能成为犯行。例如,当一个人实施了一系列前后相继的若干行为时,可能有的构成犯行,如枪杀他人;也可能有的不构成犯行,如合法买枪;还有可能都构成犯行,如为了谋杀偷走枪支,又在夜晚破门进入他人住宅,就存在三种罪名的犯行。总之,刑法首先关注的是人的行为——"actus"(外部举动),加上"reus"(被告——显示法律禁止),便成为犯行。

(二)犯意

仅仅有外部行为还不足以成立犯罪和确定刑事责任。与"actus"紧密联系的一个概念是"actuate"(驱动),它引申出行为背后的驱动力——藏于行为人内心的某种有过错或应受谴责的心理态度(mens rea)。

《印度刑法典》关于犯意的总则性规定是第39条:"'有意地'。——一个人使用蓄意导致后果的方法,或在使用这些方法时明知或有理由相信会导致后果,而致后果发生,即被认为是'有意地'导致后果。"在此,表达"有意地"术语是"Voluntarily",显然包括了三种具体的犯意情形:其一,实施犯行时蓄意(intend)导致后果。此种犯意是指行为人希望(desire or hope)结果发生或以导致结果发生为目的(purpose)。其二,实施犯行时明知(know)后果会发生。此种犯意是指行为人并不希望或追求结果的发生,但对自己的行为会引起结果发生的可能性有认识(aware)。其三,实施犯行时有理由相信(has reason to believe)后果会发生。此种犯意实际上是第二种犯意(明知)的推定情形。也就是说,如果不能确认行为人明知,但当时的情况能够表明行为人有能力有条件认识到自己的行为引起结果发生的可能性——其应当知道,那么,虽然不能确定行为人明知(意识到或预见到),却可以判断其应知,通过应知推定明知。

分析三种犯意,“蓄意”不仅表明行为人的意志倾向,而且表明行为人对自己行为会导致结果发生的可能性有认识;“明知”只是表明行为人对自己行为会导致结果发生的可能性有认识,但独立于“蓄意”之外,则表明不具有“希望”的意志倾向性;“有理由相信”与前二者并列,既排除了“希望”的意志,又未能确定“明知”的认识,不过是一种合理的推断。三种犯意的程度之间呈依次递减的关系,而使用“有意地”这个术语统领三种犯意,隐含的逻辑是:“蓄意”是最需要责难的行为心理,理所当然地成为行为人承担刑事责任的首要犯意,而其他两种犯意都不具有“希望”的意志倾向性,要作为刑事责任的主观根据,需要相应的非难性,这就是——虽然后两种犯意不是“希望”,但也不是“不希望”,因为“明知”或“有理由相信”自己的行为会导致结果时,如果行为人具有“不希望”的明确意志,则会放弃实施行为,而实施行为的人并没有放弃实施行为,表明其对结果发生的漠然心理,这恰恰是值得谴责的。一意孤行,不顾结果可能会发生,也恰恰表现了行为人对结果的一定程度的容认和接受,正是在这个意义上,不同于“蓄意”却类似于“蓄意”,成为同等的刑事责任主观根据,故可统一归为“有意地”。这样的归纳来自英国法律,但英国刑法中同样内容的术语是“willfully”或“wilfuly”(有意地)。有人指出这个词语用在制定法中容易引起歧义,[5]相比之下,《印度刑法典》使用的术语恐怕更麻烦一些。因为“Voluntarily”在印度刑法中还被用来表示另一种意义上的“有意地”——人对自己行为的支配性或自主性。同时,《印度刑法典》没有刻意区分“蓄意”与“明知”,都用“有意地”来表示,这就需要对具体条文规定的“有意地”进行具体分析。例如,第321条(导致伤害)“有意地”包含“蓄意”和“明知”,而第299条和第300条(普通杀人罪和谋杀罪)“有意地”分别指“蓄意”与“明知”。

不难看出,《印度刑法典》第39条规定的后两种犯意情形类似于中国刑法中的“放任”。该条“例解”很能说明问题:A出于为抢劫制造条件的目的,夜晚在一个大城镇对住宅区的房屋纵火,烧死一人。在此,A可能不是蓄意烧死他人,甚至为此死

---

〔5〕 参见[美]史蒂文·L.伊曼纽尔:《刑法》(影印本),中信出版社2003年版,第16页。

亡结果心怀遗憾和抱歉。然而,他知道纵火可能会烧死他人仍然纵火,则烧死他人就是“有意”而为。

印度刑法中的犯意形式也包括疏忽(negligence)。但是,不同于侵权行为,犯罪的疏忽并不是普遍性的责任根据。只在某些案件中,刑法典将疏忽作为刑事责任的根据,主要集中在影响到他人生命或人身安全的情形,诸如对车辆和船只的鲁莽驾驶,粗心大意的医疗活动,租用不安全的船只或超载进行水路客运,等等。

在印度,也存在不要求(证明)过错的严格责任或绝对责任的犯罪。主要涉及以下一些罪名:诱拐、绑架、强奸和针对国家和军队的犯罪等制定法罪名;公共妨害、诽谤和藐视法庭等罪名;违反市政法律、城镇规划法律以及交通规则等罪名;侵害公共福利的“准犯罪”,包括与食品、药品、度量衡、囤积和黑市交易、执照、税收、环境污染和海关等有关的罪名。绝对责任涉及与危险场所有关的犯罪。

## 三、印度刑法的一般例外

英美刑法中的抗辩事由,在《印度刑法典》第四章(第76~106条)中被规定和表述为“一般例外”(general exceptions)。明知自己行为的性质和后果而去实施行为,就要对该行为承担责任,这是法律责任的普遍原则。所谓“一般例外”,就是相对于这项普遍的法律责任原则的例外,是可以原谅行为人的情形。这些情形可以归纳为八种:(1)事实错误与法律错误情况下的行为(第76~79条);(2)特许行为和司法行为(第77~78条);(3)意外行为(第80条);(4)避险行为(第81条);(5)无犯罪能力的行为(第82~86条);(6)经同意的行为(第87~90条)或未经同意的行为(第92条);(7)损害轻微的行为(第95条);(8)个人防卫行为(第96~106条)。“一般例外”之“一般”的另一层意思是,此八种例外不仅适用于刑法典规定的犯罪,也适用于依照特别法和地方法惩治的行为。

一般例外分为可原谅的例外(excusable exceptions)和正当性例外(justifiable exceptions)。前者包括事实错误情况的行为(第76~79条)、意外行为(第80条)、未成年人实施的行为(第82~83条)、精神病人实施的行为(第84条)和醉态情况下的行为(第85~86条),后者包括法官行为(第77条)、执行法院命令的行为(第78条)、避险行为(第81条)、被迫行为(第94条)、经过同意的行为(第87~89条)、未经同意的行为(第92条)、善意联络行为(第93条)、危害轻微的行为(第95条)和个人防卫行为(第96~106条)。

### (一)事实错误(mistake of fact)

根据《印度刑法典》第76条,由于误解事实而善意地相信自己的行为是依法实施,不构成犯罪。正如该条"例解(二)"——法警A依照法庭命令逮捕B,经适当询问后,误认C为B而将其逮捕,A不构成犯罪。在普通法上,一般都承认对事实的认识错误是一个抗辩事由。作为抗辩事由,对事实的误认也包括对事实的无知(ignorance of fact),不过,对事实的无知是对事实完全缺乏了解和判断,而对事实的误认则是对事实的错误认知和判断。17世纪早期就有了事实错误的判例——R. v. Levett案,被告人杀死了躲在其房间窗帘后面的女子,误认为她是一名入室打劫者,其实是他仆人的朋友。事实错误也会引起意外事件的抗辩。例如,拿着一把上了膛的枪却误认为没有子弹而走火致死,这种情况下要承担疏忽的罪责。

事实错误形成抗辩,必须要有合理根据,但并不存在关于合理根据的一般法律原则。在普通法上,即使一个不合理的错误,也完全有可能开脱被告人的罪责。例如,Wilson v. Inyang案,一名非裔理疗医生在一则广告上他的名字后面使用了N.D.和M. R. D. P. 等字母,被指控蓄意和虚假地暗示他是注册医生,违反了1858年《医疗法》,但最终认定他真诚地相信自己有权这样做,因为他已经参加了考试,取得注册将是水到渠成的结果,因此无罪。其实,被告人的相信并不合理,他使用了N.D.的字样,似是而非地让人想到M.D.(Master of Medicine)。确立事实错误抗辩的错误必须具有合理性的判例是1889年的R. v. Tolson案。Tolson女士被控重婚罪,触犯了1881年《侵害人身犯罪法》第57条,其丈夫活着期间,她走进第二次婚姻,但她在第二段婚姻开始之前真诚地相信其丈夫已经死亡,因而无罪。然而,在苏格兰的Lolley案中,一名男子真诚相信其成功离婚之后再婚,被法官一致判决重婚罪。同样,英国上议院在Prince案中以15:1的多数裁决被告人承担诱拐16岁以下女子的刑事责任,虽然他有合理根据地真诚相信她超过了16岁。后来的Sherras案则确立了制定法犯罪适用事实错误的抗辩。遵循英国的判例,印度的法院也在重婚案和制定法的其他罪名中适用事实错误的抗辩。在Umma案中,Umma女士被控触犯了《印度刑法典》第494条重婚罪,在婚姻存续期间再行结婚,但是,她真诚且合理地相信其丈夫提出的离婚已经生效,因而无罪。

《印度刑法典》第77条和第78条提供的抗辩是与司法有关的错误认识,即善意地相信其行为是法律赋予的行使审判权的行为,或者依照法庭的判决或裁定在有效期内实施的行为,都不构成犯罪,即使法庭并无作出这种判决或裁定的管辖权。

《印度刑法典》第79条的规定与第76条类似,由于误解事实而善意地相信自己的行为被法律所认可,不构成犯罪。该条"例解"是,A误认为B在实施谋杀,慎重考虑后,善意行使了法律赋予的任何人都可以逮捕现行谋杀犯的权利,抓住B,准备送交有关部门,其实当时B正在进行自卫。

对法律的认识错误不能成为抗辩事由。这在《印度刑法典》第76条和第79条都有明确的表述。

(二)依法实施的行为(act done by a person bound, or justified, by law)

其实,《印度刑法典》第76~79条中,除了规定事实错误的抗辩事由之外,还规定了另一种抗辩事由——依法实施的行为。第76条规定,一个人在法律上应该实施的行为,不构成犯罪。这是与"误解事实"相并列的独立情形,该条"例解(一)"也很能说明问题——兵士A受他的长官命令,符合法律要求地向一群暴徒开枪,A不构成犯罪,这与事实错误毫无关系。同样,第77条也规定了法官行使法律赋予其的任何权力都不是犯罪,第79条规定了经法律许可所实施的任何行为都不构成犯罪。

(三)实施合法行为时的意外(accident in doing a lawful act)

《印度刑法典》第80条规定,因意外或灾祸导致的行为,以及用合法的方式和手段实施的合法行为,没有任何犯罪的蓄意或明知,且十分谨慎和小心,都不构成犯罪。该条的"例解"是,A用斧子工作时斧头飞落,杀死了一个站在旁边的人。如果当时的情形并不是因为A缺乏应有的谨慎所致,则A的行为是可以原谅的,不构成犯罪。

作为抗辩事由的意外,是指一个事件的发生,行为人并不知晓且不能预测。如果A拿起一把枪,不知是否上了膛,开玩笑地指向B,扣动扳机,B中弹身亡,那么B的死亡并非意外,因为A缺乏适当的谨慎和小心,根据《印度刑法典》第304条A,A应当对B的死亡承担疏忽致死的刑事责任。只有在合理相信枪没有上膛时,B的死亡才可能是意外。

意外必须是在合法行为的过程中发生。如果实施非法行为发生意想不到的情况,不能免除刑事责任。例如,A蓄意杀害B,将毒药混入B的食物,但A的外甥C吃了食物被毒死。C的死亡在灾祸行为的意义上是一个意外情形,但A不能被免除杀C的刑事责任,尽管事实上他并不想要杀C,因为意外的抗辩要求合法行为。A杀B的犯意转移到C的身上。

意外的抗辩还要求用合法的方式和手段实施合法行为,否则抗辩不能成立。例如,A猎杀灌木中的胡狼可以是正常的狩猎,但使用了无照枪支,打中了藏在灌木后面的人,就不能成立意外的抗辩。

（四）避险（necessity）

《印度刑法典》第 81 条规定了可能导致危害但实施时没有犯意且避免了其他危害的行为——避险。也就是说，仅仅是因为实施一个行为时知道它可能导致危害，但不存在任何导致危害的犯意，并且善意地为了防止或避免对人身或财产的其他危害，则该行为不是犯罪。对此，该条给予了解释（"说明"）：在这样的案件中，要加以防止和避免的危害是否具有这样的性质和迫在眉睫，以至于明知可能导致危害而实施的行为的危险被正当化或被原谅，是一个事实问题。该条有两个"例解"。"例解（一）"是：一艘汽轮的船长 A 在没有任何过错或疏失的情况下，突然发现自己处于如此境地——如果不改变行驶方向，就将不可避免地撞上载有二三十名乘客的小船 B，此时已经来不及停船；如果改变方向，又会招致撞上另一只小船 C 的危险，该船载有 2 名乘客，当然，小船 C 也有可能躲过。在此，如果甲的变向不存在撞击小船 C 的蓄意，并且善意地为了让小船 B 上的乘客免予危险，那么，即使撞到了小船 C，且明知其变向可能导致这种后果，只要认定 A 意图避免这种危险的事实，以至于可以原谅他，就不构成犯罪。"例解（二）"是：A 在一次大火中，为了防止火势蔓延，拆毁了几所房屋。他这样做是为了善意地挽救生命或财产。在此，只要认定要被防止的危害具有这样的性质且情势如此紧迫，就可以原谅 A 的行为，A 不构成犯罪。

该条规定的避险事由，需要具备的条件是：（1）实施行为时必须不具备任何导致危害的犯意；（2）实施行为时必须具有为了防止或避免其他人身或财产损失的目的；（3）造成危害必须是为了避免更大的危害。

（五）未成年（infancy）

《印度刑法典》第 82 条是关于不满 7 岁的孩子实施行为的规定——不满 7 岁的儿童所实施的行为都不是犯罪。这是绝对无刑事责任年龄的规定。对此，各国刑法选择的年龄不一。英格兰、马来西亚和新加坡为 10 岁，局部也有 14 岁的；美国各州有所不同，在 8 岁至 12 岁；加拿大为 7 岁；在澳大利亚，昆士兰、西澳大利亚和塔斯马尼亚也是 7 岁，而新南威尔士、维多利亚和南澳大利亚为 8 岁；德国、奥地利、挪威、捷克、斯洛伐克是 14 岁；丹麦和瑞典是 15 岁；阿根廷是 16 岁；法国是 13 岁，巴基斯坦、孟加拉国、缅甸、泰国、斯里兰卡、伊朗、叙利亚和黎巴嫩是 7 岁，而菲律宾是 9 岁；土耳其和伊拉克是 11 岁；日本为 14 岁。显然，印度选择了最低的年龄。

《印度刑法典》第 83 条是关于已满 7 岁但不满 12 岁的未成年人的规定——已满 7 岁不满 12 岁的未成年人，如果对其所实施的行为的性质和后果的理解尚未达到充分的成熟,不构成犯罪。这是相对不承担刑事责任的年龄。这个年龄段针对哪些具体犯罪,并无明确规定,只能就事论事。

(六)精神病(insanity)

《印度刑法典》第84条规定,一个人实施行为时,由于精神不健全,不能认识行为的性质或其实施的行为是错误的或违法的,任何这样的行为都不构成犯罪。

精神病的标准,有不同种类和程度的方案,最有影响的是英国姆纳坦案(M'Naghten's)形成的"对错标准":被告人实施行为时,处于缺乏理性的状态,这又是由于精神疾病引起的,以至于不知其行为的性质,即不知其行为的对错。不过,第84条使用了更为宽泛的术语"精神不健全"(unsoundness of mind)代替"精神病"(insanity)。这是对刑法上的传统精神病医学标准的突破。这方面,印度司法实践中的典型精神病个案是2011年的Surendra Mishra v. State of Jharkhand,最高法院指出,根据《印度刑法典》第84条寻求解脱刑事责任的被告人需要证明法律上的精神病而非医学上的精神病。

(七)醉态(intoxication)

《印度刑法典》第85条和第86条规定了醉态。根据第85条,一个人由于不知情或违背其意志的原因导致的醉态而致判断能力缺失情况下实施的行为,不属于犯罪。所谓判断能力缺失,是指没有能力知道自己行为的性质或其行为是错误的或违法的。根据第86条,一个犯罪必须具备特定的明知或蓄意才能构成的情况下,行为人实施行为时处于醉态,应当按照没有这种醉态的情形来处理,因为他自己不进入醉态,本来可以对其行为性质具有明知,除非其醉态是在自己不知道或违背其意志的情况下形成的。也就是说,醉态作为抗辩,不能是本人自愿引起的。不过,这种情况以明知而非蓄意定罪。例如,A大量饮酒后,从其房间拿了一把刀,走到路上叫嚣要杀死早前与其发生纠葛的B,却杀了安抚他的C,可以认定非谋杀罪。

(八)同意(consent)

《印度刑法典》第87条规定:并非蓄意地导致死亡或重伤和不知道可能导致死亡或重伤的任何情况,即使它可能对任何年满18岁的人导致任何危害,或行为人蓄意导致任何危害,但受害人以明示或暗示同意承受危害;或即使它可能导致的危害是行为人明知可能会引起的,但受害人同意承受这种危害的危险,都不是犯罪。该条的"例解"是,A与B相互间击剑取乐。该协议暗含了双方同意承受在没有犯规情况下的这种击剑过程中可能导致的任何危害后果;如果A在公平游戏中伤害了B,A不构成犯罪。

《印度刑法典》第 88 条规定：并非蓄意地导致死亡的任何情况，即使它可能导致任何危害，或行为人蓄意导致任何危害，但善意地为了受害人的利益，且受害人以明示或暗示同意承受危害；或即使它可能导致的危害是行为人明知可能会引起的，但受害人同意承受这种危害的危险，都不是犯罪。该条的“例解”是，外科医生 A 明知一项特殊的手术可能导致 B 死亡，但并非蓄意要导致其死亡，而是出于善意，经过 B 的同意，从 B 的利益出发，为了解除 B 的病痛折磨而对其进行手术，A 不构成犯罪。

《印度刑法典》第 89 条规定，出于善意，为了不满 12 岁的人或精神不健全的人的利益，由监护人或其他合法管理人实施或经其明示或暗示同意实施的行为，即使它可能导致危害，行为人蓄意导致危害或明知可能对他人导致危害，都不构成犯罪。但是，第一，蓄意或意图导致死亡除外；第二，在出于任何目的实施的任何行为中（不包括为了避免死亡和重伤或治疗任何严重病痛），明知会导致他人死亡的除外；第三，有意或意图导致严重伤害的除外（不包括为了避免死亡和重伤或治疗任何严重病痛）；第四，教唆任何犯罪的除外。该条也提供了一个“例解”：A 善意地为了自己孩子的利益，但未经孩子同意，让一名外科医生为孩子切除结石。明知手术可能导致孩子死亡，但非蓄意引起这种结果。由于 A 的目的是为孩子治病，符合同意的抗辩。

《印度刑法典》第 90 条规定，以下的“同意”都不是本法典任何条文所要确立的同意：一个人在伤害的恐吓之下或基于对事实是误判而表示“同意”，或行为人明知或有理由相信已经表示的同意是这种恐吓或基于对事实误判的结果；一个人出于精神不健全或醉酒而在不能理解其同意的性质或后果的情况下表示的“同意”；12 岁以下的人表示的“同意”，除非本法典有相反的规定。

《印度刑法典》第 91 条规定，上述第 87 条、第 88 条和第 89 条的情形，不适用于那些与可能导致任何伤害无关的犯罪，无论是蓄意还是明知可能对表示同意或由他人代为表示同意的人造成伤害。该条的“例解”是，引起流产（除非出于挽救妇女生命的善意目的）是一个与可能导致任何伤害或蓄意导致妇女伤害无关的犯罪。因此，它与伤害无关，妇女或其监护人对引起这种流产的同意不能使引起流产的行为正当化。

《印度刑法典》第 92 条规定，即使为了他人利益可能导致任何危害，亦未经他人同意，但善意实施，且在当时情况下，他人不可能表示同意，或他人没有表示同意的能力，也没有任何能够合法代为表达同意的监护人或其他人，为他人利益实施的行为不构成犯罪。但是,第一,蓄意或意图导致死亡除外;第二,在出于任何目的实施的任何行为中(不包括为了避免死亡和重伤或治疗任何严重病痛),明知会导致他人死亡的除外;第三,有意或意图导致伤害的除外(不包括为了避免死亡和伤害);第四,教唆任何犯罪的除外。该条的“例解”有四项:(1)B从马上摔下,失去知觉。外科医生A确定B需要锯穿头盖骨。A并没有致B死亡的蓄意,而是为了B的利益,在B没有恢复自身判断力之前,善意地实施了行为,不构成犯罪。(2)B被一只老虎拖走。A对老虎开枪时明知有可能射中并打死B,但A没有致B死亡的蓄意,而是善意地为了B的利益,其射出的枪弹导致了B的致命伤,不构成犯罪。(3)外科医生A见一个孩子发生事故,如不立即进行手术,会有生命危险。为了孩子的利益,在来不及征求孩子监护人的意见以及孩子不愿意的情况下实施了手术,不构成犯罪。(4)A与一名小孩同在一间失火的房屋中。屋外下方的人们展开了一张毯子。A将小孩从屋顶扔下时,明知这种坠落可能导致孩子死亡,但其并无杀害孩子的蓄意,而是为了孩子的利益善意实施行为,即便孩子因坠落致死,甲也不构成犯罪。该条还有“说明”:仅仅是金钱上的利益,不能认为是第88条、第89条和第92条含义之内的利益。

《印度刑法典》第93条规定,如果为了他人利益,善意通知消息,并不因为造成被通知人的任何伤害而构成犯罪。该条的“例解”是,外科医生A善意地把自己的意见告知病人,说病人活不了。病人受到刺激后死亡,虽然A明知告知行为可能导致病人死亡,也不构成犯罪。

(九)被迫(duress)

《印度刑法典》第94条规定,除非是谋杀罪和应处死刑的国事罪,一个人因受到威胁而被迫实施的行为不是犯罪,只要行为人在实施行为时,这种威胁合理地使其认为立即死亡将是不实施这种行为的后果。只要行为人并非出于本意而实施行为,将自己置于只能服从强制的境地,或出于对立即死亡之外的自身会受到的危害的合理认识。该条有两项“说明”:其一,出于自愿或受到挨打的威胁而加入一个匪帮,且明知其特征,无权享有本条之例外所规定的利益;其二,被匪帮抓住和强制,受到立即死亡的威胁而实施了法律规定的一个犯罪,例如,一名铁匠被迫使用其工具打开一处房门,以便匪帮进入抢劫,有权享有本条之例外规定的利益。

(十)轻微(trifles)

《印度刑法典》第95条规定,导致、蓄意导致或明知可能导致任何伤害,如果伤害很轻以至于任何具有正常理智和情绪的人都不会在乎这种伤害,不构成犯罪。

这表明，印度刑法虽然没有规定犯罪的实质概念，却在实质上有危害程度的要求——显然属于犯罪概念定性加定量的模式。因此，英美刑法中也并非一概都是“立法定性，司法定量”。

（十一）个人防卫（private defence）

《印度刑法典》第96条规定，行使个人防卫权利的行为不是犯罪。第97条规定，除第99条所列各项限制之外，每个人都有下列防卫人身或财产的权利：第一，防卫自己或任何他人的身体，可以抗辩侵害人身的任何犯罪；第二，防卫自己的或任何他人的财产，无论是动产还是不动产，都可以抗辩属于盗窃、抢劫、扰乱或闯入一类犯罪，以及企图实施这类行为的罪行。第99条的限制性规定是：（1）一名公务员善意地因职务上的理由实施或意图实施按理不会引起死亡或严重伤害的具有危险性的行为，虽然严格来说这种行为并不为法律所允许，但对这种行为没有个人防卫的权利。（2）一名公务员善意地因职务上指示实施或意图实施按理不会引起死亡或严重伤害的具有危险性的行为，虽然严格说来这种行为并不为法律所允许，但对这种行为没有个人防卫的权利。（3）在有时间请求公共权力机关予以保护的情况下，无个人防卫权。（4）在任何情况下，行使个人防卫权导致的危害都必须是实现防卫目的所必需的，不能超过所要抗辩的危害。第99条还有两项“说明”：其一，对一名公务员以公务员身份实施或企图实施的行为，一个人并不丧失个人防卫权利，除非其明知或有理由相信，行为是公务员且以其身份实施的；其二，对执行一名公务员指令而实施或企图实施的行为，一个人也不丧失个人防卫权利，除非其明知或有理由相信，行为是在执行公务员指令，或说明其行为的授权，或出示了所要求的书面授权。

《印度刑法典》第98条规定，某种行为本来是犯罪，但因行为人年幼、心智不成熟、精神不健全或醉态，或因对他人的误解，不成立犯罪，对此行为，如同它在成立犯罪时那样，受此行为攻击的每个人都享有个人防卫抗辩权利。该条有两个“例解”：其一，B在精神失常的情况下企图杀A，不构成犯罪。不过，A享有如同B在精神健全时这样做的个人防卫权利。其二，A在夜晚进入其依法有权进入的一所房屋，B善意地认为A是破门侵入者而因此袭击了A。在此，基于误解而攻击A的B没有实施犯罪。不过，A享有如同B并未基于误解而实施行为时的个人防卫权利。

《印度刑法典》第100条规定，如果引起个人防卫权适用的犯罪属于以下所列之任何规定，那么，根据前条所列的限制，对于人身的个人防卫权利适用于有意导致侵害人死亡或其他任何伤害，即第一，此类侵害可以合理地产生对死亡本来是这种侵害的结果的判断；第二，此类侵害可以合理地产生重伤本来是这种侵害的结果的判断；第三，蓄意实施强奸的侵害；第四，蓄意满足非自然性欲的侵害；第五，蓄意绑架或诱拐的侵害；第六，蓄意非法拘禁一个人的侵害，这个人所处的境况可以合理地导致其认为不能向公共机关求援而获得释放；第七，泼灌或企图泼灌硫酸的行为，可以合理导致重伤本来是这种行为的结果的认识。

《印度刑法典》第101条规定，如果犯罪不属于前条所列的任何一种时，对身体的个人防卫权利不适用于有意导致侵害人死亡的情形，但根据第99条所列的各项限制，可以适用于有意导致侵害人死亡之外的任何伤害。

《印度刑法典》第102条规定，对身体的个人防卫权利开始于合理地认识到来自企图或威胁实施犯罪而引起的人身危险，虽然犯罪可能还没有被实施，只要这种对人身危险的认识继续存在，个人防卫权利也继续存在。

《印度刑法典》第103条规定，如果实施或企图实施的犯罪属于以下所列的任何规定，引起了防卫权利的实施，那么，根据第99条所列的各项限制，对财产的个人防卫权利适用于有意导致非法行为人死亡或任何其他伤害，即第一，抢劫；第二，夜间破门侵入房间；第三，对用于居住或存放财物的任何建筑物、帐篷或船只放火毁损；第四，如不实施个人防卫权利，按理会导致死亡或重伤的结果，在这样的情况下盗窃、毁损或进入房屋。第104条规定，如果实施或企图实施且引起实施个人防卫权利的犯罪是盗窃、毁损或非法侵占，而不属于前条所列的任何规定，这种权利就不适用于有意导致死亡的情况，但可以在第99条所列的各项限制下，适用于有意造成犯罪人除死亡之外的任何伤害。

《印度刑法典》第105条规定，对财产的个人防卫权利开始于合理认识到财产的危险。对盗窃财产的个人防卫权利持续到犯罪人得手逃走，或获得公共机关的帮助，或财产被追回。对抢劫财产的个人防卫权利在犯罪人导致或企图导致死亡、正在进行的伤害或人身限制期间一直持续。对非法侵入或毁损财产的个人防卫权利始终伴随着犯罪人的非法侵入或毁损财产的行为。对夜晚破门进入房间的个人防卫权利从破门进入开始并在整个非法侵入期间持续存在。

《印度刑法典》第106条规定，针对合理引起死亡判断的侵害实施个人防卫权利，如果防卫人的处境是不冒着伤及无辜者的危险就不能有效实施防卫权利，则允许其冒险实施权利。该条的"例解"是，A遭到一群企图谋杀他的暴徒的袭击，如果不向暴徒开枪，就不能有效地实施个人防卫权利，而要避免伤害混杂在暴徒中的孩子们，他就不能开枪。如果他此时开枪伤害了任何孩子，不构成犯罪。

## 第三节　印度刑法的犯罪形态

《印度刑法典》第 5 章与第 5 章 A 以及最后一章(第 23 章)规定了犯罪形态。第 5 章“帮助行为”规定了犯罪人的形态;第 23 章“犯罪未遂”规定了犯罪行为的形态;第 5 章 A“犯罪共谋”既是犯罪人的形态,也是犯罪行为的形态。

### 一、帮助行为

《印度刑法典》第 5 章规定的“帮助行为”(of abetment)是一个广义的概念。“abet”可包括狭义的帮助和教唆以及谋划,而从该章具体条文看,常常又直接表示狭义的帮助和教唆以及谋划。

《印度刑法典》第 107 条规定,一个人在下列情况下,就是帮助做一件事:第一,怂恿任何人去做这件事;第二,为了做这件事,与一个或更多的其他人一起就这件事进行任何谋划,如果按照谋划发生了作为或非法的不作为;第三,以任何作为或非法的不作为,蓄意做这件事。该条的说明有两点:其一,用有意的虚假陈述、有意隐瞒其应当说明的重要事实,有意地导致或引起或企图导致或引起一件事情的做成,被认为是怂恿这件事。该“说明”的“例解”是,公职人员 A 得到了司法法院拘捕 B 的令状的授权。C 明知这一情况以及 D 不是 B,却有意告诉 A,D 就是 B,并因此蓄意导致 A 拘捕 D。在此,C 的唆使表现为怂恿 A 拘捕 D。其二,无论何人,在一个行为实施之前或是该行为实施之时,为了便于实施该行为而做任何事情,因而方便了该行为的实施,被认为是协助了该行为的实施。

《印度刑法典》第 108 条规定,一个人无论是帮助了一个犯罪的实施,还是帮助了一个可能是犯罪的行为的实施,如果实施者是依法有能力实施犯罪的人,并且具有与帮助人相同的蓄意或明知,帮助者便是帮助了犯罪。该条包括五项“说明”:其一,对非法不作为的帮助可以等同于一个犯罪,虽然帮助者自己可能并没有实施行为的义务。其二,帮助犯的构成并不非要所帮助的行为已经实行,或已经导致构成该犯罪所要求的结果。该项“说明”有两个“例解”:一个“例解”是,A 怂恿 B 去谋杀 C,B 拒绝这样做,A 构成帮助 B 实施谋杀罪;另一个“例解”是,A 怂恿 B 谋杀 C,B 按照怂恿对 C 行刺,C 从受伤中康复,A 构成怂恿 B 实施谋杀罪。其三,并非被帮助的人必须依法有能力实施一个犯罪,或必须与帮助者有着同样的犯罪蓄意或明知,或必须有任何蓄意或明知。该“说明”有四个“例解”。第一个“例解”是,具有某种犯罪蓄意的A唆使一个孩子或一个精神错乱者实施本来是犯罪的行为——如果是依法有能力实施一个犯罪的人来实施的话，并且，具有与甲相同的犯意，那么，无论该行为是否被实施，这里的A都构成教唆犯罪；第二个“例解”是，蓄意谋杀B的A，怂恿不满7岁的小孩C实施导致B死亡的行为，C因这种唆使而实施了该行为，A不在场且导致了B的死亡，在此，虽然C不具有实施一个犯罪的法律上的能力，但如同C具有这种能力时实施该行为一样，A也要受到制裁，并因实施了谋杀罪要被处以死刑；第三个“例解”是，A怂恿B对一处住宅纵火，B因为精神不健全，不能知道A所怂恿的行为的性质，以及自己正在做的是错误或违法的，按照A的怂恿对房屋纵火，B不构成犯罪，但A构成唆使纵火烧毁住宅的犯罪，要为此承担刑事责任；第四个“例解”是，蓄意引起盗窃罪被实施的A唆使B拿取属于C的财产而脱离C的占有，A诱使B相信财产属于A，B遂使财产脱离了C的占有，善意地相信那是A的财产，B基于误解的行为并非不诚实地拿取，因此不构成盗窃罪，但A构成唆使盗窃，并且承担B实施盗窃行为的刑事责任。其四，唆使犯罪即是犯罪，唆使这样的唆使行为也是犯罪。该“说明”的“例解”是，A怂恿B去唆使C谋杀D。B因此怂恿C谋杀D，C按照B的唆使实施了犯罪，B要为其犯罪承担的刑事责任是谋杀罪的刑罚，并且，由于A怂恿了B实施犯罪，A也要承担同样的刑事责任。其五，并不非要实施了策划者与实施者共谋策划的犯罪，只要其按照实施犯罪的共谋参与了共谋就足够了。该“说明”的“例解”是，A与B商议了毒死C的计划，商定A去投毒，B之后对D说了这个计划，提到有人去投毒但未点出A的名字，D同意去找毒药，找到了毒药并将其提供给了B，以便按照所知的计划使用，A投了毒，C因此死亡。在此，虽然A和D并没有一起共谋，D却参与了谋杀C的共谋，D因此实施了本条规定的犯罪，要承担谋杀罪的刑事责任。

《印度刑法典》第108条A规定，一个身在印度的人唆使境外的人实施某种犯罪，如果在境内实施也会构成一个犯罪，则是对本法典意义上的犯罪的唆使。该条的“例解”是，身在印度的A怂恿在果阿的外国人B在果阿实施谋杀，A构成教唆谋杀。

《印度刑法典》第109条规定，唆使任何犯罪的任何人，如果因教唆实施了所教唆的行为，本法典没有对这种教唆的处罚给予明文规定，可处以为该犯罪规定的刑罚。该条的“说明”是，当一种行为或犯罪是怂恿的后果，或按照共谋，或由于构成教唆的帮助而实施，它就是教唆的后果。“例解”有三：其一，A向公务人员B行贿，作为给予B执行公务活动时显示出来的对A的照顾的回报，B接受了贿赂，A构成教唆第161条规定的犯罪（公务员受贿罪）；其二，A怂恿B作伪证，B因这种怂恿实施了犯罪,A 构成教唆该罪,要受到与 B 相同的处罚;其三,A 与 B 共谋对丙投毒,A 按照共谋获取毒药并将其交给 B,以便 B 可以对 C 实施投毒,B 按照共谋对 C 投毒,A 不在场,因此导致了 C 的死亡,B 构成谋杀罪,A 教唆了共谋的犯罪,也要对谋杀承担刑事责任。

《印度刑法典》第 110 条规定,如果被教唆的人以不同于教唆者的蓄意或明知实施行为,教唆实施犯罪的任何人都要承担实行这个犯罪的刑罚,只要这个犯罪是教唆者蓄意或明知的。

《印度刑法典》第 111 条规定,当一个行为被教唆而实施的却是另一个行为,教唆者要对实施的行为像直接教唆那样以同样方式同样范围承担刑事责任;只要实施的行为是教唆的一个可能的后果,并且是在怂恿的影响下实施的,或由于帮助或按照构成教唆的共谋进行的。该条有三项“例解”:其一,A 怂恿一个孩子将毒药放入 B 的食物,为此向其提供毒药,孩子在怂恿之下,误将毒药放入 C 的食物,C 的食物就在 B 的食物旁边,在此,如果孩子在 A 的怂恿下行为,从情节来看实施的行为是教唆的可能后果,A 要像其教唆孩子将毒药放入 C 的食物那样承担同样方式同样范围的刑事责任。其二,A 怂恿 B 焚烧 C 的房屋,B 对房屋纵火,同时又对那里的财产实施了盗窃,A 虽然构成教唆焚毁房屋,但不构成教唆盗窃;因为盗窃是一个不同的行为,而且不是焚烧的可能后果。其三,A 怂恿 B 和 C 夜晚侵入一所住宅,以行抢劫,并为其提供了武器,B 和 C 侵入了房屋,遭到住户之一 D 的抵抗,便谋杀了 D,在此,如果谋杀是教唆的可能后果,A 就要为谋杀承担刑事责任。

《印度刑法典》第 112 条规定,如果依照前条教唆者要承担刑事责任的行为已超出教唆的行为实施的,并且构成了不同犯罪,教唆者要对每一个犯罪承担刑事责任。该条“例解”是,A 怂恿 B 暴力抗拒一名公务人员的扣押,结果 B 实施了这个行为,B 在进行抗拒时,有意导致了执行扣押的公务人员重伤,由于 B 既实施了抗拒扣押也实施了有意导致重伤,B 要对两种犯罪承担刑事责任;并且,如果 A 明知 B 在抗拒扣押时可能有意导致重伤,A 也要承担二罪的刑事责任。

《印度刑法典》第 113 条规定,被告人教唆一个行为,蓄意导致一个特定结果,被告人因教唆而要承担刑事责任的行为却导致了一个不同于其蓄意导致的结果,教唆者要以同样方式同样范围为导致的结果承担刑事责任,就像其蓄意导致这种结果而进行教唆一样,只要其明知教唆的行为可能导致这种结果。该条的“例解”是,A 怂恿 B 重伤 C,B 因怂恿而实施行为导致了 C 的重伤,结果 C 死亡,在此,如果 A 明知教唆的重伤可能导致死亡,A 要受到的惩处是谋杀罪的刑罚。

《印度刑法典》第114条规定，任何不在现场的人在任何时候都要作为一个教唆者承担刑事责任，但是，因教唆而要承担刑事责任的行为或犯罪被实施时，如果其在场，就应当认为其实施了这种行为或犯罪。

《印度刑法典》第115条规定，任何人教唆实施规定了死亡或终身监禁的犯罪，如果犯罪的实施并非教唆的结果，本法典对这种教唆的刑罚也没有作出明文规定，可以判处一个最高7年刑期的监禁刑，也可以处以罚金；如果教唆者因教唆要承担刑事责任的任何行为被实施，且导致了任何人的伤害，教唆者应当被判处一个最高14年刑期的监禁刑，也可以处以罚金。该条的"例解"是，A怂恿B谋杀C，如果B谋杀了C，本来要被判处死刑或终身监禁，但这个犯罪没有被实施，因此A要被处以最高7年刑期的监禁并可以处以罚金；如果教唆导致了C受到任何伤害，A要被处以最高刑期14年的监禁并可以处以罚金。

《印度刑法典》第116条规定，任何人教唆了规定终身监禁的犯罪，如果该犯罪没有作为教唆的结果而实施，本法典也没有对这种教唆的刑罚作出明文规定，应当判处为该犯罪规定的监禁刑，刑期最高为这种犯罪最长刑期的1/4，或处以这种犯罪规定的罚金，或二者并科。如果教唆者或被教唆者是一名公务人员，其职责是要防止这种犯罪的实施，教唆者应当被处以这种犯罪所规定的监禁，最高刑期可以是该罪最长刑期的1/2，或处以这种犯罪规定的罚金，或二者并科。该条有四项"例解"：其一，A向公务人员B行贿，作为B在执行公务时给予了A一些关照的回报，B拒绝接受贿赂，A根据本条承担刑事责任；其二，A怂恿B作伪证，在此，如果B不作伪证，A还是构成本条规定的犯罪，并因此要承担刑事责任；其三，负有制止抢劫职责的警官A教唆他人实施抢劫，在此，即使抢劫没有被他人实施，A也要被判处为该罪规定的最长监禁刑期的一半监禁，也可处以罚金；其四，B教唆负有防止抢劫罪的警官A实施该罪，在此，即使抢劫没有实施，A也要被判处为抢劫罪规定的最长监禁刑期的一半监禁，也可以处以罚金。

《印度刑法典》第117条规定，教唆一般公众或超过10人的任何人数的群体实施犯罪的任何人，应当承担最高刑期3年的监禁刑，或处以罚金，或二者并科。该条的"例解"是，A在一个公共场所张贴一个告示，怂恿一个超过10人的教派在某时某地聚集，目的是在参加游行时攻击对立教派的成员，A实施了本条规定的犯罪。

《印度刑法典》第118条规定，任何人蓄意为实施规定了死刑或终身监禁的犯罪而提供方便，或明知可能提供这种方便，有意以任何作为或不作为，或使用加密或任何其他信息隐藏工具，掩盖实施这种犯罪的计划的存在，或关于这种计划作出明知是虚假的陈述，如果这个犯罪被实施，应当被处以最高刑期为7年的监禁刑，或者，如果犯罪没有被实施，应当被处以最高刑期为3年的监禁刑，两种情况下都可以处以罚金。该条的"例解"是，A明知抢劫将在B地实施，虚假地通知治安官说抢劫将要在相反方向的C地实施，以此误导治安官，蓄意为实施犯罪提供方便，抢劫按计划在B地实施，A依本条承担刑事责任。

《印度刑法典》第119条规定，身为公务人员的任何人，为蓄意犯罪的实施提供方便或明知会为犯罪的实施提供方便，而该犯罪正是其公务人员的职责所要防止的；有意以任何作为或不作为，或使用加密或任何其他信息隐藏工具，掩盖实施这种犯罪的计划的存在，或关于这种计划作出明知是虚假的陈述，如果这个犯罪被实施，应当被处以这个犯罪所规定的监禁刑，刑期为这种监禁最长刑期的一半，也可处以该犯罪规定的罚金，或二者并科，或者，如果这个犯罪被规定了死刑或终身监禁，处以最高刑期为10年的监禁；如果犯罪没有被实施，应当被处以这个犯罪所规定的监禁刑，刑期为这种监禁最长刑期的1/4，也可被处以该犯罪规定的罚金，或二者并科。该条的"例解"是，警官A依法应当给予其可能了解到的实施抢劫的所有计划的信息，明知B计划实施抢劫，却不告知这种信息，蓄意为这种犯罪的实施提供便利，在此，A用非法的不作为掩盖B的计划存在，应根据本条的规定承担刑事责任。

《印度刑法典》第120条规定，任何人蓄意为实施规定了监禁刑的犯罪提供方便或明知可能提供这种方便，以任何作为或非法的不作为掩盖实施这种犯罪的计划的存在，或作出其明知关于这个计划的任何虚假陈述，如果这个犯罪被实施，应当被处以为该犯罪规定的监禁刑，刑期为该罪最长刑期的1/4，如果这个犯罪没有被实施，应当被处以为该犯罪规定的监禁刑，刑期为该罪最长刑期的1/8，也可处以这种犯罪规的罚金，或二者并科。

## 二、犯罪共谋

《印度刑法典》第5章A显然是后来立法补充的内容。具体而言，是1913年的版本，在原有的第5章之后和第6章之前插入了此部分内容。普通法上的共谋起源于民事过错，后来被作为刑事过错加以处罚。最初，共谋这个概念是指当事人在法律程序上以私下协议进行不正当串通的情形。星法院，或称星室法庭[6][star chamber或者Court of(the) Star Chamber]使其更为具体，这种协议即使没有被付诸

[6] 参见薛波主编：《元照英美法词典》，法律出版社2003年版，第346页。

实行,也将构成实体性的犯罪。共谋的范围逐渐扩大,其适用通常与主犯和从犯的法律相联系。根据英国法律,如果二人以上共同协议实施违法活动,或错误或伤害他人的活动,或在从事一项本来并不违法的活动时使用了非法手段,那么,进行这种协议的人就实施了共谋犯罪。起先,《印度刑法典》规定的共谋罪有两种处罚形式:其一,教唆的共谋,只有按照共谋发生了作为或非法不作为,才能构成共谋犯罪;其二,涉及某种犯罪的共谋,只要参与了共谋,便足以构成共谋犯罪。1870 年,《印度刑法典》增加了第 121 条 A,将第 6 章"国事罪"第 121 条规定的对印度政府进行战争的犯罪范围扩大到共谋情形。不过,直到 1913 年的刑法修正案补充了第 5 章 A 及其第 120 条 A 和第 120 条 B,才以这种总则性的规定将共谋犯罪扩大到了第 121 条之外的各种犯罪。

《印度刑法典》第 120 条 A 规定了犯罪共谋(criminal conspiracy)的定义:二人以上协议实施或促成下列行为,该协议被称为犯罪共谋——(1)非法行为;(2)使用非法手段的并不违法的行为。除了实施犯罪的协议,其他任何协议都不成其为犯罪共谋,除非协议的一方或数方实施了协议之外的某些行为。该条的"说明"是,非法行为是不是这个协议的最终目的,或仅仅是这个目的的偶然结果,并不重要。

《印度刑法典》第 120 条 B 的规定包括两项内容:其一,就实施一个应处死刑、终身监禁或两年以上刑期的严厉监禁的犯罪进行共谋的任何参与者,在本法典没有对这种共谋的刑罚作出明文规定的场合,应当像其教唆该罪同样的方式承担刑事责任;其二,除了上述就实施应受处罚的犯罪的共谋之外,参与其他犯罪共谋的任何人都应当被处以 6 个月以下的监禁,或处以罚金,或二者并科。

## 三、犯罪未遂

所有犯罪在实施和完成的过程中都存在四个前后相继的阶段:

1. 犯意——基于动机的犯罪决心,达到目的的路径选择,完成犯罪的行为方向。犯意存在于人们的主观,既不能产生现实危害又难以把握,故包括印度刑法在内的现代刑法都不将单纯的犯意作为犯罪。

2. 预备——策划或安排完成犯罪所必需的手段和方法。预备行为通常是无害行为,也很难将其与非法目的或邪恶动机直接联系起来,故大多数情况下不把预备作为犯罪。不过也有例外,即当预期的犯罪非常严重以至于很有必要在其初始阶段就予以制止和惩治时,《印度刑法典》直接在罪名法条中将其明文规定为犯罪:(1)第 122 条蓄意与政府开战而筹集武器等;(2)第 126 条对与印度政府共治或相安的区域实施或准备实施劫掠；(3)第233～235条和第257条制作、出售或持有伪造的货币或政府发行的印单；(4)第242条、第243条、第259条和第266条持有伪造的货币、政府发行的印单、假冒伪劣的度量工具；(5)第399条准备抢掠的行为。

3. 未遂——预备之后完成之前向着完成犯罪的方向运动的行为。在英国法中，即使这种行为不可能完成犯罪，也不影响未遂的认定。不同于预备，未遂接近完成犯罪，具有较大的危险性，本身就是一种危害，且行为人的过错与完成犯罪时并无两样，故需要追究刑事责任。超出预备进入未遂阶段，就是刑事责任的开始。因此，判断未遂的一个关键是与预备的区别。

4. 既遂——实际完成了犯罪。由于未遂是未完成犯罪，故完成犯罪是判断未遂的重要比对或参照标准。

《印度刑法典》第23章"犯罪未遂"(of attempts to commit offences)只有一个条文——第511条：任何人实施依本法典可处以终身监禁或监禁的犯罪，或导致这样的犯罪被实施并在这样的未遂中实施了有助于完成犯罪的任何行为，在本法典没有对这样的未遂作出任何明文规定时，应当被判处为该犯罪规定的监禁，刑期为该罪最长刑期的一半，也可处以为该犯罪规定的罚金，或二者并科。该条有两项"例解"：其一，A撬开一个箱子，企图盗取一些珠宝，但打开箱子后发现里面并无珠宝，其实施了有助于盗窃完成的行为，A构成本条规定的犯罪；其二，A将手伸入B的口袋，企图偷些东西，但B的口袋是空的，使A未能如愿，A构成本条规定的犯罪。

上述规定针对"本法典没有对这样的未遂作出任何明文规定时"的情况，如果本法典对这样的未遂作出了明文规定，则不适用上述一般性规定，依照相关犯罪的明文规定追究未遂罪的责任。这些规定有三种情况：其一，完成犯罪与犯罪未遂规定于同一条文，并适用相同的处罚。(1)第121条"对印度政府开战或企图开战"；(2)第124条"威胁或企图威胁总统、省长或王公会议主席"；(3)第124条A"引起或企图引起仇恨"，第125条"进行战争或企图进行战争"，第161条"公职人员接受或企图获取酬谢"，第391条"多人实行或企图实行抢劫"，等等。其二，完成犯罪与犯罪未遂分别规定，适用不同的处罚。例如，第307条、第308条和第393条规定了谋杀未遂罪、普通杀人未遂罪和抢劫未遂罪及其处罚，而第302条、第304条和第392条则分别规定了谋杀罪、普通杀人罪和抢劫罪及其处罚。其三，第309条规定自杀未遂是要承担刑事责任的犯罪。

由于犯罪的预备行为一般不是犯罪而犯罪的未遂总是会构成犯罪，区分二者的界限就十分重要，也一直是困扰司法的难题。虽然这个问题因案而异，需要具体

问题具体分析,但司法实践也总结出一些原则性标准:

临近规则(proximity rule)。一个行为要成为未遂,必须充分地临近需要追究刑事责任的实体犯罪的完成。虽然这个行为在事实上不一定是其蓄意实施的最后的行为,但它在法律上是行为人必须实施的最后行为——预期的结果在后来无须其进一步的行为就会发生。例如,A 蓄意杀 B,为此买了一把枪并上了膛,A 还不构成谋杀罪未遂,买枪只是一个无须追究刑事责任的预备行为。A 对 B 开枪,蓄意杀害 B,但因枪法差或枪发生故障以及其他错误而未射中。由于 A 的行为并未导致 B 的死亡,不能要 A 承担谋杀罪的刑事责任,但 A 要承担谋杀未遂罪的刑事责任,因为 A 在当时情况下已经实施了在法律上所必需的一切行为。如果 A 没有成功地实现其目的,并非因为其放弃了行为,而是因为其不能控制的原因。最高法院在 Sudhir Kumar 案中表达了临近原则。

悔改时间原则(doctrine of *locus paenitentiae* test)。如果一个人在犯罪实现之前本人自愿地予以放弃,该行为等同于仅仅是预备。例如,A 蓄意投毒谋杀 B,购买了毒药并将其与食物混合在一起,自己保存着。A 还没有构成谋杀未遂罪,因为仍有时间期待好事发生——A 可能改变初衷,不把食物给 B。Malkiat Singh 案体现了这一原则。

不能犯标准(impossibility test)。值得注意的是,直到 19 世纪中期之前,不能犯未遂在英国都被作为仅仅是预备而不受刑事处罚。因此,在 Willianms 案中,被告人的手伸入他人口袋但口袋是空的,就不承担盗窃未遂罪的刑事责任。同样,McPherson 案的被告人破门进入建筑物后发现屋里空空如也,也不构成盗窃未遂罪。但在 Lamont 案中,法院认定了什么都没偷到的被告人也要承担盗窃未遂罪的刑事责任。后来的 Ring 案中,被告人的手伸入一名女士的口袋,虽然口袋里什么也没有,被认定构成盗窃未遂罪。《印度刑法典》第 511 条的两个“例解”已经表明,印度刑法也将“落空”的不能犯情况规定为未遂罪加予处罚。Jivaji 等案件的处理体现了这一原则。

社会危险标准(social danger)。A 给一名孕妇服了一片药,以促成其流产,但因为这种药其实无害而没有效果,A 构成导致流产的未遂罪,因为该行为造成了社会恐慌和负面影响。

模糊标准(equivocality test)。该标准要求行为必须是不言而喻的,即要构成未遂,行为必须很清楚地并且毫无歧义地表明实施犯罪的蓄意。如果所作所为可以排除合理怀疑地表明其目的就是行为的方向,该行为就是未遂,否则就只是预备。

## 第四节 印度刑法的罪名种类

《印度刑法典》第 6 章至第 22 章规定了具体的犯罪种类，其中包括第 9 章 A 和第 20 章 A，共涉及 19 章内容。综观各章结构，有两种情形：

情形一，规定具体犯罪的大多数章标题似乎是该章唯一的罪名表述。章之下的若干条文，都仅仅是罪状与法定刑，其间没有任何其他的关于犯罪的标题性表述。那么，这些章标题究竟是关于类罪名的表述呢？还是意味着各该章都只有一个罪名？按照前者理解，章下各条规定的犯罪就包括了不同的具体罪名，但条文与罪名的具体关系以及究竟有哪些罪名，并不清楚。按照后者理解，章下的各条规定是该章罪名的具体表现。考虑到印度并无针对罪名的有权解释，从罪刑法定原则出发，后一种理解似更能成立。然而，从实质来看，各条文表述的罪状，凡有独立的构成要素，都应是具体的独立的犯罪，只不过，关于这个犯罪的概括性罪名是什么，似乎并不重要，司法只需要引用法条并依其规定的构成标准对案件进行认定，判断是否构成该条规定的犯罪，无论这个犯罪叫什么名称——或者就叫章标题表述的名称，或者根据具体法条描述的罪状归结出一个名称，总之，重在罪行而非罪名。

情形二，少数章之下在条文之间也有关于犯罪的标题性表述，具体而言，第 16 章“侵犯人身罪”之下的条文是从第 299 条至第 377 条，在第 299 条之前有“危及生命罪”的标题性表述，在第 312 条之前有“堕胎、伤害胎儿、遗弃婴儿和隐匿出生”的标题性表述，在第 319 条之前有“伤害”的标题性表述，在第 339 条之前有“非法限制和非法拘禁”的标题性表述，在第 349 条之前有“犯罪性的暴力和侵害”的标题性表述，在第 359 条之前有“绑架、诱拐、奴役和强迫劳动”的标题性表述，在第 375 条之前有“强奸”的标题性表述，在第 377 条之前有“违反自然的性交”的标题性表述。同样，第 17 章“侵犯财产罪”之下的条文之间，也有“盗窃”（第 378 条之前）、“勒索”（第 383 条之前）、“抢劫和掳掠”（第 390 条之前）、“侵占财产罪”（第 403 条之前）、“违背信用罪”（第 405 条之前）、“收受赃物罪”（第 410 条之前）、“诈骗”（第 415 条之前）、“契约和财产处分的欺诈”（第 421 条之前）、“毁损”（第 425 条之前）、“非法侵入”（第 441 条之前）等标题性表述。第 18 章“有关文书和商业或财产标志罪”之下的条文之间，亦有“商业、财产和其他标志”（第 478 条之前）和“纸币和银行券”（第 489 条之前）的标题性表述。这些标题性表述是罪章规定的类罪之下的进一步分类，还是一个具体罪名？似乎也不能一概而论。例如，第 16 章“侵犯人身罪”之下的标题性表述“危及生命罪”,既包括谋杀,也包括非谋杀的其他杀人,还包括鲁莽或疏忽致人死亡,这些情形显然很难归结为一个罪名。但是,第 17 章“侵犯财产罪”之下的标题性表述“盗窃”“勒索”“强盗和土匪”“非法侵占财产”等,尽管各自都有若干法条规定,但显然很难说这些标题性表述不是罪名。这似乎也印证了印度刑法对具体犯罪的规定重在罪行而非罪名。

## 一、侵害国家的犯罪

该类犯罪的具体表现为:对印度政府发动战争(包括参加叛乱)或以武力威胁政府,为对印度政府发动战争进行准备或隐瞒这种战争计划,以诱使或胁迫的方式干预中央或地方政府首脑行使职权,煽动对政府的仇视、蔑视和不满,对与印度友好的国家进行战争或掳掠,私放侵害国家的罪犯或战俘或过失致其脱逃,帮助侵害国家的罪犯或战俘脱逃或对其进行营救,等等。

## 二、有关陆、海、空军的犯罪

该类犯罪的具体表现为:帮助军人叛变或违反职责,帮助军人暴力攻击长官,帮助军人弃职潜逃,窝藏潜逃军人,帮助军人不服从命令,冒充军人,等等。

## 三、危害社会治安的犯罪

该类犯罪的具体表现为:参加、滞留、组织、抗拒解散非法集会,骚乱或促成骚乱,制造社会阶层之间的敌意或仇恨,放任非法集会、骚乱或暴乱,容留非法集会者,聚众斗殴,等等。

## 四、公职人员犯罪或有关公职人员的犯罪

该类犯罪的具体表现为:公职人员利用职权换取酬谢,非法影响公职人员执行职务,公职人员非法收受礼品,公职人员违背职责损害他人利益,公职人员违法经商,公职人员非法购买禁止其购买的财产,冒充公职人员招摇撞骗,等等。

## 五、有关选举的犯罪

该类犯罪的具体表现为:贿选,干涉选举自由,在选举中弄虚作假,造谣诽谤候选人,擅自以候选人名义从事选举活动,不依法建立选举账目,等等。

## 六、藐视公职人员法定权力的犯罪

该类犯罪的具体表现为：拒不接受公职人员依法送达的传票、通知或命令而潜逃，阻碍公职人员依法送达、张贴、制作传票、通知或命令，拒不按照合法传票、通知或命令出席法庭或其他场合，向公职人员提供虚假消息，拒不宣誓保证陈述的真实性，拒不回答公职人员依法要求其必须回答的问题，拒不依法在自己的陈述上签字，违背誓言对公职人员做虚假陈述，阻碍公职人员依法扣押财产，阻碍公职人员依法拍卖财物，恶意竞拍，拒不依法协助公职人员执行职务，拒不遵从公职人员依法发出的命令，以威胁影响公职人员执行职务，阻碍他人依法向公职人员求助，等等。

## 七、虚假证据和妨害司法的犯罪

该类犯罪的具体表现为：违背誓言做虚假陈述，伪造证据，毁灭证据，包庇犯罪，提供虚假犯罪事实，假冒证人，掩盖赃物，冒充物主以阻碍赃物没收，虚假诉讼，窝藏罪犯，脱逃，公职人员徇私枉法放纵罪犯，拒捕，等等。

## 八、有关货币和国家印单的犯罪

该类犯罪的具体表现为：伪造货币或伪造印度货币，制造或变造用于伪造货币的模具或工具，持有用于伪造货币的工具或材料，帮助境外人员伪造货币，走私假币，持有假币，明知持有的是假币后仍然使用，诈骗假币或为诈骗持有假币，有意生产不合格货币，擅自带走铸币工具或器具，变造货币，以欺骗方法让他人接受变造的货币，伪造政府税单，非法出售伪造的税单，非法使用伪造的税单，非法移除税单，使用过期的税单，涂改过期税单冒充有效税单，等等。

## 九、有关度量衡的犯罪

该类犯罪的具体表现为：使用虚假衡器或度量衡欺骗他人，持有虚假的度量衡，制造、出售或转让虚假度量衡欺骗他人，等等。

## 十、妨害公共卫生、安全、便利、礼仪和道德的犯罪

该类犯罪的具体表现为：传播疾病，不执行政府检疫隔离规定，食品掺假意欲出售，出售变质食品，制造假药，出售假药，出售冒牌药品，污染水源，污染空气，危险

驾驶车辆、船只，设置虚假航道灯号、记号或浮标，船只危险地或超员载客，财产处置不当影响交通，过失投毒，过失引起火灾，过失引起爆炸，过失致建筑物倒塌，饲养动物伤人，公共场所滋扰或拒不停止滋扰，出售、出租、分送、展览或流通任何淫秽物品，公共场所的淫秽行为或表演，非法发行彩票，等等。

## 十一、有关宗教的犯罪

该类犯罪的具体表现为：毁损或亵渎宗教场所或物品，侮辱宗教信仰，干扰宗教仪式或集会，伤害或侮辱宗教感情，干扰或亵渎宗教葬礼，等等。

## 十二、侵犯人身的犯罪

该类犯罪之下的类别及具体表现为：（1）妨害生命的犯罪（offence affecting life），包括谋杀，非谋杀的其他杀人，鲁莽或疏忽致人死亡，帮助他人自杀，等等。（2）堕胎、伤害胎儿、遗弃少年儿童和隐匿出生的犯罪（of the causing of miscarriage, of injuries to unborn children, of the exposure of infants, and of the concealment of births），包括蓄意堕胎，伤害胎儿，隐瞒孩子出生，等等。（3）伤害犯罪（of hurt），包括伤害他人身体，为勒索财物而伤害他人，使用毒物伤害他人，以伤害他人的方式强迫实施违法犯罪行为，刑讯逼供或暴力逼债，暴力妨碍执行公务，因挑衅误伤旁人，鲁莽或疏忽而危及他人生命安全，等等。（4）非法限制和非法拘禁的犯罪（of wrongful restraint and wrongful confinement），包括非法限制他人人身自由，非法拘禁他人，合法拘禁结束后拒绝恢复他人人身自由，秘密非法拘禁他人，为勒索财物非法拘禁他人，非法拘禁逼取口供或逼取债务，等等。（5）非法强制和施暴（of criminal force and assault），包括暴力强制行为，做出施暴姿态，暴力阻碍执行职务，对女性非法强制或施以暴行，以非法强制和施以暴行侮辱他人，以非法强制或施以暴行抢夺他人财物，对被非法拘禁的人施以暴行，等等。（6）绑架、诱拐、奴役和强迫劳动（of kidnapping, abduction, slavery and forced labour），包括绑架，诱拐，绑架或诱拐妇女，非法藏匿或拘禁被绑架或被诱拐的人，绑架或诱拐少儿，走私和贩卖人口，以收买、雇用或其他方法奴役未成年人，非法强迫他人劳动，等等。（7）强奸犯罪（rape），即未经妇女同意与其性交，或与不满 16 岁的少女性交。（8）反自然的犯罪（of unnatural offences），即指违反自然法则蓄意和任何男人、女人或动物发生肉体关系的行为。

## 十三、侵犯财产的犯罪

该类犯罪之下的类别及具体表现为：(1)盗窃犯罪(of theft)，包括非法擅自取得他人财物，入户盗窃，盗窃主人或雇主财物，等等。(2)勒索犯罪(of extortion)，即指威胁伤害他人以索取财物的行为。(3)抢劫和掳掠的犯罪(of robbery and dacoity)，前者即当场使用暴力或以现实的暴力相威胁而夺取他人财产，后者即多人(5人以上)结伙抢劫。(4)非法侵占财产的犯罪(of criminal misappropriation of property)，即恶意侵占动产的行为。(5)非法背信的犯罪(of criminal breach of trust)，即违背信托侵占财产的行为。(6)收受赃物的犯罪(of the receiving of stolen property)，即恶意收受来自盗窃、勒索、抢劫、非法侵占或违背信托的财物。(7)诈骗犯罪(of cheating)，即恶意诱骗他人交付财产或冒名使人误交财产的犯罪。(8)契约和财产处分的欺诈犯罪(of fraudulent deeds and dispositions of property)，即恶意地通过契约或实际处分非法转移财产的犯罪。(9)毁损财产的犯罪(of mischief)，即任何使他人财产遭受损坏、价值或使用价值减损的犯罪，损毁的财产可以是日常用品，也可以是动物、水源、交通路线和设施、防洪设施、海上航道设施或标志、地界、船只，等等。(10)非法侵入的犯罪(of criminal trespass)，即非法进入或滞留于他人财产，意图犯罪或恐吓、侮辱或骚扰财产占有人的犯罪。如果进入或滞留于他人住宅(包括人住的帐篷和船只)、礼拜场所、贮藏财产的房舍，是侵入房屋的犯罪，包括潜入房屋、夜间潜入房屋、夜间破门进入房屋、侵入房屋导致他人人身伤害，等等。

## 十四、有关文书和财产标志的犯罪

该类犯罪之下的类别及具体表现为：(1)财产及其他标志的犯罪(property and other marks)，包括使用假的财产标志欺骗他人，仿造财产标志，伪造公职人员才能使用的任何财产标志，制造或持有用于仿造财产标志的印模、印版或其他工具，持有仿造的财产标志的任何物品，对包装物上的标志造假以误导他人，移动、销毁、涂抹、增添财产标志，等等。(2)纸币和银行票据的犯罪(of currency – notes and bank – notes)，包括仿造纸币或银行票据，出售伪造或仿造的纸币或银行票据，持有伪造或仿造的纸币或银行票据，制造、买卖、处分或持有任何用于伪造或仿造纸币或银行票据的机器、工具或材料，等等。

### 十五、非法违反服务契约的犯罪

该类犯罪中的若干表现已经被立法废除，只剩下一种犯罪情形，即因合法契约而对未成年人、精神不健全者、病患或体弱者以及患病不能自理的任何人负有照管或供给义务而不履行义务的行为。

### 十六、有关婚姻的犯罪

该类犯罪的具体表现为：使妇女误以为已与自己结婚，有配偶而结婚，举行虚假或无效的结婚仪式，与已婚妇女性交而未经其丈夫同意，诱拐已婚妇女，等等。

### 十七、丈夫或其亲属之残酷行为的犯罪

该类犯罪是立法补充的独立章——《印度刑法典》第 20 章 A，该章只有一个条文——第 498 条 A：作为丈夫或其亲属的任何人残酷对待作为丈夫妻子的妇女，应被判处最高刑期 3 年的监禁以及罚金。该条之下针对“残酷行为”给出两项“说明”：其一，逼迫女方自杀或导致重伤或生命、肢体或健康（无论肉体还是精神）的严重危险，以及任何此类性质的有意行为；其二，骚扰女方，目的在于迫使她或与她有关的任何人满足财产或有价证券的任何非法要求，或迫使其不能满足这种要求。显然，这是针对印度社会中的家庭暴力而保护女方的举措。

### 十八、诽谤犯罪

该类犯罪的具体表现为：以任何为人所知的方式制作或散布有损于他人名誉的信息，印刷或刊发有损于他人名誉的信息，出售有损于他人名誉的印刷品，等等。

### 十九、非法恐吓、侮辱和滋扰的犯罪

该类犯罪的具体表现为：以加害其身体、名誉或财产相威胁，蓄意使人惊慌、违心地做事情或不做事情，为激怒他人而实施侮辱行为，煽动他人违法犯罪，匿名恐吓他人，侮辱或骚扰妇女，酒后滋扰他人，等等。

## 第五节　印度刑法的刑罚规定

《印度刑法典》第 3 章专章规定了“刑罚”（of punishments），从第 53 条至第 75

条,共23个条文。不过,随着时间的推移和刑罚理念的变化,其中的一些规定被修改,一些条文被废除。一般来说,刑罚理念有威慑(deterrent theory)、预防(preventive theory)、报应(retributive theory)和矫正(reformative theory)。印度刑法并不排斥其中任何一种刑罚理念,而是兼收并蓄,汲取各个理念中的价值,用于不同问题的处理。

## 一、印度刑法的刑罚种类

根据《印度刑法典》第53条,印度共有五种刑罚,由重至轻排列为:(1)死刑;(2)终身监禁;(3)监禁,包括伴有苦役的严厉监禁和单纯监禁;(4)没收财产;(5)罚金。第61条和第62条都是没收财产的规定,被1921年的刑法修正案废除了。此外,过去曾有过的流放、鞭刑等,也已被废除。

1978年印度刑法典修正案法案建议,在第53条之下针对特定犯罪增加五种新的刑罚措施,包括流放(externment or banishment)、对被害人赔偿(compensation to victims of crime)、公开谴责(public censure or social censure)、社区服务(community service or corrective labour)和剥夺担任公职和竞选的权利(disqualification from holding public office and contest elections)。不过,该法案并没有被通过。

## 二、印度刑法的死刑规定

作为最严厉的刑罚种类,死刑主要针对谋杀罪或最严重的侵犯国家的犯罪。根据《印度刑泆典》的具体规定,死刑适用于八种罪行:(1)第121条——发动、企图发动或教唆发动针对印度政府的战争;(2)第132条——教唆实施叛乱;(3)第194条——提供或捏造导致无辜之人被处死刑的虚假证据;(4)第302条——可以被处以死刑或终身监禁的谋杀;(5)第305条——怂恿未成年人、精神病人或醉酒的人自杀;(6)第307条——被处以终身监禁的人企图谋杀且造成了伤害;(7)第364条A——绑架勒索赎金;(8)第369条——随着谋杀的结伙抢劫。

除了上述,《印度刑法典》还规定了下列条件下的死刑:(1)根据第120条B的规定,为实施任何可处以死刑的犯罪的共谋,如果没有规定专门刑罚,则适用该犯罪的刑罚;(2)根据第34条和第149条的规定,数人基于共同的目的实施一个犯罪行为,每个人都要为这个行为负责,即该犯罪规定了死刑时,每个人都可被判处死刑;(3)根据第109条的规定,教唆或帮助规定了死刑的犯罪,亦可被判处死刑。

刑法典之外的其他印度法律也规定有死刑:(1)1950年《空军法》;(2)1950年

《陆军法》;(3)1950 年《海军法》;(4)1986 年《国家安全卫队法》和 1992 年《印藏边防警察部队法》;(5)1987 年《(预防)殉夫现象法》;[7](6) 1985 年《麻醉药品和精神药物法》;(7)1989 年《表列种姓和表列部落预防暴行法》。[8]

通常,只有武装力量成员才受军事法律规定的管束,但在某些情况下,对于违反国防法律条款的普通民众,也会由军事法庭来追究其刑事责任。依据国防法组建的最高军事法庭可根据《陆军法》第 34 条和第 37 条判决有罪之人死刑;根据该法第 66 条,对于因教唆或帮助实施了处以死刑的犯罪,教唆或帮助者也可被判处死刑。军事法庭可以判处死刑的犯罪主要是擅自行动、逃避服役、拒服军令、贪生怕死或疏于职守。对于间谍,也会处以死刑。

中央政府或地方政府可在管辖范围内不经罪犯本人同意将死刑减低为《印度刑法典》所规定的任何其他刑罚种类。[9] 但是,《印度刑法典》第 54 条规定的这个内容,在 1973 年修正的《印度刑事诉讼法典》第 433 条和第 433 条 A 面前,似为多

---

〔7〕 殉夫,是一种古老的丧葬习俗,是指丈夫的遗孀自愿或不自愿地将自己与丈夫的尸体一同置于柴堆上火化或与丈夫一同被埋葬。这种习俗在近代被废除。该法旨在全面禁止和预防殉夫现象。

〔8〕 在印度,由于本土的种姓制度和外来的英国殖民统治,历史上形成了两类社会弱势群体:一类是被种姓等级排斥在外的"贱民"(据《摩奴法典》记载,这一阶层的出现是由于在高种姓妇女与低种姓男子之间发生了种姓制度所严禁的"逆婚",其后代就成为无法为四大种姓所接纳的一个卑贱的群体),是"不可接触者";另一类是所谓未开化的"山民部落",或落后的"野蛮部落"。这两类人长期处于被压迫的境地,印度社会长期处于割裂状态。为了缓和矛盾,统治者逐步以表列种姓和表列部落的方式,即明文公布一些底层种姓和部落的名称,并在一定范围内承认其权益并给予相应保护。经过印度宪法之父、出身"贱民"的比姆拉奥 · R. 安贝德卡尔博士(Bhimrao Ambedkar)的不懈努力,保护区政策成为印度宪法中不可分割的重要组成部分。1950 年 8 月 10 日,依据《宪法》第 14 条"法律面前人人平等",第 17 条"废除不可接触制",第 341 条"表列种姓指经过印度总统公告确认的种姓、种族和部族",第 342 条"表列部落指经过印度总统公告确认的部落或部落群"等条款的规定,印度政府颁布《(表列种姓)宪法令》[The Constitution(Seheduled Caste)Order],公布了印度历史上首批具有法律效力的表列种姓和表列部落名单,共 1109 个(包括对分布在不同地区的同一群体的累计),分布在 24 个邦(地区)。有 212 个部落为表列部落,分布在 14 个邦。表列种姓和表列部落的具体名称和范围不断发展和变化。除了在宪法以及多次修正案中规定废除不可接触制,赋予表列群体以平等权利之外,还制定颁布了一批专门的法律法规,以保护社会底层的利益,如 1955 年《国内权利保护法》(Protection of Civil Rights Act)将宣传、实践不可接触制的行为宣布为非法并实施惩罚;1989 年通过《表列种姓和表列部落(预防)暴行法》[scheduled castes and scheduled tribes (Prevention) of Atrocities Act],将针对表列种姓和表列部落的犯罪表述为"暴行",规定对这些暴行实施严厉惩罚。

〔9〕 印度刑法中的减低(commutation)与减轻(remission)都具有减刑的意思,但前者是指将较重的刑罚种类减为较轻的刑罚种类,后者是指在同一刑罚种类中对量的减少。——参见 K. D. Gaur, *Textbook on Indian Penal Code*, $5^{th}$ edition. [India: LexisNexis, A Division of Reed Elsevier India (Pvt) Ltd 2005], p. 86。

余——该程序法规定,政府可在管辖范围内减低、延迟或免除法院判处的死刑。不过,政府不能将严重犯罪的死刑减低到少于 14 年监禁。高等法院可将涉案孕妇的死刑减为终身监禁或将死刑推迟到其认为合适的时间执行。推迟执行死刑并不意味着将死刑核减为终身监禁。政府首脑有权赦免死刑。

## 三、印度刑法的监禁刑

《印度刑法典》规定的监禁刑罚包括终身监禁和监禁两种,后者又分为严厉的监禁和单纯的监禁(或简单监禁)。严厉的监禁伴随苦役或强迫劳役(hard labour),所以,与此相对的就是不包括苦役的简单监禁(simple)。印度最高法院在 K. M. Nanavati v. State of Maharashtra 案中认为终身监禁也是一种严厉监禁而非简单监禁。不过,《印度刑法典》第 55 条授权政府可在其管辖范围不经罪犯同意将终身监禁减低为不超过 14 年刑期的任何一种监禁。根据《印度刑法典》第 57 条,被判处终身监禁的犯罪人可因良好表现被减轻(remission)刑罚,此时的刑期按照其被判处 20 年监禁来计算。也就是说,在终身监禁"减轻"(remission)而非"减低"(commutation)的情况下,"减轻"后的刑期是 20 年监禁。并且,根据 1973 年的《印度刑事诉讼法典》第 433 条,终身监禁的减轻(remission),被告人必须仍然被视为被判处终身监禁,即刑种不变。

犯罪人被判处任何一种监禁时,法庭应当指明该监禁为严厉监禁还是简单监禁,或部分严厉部分简单的监禁,即兼而有之。

## 四、印度刑法的罚金刑

《印度刑法典》的犯罪条文以两种方式规定罚金:其一,规定具体数额。例如,第 186 条规定:"任何蓄意妨碍任何公务员执行公务的,处以最高 3 个月的任何一种监禁或最高 500 卢比的罚金,或二者并科。"其二,不指明具体数额。例如,第 419 条规定:"任何人实行冒名欺诈,处以最高 3 年的任何一种监禁,或处以罚金,或二者并科。"根据《印度刑法典》第 63 条,未规定具体罚金数额时,罚金的数额不限,但不应当过分。是否过分,应当根据犯罪的具体情节来把握。

法院在判处罚金时有权一并宣布,如果犯罪人不按要求支付罚金,应受一定期限的监禁。如果犯罪人在被判处罚金的同时本来就被判处了监禁,不能抵销后来替代罚金的监禁。替代罚金的监禁,其刑期不超过该犯罪应被处罚的最高刑期的 1/4,其类型可以是该犯罪应被判处的任何一种监禁。不过,只被判处罚金的犯罪,法庭对于犯罪人不支付罚金而替代判处的监禁只能是单纯监禁，且替代折算标准为：罚金数额不超过50卢比的，以不超过2个月的监禁替代；罚金数额（超过50卢比）未超过100卢比的，以不超过4个月的监禁替代；罚金数额为（超过100卢比的）其他情况的，以不超过6个月的监禁替代。因不支付罚金而判处的监禁，一旦支付了罚金便告终止。因不支付罚金而判处的监禁刑期届满之前，一旦支付的罚金足以与剩余刑期相抵，即已服刑期足以与未支付的罚金数额相抵，即应终止监禁。判处的罚金在判决之后的6年以内征收；如果犯罪人被判处的监禁刑期超过6年，则可在其监禁刑期内征收；如果犯罪人死亡，并不免除其死后以其任何财产偿付债务的责任。

## 五、印度刑法的数罪处置

《印度刑法典》第71条和第72条是涉及数罪及其处置的规定，包括以下几点：

1. 一个犯罪由几个部分组成，每个部分本身都可以单独构成一个犯罪，应对犯罪人按照一罪处罚，除非法律为这种情况明文规定了独立的处罚。A打B20棍，打人的事实由20棍组成，每一棍本身都构成一个蓄意导致伤害罪。如果A要为每一棍承担刑事责任，他可能要被监禁20年。然而，A应当只对打人的整体行为承担一个导致伤害的责任，相互紧密结合的打人行为形成了打B这一件事情，并因此导致了伤害。不过，如果组成行为的各个部分彼此独立，行为人可以单独为各个部分承担刑事责任。如果A打B时C介入，A蓄意打击C，A就要承担有意导致B的伤害的刑事责任和有意导致C的伤害的另一个刑事责任。A打B的行为与打C的行为各自独立，A要分别受到处罚。

2. 一个特定行为属于两个以上的独立犯罪罪名，犯罪人受到的刑罚处罚不应重于法院对这些犯罪中的任何一个可能判处的刑罚。例如，在第143条非法集会和第146条骚乱、第152条侵害或妨碍公职人员执行镇压骚乱之公务和第353条侵害或非法使用暴力组织公职人员履行职责、第182条蓄意导致公职人员使用合法权力伤害他人和第211条虚假指控蓄意实施伤害犯罪、第417条诈骗和第420条不诚实地诱使财产交付、第323条有意导致伤害和第325条有意使用危险武器导致伤害的案件中，被告人将只对一个犯罪承担刑事责任。这里的根据是宪法上的禁止双重危险原则，即一个人不应当因为同一个犯罪受到多次指控和处罚。

3. 一个或不止一个的行为本身就构成一个犯罪，结合起来又构成一个不同的犯罪，被告人不应当被处以法院可能对这些犯罪中的任何一个所判处的刑罚更重的刑罚。例如,A在夜晚为了盗窃实施了破门行为,并盗窃了财产,A实施了两个不同的犯罪——第457条的夜晚破门和第380条的在住宅内盗窃。A可以被指控两个犯罪,但要施以刑罚,只能认定一个犯罪。同样,母亲A离开她两个月大的婴孩是蓄意要将其完全遗弃,明知这种行为会导致死亡,并且孩子因此而死亡,A既可以被认定第304条的过错杀人,也可以被认定为第317条的遗弃婴孩,但不能同时认定二者。

4. 一个人究竟构成若干犯罪中的哪一个罪不能确定,应按若干犯罪中刑罚最轻的犯罪认定和处罚。在被告人欺骗地盗用财产却并不清楚是否等同于第380条盗窃(7年)或第406条非法违背信托(3年)的案件中,可按照刑罚较轻的犯罪处罚,因此,以非法背信的犯罪处以3年监禁。可见,这里是"疑罪从轻",但从轻认定的前提是涉嫌了几个犯罪。

## 六、印度刑法的单独监禁

在被告人被处以严厉监禁的刑罚时,可以同时宣告监禁刑中的一部分或多个部分以单独监禁的方式执行,但单独执行的时间最多不能超过3个月,具体为:监禁刑期不超过6个月的,单独监禁期间不超过1个月;监禁刑期超过6个月而不超过1年的,单独监禁期间不超过2个月;监禁刑期超过1年的,单独监禁期间不超过3个月。

执行单独监禁,每次不得超过14天,两次单独监禁的间隔不能少于单独监禁期限;判处的监禁刑期超过3个月时,单独监禁在全部监禁期的任何一个月中不得超过7天,两次单独监禁的间隔不得少于这种单独监禁的期限。

## 七、印度刑法的特别累犯

《印度刑法典》第75条规定,曾被印度的某个法庭判决犯有第7章或第17章规定的应受3年及以上任何一种监禁刑罚的任何犯罪的任何人,再犯任何这样的罪行,应对每个后来犯下的罪行承担终身监禁或10年以上监禁的刑事责任。这里的第7章是"有关陆、海、空军的犯罪",第17章是"侵犯财产的犯罪"。虽然这里没有使用累犯的术语,但因犯过特定某类前罪而加重处罚后来发生的同类犯罪,显然属于"特别累犯"。只不过,这里的前罪与后罪之间,并无时间上的限制。

# 主要参考文献


1. James Stephen, *A History of the Criminal Law of England*, *Volume Ⅰ*, US: Macmillan and Co., 1883.

2. Bryan A. Garner, Editor in Chief, *Black's Law Dictionary*, *Abridged Seventh Edition* (US: West Group, 2000).

3. Williams Glanville: *Textbook of criminal law*, 2nd *ed.* (London: Stevens & Sons Limited, 1983).

4. Joseph J. Senna, Larry J. Siegel, *Essentials of Criminal Justice*, 3rd *ed.* (US: Wadsworth/Thomson Learning, 2001).

5. Sue Titus Reid, *Criminal Law*, 5th *ed.*, (NY: McGraw – Hill, Inc. 2001).

6. Thomas F. Gardner, Terry M. Anderson, *Criminal Law*, 7th *ed.* (US: Wadsworth, a dibision of Thomson Learning, 2000).

7. Joseph J. Senna, Larry J. Siegel, *Crimina Justice*, 2nd *ed.* (US: Wadsworth, a dibision of Thomson Learning, 2001).

8. John M. Scheb, John M. Scheb Ⅱ, *Criminal Law*, 2nd *ed.* (US: Wadsworth Publishing Company, A Division of International Thomson Publishing Inc., 1999).

9. Titus Reid, *Criminal Law*, 5th *ed.* (NY: McGraw – Hill, an imprint of The Mcraw – Hill Companies, Inc., 2001).

10. M. Cherif Bassiouni, *Substantive Criminal Law* (IL: Charles C Thomas Pub Ltd, 1978).

11. Lawrence M. Friedman, *A History of Amenrican Law*, 2nd *ed.* (Simon & Schuster, Inc, 1985).

12. Thomas F. Gardner, Terry M. Anderson, *Criminal Law*, 7th *ed.* (US: Wadsworth, a division of Thomson Learning, 2000).

13. Harvey Wallace, Cliff Roberson, *Principles of Criminal Law* (US: Longman

Publishers,1996).

14. David C. Brody/James R. Acker/Wayne A. Logan, *Criminal law* (Maryland: Aspen Publishers, Inc., 2001).

15. Kent Roach, *criminal law*, 6th *ed.* (Toronto: Irwin Law Inc., 2015).

16. David Barker, *Essential Australian Law* 1st *ed.* [New South Wales:Cavendish Cavendish Publishing (Australia) Pty Limited, 2000].

17. G. A. Flick: *Baalman's Outline of Law in Australia*, 4th *ed.* (Sydney: The Law Book Company Limited, 1979).

18. David Lanham, *Criminal Laws in Australia* (Sydney: The Federation Press, 2006).

19. K. D. Gaur, *Textbook on Indian Penal Code*, 5th *ed.* [India: LexisNexis, A Division of Reed Elsevier India (Pvt) Ltd, 2005].

20. John D. Mayne, *Commentaries On the Indian Penal Code*, 8th *ed.* (Madras: Higginbotham $ CO., 1874).

21. [英]罗杰・吉里:《刑法基础》(第2版,影印本),武汉大学出版社2004年版。

22. [英]朱利亚・菲昂达、麦克尔・J.布莱恩特:《刑法简明案例》(第2版,影印本),武汉大学出版社2004年版。

23. [英]乔纳森・赫林:《刑法》(第3版,影印本),法律出版社2003年版。

24. [英]艾奇著:《刑法学》(第4版,注释本),王梓注释,华中科技大学出版社2014年版。

25. [美]詹姆斯・V.卡尔维、苏珊・科尔曼:《美国法律与法律体系》(第4版,影印本),高等教育出版社2002年版。

26. [美]Richard G. Singer, John Q. La Fond:《刑法》(注译本),王秀梅、杜晓君、周云彩注,中国方正出版社2003年版。

27. [美]史蒂文・L.伊曼纽尔:《刑法》(影印本),中信出版社2003年版。

28. [美]阿诺德・H.洛伊:《刑法原理》(第4版,影印本),法律出版社2004年版。

29. [美]利奥・卡茨、迈克尔・穆尔、史蒂芬・莫尔斯:《刑法基础》(影印本),法律出版社2005年版。

30. [英]J. W.塞西尔・特纳:《肯尼刑法原理》,王国庆、李启家等译,华夏出版社1989年版。

31. [英]J. C. 史密斯、B. 霍根:《英国刑法》,李贵方等译,法律出版社 2000 年版。

32. [英]威廉姆・威尔逊:《刑法理论的核心问题》,谢望原、罗灿、王波译,中国人民大学出版社 2015 年版。

33. [英]乔治・弗莱彻:《反思刑法》,邓子斌译,华夏出版社 2008 年版。

34. [美]道格拉斯・N. 胡萨克:《刑法哲学》,谢望原等译,中国人民公安大学出版社 2004 年版。

35. [美]保罗・H. 罗宾逊:《刑法的结构与功能》,何秉松、王桂萍译,中国民主法制出版社 2005 年版。

36.《加拿大刑事法典》,卞建林等译,中国政法大学出版社 1999 年版。

37.《澳大利亚联邦刑法典》,张旭、李海滢、李綦通、蔡一军译,北京大学出版社 2006 年版。

38.《新西兰刑事法典》,于志刚、赵书鸿译,中国方正出版社 2007 年版。

39.《印度刑法典》,吉蒂译,法律出版社 1957 年版。

40.《印度刑法典》,赵炳寿、向朝阳、杜利译,四川大学出版社 1988 年版。

41.《大洋洲十国刑法典》,于志刚、李洪磊译,中国方正出版社 2009 年版。

42.《新加坡刑法》,刘涛、柯良栋译,北京大学出版社 2006 年版。

43. 欧阳涛、周叶谦、肖贤富、陈中天:《英美刑法刑事诉讼法概论》,中国社会科学出版社 1984 年版。

44. 储槐植:《美国刑法》(第 2 版),北京大学出版社 1996 年版。

45. 赵秉志主编:《英美刑法学》,中国人民大学出版社 2004 年版。

46. 储槐植、江溯:《美国刑法》(第 4 版),北京大学出版社 2012 年版。

47. 俞贵英:《美国死刑制度研究》,宁夏人民出版社 2006 年版

48. 刘士心:《美国刑法中的犯罪论原理》,人民出版社 2010 年版。

49. 何勤华主编:《美国法律发达史》,上海人民出版社 1998 年版。

50. 何勤华主编:《英国法律发达史》,法律出版社 1999 年版。

51. 何勤华、夏菲主编:《西方刑法史》,北京大学出版社 2006 年版。

52. 王立民主编:《加拿大法律发达史》,法律出版社 2004 年版。

53. 何勤华主编:《澳大利亚法律发达史》,法律出版社 2004 年版。

54. 中国大百科全书总编辑委员会《法学》编辑委员会、中国大百科全书出版社编:《中国大百科全书・法学》,中国大百科全书出版社 1984 年版。

55. 薛波主编:《元照英美法词典》,法律出版社 2003 年版。

**图书在版编目(CIP)数据**

英美刑法：五国刑法论要 / 夏勇著. -- 北京：法律出版社，2020
ISBN 978-7-5197-4886-9

Ⅰ. ①英… Ⅱ. ①夏… Ⅲ. ①英美法系-刑法-研究 Ⅳ. ①D913.04

中国版本图书馆 CIP 数据核字(2020)第 160643 号

**英美刑法——五国刑法论要**
**YINGMEI XINGFA**
**— WUGUO XINGFA LUNYAO**

夏 勇 著

责任编辑 郑怡萍
装帧设计 凌点工作室

**出版** 法律出版社
**总发行** 中国法律图书有限公司
**经销** 新华书店
**印刷** 固安华明印业有限公司
**责任印制** 胡晓雅

**编辑统筹** 法律教育出版分社
**开本** 710 毫米×1000 毫米 1/16
**印张** 21.5
**字数** 362 千
**版本** 2020 年 9 月第 1 版
**印次** 2020 年 9 月第 1 次印刷

法律出版社/北京市丰台区莲花池西里 7 号(100073)
网址/www.lawpress.com.cn
投稿邮箱/info@lawpress.com.cn
举报维权邮箱/jbwq@lawpress.com.cn
销售热线/400-660-8393
咨询电话/010-63939796

中国法律图书有限公司/北京市丰台区莲花池西里 7 号(100073)
全国各地中法图分、子公司销售电话：
统一销售客服/400-660-8393/6393
第一法律书店/010-83938432/8433　西安分公司/029-85330678　重庆分公司/023-67453036
上海分公司/021-62071639/1636　深圳分公司/0755-83072995

**书号**：ISBN 978-7-5197-4886-9　**定价**：59.00 元
(如有缺页或倒装，中国法律图书有限公司负责退换)